그말이
정답

그말이 정답

재미있고 감동적인 예화 스피치 365

김양호 | 지음

비전코리아

contents

당신도 위대한 그들처럼 말할 수 있다!

사나운 사자에게도 스피치는 무섭다?

멋진 스피치로 청중을 사로잡고 대중으로부터 찬사를 받는 자기 모습을 꿈꿔보지 않은 사람이 있을까? 이 책은 그 유쾌한 꿈이 현실화되도록 고안되었다.

처음으로 대중 앞에서 스피치를 해야 하는 사람은 누구라도 긴장하거나 흥분하고, 당황하거나 공포심마저 느낀다. 초보자는 당연히 그렇다 치고 스피치를 잘한다는 프로급 연사도 스피치 전에 종종 스트레스를 받는다.

"암벽 타기? 좋아! 스카이다이빙? 할 수 있어! 호랑이에게 맨손으로 고깃덩이 먹이기? 당근이지! 그런데 즉석에서 스피치를 하라고? 농담하지 마. 그건 람보도 할 수 없을걸!"

아무리 용감한 사람이라도 대중 앞에서 스피치를 하라면 꺼리거나 두려워한다. 자기가 속한 모임이나 이웃, 직장 동료나 상사 앞에서 스피치를 해야 하는 경우라면 더욱 악몽이다. 흥겨운 파티장에서 즉석 스피치를 하기보다는 맨손으로 사자와 싸우는 게 더 낫다고 할 정도로 부담스러운 것이 스피치다.

스피치 공포에 관한 잘 알려진 이야기가 있다.

'역설의 거장'으로 불리는 영국의 언론인 겸 소설가가 체스터턴. 그가 어떤 모임에 참석했을 때 사회자가 한 말씀해 달라고 갑자기 부탁했다. 체스터턴은 다음과 같이 말했다.

"로마의 황제 네로가 기독교도를 참살하는 방법으로, 경기장에서 굶주린 사자와 맨손으로 싸우게 했습니다. 갇혔던 사자가 풀려나 사나이에게 돌진했습니다.

'오, 하느님!' 경기장 주변에 있던 기독교 신자들은 교우가 물어 뜯겨 죽는 모습을 차마 볼 수 없어서 눈을 감았습니다. 그런데 기적이 일어났습니다. 사자가 사나이의 목을 물어 뜯으려고 하는 순간 남자가 사자에게 뭐라고 속삭였습니다. 그러자 사자는 고개를 설레설레 흔들면서 뒤로 물러나 덤벼들지 않았습니다.

궁금히 여긴 네로가 사나이에게 물었습니다.

'바른 대로 말하면 살려주겠다. 사자한테 뭐라고 했기에 너를 잡아먹지 않는 거냐?'

사나이가 대답했습니다. '나를 잡아먹으면 황제 앞에서 스피치를 해야 돼. 너 자신 있니, 하고 물었을 뿐입니다.' 이만큼 즉석 스피치는 어렵습니다."

역설의 거장다운 재치 있는 풍자가 아닐 수 없다.

그렇다면 스피치는 왜 어렵게 느껴지는 것일까? 그것은 대부분의 사람들이 스피치는 소질이라고 생각해 학습을 하지 않거나 학습을 해도 실전의 경험이 부족한 경우, 게다가 사전 준비를 소홀히 하거나 충분한 연습을 하지 않았기 때문이다.

이러한 문제점을 파악하고 자기표현의 장애를 극복해 원활한 소통에 도움을 주기 위해서, 필자는 그동안 스피치에 관련된 책을 많이 저술했다. 그럼에도 불구하고 이 책을 또 저술한 데는 그만한 이유가 있다.

365가지 스토리로 감동을 연출하라

아무리 스피치의 방법을 잘 아는 연사라도 좋은 화젯거리가 없다면 결코 훌륭한 스피치를 할 수 없다. 따라서 초보자부터 전문가에 이르기까지 실로 많은 연사들이 좋은 화젯거리를 구하려고 애쓰며, 스피치에 적합한 예화(例話)를 구하지 못해 쩔쩔매고 있다. 특히 같은 대상 앞에서 매번 다른 이야기를 해야 하는 기업의 경영 관리자나 교장, 목사 등 리더에게는 예화가 스피치의 생명이라 해도 과언이 아니다. 스피치에 생기를 불어넣는 활력소가 예화이기 때문이다.

그래서 이 책은 일목요연한 스피치, 알기 쉽고 재미있는 스피치, 들을 만한 가치가 있는 스피치를 지향하며, 크게 나누어 두 파트로 집필했다.

〈PART 1〉에서는 실전에 들어가기 전 알아야 할 스피치의 기초 이론에 대해 다루었다. 이 외에도 스피치 전반에 관해 더 자세히 알고 싶은 독자는 필자의 다른 책을 참고하기 바란다.

이론은 당연히 필요하지만 더 중요한 것은 실제고, 가장 중요한 것은 연사에게 '말할 거리가 있어야 한다'는 것이다. 이것은 청중에게 '들을 만한 가치가 있는 이야깃거리'이기도 하다. 이 요구 조건은 무엇보다도 선결되어야 하기에 이 책은 〈PART 2〉의 스피치 예문에 중점을 두었다. 이 장에서는 스피치에 필요한 소재와 이야기가 365개나 실려 있다. 여기에는 연사의 마음속에 새로운 소재가 떠오르도록 돕는 도구로서의 가치도 있다. 뿐만 아니라 다양한 예화를 인용해 구성한 3단계 스피치, 일목요연한 3분 스피치의 모델을 저절로 익힐 수 있다는 이점도 있다.

　독자 중에는 한 번도 스피치를 해달라는 요청을 받지 못한 사람이 있을지도 모른다. 비록 그렇다 하더라도 〈PART 2〉는 가끔 꺼내볼 만한 유용한 책이다. 지혜를 심어주고 흥미를 불러일으키며 분발을 촉구하고, 대화의 소재가 되는 반짝이는 아이디어를 주기 때문이다.

　보통 사람은 스피치를 준비하기 전에 밤에 잠이 오지 않아 곤란을 겪고는 한다. 이러한 불면의 밤은 '어떻게 진행할 것이며, 무슨 말로 시작하고 무슨 말로 끝맺을 것인가, 또 무엇을 말해야 할 것인가?'에 대한 걱정 때문에 생기는데, 이 책을 활용하다 보면 그런 근심은 싹 사라지게 될 것이다.

　남다른 노력으로 멋진 스피치를 한 연사에게는 다양한 보상이 따른다. 사업상 촉진 역할이 하나이고, 낯선 사람과 재미있게 사귈 수 있으며, 또 그가 속한 집단이나 친구들 사이에서 리더십이 있다는 명성을 얻게 된다.

　모쪼록 이 책을 읽는 독자 모두가 인상 깊은 이야기, 재미있고 유익한 스피치를 하는 매력적인 연사가 되기를 바라마지 않는다.

김양호

스피치를 하기 전
알아야 할 모든 것

왜 스피치를 배워야 하는가?

많은 사람들이 스피치라고 하면 으레 정치가와 정치계를 연상한다. 그러나 스피치를 가장 필요로 하는 사람은 기업의 CEO나 직장인이며, 가장 큰 관련을 가지고 있는 분야는 비즈니스 세계다.

간단한 조례에서부터 중요한 회의나 프레젠테이션에 이르기까지 스피치는 비즈니스에서 대단히 중요한 부분을 차지한다. 특별한 자리에서의 스피치는 때로 큰일을 좌지우지하는 열쇠가 되기도 한다.

많은 사람들 앞에 서는 일을 좋아하든 연단에 서는 걸 꺼려 무대 뒤에 숨으려 하든 어떤 유형의 사람일지라도, 현대인은 공적·사적으로 스피치를 하지 않으면 안 된다.

스피치를 배워두면 좋은 점은 크게 네 가지로 나눌 수 있다.

첫째는 자기소개를 잘하게 된다. 인간은 사회적 동물이며, 현대는 자기 PR의 시대다. 사회생활을 하려면 자기소개가 필요하고 자기소개는 일종의 자기 PR이다. 그런데 한국 사람 대부분은 자기소개의 표준 화법도 준비하지 않고 살아간다. 자기소개를 멋지게 할 수 있는 요령을 익히고 표준 화법을 만들 수 있다.

둘째는 전달을 효과적으로 하게 된다. '구슬이 서 말이라도 꿰어야 보배'라는 말이 있듯이 아무리 아는 것이 많고 하고 싶은 말이 많아도 생각나는 대로 마구 지껄인다면 잡담이 될 뿐, 스피치가 되지 않는다. 자기의 생각이나 주장을 주어진 시간에 효과적으로 전달하기 위해서는 일목요연하게 내용을 만들고, 음성 표현을 잘해야 한다.

셋째는 설득을 잘하게 된다. 인생은 설득의 연속이자 모든 비즈니스는 설득의 과정이고 결과이다. 설득만 잘되면 세상에 안 되는 게 없다. 그렇다면 설득이란 무엇일까? 설득이란 말로써 상대를 내가 원하는 대로 자발적으로 움직이게 만드는 화술이다. 그러나 설득은 쉽지 않다. 그래서 설득의 테크닉을 알아야 한다.

넷째는 임기응변을 잘하게 된다. 세상을 살다보면 예측 불허했던 뜻밖의 사건들이 일어난다. 특히 비즈니스란 변화무쌍한 난제이다. 주도면밀한 계획을 세워놓고 전력투구를 해도 오차와 실수는 있게 마련이다. 이러한 돌발 사태로 위기에 처했을 때는 임기응변으로 수습을 해야 한다. 임기응변이야말로 전화위복을 만드는 무기이다.

지금은 3분 스피치 시대

현대인은 교육 수준이 높아 웬만한 것은 익히 알고 있으며 이런저런 일로 시간에 쫓겨 늘 바쁘다. 따라서 스피치 역시 한가하게 듣고 있을 시간적 여유가 없다. 이런 이유로 등장한 것이 '3분 스피치'다. 장광설(長廣舌)이 박수갈채를 받던 시대는 지났다. 회사에 따라서는 사원들이 교대로 돌아가며 3분 스피치를 하기도 하고, 각종 모임에서도 3분 스피치 청탁이 많다.

"3분 정도로 한 말씀해 주십시오."

현대인은 왜 3분 스피치를 선호하는 것일까? 일단 3분 정도면 필요한 말은 어느 정도 할 수 있고, 비록 재미없고 딱딱한 말이라도 3분이면 듣는 사람이 참는 데 그리 힘들지 않기 때문이다. 우리는 지금 3분 스피치 시대에 살고 있다. 3분 안에 자기가 하고 싶은 말을 논리정연하게 할 수 있고, 듣는 사람을 이해시킬 수 있다면 당신은 유능한 사람이며 성공할 수 있다.

회사의 중요한 행사, 특히 내외 귀빈과 상사가 참석한 자리에서 횡설수설하며 시간을 끈다면 어떻게 될까?

'지금 무슨 소리를 하는 거야? 형편없는 친구로군.'

이런 나쁜 인상을 줄 뿐 아니라 본인 스스로도 부끄러워 견딜 수 없을 것이다. 그렇다면 왜 조리 있게 말하지 못하고 횡설수설하는 것일까?

스피치가 안 되는 3가지 이유

여러 사람 앞에서 스피치가 술술 나오지 않는 이유는 많지만, 근본적인 문제를 꼽자면 세 가지로 압축할 수 있다.

첫째, 여러 사람 앞에만 서면 긴장이 되고 떨린다. 이것은 경험이 부족하거나 사전 준비와 연습 없이 연단에 섰기 때문이다.

둘째, 별로 말할 거리가 없다. 할 말이 없다는 것은 화젯거리가 없다는 것인데 그동안 정보 수집에 게을렀다는 증거다. 여러 사람 앞에 서면 새로운 정보, 멋진 말을 선사해야 하는데 말할 재료가 없으니 갈팡질팡할밖에 없지 않은가.

셋째, 할 말은 많은데 조리가 서지 않는다. 이 경우는 찬거리는 많은데 요리 솜씨가 서툰 것과 마찬가지다. 여기서 문제가 되는 것은 요리를 만드는 조리 법이다. 찬거리를 잘 활용해 요리를 만드는 방법만 익힌다면, 단번에 진수성 찬까지는 아니더라도 어느 정도 맛있는 요리를 만들 수 있다. 따라서 화젯거 리가 풍부하다면 내용 구성법만 익히면 된다.

내용구성에는 여러 방법이 있겠지만, 우선 가장 알기 쉽고 활용 빈도가 높 은 3단계 구성법에 대해 알아보자.

명연설가의 3가지 조건

당신이 스피치를 배우는 목적이 어디에 있든, 스피치를 잘하기 위해서는 연 사의 핵심 기술 3가지를 익혀야 한다. 핵심 기술 첫째는 아이디어를 체계적 으로 정리하는 스피치메이킹 즉, 내용구성이고, 둘째는 말하고자 하는 내용 을 효과적으로 전달하는 음성 표현이며, 셋째는 시선, 표정, 자세, 제스처 등 을 멋지게 하는 신체 표현이다.

1. 알기 쉬운 내용구성법

연사가 스피치의 내용을 작성하는 일은 건축가가 건물을 짓기 위해 설계도를 그리는 일처럼 근본적이고 핵심적인 작업이다. 설계도에 착오가 생기면 건물 이 세워져도 제 기능을 발휘할 수 없듯이, 내용구성이 치밀하지 못하면 감동적인 스피치는 기대할 수 없다.

그러면 어떻게 작성한 스피치가 효과적일까? 내용구성도 여러 가지가 있지만, 그 중에서 간단하면서도 활용 빈도가 높은 3단계 구성법에 대해 알아보자.

이것은 흔히 서론, 본론, 결론이라고 말하는 형태다. 가령 하나의 주제가 결정되었으면 도입 부분이 있어야 하고, 전개 부분이 있어야 하며, 종결 부분이 있어야 한다.

연사가 연단에 서자마자 갑자기 본론으로 들어가는 것은 당돌한 느낌이 든다. 그래서 서론에서는 이야기를 도입하는 전제가 있어야 청중의 입장에서도 경청의 자세를 갖추게 된다. 그 다음 본론에서 말하고 싶은 내용을 전개하고 결론으로 원만한 마무리를 짓는다. 3단계 구성법을 응용하면 다음과 같다.

1단계 | 주제 선언

스피치의 서두는 청중으로 하여금 강한 호기심을 자아내게 하고 앞으로 전개될 논지나 내용을 펼치기 시작하는 도입부이다. 따라서 청중을 사로잡을 만한 즉각적이고 감동적인 주제를 선언해야 한다.

그렇다면 주제의 선정과 선언은 어떻게 하는 것이 효과적일까? 주제의 선정은 정해진 시간 내에 충분히 다룰 수 있는 범위로 좁혀서 잡되, 스스로 흥미를 가지고 있는 사항, 충분히 전개할 수 있는 내용, 청중에게 호기심을 일으킬 수 있는 것이 바람직하다.

주제 선언은 일목요연하게 한마디로 터뜨리는 게 좋다.

"여러분! 지금부터 (주제)에 대해서 말씀드리겠습니다."

이런 식으로 먼저 주제를 선언하면 청중은 연사의 말하려는 의도 즉, 말의 방향을 짐작하고 경청하는 자세를 갖추게 된다.

2단계 | 화제(話題) 전개

서론에서 청중의 분위기를 성공적으로 이끌었다면, 다음은 화제로 본론을 전개해 나가야 한다. 화제 전개란 추상적인 주제를 뒷받침하기 위한 구체적인 사건, 즉 실례(實例)나 상징적인 예화(例話)를 드는 것인데, 화제 전개에는 세 가지 포인트가 있다.

첫째는 구체적인 것이어야 하고, 둘째는 자기와 관련된 것이 좋으며, 셋째는 입체적인 것이 좋다.

'백문이 불여일견'이라는 말이 있듯 연사가 딱딱한 논리만이 아닌 적절하고 구체적인 예화를 들어줄 때, 청중은 각자의 머릿속에 '상상의 그림'을 그리게 된다. 말로 그리는 그림, 이것이 바로 예화다. 그래서 예화를 곁들인 스피치가 이론만 늘어놓는 스피치보다 알아듣기 쉽고 감동적이다.

1단계의 주제를 선언한 다음 "그 좋은 예로 한 이야기가 있습니다" 하고 주제를 뒷받침할 적절한 사건이나 이야기를 해주면 된다.

3단계 | 촌평(寸評) 및 주제 반복

화제의 전개가 끝나면 촌평과 주제 반복으로 명료하게 스피치를 마무리지어야 한다. 예화는 어디까지나 객관적인 사실에 불과하다. 따라서 객관적인 사건의 의의를 자신의 주관적인 견해로 여과시켜 완전 연소시킬 필요가 있다. 그러한 주관의 재해석이 바로 촌평이다.

아무리 좋은 예화를 든다 하더라도 자기 것으로 소화된 촌평이 없다면 여전히 남의 말일뿐이다. 간단한 자기 의견을 말하는 것이야말로 스피치에 생명을 불어넣는 신선한 산소와 같다. 촌평은 말 그대로 짧게, 그러나 반짝이는 것이어야 한다. 그 다음 여태까지 전개해 온 스피치의 주제를 한 번 더 반복함으로써 일목요연한 스피치의 결말을 장식하면 된다.

촌평과 주제 반복은 화제 전개가 끝났을 때 다음과 같이 하면 된다.

"그걸 보고 저는 (촌평)하게 생각했습니다. 지금까지 (주제)에 관한 말씀을 드렸습니다."

이 3단계 구성법으로 작성한 스피치 모델은 이 책의 〈PART 2〉를 참조하면 된다.

2. 효과적인 음성 표현법

스피치 할 내용이 완성되었다면 다음 단계는 음성 표현이다. 말의 매개체는 음성이다. 똑같은 노래도 부르는 사람의 창법에 따라 감흥이 다른 것처럼 똑같은 내용의 스피치도 음성의 표현법에 따라서 효과가 크게 좌우된다.

따라서 연사는 우선 편안한 음성, 분명한 발음, 적당한 속도가 기본적으로 갖춰져야 한다. 기본이 된 후에는 청중을 사로잡을 수 있는 테크닉이 필요하다.

그럼 효과적인 스피치를 위한 '음성 표현의 5대 원리'를 살펴보자.

1. 강조 표현

말의 한 구절이나 전체는 보통으로 표현하고 그 중에서 가장 중요한 부분(단어, 클라이맥스)만을 강조한다.

2. 간격 표현

뜻으로 봐서 한 어구인 단위로 띄어서 말하며, 한 어구 안에서 낱말과 낱말
은 붙여서 표현한다.

3. 감정 표현

단순한 목소리만 내지 말고, 말하려는 내용을 머릿속에 그리며 감정이 깃든
목소리로 열성껏 표현한다.

4. 원근 표현

적은 청중이나 가까운 곳에 있는 사람에게는 목소리를 작게, 많은 청중이나
먼 곳에 있는 사람에게는 목소리를 크게 표현한다.

5. 동격(同格) 표현

동격은 대부분이 강조하기 위한 것이므로 앞의 말보다 뒤의 말을 강조하되,
뜻으로 봐서 부득이한 경우에는 타당성에 우선한다.

3. 멋진 신체 표현법

미국의 사회심리학자 조지 미드는 "커뮤니케이션의 원점은 제스처다"라고
했다. 또 "연사의 제스처는 명장의 지휘봉과 같다"는 말도 있으며, "몸은 입
보다 더 많은 말을 하고 있다"는 말도 있다.

입으로만 하는 말이 라디오 방송이라면 온몸으로 하는 말은 텔레비전 방송이다. 음성 표현 못지않게 중요한 것이 연사의 신체 표현 즉, 연단의 자세, 태도, 표정, 제스처 등 바디스피치다.

역사 이래 지금까지 세계적으로 잘 알려진 연사들의 공통점은 훌륭한 내용과 호소력 있는 음성 표현, 자신만의 독특하고 멋진 제스처를 트레이드마크처럼 사용했다는 점이다.

1. 연단 자세

① 등단(登壇) : 연단의 자세는 등단, 연단, 하단의 3단계로 이어지는데, 등단할 때의 자세는 스피치의 말 없는 시작이다. 사회자가 연사를 소개하면 청중은 '누굴까?' 하는 궁금증과 함께 연사의 모습이 나타나기를 기다린다. 그리고 연사가 나타나면 그의 자세를 보고 잘할 것인가, 못할 것인가를 속단하려 한다.

연사의 걸음걸이가 균형 있고 주의 깊으며 자신감이 있다면 처음 몇 분 동안 호의적으로 귀를 기울여준다. 따라서 연사는 확고부동한 자세로 등단해야 한다. 등단을 두려워하는 듯한 걸음걸이나 느슨한 자세, 특히 뻣뻣한 자세는 피해야 한다. 스피치에 대단한 흥미를 갖고 왔다는 자세 즉, 무게 있고 자연스러운 걸음걸이로 여유 있게 등단하는 것이 좋다.

무대의 중심이나 연단 앞까지 침착하게 걸어 나간다. 그리고 연단 앞 15~20cm 정도의 위치에 자리를 잡고, 여유 있는 태도로 좌우의 청중을 고르게 돌아본 후 공손히 인사를 한다. 이때 너무 빨리 말하고 싶은 충동을 억제해야 한다.

② 연단(演壇) : 연단 앞에서 연사가 인사를 하고 나면 청중의 연사에 대한 기대와 연사의 청중에 대한 긴장은 더욱 증가하게 된다. 경험이 적은 어설픈 연사는 연단에서 자세를 가다듬기도 전에 바로 연설을 시작한다. 긴장된 상태로 서둘러 하는 스피치는 어딘가 어설프고 딱딱해져서 청중으로 하여금 '아, 이 연사는 자신 없는 풋내기로구나' 하고 깔보게 만든다.

연사는 등단해 인사가 끝난 다음, 약간의 시간을 끌면서 몸의 긴장을 풀고 편안하게 숨을 조절하는 일이 무엇보다 중요하다. 잠시 동안 아무 말도 하지 않고, 청중을 둘러보는 것은 청중의 주의를 집중시키고 조용하게 만드는 좋은 방법이다. 어떤 연사는 연단에서 시종일관 꼼짝하지 않고 말만 하는데, 연단에는 이리저리 움직이며 말할 수 있는 공간적 여유가 있다. 때로는 연사가 연단을 벗어나 청중 앞으로 나가 말하는 것이 더 좋은 효과를 거둘 경우도 있다.

③ 하단(下壇) : 등단이 스피치의 소리 없는 시작이라면, 하단은 스피치의 소리 없는 마지막이다. 말을 마쳤다고 스피치가 끝이라고 생각하는 것은 오산이다. 말을 끝내고 연단을 떠나기 전에 잠시 동안 그대로 멈춰 서 있는 것이 좋다. 그것은 스피치가 끝났음을 보여주며, 또 청중의 가슴에 좋은 여운을 남기는 중요한 역할도 한다.

하단할 때는 긴장이 풀린 다음이라서 흐트러진 몸가짐을 보이기 십상이다. 끝까지 방심하지 않는 태도를 보여야 한다. 청중이 감동을 받으면 받을수록, 그 연사에 대한 존경심으로 하단하는 모습까지 진지하게 주시한다는 사실을 잊어서는 안 된다. 따라서 연사는 자리로 가서 앉거나 조용히 밖으로 나가는 것이 좋다.

2. 제스처의 3단계

모든 제스처는 시작, 완성, 복귀의 3단계로 구성돼 있다. 이 3단계가 말의 내용과 조화를 이루면 자연스럽고 멋지게 보이며, 부조화된 경우에는 어색하고 서툴게 보인다.

① 시작의 단계 : 제스처의 필요성을 느끼고, 기본 자세에서 손놀림이 이루어질 곳으로 손을 가져가는 동작이다. 준비의 단계라고도 한다.

② 완성의 단계 : 시작의 단계에서 강조하고자 하는 동작을 완전하게 표현한 상태로 절정의 단계라고도 한다.

③ 복귀의 단계 : 완성된 제스처가 기본 자세로 되돌아가는 동작으로 회복의 단계라고도 한다.

3. 제스처의 사용 범위

제스처는 얼마만 한 크기로 사용해야 효과적일까? 어떤 사람의 제스처는 쩨쩨해 보이며, 어떤 사람의 제스처는 과장돼 부자연스럽게 보인다. 그런가 하면 어떤 사람의 제스처는 아주 자연스럽고 멋있게 보인다.

제스처 사용의 범위에 대해서는 여러 가지 견해가 있으나 알기 쉽게 그 기준을 간단히 소개한다. 자기의 몸을 기준으로 생각해보자. 위로는 머리, 아래로는 허리, 옆으로는 양어깨를 중심으로 하면 직사각형이 된다.

일대 일의 대화나 좌담을 할 때는 직사각형 안에서 제스처를 사용하는 것이 편하고 보기 좋다. 이 범위를 '안전의 지대'라고 한다.

그러나 많은 청중을 대상으로 하는 스피치에서는 이 직사각형 밖으로 제스처를 크게 사용하는 것이 원칙이다. 대중 연설에서 제스처를 작게 사용하면 째째하고 촌스러워 보인다. 청중의 규모가 클수록 제스처도 비례해서 크게 써야 멋있어 보인다.

재미와 감동의 화술, 예화(例話)

말할 거리가 없는 이유

"여러 사람 앞에만 서면 말할 거리가 없어요. 어떤 사람은 예를 들어가며 재미있게 이야기를 하는데, 전 꼭 해야 할 말 몇 마디만 하고 나면 더 이상 할 말이 없어요."

당신의 입에서 이런 말이 나온다면 좀 생각해 볼 문제가 있다.

화술을 요리에 비유해 보자. 요리를 하러 부엌에 들어갔더니 찬거리가 다 떨어졌다. 고기도 무도 양념도 다 떨어지고 소금이나 간장밖에 없다면, 아무리 일류 요리사라 하더라도 요리를 만들 수 없다. 먼저 장을 봐야 한다.

이처럼 말할 거리가 없다 즉, 화젯거리가 없다는 것은 찬거리가 떨어진 경우와 같다.

그렇다면 당신의 머릿속에 신선하고 재미있는 화젯거리가 얼마나 축적되어 있는지 살펴보자.

"당신은 한 달 술값으로 얼마나 지불합니까? 술값은 물론 안주 값, 팁, 접대나 친구들에게 얻어먹는 술값 등을 모두 합치면 평균 얼마나 될까요?"

기업의 연수 교육을 하면서 이런 질문을 해봤더니, 술을 마신다는 사람 중

평사원인 경우 20~30만 원이 대다수였고, 간부들은 50만 원 이상, 450만 원이나 된다는 사장도 있었다.

"그렇다면 한 달에 책은 몇 권이나 사서 읽습니까?" 하는 질문에는 한두 권도 사보지 않는다고 대답하는 사람이 태반이었다. 여기에 문제가 있다.

한 해 동안 우리나라에서 발간되는 도서의 종류는 약 5만여 종이라고 한다. 이렇게 많은 책들이 쏟아지고 있는데, 연간 열 권도 채 보지 않는다면 당연히 시대에 뒤떨어질 수밖에 없지 않은가.

화제를 바꿔 벌이 꿀을 채취하는 과정을 생각해 보자. 꽃 한 송이 한 송이에는 다 꿀이 있다. 그러나 아무리 크고 탐스러운 꽃이라도 벌이 100% 만족할 만큼의 꿀을 지니고 있지는 않다. 시답지 않은 꿀을 갖고 벌을 유혹한다. 그래도 벌은 그 수많은 꽃을 섭렵하며 꿀을 모은다. 일단 벌이 먹었다 토해 낸 것이 진꿀이다. 그리고 벌통에 차곡차곡 쌓아놓은 것이 우리가 먹을 수 있는 꿀이다.

화젯거리도 마찬가지다. 아무리 대가가 쓴 책이라도 그 안에서 얻을 게 과연 몇 가지나 있던가? 문외한이던 시절에는•이 책도 저 책도 새롭지만 어느 정도의 수준에 이르면 뻔한 내용이다. 몇 백 페이지나 되는 책 속에서 때로는 새로운 용어나 사례 한두 가지만 발견해도 큰 수확이다. 그래서 다독을 해야 한다.

'옛날에는 그런 대로 말을 했는데 점점 어려워진다.'

당연하지 않은가? 학교 다니던 시절에는 그래도 글줄이나 읽었는데, 일에 쫓기다 보니 책 읽을 시간이 없다. 알았던 것은 그동안 다 사용했고 새로 보충한 화젯거리가 없으니 밑천이 짧을밖에.

그러나 걱정하지 말자. 지금부터라도 읽으면 된다. 서점에 가면 화젯거리가 산더미처럼 쌓여 있다. 명스피커란 예를 잘 드는 사람이다.

좋은 예화의 4가지 조건

동서고금의 명스피커들은 자기의 사상을 관철시키기 위해 풍부한 예를 들었다. 예가 없는 스피치는 사상의 기반이 없는 것과 마찬가지다. 예 중에서도 실례가 최상급이다.

중국 춘추전국 시대의 사상가 귀곡자(鬼谷子)는 "예는 실례를 들어야 한다. 꾸며대는 말은 거짓으로 하는 말이니라. 거짓을 말하면 더욱 손해를 볼 것이다"라고 했다. 귀곡자의 말이 아니더라도 예화의 중요성은 아무리 강조해도 지나치지 않는다.

효과적인 내용의 스피치가 되기 위해서는 적절한 예화를 사용해야 한다. 이론적인 설명은 추상도가 높지만 구체적인 예화는 청중이 쉽게 공감하기 때문이다.

예화가 흥미를 불러일으키고, 이해를 시키고, 감동을 준다. 스피치는 예화가 성패를 좌우한다 해도 과언이 아니다.

그렇다면 어떤 조건을 갖춰야 좋은 예화일까?

1. 알기 쉬워야 한다

'어려워서 못 알아듣겠다'는 말은 있지만 '쉬워서 못 알아듣겠다'는 말은 없다. 대부분의 서투른 연사들이 자기의 수준에 맞춰 예화를 선택한다. 특히 지식이 많은 사람일수록 고상하고 어려운 예화를 구사하려 한다.

그러나 청중은 지적 수준이 높은 사람도 있지만 낮은 사람도 섞여 있다. 따라서 누가 듣더라도 알기 쉬운 예화를 선택해야 한다.

'현대 광고 문안은 만 열두 살 정도가 기준이다'라는 격언도 명심할 일이다.

2. 재미있는 이야기가 좋다

사람들은 이야기를 좋아한다. 옛날이야기, 소설, 영화, 드라마, 성공담, 실패담 등은 전부 이야기가 아닌가?

이야기란 줄거리가 있고 주인공도 있으며 시작과 끝이 있다. 가능한 재미있는 이야기를 선택하는 것이 중요하다.

3. 교훈성이 있어야 한다

아무리 알기 쉽고 재미있는 이야기라 하더라도 교훈성이 없으면 코미디나 만담의 소재는 될 수 있을지언정 연사의 예화로는 가치가 없다. 따라서 내용과 관계있는 것을 선정하되 반드시 교훈성이 있는 예화를 선택해야 한다.

4. 길이가 짧아야 한다

서양의 격언에 '여자의 스커트 자락과 스피치의 길이는 짧을수록 좋다'는 말이 있다. 여자의 스커트 자락이 왜 짧아야 좋은지는 다 아는 사실이고, 스피치가 길면 지루하다. 남의 말을 듣는다는 것은 얼마나 힘든 일인가? 특히 예화가 길면 예화를 늘어놓다가 귀중한 시간이 다 지나가 버린다.

실감나는 예화를 만드는 법

스피치는 청중의 흥미와 공감을 불러일으켜야 성공한다. 그러기 위해서는 스피치의 주류를 이루는 화제 전개가 보다 극적이고 흥미진진하지 않으면 안 된다. 한마디로 '실감나는 예화'를 들어야 한다.

그렇다면 실감나는 예화는 어떻게 만들어야 할까?

1. 공감을 얻을 수 있는 주인공을 설정한다

사람들은 주인공이 있는 이야기를 좋아한다. 그것도 자기와 너무 동떨어진 특수한 사람이 아닌, 공감할 수 있는 주인공에게 더 관심을 갖기 마련이다. 따라서 청중의 수준을 고려해 그들과 처지가 비슷한 사람을 주인공으로 삼는 것이 좋다.

예를 들어 청중이 근로자인 경우에는 사장이나 학자보다는 근로자 신분의 주인공이 좋고, 젊은 여성들이 청중이라면 중년보다는 젊은이, 그 중에서도 여성이 주인공이면 효과적이다.

2. 주인공을 역경에 처하게 만든다

공감이 가는 주인공이라 하더라도 하는 일마다 순탄하게 잘된다면 재미가 없을 뿐 아니라, 현실의 자기 생활이 그렇지 못하기 때문에 '그 사람은 운이 좋았군' 하며 무관한 이야기로 간주해 버린다.

그래서 주인공을 잘나가게 하다 뜻하지 않은 일로 역경에 처하게 만들면 공감대가 형성돼 극적인 효과를 볼 수 있다. 이때 '뜻하지 않은 일'이란 오해나 모함 등으로, 주인공이 억울함을 당하면 청중은 자기에게 생긴 일처럼 같이 안타까워한다.

3. 천신만고 끝에 역경을 극복하게 만든다

주인공이 역경에 허덕이다 그대로 끝나고 말면 이야깃거리가 안 된다. 온갖 어려운 일을 당하면서도 절망하거나 포기하지 않고, 발버둥을 치다가 죽기 직전에 그 고통의 멍에에서 벗어나면 청중은 손에 땀을 쥐며 안타까워하다가 후련함을 느끼고 희망을 갖게 된다.

이상의 3단계를 '실감나게 예화를 만드는 요령'으로 소개했지만, 주지하는 바와 같이, 이것은 단편소설을 쓸 때 줄거리를 구성하는 전통적인 방법이다.

이처럼 단편소설 구성법은 청중의 마음에 공감을 형성하고, 청중의 태도를 바꾸고자 하는 스피치에 안성맞춤이다. 단편소설을 쓰듯이 당신의 스피치에 주인공이 살아 숨 쉬게 하는 것, 그것이 감동적인 스피치의 관건이다.

스피치가 두려운 당신을 위한 5가지 처방

1. 갑자기 지명을 받았을 때

중소기업의 송 사장은 동업자 간담회에 참석했다. 주최자로부터 "스피치는 해주시지 않아도 됩니다"라고 들었는데, 당일 사회자로부터 갑자기 지명을 받았다.

이때 약속이 틀리지 않느냐고 항의를 하려 했지만 아무 소용이 없었다. 이미 모든 사람들은 송 사장 쪽을 바라보며 박수를 보내고 있었다. 송 사장은 이 위기의 순간을 어떻게 넘겼을까?

그는 탁자에 놓인 술잔을 들고 침착하게 걸어 나가, 연단 앞에 서서 좌중을 좌우로 훑어보았다. 그리고 술잔을 높이 들고 입을 열었다.

"여러분! 이 술잔을 보십시오. 참으로 크고 우아하지 않습니까? 아까부터 저는 '이 집의 술잔이 매우 공들인 것이구나' 하고 생각하고 있었습니다. 우리가 평소 퇴근길에 들르는 스낵바나 포장마차의 술잔과 달리, 그릇이 큼지막하지요. 그래서 그런지 푸짐한 듯한 느낌이 듭니다. 술에도 푸짐함이 있다면, 인간도 그릇의 크기에 따라서 상당한 능력의 차이가 생기는 게 아닐지요. 오늘 여기 모이신 여러분의 인간적인 그릇의 크기에 전 평소부터 탄복하고 있었습니다. (…후략…)"

사전 준비 없이 갑자기 지명을 당했을 때는 그 자리에 있는 물건을 이용하거나 그 자리에 오기까지의 일을 이야기하면 위기를 모면할 수 있다.

2. 아뿔싸, 실언을 했을 때

'그런 말을 할 생각이 아니었는데 어째서 그런 말이 입에서 나온 것일까?'

이런 괴로운 경험은 누구든 한두 번은 있을 것이다. 요컨대 실수로 내뱉은 말을 어떻게 하느냐는 것인데, 앞서 한 말이 지나친 예와 그것을 취소한 순간의 행동을 보자.

개그맨 K는 여러 모임의 사회를 보는 일이 적지 않다. 어느 날 살찐 젊은 여성이 등장했다. 가벼운 조크를 할 양으로, "교통사고만은 충분히 신경을 써주십시오. 당신과 부딪치면 덤프트럭이라도 대파될 테니까요" 하고 무심결에 말해버렸다. 아뿔싸 하는 생각이 들었지만 버스 떠난 뒤 손드는 격이다. 부루퉁한 표정의 그녀. 순간 꼼짝달싹 못하게 되었는데 "하지만 그 정도로 건강미가 넘친다는 건 참으로 멋집니다." 식은 땀나는 밀어치기. 다행히 그때 그녀가 껄껄 웃어주어서 위기를 넘길 수 있었다고 한다.

앞에 자극이 강한 말을 내뱉어서 실언을 했다 해도, 즉각 교묘하게 말을 보충함으로써 앞의 말을 지울 뿐만 아니라, 한층 더 두드러진 찬사로 만들 수 있다. 그러나 이런 임기응변을 할 수 있는 사람이라도 실언은 되도록 하지 않도록 할 일이다. 스피치의 원고를 충분히 숙지해 실수가 없도록 해야 한다.

3. 생각한 것을 남이 먼저 말했을 때

스피치를 의뢰받은 사람은 '멋진 말을 할 수 없어서' '흔하디흔한 얘기밖에 할 수 없어서' 등의 이유로 일단 사양을 하기도 한다. 그러나 꼭 부탁한다고 하면, 손쉽게 살 수 있는 예화집을 사서 쓸 만한 명문구나 샘플을 발췌해 유사시에 사용하고는 한다.

그런데 대개 읽은 사람이 이건 쓸 만하다고 생각하는 것은 다른 사람도 똑같이 그렇게 느끼는 경우가 많다. 그래서 스피치에서 똑같은 문구나 내용이 맞부딪치는 경우가 있다. 또 예화집이라고는 할 수 없겠지만 신문, 주간지, TV, 인터넷 등에서 크게 다루어졌던 최근의 관혼상제 케이스도 자주 인용되는 경향이 있다.

똑같은 내용이라면 먼저 말한 쪽이 승자인데, 나중에 말하는 사람은 이것처럼 괴로운 일도 없다. 그러나 자기와 같은 내용을 먼저 말했다 해도 동요할 필요는 없다. "저도"라고 하면 재탕이 되니까. "○○○ 씨도" 하고 앞사람을 자기의 재료로 삼아 전자와 다른 맛을 내면 된다.

4. 스피치 시간이 짧을 때

흔히 있는 예는 연회석상 도중에 사회자로부터, "아직 인사 말씀을 하실 분들이 10여 분 남아 계시므로 죄송합니다만 지금부터의 축사는 간단히 한 말씀씩만 부탁드리겠습니다"라는 메모가 돌려지거나 하는 경우가 있다.

'그렇다면 스피치를 부탁할 때 사전에 말해줬더라면 좋았을 텐데……' 하고 사회자를 원망하고 싶겠지만, 사회자의 마음은 제멋대로 장황하게 말하는 몇 사람의 연사를 원망하는 쪽이 강하다. 전전긍긍하면서 시계 침이 돌아가는 것과 전체의 흐름을 바라보는 사회자의 마음을 헤아린다면 다음과 같이 하면 좋을 것이다.

"그러면 간추려서 두 가지 면에서 축사를 드리겠습니다. 첫째는 …… 둘째는 ……."

이렇게 단축할 수 있으려면 스피치플랜을 준비해 둬야 한다. 그러면 어디어디를 없애면 좋을까, 어느 부분과 어느 부분을 합치면 좋을까 등을 재빨리발견할 수 있기 때문이다.

5. 최후에 한마디를 연출할 때

"에…… 그러면 끝으로 한 말씀" 하고 말해서 마무리를 기대하고 있는데, 한말씀은커녕 다시 장황하게 이야기가 시작되어 진저리가 났던 경험은 누구에게나 있을 것이다.

"최후의 한 말씀"이라는 말을 들으면 청중은 간결한 끝맺음을 기대하고, 피

날레의 고조된 분위기를 예상하며 귀를 기울인다. 이 분위기에 꼭 맞추려면 "최후에 한 말씀……" 하고 외쳤으면, 잠시 동안 틈을 두고 침묵하면 좋다. 청중은 '어떻게 된 걸까?' 하고 의아해한다. 그 순간을 포착해 약간 큼직한 목소리로 마무리 이야기를 하면 된다.

다음은 모 회사의 창업자이자 대표이사의 은퇴 파티 때, 내빈의 스피치다.

"……회장님께 여러 가지로 신세를 많이 졌다는 것을 말씀드리다 보니, 어느새 말이 길어졌습니다. 끝으로 한 말씀만 드리겠습니다."

여기서 그는 말을 끊고 좌중을 훑어본다. 침묵이 흐른다. 그때 회장을 보면서 말했다.

"회장님! 언제까지고 장수하시기 바랍니다."

순간 장내에는 박수갈채가 퍼졌다. 노(老) 회장의 눈에 눈물이 고여 있었다.

언어의 신비함이 내게 나타났다.

그때 나는 "물"이 내 손 위로 흐르는 멋지고 시원한 그 어떤 것임을 알았다.

그같이 살아 있는 말이 내 영혼을 일깨우고

빛과 기쁨을 주어 자유롭게 만들었다.

헬렌 켈러 Helen Keller

청중을 감동시키는
3분 스피치 예문 365

가난한 날의 행복

지금부터 '가난한 날의 행복'에 대해 말씀드리겠습니다.

수필가 김소운의 작품 가운데 이런 이야기가 나옵니다.

어느 시인 내외의 젊은 시절 이야기입니다. 가난한 부부였습니다.

어느 날 아침, 남편은 세수를 하고 들어와 아침상을 기다리고 있었습니다.
그때 아내가 쟁반에다 삶은 고구마 몇 개를 담아 들어왔습니다.

"햇고구마가 하도 맛있다고 아랫집에서 그러기에 우리도 좀 사왔어요. 맛
이나 보세요."

남편은 고구마를 좋아하지도 않는데다 식전에 먹는 게 부담스러웠지만, 아
내를 대접하는 뜻에서 그 중 제일 작은 놈을 하나 골라 먹었습니다. 그리고 쟁
반 위에 함께 놓인 홍차를 들었습니다.

"하나면 정이 안 간대요. 한 개만 더 드세요."

아내는 웃으면서 또 이렇게 권했고 남편은 마지못해 또 한 개를 집었습니

다. 어느새 밖에 나갈 시간이 가까워졌습니다. 남편은 "이제 나가 봐야겠소. 밥상을 들여요" 하고 재촉했습니다.

"지금 잡숫고 있잖아요. 이 고구마가 오늘 우리 아침밥이에요."

남편은 비로소 집에 쌀이 떨어진 줄 알고 무안하고 미안한 생각에 얼굴이 화끈했습니다.

"쌀이 없으면 없다고 왜 미리 말을 못하는 거요? 사내 봉변을 시켜도 유분수지."

뿌루퉁해서 한마디 쏘아붙이자 아내가 대답했습니다.

"제 작은아버님이 장관이세요. 어디를 가면 쌀 한 가마가 없겠어요? 하지만 긴긴 인생에 이런 날도 있어야 늙어서 얘깃거리가 되잖아요."

잔잔한 미소를 지으며 이렇게 말하는 아내 앞에서 남편은 묵연(默然)할 수밖에 없었습니다. 그러면서도 가슴속에는 형언 못할 행복감이 밀물처럼 밀려왔습니다.

여러분! 행복은 멀리 있는 것이 아니며 부유해야만 행복한 것은 더더욱 아닙니다. 가난을 불행으로 생각지 않고 긴 인생에 늙어서 이야깃거리를 만들자고 말하는 상대에 대한 배려와 사랑이야말로 행복의 조건 아닐까요? 우리모두 배려와 사랑으로 행복한 삶, 아름다운 이야기를 만들어갑시다.

지금까지 '가난한 날의 행복'에 대해 말씀드렸습니다.

가능사고

지금부터 '가능사고(可能思考)'에 대해 말씀드리겠습니다.

미국 프로야구 LA 다저스팀의 전설적인 감독이었던 토미 라소다는 "가능과 불가능의 경계선은 그 일을 하고자 하는 사람의 결심에 달려 있다. 얼마나 많이 그 일을 원하는가. 어느 정도의 대가를 기꺼이 치르는가에 달려 있다. 하고자 하는 결심과 그 일에 대한 대가를 충분히 지불할 준비가 된 사람은 성공한다"고 했습니다.

또 다른 '가능사고 신봉자'로 알려진 미국의 로버트 슐러 목사. 그는 젊은 시절인 1955년, 번듯한 교회를 지을 돈이 없자 캘리포니아의 허허벌판에 자동차극장식 교회를 세우려 했습니다. 주위 사람들 모두가 사람이 안 모일 거라고 반대했지만 그는 가능성이 있다고 뜻을 관철시켰습니다. 이것이 대성공을 해 지금은 미국에서 가장 아름다운 예배지 '수정교회Crystal Cathedral'가 되었다고 합니다. 그는 "불가능을 믿지 말고 실패를 두려워 말라! 가능사고, 이

것이야말로 성공의 비결이다"라고 역설하며, 가능사고의 본보기로 자기 딸의 체험을 이야기합니다.

"저에게는 캐롤이라는 스물한 살의 딸이 있습니다. 8년 전 교통사고로 왼쪽 다리가 절단되는 중상을 입었습니다. 7개월 동안 병원에 입원을 하고 일곱 차례나 수술을 받았습니다. 어느 날 딸이 나에게 말했습니다.

'신은 저에게 다리 하나를 남겨주셨어요. 이것은 곤란에 처해 있는 사람을 한쪽 다리로라도 도와주라는 뜻이겠지요.'

제 딸은 소프트볼 팀의 스타플레이어였습니다. 미국 최고의 선수가 되려는 꿈을 갖고 있었지요. 그 꿈은 왼쪽 다리를 의족으로 한 이후 좌절되는 듯했습니다. 그러나 딸은 소프트볼을 아직 계속하고 있습니다.

내가 '이제 달릴 수 없지 않니?'라고 물었을 때, '저는 가능사고자예요. 홈런을 치면 달릴 필요가 없지요'라고 딸은 대답했습니다. 강한 손과 팔을 갖기 위한 맹훈련을 거듭해, 마침내 제 딸은 홈런 타자가 되었습니다."

여러분! 생각이 바뀌면 인생이 바뀝니다. 가능사고자는 어떠한 상황에서도 반드시 성공한다고 믿습니다. 실패를 두려워하지 않고 용기를 갖습니다. 우리 모두 가능사고로 긍정적이고 적극적인 삶을 살도록 노력합시다.

지금까지 '가능사고'에 대해 말씀드렸습니다.

가정교육

지금부터 '가정교육'에 대해 말씀드리겠습니다.

프랑스의 작가이자 정치가인 앙드레 말로는 "교육은 어머니의 무릎에서 시작되고 유년 시절에 전해들은 모든 말이 성격을 형성한다"고 했습니다.

중국의 맹자는 세 살 때 아버지를 여의고 편모슬하에서 교육을 받았습니다. 맹자의 어머니는 아들이 훌륭한 사람이 되기를 바랐습니다.

맹자의 집은 절 근처에 있었는데 어린 맹자는 친구들과 자주 장례식 흉내를 내거나 경을 읽고 놀았습니다. 어머니는 이래서는 안 되겠다 싶어 시장 근처로 이사를 갔습니다. 그러나 이곳에서 맹자는 매일 장사꾼 흉내를 내며 노는 것이었습니다. 그래서 다시 이사를 갔습니다. 서당 근처로 가자 비로소 맹자는 책상 앞에 앉아 글을 읽기 시작했고, 그것이 습관이 되어 나중에는 대학자가된 것입니다.

후세 사람들은 맹자의 어머니가 자식 교육을 위해 세 번이나 이사를 간 것을 두고 '맹모삼천지교(孟母三遷之敎)'라 했습니다. 자녀 교육은 가정교육이 제일 중요합니다. 맹자의 경우처럼 환경 조성도 중요하지만 무엇을 가르치느냐는 더욱 중요합니다.

일본에서 박사 과정을 밟고 있는 유학생 장세철은 다음과 같은 장면을 목격했다고 합니다. 지하철역에서 내려 집으로 가던 중, 네 살 남짓한 아들과 함께 걸어가던 어머니가 갑자기 아들을 꾸짖었습니다. 꾸지람하는 내용인즉, 길을 걷다가 아들이 마주 오는 사람의 팔을 쳤으니 가서 정중하게 사과하라는 것이었습니다. 아이가 신사복 차림의 남자에게 뒤쫓아 가 "죄송합니다"라고 사과를 했고, 그 어머니도 "아들 교육을 잘못시켰습니다"라며 재차 사과하더라는 것이었습니다.

그렇다면 우리나라는 어떨까요? 공공장소에서 마구 떠들며 주위 사람에게 폐를 끼쳐도 부모는 아무 말도 하지 않습니다. 어디 그뿐입니까? 아이에게 조용히 하라고 주의를 주면 "왜 남의 아이 기를 죽이느냐?"고 도리어 화를 내는 부모까지 있습니다.

여러분! 우리는 자녀 교육에 지나치게 신경을 쓴 나머지 과잉보호를 하는 것 같습니다. 기도 좋은 쪽으로 살려야지 나쁜 쪽으로 살리면 객기가 되어 남에게 폐를 끼칠 뿐 아니라 불량아를 만들기 십상입니다. 우리 모두 올바른 가정교육을 시켜 훌륭한 자녀로 키우도록 노력합시다.

지금까지 '가정교육'에 대해 말씀드렸습니다.

가족의 소중함

지금부터 '가족의 소중함'에 대해 말씀드리겠습니다.

문학평론가 이어령은 "즐거운 일이 있으면 같이 즐기고 슬픈 일이 있으면 같이 나누는 것이 가족의 모럴moral이다"라고 했습니다.

요즘 우리나라는 이혼율이 부쩍 늘었습니다. 이혼하지 않고 같이 살면서도 부부가 서로 미워하며 부모를 박대하는 가정이 많다고 합니다.

어느 부인의 이야기를 들어봅시다.

"제 남편은 아무런 취미도 갖지 못한 채 일만 하다가 정년을 몇 년 앞두고 잡자기 명예퇴직을 당했습니다. 그 충격 때문에 1년 전에 뇌출혈로 쓰러져 반신불수가 되었습니다. 일요일에는 일용품을 사러 밖을 걷다 노부부가 정답게 걸어가는 모습을 보면 '아아, 난 이제 저렇게 둘이 걸을 수 없겠구나' 하고 생각하며 눈물을 흘립니다.

세상의 아내들이여, 남편을 소중히 여겨주십시오. 잃어보지 않으면 알 수 없는 행복을 지금 여러분은 가지고 있으니까요⋯⋯."

아내를 잃은 남편의 이야기도 들어볼까요?

"아내가 갑자기 죽었습니다. 심장이 약해서 평소에 걱정은 했지만 설마 이렇게 갑자기 가리라고는 생각하지 못했습니다. 집에 혼자 남아 있으니 모든 것이 당혹스럽습니다. 아침에 모닝커피가 없고 어떤 옷을 입고 일하러 나가야 할지도 모르겠습니다. 그리고 '다녀오세요'라는 인사가 없습니다. 저녁때 집에 돌아오면 전등도 켜져 있지 않은 방에 어두운 냉기만이 감돕니다. 또 저녁 식사가 없고 식후의 대화가 없으며 TV도 눈에 들어오지 않습니다.

아내가 살아 있는 동안은 그 존재가 별로 기쁘지도 어쩌지도 않았습니다. 병약한 체질이었기 때문에 청소도 제대로 못하고 식사 준비도 못하는 경우가 많았습니다.

임종하기 전에 나를 몇 번이나 부르며 '죽고 싶지 않아요, 죽고 싶지 않아요' 하다가 죽어갔습니다. 아내를 잃고 나서야 비로소 그녀의 존재와 고마움을 새삼 깨달았습니다. 아무리 아파도 좋으니까 아내가 살아만 있었으면 하는 생각이 간절합니다."

여러분! 세상에서 가장 중요한 사람은 누구일까요? 그것은 바로 가족입니다. 남편을 잃고 아내를 잃고 부모를 잃고 후회하지 말고 배우자나 부모를 소중하게 생각하고 사랑합시다.

지금까지 '가족의 소중함'에 대해 말씀드렸습니다.

가치의 기준

지금부터 '가치의 기준'에 대해 말씀드리겠습니다.

로마의 황제 마르쿠스 아우렐리우스는 "에메랄드는 사람의 칭송을 받지 않아도 그 값어치를 잃지 않는다"고 했고, 빅토르 위고는 "진주는 진흙 속에 있어도 녹아 없어지지 않는다"고 했습니다.

한 유명 강사가 수많은 사람이 모인 강당에서 100만 원짜리 수표 한 장을 꺼내더니 높이 쳐들고 말했습니다.

"여러분! 이 수표는 100만 원짜리입니다. 저는 여러분 중 한 분께 이 수표를 드릴 생각입니다. 갖고 싶은 분은 손 한번 들어보십시오."

사람들 대부분이 손을 들자 강사는 그 수표를 마구 구겼습니다.

"수표가 구겨졌습니다. 그래도 갖기를 원하십니까?"

갑작스러운 강사의 행동에 놀라면서도 모든 사람이 손을 들었습니다. 그러자 그는 이번에 수표를 바닥에 던지더니 구둣발로 짓밟았습니다. 그리고 땅바닥에 떨어진 수표를 집어 들고 다시 물었습니다.

"이렇게 더렵혀졌는데도 이 수표는 아직 가치가 있습니까?"

대부분의 사람들이 그렇다고 대답하자 강사는 힘찬 어조로 말했습니다.

"제가 100만 원짜리 수표를 마구 구기고 짓밟고 더럽게 했을지라도 그 가치는 전혀 줄어들지 않습니다. 100만 원짜리 수표는 항상 100만 원짜리의 가치가 있기 때문입니다. 우리도 세상을 살다보면 실패라는 이름으로 여러 번 바닥에 떨어지고 밟히며 아픔을 겪게 되는 일이 있습니다. 그런 시련과 아픔을 겪다보면 사람은 자신이 쓸모없다고 평가절하하기 쉽습니다. 그러나 어떤 사람이 실패를 하더라도 그 사람의 가치는 여전합니다. 마치 구겨지고 짓밟혀도 여전히 자신의 가치를 가지고 있는 이 수표처럼 우리들 모두는 가치 있는 사람입니다."

사람들은 고개를 끄덕이며 박수를 쳤습니다.

여러분! 실패는 성공의 어머니란 말이 있듯 실패 없는 성공은 없습니다. 한두 번 실패했다고 좌절하거나 포기해서는 안 됩니다. 사람의 가치는 한두 번의 성공과 실패에 의해 결정되는 것이 아니라, 그 사람이 지닌 이상과 신념에 의해 좌우됩니다. 우리 모두 자신의 가치를 믿고 보람 있는 일에 도전해봅시다. 도전은 성공의 시작입니다.

지금까지 '가치의 기준'에 대해 말씀드렸습니다.

가치 있는 일

지금부터 '가치 있는 일'에 대해 말씀드리겠습니다.

'언론고시'라는 말이 있을 정도로 신문기자로 취직하기란 하늘의 별 따기만큼 어려우며 이를 선망하는 젊은이들이 많은 걸로 압니다. 이렇듯 매력적이고도 어려운 신문기자 채용에 합격한 신입 기자 스무 명이 있었는데, 그 가운데 좀 색다른 친구가 하나 있었습니다. 일류 대학 철학과를 우수한 성적으로 졸업했으니 머리가 좋은 것은 틀림없는데, 머리카락은 기름기가 없이 부스스한 더벅머리여서 어쩐지 둔해 보였습니다. 게다가 무서울 정도로 말이 없고 필요한 용건 외에는 입을 열지 않았습니다. 동료들은 괴짜라고 생각하면서도 무시하지는 못했습니다.

어느 회사나 마찬가지지만 신문사도 입사 초기에는 실습 기간이 있습니다. 신문사에서는 선배 기자와 동반해 취재 견학을 시키는데 이 괴짜는 실습 기간 중에 사표를 던지고 말았습니다.

"이런 가치 없는 일을 하려고 내가 신문사에 들어왔나? 난 결코 이 따위 시
시한 일은 할 수 없어!"

동기생들은 그가 남기고 간 말을 음미하면서 그 용기에 감탄도 하고 질리
기도 했지만, 동시에 가치 없는 일에 매달려야 하는 현실이 착잡하기만 했습
니다.

하지만 신문기자로서 갖춰야 할 소양 교육이 과연 가치 없는 일일까요?

정말 가치 없는 일은 따로 있습니다. 양동이 두 개를 준비하고 오른쪽 양
동이의 물을 왼쪽에 붓습니다. 다음에 왼쪽의 것을 오른쪽에 붓고 오른쪽의
것을 다시 왼쪽에 붓습니다. 이것을 하루 종일 아니 몇 달씩 계속하는 겁니
다. 어디 그뿐인가요? 삽으로 땅에 구덩이를 파게 합니다. 파낸 흙으로 다시
그 구덩이를 메웁니다. 또 구덩이를 파고 그 구덩이를 메웁니다. 그 일을 매
일 계속 반복합니다.

할 일이 없어서 그런 일을 하느냐고요? 이건 일찍이 나치가 정치범에게 이
용했던 고문 방법 중 하나입니다. 이 일을 계속하던 사람은 예외 없이 발광
을 했다는 것입니다.

여러분! 처음부터 괄목할 만한 일을 하는 사람이 어디 있겠습니까? 사소하
게나마 생산성이나 사회성이 있는 일은 다 소중한 것입니다. 이 세상에 가치
없는 직업이란 없습니다. 우리 모두 주어진 일에 최선을 다합시다!

지금까지 '가치 있는 일'에 대해 말씀드렸습니다.

갈 데와 안 갈 데

지금부터 '갈 데와 안 갈 데'에 대해 말씀드리겠습니다.

현대는 풍족한 시대이며 유혹의 시대입니다. 그 속에서 방황하는 현대인들을 보면 옛 선비들의 행동 규범이 생각납니다.

일찍이 대한불교 조계종의 종정(宗正)을 지낸 방한암 선사가 있습니다. 그는 강원도 오대산의 깊은 산중에서 30년을 수도한 고승입니다. 일제식민지 시절, 조선총독부의 총독이 한암 스님의 고명을 듣고 '그렇게 대단한 인물이라면 한번 만나봐야겠구나' 하는 생각이 들어 인편에 다음과 같은 전갈을 보냈습니다.

"큰스님이 서울에 오시면 조선 불교에 큰 도움이 될 것입니다. 스님께서 내려오셔서 총독과 모든 관원들을 위해 법문 한마디 내려주십시오."

그러자 한암 스님은 다음과 같이 말했다고 합니다.

"'호랑이는 산 속에 있느니라' 해야 무서운 것이지 호랑이가 도떼기시장에 내려가서 왔다 갔다 해봐라. 사람들은 무슨 저런 개가 있느냐? 얼룩덜룩한 개가 돌아다닌다고 웃을 것 아니냐? 그리고 온갖 개들이 몰려와서 물고 늘어지지며 덤벼들 것이다.

그렇기 때문에 나는 내려가지 않겠노라. 내가 내려간들 무슨 소용이 있겠느냐? 중생의 업성이 각기 달라서 물을 좋아하는 중생, 도시를 좋아하는 중생, 산을 좋아하는 중생 등인데……."

이 말을 전해 들은 총독은 자기의 얕은 견해를 반성하고 방한암 스님을 더욱 존경했다고 합니다.

율곡 이이 선생이 쓴 〈격몽요결(擊蒙要訣)〉에는 '족용중(足容重)'이라는 말이 나옵니다. 이 말은 발을 무겁게 하라. 즉, 가볍게 처신하지 말라는 의미로 '갈 데와 안 갈 데'를 분명히 구분하라는 뜻입니다. 좀 더 설명하면 제아무리 힘들고 어려운 곳일지라도 꼭 가야 하는 곳은 가고, 어떠한 유혹이 따르더라도 절대 가서는 안 될 곳은 가지 말라는 것입니다.

여러분! 그렇습니다. 사람에게는 행동 규범이 있어야 합니다. 반드시 해야 할 일이 있고 해서는 안 되는 일이 있는 것처럼, 꼭 가야 할 데가 있고 가서는 안 될 곳이 있습니다. 우리 모두 가야 할 곳과 가서는 안 될 곳을 구분해서 행동합시다!

지금까지 '갈 데와 안 갈 데'에 대해 말씀드렸습니다.

감동적인 소리

지금부터 '감동적인 소리'에 대해서 말씀을 드리겠습니다.

바이올린 장인으로 불리는 안토니오 스트라디바리는 현재 사용되는 표준형 바이올린의 창시자입니다. 이탈리아 크레모나에서 출생한 그에 대해서는 여러 가지 전설이 전해지고 있습니다. 평생 2천 여 개의 바이올린을 만들었는데 절반 정도는 마음에 들지 않아 스토브에 던져버렸다고 합니다. 현재 남아 있는 바이올린은 약 600개 정도인데, 스트라디바리가 만든 바이올린은 수억 원대에 거래되고 있는데도 구하기가 어렵다고 합니다.

그가 만든 바이올린은 어떤 특징이 있을까요? 먼저 이탈리아에서 바이올린을 만드는 한 장인의 이야기를 들어봅시다.

"진짜 스트라디바리우스는 바로 옆에서 들으면 별로 좋은 소리가 나는 것 같지 않습니다. 옆에서 들을 때 좋은 소리가 나는 건 가짜지요."

다른 바이올린보다 더욱 큰 음량과 울림, 예리한 음색, 이것이 스트라디바리가 명기를 탄생시킨 비밀입니다.

성악이나 연설도 마찬가지입니다. 좁은 방에서는 목소리가 아름답게 들리지만 넓은 극장이나 강당에서는 전달이 잘 되지 않는 경우가 있습니다. 그것은 목으로만 소리를 내고 몸 전체에서 울리는 목소리를 내지 않기 때문입니다. 울림이 없는 큰 소리는 노래를 하거나 연설을 해도 화가 나서 외치는 고함과 같을 뿐, 대중에게 감동을 주지 못합니다.

그래서 신인 가수 오디션을 할 때도 좁은 곳에서 하지 않고 넓은 홀에서 하며 제일 끝 좌석에 심사위원이 앉아 있는 것도 바로 이런 이유 때문입니다.

성악이나 연설을 하는 사람은 큰 목소리로 연습해야 합니다. 명연설가들의 연설은 곁에서 들으면 너무 크고 과장되게 들리지만, 대강당에서 들으면 조화를 이루며 감동을 줍니다.

여러분! 우리도 명스피커가 되기 위해서는 넓은 공간에서 수없이 많은 연습을 거듭해야 합니다. 그래야 목소리만으로 기교를 부리는 스피치가 되지 않고 심금을 울리는 감동적인 스피치를 할 수 있습니다. 소리에도 원근법이 작용하기 때문입니다. 우리 모두 듣는 이에게 감동을 주는 명스피치를 할 수 있을 때까지 큰 소리로 열심히 연습합시다.

지금까지 '감동적인 소리'에 대해 말씀드렸습니다.

감사해야 할 것들

지금부터 '감사해야 할 것들'에 대해 말씀드리겠습니다.

인생은 공평하지 않고 자신은 몹시 불쌍한 사람이라고 늘 투덜대는 사나이가 있었습니다. 그가 어느 날 버스 안에서 발랄하고 사랑스러운 여성을 발견했습니다. 그는 탐스러운 눈길로 그녀를 바라보았고 그녀가 자기의 애인이면 얼마나 좋을까, 하는 상상의 나래를 폈습니다. 그러던 중 버스가 정류장에 서자 그녀는 내리려고 일어났습니다. 그런데 그만 앞으로 고꾸라졌습니다. 다리가 한쪽 밖에 없어 목발을 짚고 있었기 때문이었습니다. 그래도 그녀는 다시 일어나 미소를 지었습니다.

다음 날 사나이는 사탕을 사려고 가게에 들렀습니다. 매력적인 청년이 사탕을 팔았습니다. 사나이는 그 청년과 이야기를 나누었습니다. 두 사람은 시간이 가는 줄도 모르고 한참동안 이야기꽃을 피웠습니다. 사나이가 이야기를 끝내고 돌아가려 하자 청년이 말했습니다.

"고맙습니다. 당신은 정말 친절한 분이시군요. 당신 같은 분과 이야기를 나눈다는 것은 정말 기분 좋은 일입니다. 이미 아셨겠지만 저는 앞을 보지 못합니다."

그 후 어느 날인가 거리를 산책하던 사나이는 눈동자가 유난히 빛나는 한 아이를 보았습니다. 아이는 우두커니 서서 다른 아이들이 신나게 뛰노는 것을 보고만 있었습니다. 마치 자신이 무엇을 해야 할지 모르는 것 같았습니다. 사나이는 그 아이의 곁에 잠시 서 있다가 말을 걸었습니다.

"얘야, 너도 저 아이들과 함께 어울려 놀지 왜 그러고 있니?"

아이는 아무 말 없이 앞만 바라보고 있었습니다. 그제야 사나이는 그 아이가 듣지 못한다는 것을 알았습니다.

순간 사나이는 깨달았습니다. 자기가 얼마나 행복한 사람인가를. 그리고 다음과 같은 감사의 기도를 올렸습니다.

"오, 하느님! 그동안 투덜거리기만 한 저의 우둔함을 용서하소서. 내가 가고자 하는 곳으로 나를 데려다줄 두 발과 석양의 노을을 바라볼 수 있는 두 눈, 그리고 나에게 들려오는 소리를 들을 수 있는 두 귀를 가지고 있는 저는 얼마나 행복한 사람입니까? 저는 진정으로 축복받은 사람입니다."

여러분! 우리는 가진 것도 많고 감사해야 할 것이 너무나 많습니다. 그런데도 대부분의 사람들은 불평불만만 합니다. 그래서 불행한 나날을 보냅니다. 우리 모두 감사한 마음으로 행복한 삶을 살도록 노력합시다.

지금까지 '감사해야 할 것들'에 대해 말씀드렸습니다.

감정 컨트롤

지금부터 '감정 컨트롤'에 대해 말씀드리겠습니다.

프랑스의 철학자 장 자크 루소는 "이성이 인간을 만들어낸다면 감정은 인간을 이끌어간다"고 했습니다.

1938년 10월 30일 일요일 저녁 여덟시, 600만 명의 미국인들이 공상과학 드라마 〈우주전쟁〉을 보고 있었습니다.

"CBS에서 지금부터 오손 웰스 감독의 〈우주전쟁〉을 방송하겠습니다."

이 보도에 이어 몇 분간 댄스 음악이 들리다 갑자기 음악이 멈추고 아나운서가 나타나 화성에서 몇 차례에 걸친 연쇄 폭발이 관측되었으며, 몇 개의 유성이 프린스턴과 뉴저지 근방에 떨어지면서 수백여 명이 살상되었다는 보도를 했습니다. 그리고 아나운서는 유성으로 보였던 물체가 사실은 유성이 아니고 원통형의 물체였으며, 그 속에서 기묘하게 생긴 생물체들이 나왔는데, 그들은 화성인으로 추측되며, 현재 지구인들을 마구 살상하고 있다고 다급한 어조의 보도를 했습니다. 외계인들로부터의 침략 상황은 한 시간 동안이나 계속되었습니다.

방송이 중간쯤 진행될 무렵, "이 방송은 가상 드라마"라는 말을 두 번이나 했고 방송이 끝날 때도 역시 가상 드라마였다는 사실을 밝혔습니다. 그러나 그날 밤, 많은 청취자들은 가상 드라마였다는 보도를 듣지 못했습니다.

그 결과 뉴저지의 한 구역에서는 20세대 정도가 가스 공격을 받았다고 착각해 젖은 옷이나 손수건으로 얼굴을 가리고 집에서 뛰쳐나갔습니다. 또 뉴욕 근방에 살던 한 사람은 자신의 집에서 뛰쳐나가 차를 타고 어디론가 사라져버렸습니다. 그런가 하면 전국 각지에서는 친지들에게 서로 작별과 안부를 전하기 위한 전화가 빗발쳤다고 합니다. 라디오 청취자들 가운데 수십만 명이, 가상 드라마이기 때문에 사실상의 침략이 없었음에도 불구하고 실제로 침략을 받고 있다고 무조건 믿는 바람에 일대 혼란이 일어난 것입니다.

여러분! 이 사건은 현재까지도 사회학자들의 좋은 연구 대상이 되고 있습니다. 그렇다면 이런 어처구니없는 사건은 왜 일어났을까요? 한마디로 청취자들이 흥분해 남의 말을 끝까지 귀담아 듣지 않았기 때문입니다. 사람들은 흥분이나 불안, 분노 등으로 감정이 격앙되면 이성이 마비되어 사리 판단을 못하는 경향이 있습니다. 우리 모두 감정을 자제하고 이성적으로 듣도록 노력합시다.

지금까지 '감정 컨트롤'에 대해 말씀드렸습니다.

개의 교훈

지금부터 '개의 교훈'에 대해 말씀드리겠습니다.

우리나라도 애견인이 많아졌습니다. 왜 사람들은 개를 좋아하고 키우는 것일까요?

미국 미주리 출신의 상원의원이었던 조지 베스트가 변호사로 일하던 때의 일입니다. 어느 날 그는 한 농부를 변호하게 되었는데 농부의 개가 사소한 손해배상 재판에 걸렸기 때문이었습니다. 여기에 그 변론의 일부를 소개해봅니다.

"오늘날과 같은 이기적인 세상에 인간이 가질 수 있는 유일한 친구는 개뿐입니다. 개야말로 결코 배반하는 일이 없으며 항상 주인에 대한 감사를 잊지 않습니다. 다른 모든 친구들이 그를 버릴지라도 개만은 그를 버리지 않습니다. 부와 명성이 다 사라져버릴지라도 개만은 마치 하늘을 여행하는 태양과도 같이 꾸준히 주인을 뒤따릅니다.

만일 운명이 그 주인에게서 집과 친구를 빼앗아간다 해도 이 충실한 개는 묵묵히 주인을 따를 것입니다. 주인을 적들로부터 지키겠다는 생각으로 따르는 것 외에 개는 아무것도 요구하지 않습니다. 그리고 죽음의 신이 주인을 두 팔에 감싸 안고 데려가려 할 때, 또한 주인의 몸이 차가운 땅바닥에 누워 있을 때도 개는 주인의 곁을 떠나지 않습니다.

다른 모든 친구들이 자기들의 갈 길을 재촉하는 동안에도, 그 충실한 개만은 여전히 진실하게 주인의 머리맡을 지킵니다. 죽음 앞에서조차도 충실한 태도로 주인을 슬픈 눈으로 지켜보면서……."

이렇게 변론을 해서 베스트 변호사는 배심원들을 감동시켰다고 합니다.

송나라 태종(太宗)이 기르던 개에 대한 일화 한 가지를 더 소개하겠습니다. 태종은 도화견(桃花犬)이라는 개를 몹시 사랑했는데 태종이 앓게 되자 그 개는 아무것도 먹지 않고 머리맡에 앉아 있다가, 태종이 죽자 눈물을 흘리며 울부짖었습니다. 그리고 태종의 능을 지키다 죽었다고 합니다.

여러분! 우리는 흔히 '개 같은 놈'이라고 욕을 하는데 세상에는 개만도 못한 사람이 많습니다. 또한 사람보다 나은 개도 있습니다. 개는 주인에게 충성하며 결코 믿음을 배반하지 않습니다. 어려울 때 누구보다 가까운 친구가 되어주며 주인과 마음을 주고받습니다. 즐거울 때보다 어려울 때 충성심을 보여주는 개에게서 우리는 배울 점이 있지 않을까요?

지금까지 '개의 교훈'에 대해 말씀드렸습니다.

검소한 생활

지금부터 '검소한 생활'에 대해 말씀드리겠습니다.

정약용은 〈목민심서〉에서 "백성을 사랑하는 근본은 재물을 절약해 쓰는 데 있고, 절용(節用)하는 근본은 검소한 데 있다"고 했습니다.

독립운동가인 고당(古堂) 조만식(曺晩植) 선생은 검소하기로도 유명한 분이셨습니다. 그의 검소한 생활은 보통 사람이 흉내내기 힘들 정도였습니다. 그는 옷고름을 절약하느라고 무명 두루마기에 단추를 달았는가 하면, 모자도 대를 이어 쓸 수 있도록 말총으로 튼튼하게 만들어 썼습니다. 또 오산학교 교장 시절에는 졸업식이나 입학식 때도 예복을 입지 않았습니다. 이를 보다 못한 남강(南岡) 이승훈(李昇薰)이 선생의 초라한 모습을 내빈들에게 보이기 거북했던지, 어느 날 다음과 같이 권유했습니다.

"평상시에는 괜찮으나 졸업식 때만은 제발 예복을 입으시지요."

그래도 조만식 선생은 고집을 꺾지 않았습니다.

"없는 옷을 어떻게 입겠소? 교장 노릇을 못하면 못했지 나는 예복은 못 입겠소."

언젠가는 중학교를 졸업한 그의 아들이 항상 신고 싶어 했던 구두를 한 켤레 사가지고 왔습니다. 그것을 본 조만식 선생은 아들에게 구두를 가져오라고 하더니 가위로 싹둑싹둑 자르며 준엄하게 꾸짖었습니다.

"공부를 하기 위해서라면 아까울 것이 없다. 그러나 우리 신분에 맞지 않는 사치는 결코 용서할 수 없다."

이처럼 조만식 선생은 개인적으로 검소한 생활을 했을 뿐 아니라, 조선물산장려회를 조직해 국산품애용운동을 벌인 민족주의자이기도 했습니다.

여러분! 오늘날 우리의 현실은 어떻습니까? 나라의 경제는 침체되어 온 국민이 살기가 어렵다고 하는데도, 자기만은 흥청망청 써야 직성이 풀린다는 졸부가 있는가 하면, 몇 십만 원짜리 외제 장난감을 사줘야 자녀의 기가 산다고 생각하는 부모도 있습니다. 어디 그뿐이겠습니까? 천만 원 이상의 외제 사치품을 사들여 오다 적발된 의원도 있고, 해외 원정을 가서 100억 원 이상을 도박으로 날린 지도급 인사들도 있다고 하니, 이 어찌 나라의 장래를 위해서 통탄할 일이 아니겠습니까? 우리 모두 절약하고 검소한 생활을 하도록 노력합시다. 소비가 미덕이 아니라 절약과 검소야 말로 진정한 미덕 아닐까요?

지금까지 '검소한 생활'에 대해 말씀드렸습니다.

겉과 속

지금부터 '겉과 속'에 대해 말씀드리겠습니다.

로마시대에 아는 것이 많고 머리는 명석하지만 얼굴이 아주 못생긴 랍비 한 명이 살았습니다. 어느 날, 그 랍비는 로마 황제의 딸인 왕녀와 만나게 되었습니다. 왕녀는 랍비의 못생긴 얼굴을 보고 눈살을 찌푸리며 말했습니다.

"오, 그토록 뛰어난 실력이 이토록 못생긴 그릇에 들어 있다니! 아까운지고!"

랍비는 그 말을 듣고 왕녀에게 이렇게 물었습니다.

"공주님, 대궐에 술이 있나이까?"

"물론이지요. 이 대궐엔 좋은 술이 아주 많이 있습니다."

"그 술들은 모두 어떤 그릇에 들어 있나이까?"

"그야 질그릇으로 된 술항아리에 들어 있지요."

왕녀의 대답을 들은 랍비는 안타깝다는 듯 말했습니다.

"왕실이라면 금이나 은으로 만든 그릇이 즐비할 터인데 그렇게 좋은 술을 질그릇에 담아놓다니 딱하기도 합니다."

그 말을 들은 왕녀는 시녀를 불러 지시했습니다.

"여봐라! 지금 당장 궁궐 안에 있는 모든 술을 금이나 은으로 만든 그릇에 옮겨 담도록 하라!"

하루는 황제가 술을 마시다 버럭 화를 냈습니다.

"아니, 술맛이 왜 이 모양이냐?"

신하가 왕녀의 명령을 받고 술을 옮겨 담은 일을 소상히 아뢰었습니다. 황제는 화가 잔뜩 나서 왕녀를 불러 호된 꾸중을 했습니다. 황제에게 꾸중을 들은 왕녀는 즉시 못생긴 랍비를 불러들여 따져 물었습니다.

"그대는 분명 술을 금이나 은그릇에 담아두면 맛이 변한다는 사실을 알았을 텐데……."

랍비는 부드러운 미소를 지으면서 말했습니다.

"공주님, 저는 다만 사람이든 물건이든 내용보다는 겉을 보고 판단해서는 안 된다는 것을 가르치고 싶었을 뿐입니다."

여러분! 혹시 겉모양만 보고 판단했다가 큰 낭패를 보신 적은 없습니까? 꽃에 향기가 있듯 사람에게는 인격이 있습니다. 인격은 결코 외모에 있지 않습니다. 겉만 보고 사람을 평가하는 실수를 범하지 않도록 합시다!

지금까지 '겉과 속'에 대해 말씀드렸습니다.

격려가 사람을 분발시킨다

지금부터 '격려가 사람을 분발시킨다'에 대해 말씀드리겠습니다.

미국 백화점 업계의 선구자 존 워너메이커는 열네 살 때 서점의 점원으로 사회에 첫발을 들여놓았습니다. 그리고 1861년, 스물세 살 때 의류품 상점을 경영해 10년 후 미국 최대의 의류 판매업자가 되었고, 1896년에 뉴욕으로 진출해 미국 최초의 백화점을 설립했습니다. 그는 정치와 종교 활동에도 열성적이었으며 우정장관을 지냈고 필라델피아 YMCA의 회장이 되어 사회에 공헌도 많이 했습니다.

워너메이커의 일화 중에 유명한 이야기가 있습니다.

그가 백화점을 경영하고 있을 때, 사장인 워너메이커에게 손님으로부터 투서가 날아들었습니다. 내용은 손님인 자신에게 한 점원이 욕을 했다는 것이었습니다. 워너메이커는 점원을 사장실로 불렀습니다. 평사원이 사장실로 불려 간다는 것은 그리 흔한 일이 아닙니다.

"손님한테 이런 투서가 왔는데 사실인가?"

사장의 질문에 점원은 솔직하게 대답했습니다.

"네. 그렇습니다. 손님이 상품을 마구 흩어놓으며 트집을 잡더니 나중에는 상품을 던져버렸습니다. 그래서 저도 그만 욱하고 화가 나서……."

"그랬군. 그런데 자네 어머님 병환은 좀 어떠신가?"

"네? 사장님께서 어떻게 그걸……." 점원은 깜짝 놀랐습니다.

"실례인 줄 알지만 자네에 대해 좀 알아보았네. 늘 모범적인 자네가 왜 그랬을까 하는 생각이 들어서……. 어머니를 간병하느라고 지금 무척 피곤한 상태인 것 같은데 휴가를 받아서 좀 쉬도록 하게. 그리고 이건 약소하지만 내 성의야. 어머님께서 좋아하시는 것을 사 드리게."

퇴직을 당할지도 모른다고 각오했던 점원의 눈에서 뜨거운 눈물이 뚝뚝 떨어졌습니다. 눈물을 닦지도 않고 서 있는 점원에게 워너메이커는 말했습니다.

"그러나 점원에게는 손님과 싸울 자격이 없다는 걸 잊지 말게."

여러분! 이 얼마나 멋진 사장이며 설득력 있는 말입니까? 사람은 누구나 자신의 존재를 알아주면 기뻐하고, 반대로 무시를 당하면 자존심이 상해 반발하거나 의기소침해집니다. 우리 모두 상대의 존재 가치를 인정해주고 용기를 북돋아주는 격려의 말을 하도록 노력합시다.

지금까지 '격려가 사람을 분발시킨다'에 대해 말씀드렸습니다.

격려는 비판보다 강하다

지금부터 '격려는 비판보다 강하다'에 대해 말씀드리겠습니다.

스물한 명의 전국선수권대회의 우승자, 열세 명의 세계기록자, 다수의 올림픽 금메달리스트를 배출한 유능한 코치가 있습니다. 그의 이름은 딘 크롬웰, 남캘리포니아 대학의 육상 코치였습니다. 그의 성공 비결은 격려이며 사람들의 장점 발견에 특히 노력했다고 합니다.

어느 해인가 태평양 연안 1마일 육상 대회에 크롬웰의 팀이 릴레이 결승전에 출전하게 되었는데, 이 팀의 네 선수는 개인 경기에서 패배했기 때문에 몹시 지쳐 있었습니다. 크롬웰은 선수들을 자기 주위에 모아놓고 다음과 같은 칭찬을 해주었습니다.

첫번째 주자에게는 "너는 장애물을 가볍게 뛰어넘는 재주가 있으니 장애물 코스만은 네가 앞장설 거야." 두번째 주자에게는 "너는 단거리에 능하니까 4분에 1마일만 앞서라." 세번째 주자에게는 "모두가 만들어놓은 속도를 유지하면서 달려." 네번째 주자에게는 "너는 트랙 경기의 1인자야. 나가서 네가 챔피언임을 멋지게 보여줘라"라고 말했습니다.

그 팀은 용기를 갖고 출전했으며 결과는 우승이었습니다. 부하의 사기를 높여서 성공한 예를 하나 더 들어볼까요?

IBM의 설립자인 토마스 왓슨의 성공 비결 중 하나는 사람을 가장 소중한 자산으로 여긴 것이었습니다. 언젠가 젊은 부사장이 매우 모험적인 신제품 개발 계획을 보고하자, 토마스 왓슨은 그 사업이 성공할 수 있는지 물었습니다. 그때 부사장은 위험부담이 큰 사업일수록 큰 수익을 올릴 가능성이 높다고 주장했지만 신제품 개발 사업은 회사에 천만 달러 이상의 손해를 입히고 말았습니다. 토마스 왓슨이 부사장을 불렀을 때, 그는 사표를 제출하며 말했습니다.

"회사에 막대한 손해를 끼친 책임을 느껴 사직서를 제출합니다."

"사표라니? 자네를 교육시키는 데 천만 달러나 썼다네. 다시 시작하게나."

사장의 격려에 고무된 부사장은 다시 도전해 신제품 개발에 성공했습니다.

여러분! 물이 너무 맑으면 사는 고기가 없고, 사람이 지나치게 비판적이면 사귀는 벗이 없다고 했습니다. 비판은 사기를 떨어뜨리지만 격려는 사기를 높입니다. 사람들의 약점이나 결점이 아닌 장점을 발견하고 격려하도록 노력합시다. 격려는 의욕과 힘을 돋워주는 말입니다.

지금까지 '격려는 비판보다 강하다'에 대해 말씀드렸습니다.

결단력

지금부터 '결단력'에 대해 말씀드리겠습니다.

1908년, 삼류 잡지 기자인 나폴레온 힐은 강철왕 카네기의 성공 비결을 취재하고자 교외에 있는 앤드류 카네기의 저택을 방문했습니다. 그리고 사흘 동안 함께 지내며 밀도 깊은 취재를 했고 큰 감명을 받았습니다. 마지막 날 카네기는 청년 힐에게 기상천외한 제안을 했습니다.

"자네, 성공한 사람들의 성공 비결을 취재해 책으로 만들어볼 생각 없나? 내가 앞으로 20년에 걸쳐 500명에 이르는 성공인에게 소개장을 써주겠네. 그 사람들의 성공 비결들을 취재해서 구성하면 훌륭한 성공철학서가 될걸세. 다만 나는 소개장만 써줄 뿐 경제적인 보조는 한 푼도 하지 않을걸세. 어떤가? 이 자리에서 결정하게나."

카네기 같은 부호의 입에서 20년 동안이나 걸려서 조사해야 할 일을 권하면서 돈은 한 푼도 안 대준다니 정말 뜻밖이었습니다. 그러나 힐은 잠시 생각한 뒤에 선뜻 "해보겠습니다"라고 대답했습니다.

그러자 카네기는 스톱워치를 꺼내 보면서 다음과 같이 말했습니다.

"자네가 위대한 결단을 내리는 데 꼭 29초가 걸렸구만. 만약 1분을 넘겼다면 나는 이 일을 자네에게 맡기지 않을 생각이었네."

그 후 나폴레온 힐은 카네기의 소개로 성공한 사람들 507명을 소개받아 20년 동안 취재했고, 그 자료를 모아 성공철학을 완성했습니다.

나폴레온 힐의 독특한 성공철학을 집대성한 작품은 바로 〈생각하라. 그리고 부자가 되라Think and Grow Rich〉로 이 책은 출간된 지 40여 년이 지난 오늘까지도 세계적으로 5천만 부 이상 팔리고 있습니다. 또한 그는 1960년에는 성공을 위한 실천 프로그램 'PMA'를 완성해 보급했으며, 윌슨 대통령 홍보담당 비서관과 루스벨트 대통령고문관 등을 역임했습니다.

나중에 밝혀진 사실이지만 나폴레온 힐은 카네기 사장으로부터 똑같은 제의를 받은 260번째 사람이었다고 합니다.

여러분! 나폴레온 힐이 카네기의 제안을 받아들이는 데 우물쭈물했다거나 천재일우의 기회를 포착하는 결단력이 없었다면, 과연 성공할 수 있었을까요?

"우유부단이야말로 성공을 가로막는 최대의 적이며, 성공하는 사람들은 신속한 결단력의 소유자다"라고 나폴레온 힐은 역설했습니다. 우리 모두 생각은 신중하되 결단은 신속하게 합시다.

지금까지 '결단력'에 대해 말씀드렸습니다.

겸허 사상

지금부터 '겸허 사상'에 대해 말씀드리겠습니다.

공자가 제자들과 노나라 환공의 사당을 참배했을 때의 이야기입니다. 제사상에 놓인 이상한 술병을 발견한 공자가 사당지기에게 물었습니다.

"저것이 무슨 술병이오?"

공자의 질문에 사당지기가 대답했습니다.

"환공께서 살아계실 때 늘 가까이 두고 좌우명으로 삼으시던 그릇입니다."

"그래! 용도를 알겠구나."

이어서 공자가 제자들을 돌아보며 말했습니다.

"어서 가서 맑은 물을 길어 저 술병에 부어보아라."

한 제자가 큰 바가지에 맑은 물을 길어 천천히 술병에 부었습니다. 술병은 물이 조금 들어가자 기울기 시작했고, 물이 중간까지 들어가자 곧게 섰으며,

병 주둥이까지 꽉 차자 퍽 하는 소리를 내며 뒤집혔습니다. 그러자 모두 신기해 아무 말도 못하고 공자를 바라보았습니다. 공자는 감탄하며 말했습니다.

"그렇구나! 세상에는 가득 차면 뒤집히지 않는 것이 없구나."

이때 제자 자로(子路)가 물었습니다.

"선생님, 이 술병이 비었을 때는 기울어졌다가 중간쯤 찼을 때는 바로 섰고 가득 찼을 때는 뒤집혔습니다. 여기에 무슨 이치가 있습니까?"

그러자 공자가 대답했습니다.

"사람됨도 이 술병과 같다. 총명한 사람은 자기의 어리석은 면을 볼 줄 알아야 하고, 공적이 높은 사람은 겸손하고 사양할 줄 알아야 하며, 용감한 사람은 두려워할 줄 알아야 하고, 부유한 사람은 근검절약할 줄 알아야 한다. 겸손하게 물러나면 손해를 보지 않는다는 것도 이런 이치다."

공자가 말한 겸허 사상은 중국의 공평배(公平杯)에서도 엿볼 수 있습니다. 공평배는 지름이 10cm 전후의 술잔인데 술잔 중심에 용이 입을 벌리고 있습니다. 이 술잔은 용의 입에서부터 속으로 술잔 밑까지 구멍이 뚫려 있어, 술을 80% 정도만 부어야지 그 이상 부으면, 술이 전부 밖으로 흘러나가 한 방울도 술잔에 남지 않게 됩니다. 그래서 이 술잔으로 마시면 서로 공평하게 마신다고 공평배라고 합니다.

여러분! 어느 것이든 극에 달하게 되면 뒤집히고, 지나치면 못 미치느니만 못합니다. 우리 모두 겸허와 공평으로 형평을 잃지 않도록 노력합시다.

지금까지 '겸허 사상'에 대해 말씀드렸습니다.

계획의 효과

지금부터 '계획의 효과'에 대해 말씀드리겠습니다.

단 몇 마디 조언으로 2만5천 달러짜리 수표를 받은 사람이 있습니다. 미국의 철강회사 베들레헴스틸사의 찰스 슈워브 사장이 경영 컨설턴트인 아이비 리에게 보낸 돈입니다.

연일 폭주하는 일에 동분서주하지만 도무지 일에 진척이 없는 스와프 사장이 아이비 리에게 업무의 능률 향상에 대한 아이디어를 구했습니다. 그러자 아이비 리는 한 장의 백지를 건네며 이렇게 말했습니다.

"이 종이에 내일 하지 않으면 안 되는 가장 중요한 사항을 순서대로 여섯 가지 적으십시오. 그리고 내일 아침부터 제1의 사항을 처리하십시오. 그것이 해결되면 제2의 문제로 나가십시오. 이 방법이 가치가 있다고 생각되시면 상담료를 보내주십시오."

이 말을 들은 슈워브 사장은 이튿날부터 그대로 실행했습니다. 그러자 업무의 능률 향상과 아이디어가 속출하는 효과가 나타났습니다. 그래서 만족한 슈워브 사장이 사례로 2만5천 달러를 보냈던 것입니다.

무작정 닥치는 대로 일하는 것보다 중요한 순서대로 계획을 세워서 일하는 것이 능률적이라는 이야기입니다. 또 순서를 세운 다음에는 세분화시키는 것도 계획에 있어서 중요합니다.

평생 동안 남의 책으로만 가르치는 선생님도 많지만 자기의 저서를 해마다 써내는 선생님도 우리 주위에는 있습니다.

"당신은 강연이다 뭐다 해서 전국을 돌아다니고, 또 틈이 나면 책을 읽거나 술을 마셔서 시간이 없을 것 같은데 어떻게 해마다 책을 씁니까?"

이렇게 묻는 사람에게 유명한 강사이자 저자는 다음과 같이 대답했다고 합니다.

"마음만 먹으면 책 쓸 시간은 얼마든지 있습니다. 다만 계획화와 실천이 문제지요. 책 한 권에 보통 200자 원고지 700장이 들어가지요. 3개월로 나누면 한 달에 230~240장 정도, 그걸 30일로 다시 나누면 약 8장 정도입니다. 하루에 일기 쓰듯 8장 정도는 누구나 쓸 수 있잖아요?"

여러분! 목표 달성의 비결은 우선 계획하는 데 있습니다. 그렇다면 계획이란 무엇일까요? 그것은 목표 달성을 위해 무엇을 언제까지 어떻게 할 것인가 분석하고 파악하는 작업입니다. 우리 모두 계획적인 일을 합시다.

지금까지 '계획의 효과'에 대해 말씀드렸습니다.

고개를 숙이면

지금부터 '고개를 숙이면'에 대해 말씀드리겠습니다.

조선시대 초기 이름난 재상 맹사성(孟思誠)은 지극한 효성과 청백리(淸白吏)로 이름이 높은데, 그에게도 자만심으로 가득 차 있던 젊은 시절이 있었습니다. 열아홉의 어린 나이에 장원급제를 해 스무 살에 경기도 파주 군수가 된 그에게는 스스로를 뽐내고 싶은 마음뿐이었습니다.

고을 근처에 있는 어느 암자에 학문과 덕망이 아주 높은 무명선사가 계시다는 이야기를 듣고 어느 날 무명선사를 찾아가 물었습니다.

"스님이 생각하기에 이 고을을 다스리는 사람으로서 내가 최고로 삼아야 할 좌우명이 무엇이라고 생각하오?"

그러자 무명선사가 대답했습니다.

"나쁜 일을 하지 말고 착한 일을 많이 베푸시면 됩니다."

"그런 건 삼척동자도 다 아는 이치인데 먼 길을 온 내게 해줄 말이 고작 그것뿐이오?"

맹사성은 거만하게 말하며 자리에서 일어나려 했습니다. 무명선사가 녹차나 한잔하고 가라며 붙잡자 그는 못 이기는 척 자리에 앉았습니다. 그런데 스님은 찻물이 넘치도록 찻잔에 차를 따르는 것 아닙니까.

"스님, 찻물이 넘쳐 방바닥을 망칩니다!"

맹사성이 소리쳤지만 스님은 태연하게 계속 찻잔이 넘치도록 차를 따랐습니다. 그리고 잔뜩 화가 난 맹사성을 바라보며 말했습니다.

"찻물이 넘쳐 방바닥을 적시는 것은 알고 지식이 넘쳐 인품을 망치는 것은 어찌 모르십니까?"

스님의 한마디에 맹사성은 부끄러움으로 얼굴이 붉어졌고, 황급히 일어나 방문을 열고 나가려다 문에 세게 부딪히고 말았습니다. 그러자 스님이 빙그레 웃으며 말했습니다.

"고개를 숙이면 부딪치는 법이 없습니다."

여러분! 많이 배운 사람은 못 배운 사람을 깔보기 쉽고, 권력이 있는 사람은 힘없는 사람들을 무시하기 쉬우며, 돈이 많은 사람은 가난한 사람을 업신여기기 쉽습니다. 능력 있는 사람일수록 겸손해야 합니다. 겸손한 사람은 모든 사람으로부터 호감을 사지만, 뻐기는 사람은 주위 사람들의 눈총을 받습니다. 부드럽고 공손한 말과 행동을 하도록 노력합시다.

지금까지 '고개를 숙이면'에 대해 말씀드렸습니다.

고객 만족의 비결

지금부터 '고객 만족의 비결'에 대해 말씀드리겠습니다.

"52인치짜리 반바지 있나요?"

거짓말같이 들릴지 모르지만 미국의 낸시 오스틴은 실제로 큰 바지를 입을 뿐만 아니라, 큰 사이즈의 옷을 팔아 대성공했습니다. 대부분의 뚱뚱한 여성들이 그렇듯 300파운드(약136kg)나 되는 그녀는 체중 때문에 옷가게에 가는 것을 몹시 꺼렸습니다.

"어휴! 굉장히 뚱뚱하시네요. 그렇게 큰 옷은 없어요."

가는 곳마다 작은 사이즈뿐이며 간혹 큰 사이즈가 있다 해도 뚱뚱한 몸을 가릴 정도의 어둡고 모양 없는 것뿐이었습니다. 그래서 그녀는 1970년 비만 여성전문 옷가게를 열었습니다. 5천 달러의 자본금으로 시작한 그녀의 가게는 이듬해에 10만 달러 즉, 자본금의 20배에 해당하는 매상을 올릴 만큼 급성장했습니다. 그녀의 성공 비결은 세 가지로 요약할 수 있습니다.

첫째는 용어 선택을 잘했습니다. 여성의 수치심을 자극하는 '뚱뚱한'이라는 말은 절대로 쓰지 않고 고객을 '퀸사이즈 손님' 즉, 여왕님이 입는 사이즈로 불렀으며 옷의 크기도 재치 있는 용어를 사용했습니다. 대부분의 가게에서는 '소, 중, 대, 특대'라고 호칭하지만 그녀의 가게에서는 '쁘띠뜨, 코우켓, 마드모아젤' 등으로 호칭했으며 보다 더 큰 것은 모두 '공작부인급'이라고 불렀습니다.

두번째 성공 비결은 밝고 유행에 맞는 옷을 디자인했다는 것입니다. 여태까지는 뚱뚱한 몸을 가리기 위해서 시대에 뒤떨어진 멋 없는 옷만 입어왔는데, 비만 여성들도 자신들에게 어울리는 멋진 옷을 골라서 입을 수 있으니 얼마나 좋았겠습니까? 불티나게 팔릴 수밖에 없었던 것입니다.

세번째는 점원들도 한결같이 뚱보였다는 것입니다. 매장의 점원을 뽑을 때 허리 32인치 이상의 뚱뚱한 여성만 채용했습니다. 가재는 게 편이고 초록은 동색이라고 뚱뚱한 사람끼리 어울리니 다른 매장에서 느꼈던 체중에 대한 수치심이 없어졌습니다.

여러분! 뚱뚱하다는 이유만으로 푸대접을 받으며, 제 돈 내고 옷을 사는 데도 보기 싫은 옷만 사야 한다면 얼마나 불공평한 일입니까? 이러한 문제점을 해결하고 고객의 욕구에 부응했으니 당연히 성공할 수밖에 없었던 것입니다. 고객 만족, 이것이야말로 기업 성공의 기본이며 전략 아닐까요?

지금까지 '고객 만족의 비결'에 대해 말씀드렸습니다.

고객 창조

지금부터 '고객 창조'에 대해 말씀드리겠습니다.

1904년, 콜롬부스 저축조합의 중역 회의에서 한 남자가 외쳤습니다.

"누구라도 은행 업무에 관련할 자격이 있으며, 또한 은행은 어떤 사람에게나 서비스를 제공할 의무가 있습니다. 그럼에도 불구하고 우리 조합은 대중을 상대조차 하지 않습니다. 저는 여러분과 작별하고 앞으로 대중을 위한 은행을 만들어 보이겠습니다."

이 남자가 바로 미국 굴지의 은행 '뱅크 오브 아메리카'의 창설자 잔니니였습니다. 콜롬부스 저축조합을 그만둔 잔니니는 같은 해 10월, 동지를 모아 샌프란시스코에 15만 달러로 '뱅크 오브 이탈리아'를 창설했습니다. 이 작은 은행이 오늘날의 뱅크 오브 아메리카의 원형이었습 니다.

당시 다른 은행에서는 한 계좌에서 100달러조차 대부해주는 일이 없었습니다. 그러나 잔니니의 은행은 한 계좌에 25달러라는 전대미문의 파격적인 소액 대부를 실시했습니다. 25달러의 반향은 컸습니다. 뱅크 오브 이탈리아에는 그때까지 전혀 은행과는 인연이 없는 듯 생각되던 사람들이 몰려들었습니다. 이렇게 잔니니는 콜롬부스 저축조합 회의에서 단언했던 말을 1년도 안 되는 동안 입증해보였습니다.

잔니니는 소액 대부뿐 아니라 미국 남부나 유럽에서 이민 온 사람들에게도 융자를 실시했습니다. 또한 주택저당차주의 육성에 착수하는 등 잇달아 새로운 사업을 실시해갔습니다. 바로 '고객 창조'의 도전입니다.

"불탄 자리에서 힘차게 재건하려는 의지가 있는 분이라면 어떤 분이든 긴급 대출을 해드리겠습니다."

1906년, 샌프란시스코의 대지진으로 말미암아 많은 난민이 생겼을 때 잔니니가 외쳤던 말이었습니다. 이 호소는 다른 은행이 난민들을 외면하고 있던 당시 대단한 반향을 불러일으켰습니다. 사람들은 앞다투어 뱅크 오브 이탈리아에 달려와 감사한 마음으로 재건을 위한 자금을 빌려갔으며, 이후 재건을 한 그들은 오직 잔니니 은행에서만 거래를 했습니다.

여러분! 고객 없는 사업은 존재할 수 없습니다. 고객 창조야말로 사업 성공의 지름길입니다. 그렇다면 우리들은 그동안 고객 창조를 위해 얼마만큼 노력해왔습니까. 우리 모두 새로운 고객 창조를 위해서 좀 더 노력합시다.

지금까지 '고객 창조'에 대해 말씀드렸습니다.

고난의 힘

지금부터 '고난의 힘'에 대해 말씀드리겠습니다.

곤충학자 찰스 코우만은 애벌레가 나비가 되기 위해 고치 구멍을 뚫고 나오는 광경을 오랫동안 관찰한 적이 있습니다. 고치에 난 조그마한 구멍으로 나비가 비집고 나오느라 필사의 노력을 하다 힘에 겨운 듯 잠시 잠잠해졌습니다. 죽은 것이 아닌가 하고 손가락으로 살며시 건드리자, 또 필사적인 탈출을 시도하지만 도무지 진도가 나가지 않았습니다. 몇 시간을 기다렸지만 나비는 그 작은 구멍을 뚫고 나오지 못했습니다. 그뿐 아니라 이래서야 영영 나오지 못할 것 같다는 생각이 들었습니다. 찰스 코우만이 보다 못해 안타까운 마음에 가위로 주위를 조심스레 잘라 구멍을 넓혀주자, 예상대로 나비는 쉽게 고치 밖으로 나왔습니다.

그런데 쉽게 고치를 빠져나온 나비는 다른 나비들에 비해 몸통이 아주 작고, 가냘프고 찌부러진 날개를 가지고 있었습니다. 찰스 코우만은 '이 나비가 곧 날개를 활짝 펴고 커서 튼튼해지겠지' 하고 기대하면서 계속 지켜봤습니다. 그러나 실망스럽게도 그 나비는 말라비틀어진 몸뚱이와 찌그러진 날개를 지닌 채, 날지도 못하고 땅바닥을 기어 다니다 얼마 못 살고 죽어버렸습니다.

나비는 좁은 고치의 구멍을 뚫고 나오기 위해, 오랜 시간 힘을 쓰는 동안 날개에 있는 혈관으로 충분한 양의 혈액이 흘러들어 가게 됩니다. 사투 끝에 고치 밖으로 나온 나비는 날개 속의 혈액이 활동을 해 평생을 마음대로 날아다닐 수 있는 튼튼한 날개를 갖게 되는 것입니다. 그런 이치를 모르는 사람이 값싼 동정심으로 나비가 고난 속에서 날개의 힘을 키울 기회를 빼앗아버렸으니, 잠시 당하는 고난을 경험하지 못한 나비는 날지 못하는 불구로 태어나 곧 죽고 만 것입니다.

여러분! 쇠는 뜨거운 불과 찬물로 단련하고 사람은 혹독한 고난으로 단련합니다. 고난은 사람을 좌절시키기도 하지만 강하게도 만드는 위력이 있습니다. '날개의 힘'을 키우는 고난을 극복한 나비가 잘 날듯 고난과 역경을 극복한 사람만이 성공을 만끽할 수 있습니다. 지금은 비록 어렵고 힘든 고난에 처해 있을지라도 인내로 고통을 이겨냅시다. 아픔 뒤에 오는 기쁨이 통쾌입니다. 우리 모두 통쾌한 승리자가 됩시다.

지금까지 '고난의 힘'에 대해 말씀드렸습니다.

고진감래

지금부터 '고진감래(苦盡甘來)'에 대해 말씀드리겠습니다.

고진감래란 직역을 하면 '쓴 것이 다하면 단 것이 온다'는 말입니다.

불우한 환경에서 역경을 극복하고 끈질긴 노력으로 대성공자가 된 고진감래의 주인공들은 많겠습니다만, 그 첫째는 이명박 대통령이겠지요. 온 나라를 떠들썩하게 했던 대권 도전의 승리자 이명박. 그는 가난한 집안에서 태어나 고학으로 고려대학교를 다녔습니다. 1964년, 상과대학 학생회장이었던 이명박은 '한일국교정상화 반대 데모'를 하다 4개월 동안 투옥 생활을 한 후 겨우 졸업했습니다.

1965년에는 현대건설에 사원으로 입사해 12년 만인 1977년, 현대건설의 사장이 되어서 샐러리맨으로 신화를 남겼던 인물. 1992년, 그가 정계에 진출해 국회의원이 되고, 1995년 서울시장에 출마했다가 경선에서 패배하였고, 1996년 국회의원에 출마해 당선은 했지만 선거법위반으로 사퇴를 해야 했습니다. 2002년에 비로소 서울시장에 당선돼 상인들의 반대를 무릅쓰고 청계천을 복원해 인기를 얻었습니다. 그 인기를 발판으로 2007년 5월 제17대 대통령선거 출마 선언을 한 후, 당내의 치열한 후보 경선과정과 BBK 회사의 대표 김경준의 사기 사건에 휘말려, 벌 떼처럼 달려드는 온갖 비난과 악재에 시달렸습니다.

그래도 좌절하지 않고 '꼭 경제를 살리겠습니다'라는 캐치프레이즈로 국민의 압도적인 지지로 마침내 당선되었다는 사실은 우리 모두가 이미 잘 알고 있습니다. 그러나 당선의 기쁨이 채 가시기도 전에 세계적인 경제 불황의 여파로 우리나라도 온 국민이 고통을 받고 있습니다. 경제를 살리겠다는 그의 공약과 리더십에 국민들이 기대하고 있습니다. 그에게는 대통령 당선의 기쁨보다 더 큰 고진감래가 기다리고 있습니다.

여러분! 세상에 쉬운 일은 없으며 공짜는 더욱 없습니다. 달성하려는 목표가 크면 클수록, 그 과정은 길고 장애가 있기 마련이며 고생 또한 큽니다. 그래도 결코 좌절하거나 포기해서는 안 됩니다. 성공자들의 공통점은 고진감래였습니다. 우리 모두 인내심을 가지고 목표를 행해서 좀 더 노력합시다.

지금까지 '고진감래'에 대해 말씀드렸습니다.

고통의 결정체

지금부터 '고통의 결정체'에 대해 말씀드리겠습니다.

프랑스의 사상가 파스칼은 "고통은 정신의 양식이다"라고 했고, 독일의 시인 에센바흐는 "고통은 인간의 위대한 교사다"라고 했으며, 도스토예프스키는 "고통 없는 인생이란 쾌락도 있을 수 없다"고 했습니다. 어쩌면 인생 자체가 고통의 연속인지도 모릅니다. 그렇다면 우리에게 갖가지 아픔과 괴로움을 주는 고통에 어떻게 대처해야 할까요?

여러분은 진주의 가치와 아름다움을 아실 겁니다. 여성들의 액세서리로 부호들의 술잔이나 그릇에 장식용으로 쓰이는 진주는 부드럽고 빛나는 아름다움 때문에 동서고금을 막론하고 많은 사람들의 사랑을 받아왔고, 귀한 보석으로 평가받고 있습니다.

그렇다면 이 값지고 영롱한 진주는 어떻게 만들어졌을까요? 한마디로 병든 조개가 아픔을 이기고 승화시킨 고통의 결정체입니다. 바다 밑 모래밭에서 조개가 숨을 쉴 때, 모래알이 몸속으로 박히는 경우가 있습니다. 연약한 살 속에 거칠고 딱딱한 모래알이 박혔으니 얼마나 고통스럽겠습니까? 조개 는 그 고통을 이겨내기 위해 몸의 진액을 짜내, 모래알을 감싸고 또 감싸며 인고의 세월을 보냅니다. 이렇게 몇 해를 지내다보면 영롱하고 아름다운 진 주가 생깁니다.

그러나 모든 조개가 다 자기 몸속에 들어온 모래를 진주로 만들어내는 것 은 아닙니다. 개중에는 모래알 때문에 생긴 병을 이기지 못해 죽고 마는 조개 들도 적지 않습니다. 모래알이 몸속으로 들어와 고통스럽기는 마찬가지지만 어떤 조개는 진주를 만들어내고 어떤 조개는 죽어버립니다. 인생의 성공이 나 실패도 마찬가집니다. 세상을 살다보면 뜻하지 않은 시련을 맞아 고통스 러울 때가 있습니다. 이때 어떤 사람은 승화시켜 성공자가 되고 어떤 사람은 시련의 고통을 이기지 못하고 좌절해 실패자가 됩니다. 성공자는 고통을 이 겨낸 대가로 만인의 사랑과 박수갈채를 받고, 실패자는 고통에 진 대가로 주 위 사람들의 멸시와 손가락질을 받습니다.

여러분! 불교에 백팔번뇌라는 말이 있듯이 인생은 괴로움과 고통의 연속입 니다. 인생살이에서 결코 피할 수 없는 것이 고통이라면, 고통을 떨쳐버리려 애쓰지 말고 감싸 안고 사랑합시다. 고통도 자기 인생의 소중한 과정입니다.

지금까지 '고통의 결정체'에 대해 말씀드렸습니다.

공짜는 없다

지금부터 '공짜는 없다'에 대해 말씀드리겠습니다.

아주 오랜 옛날, 어느 왕이 현자들에게 성공과 행복을 위한 비결을 연구하라고 명령했습니다. 현자들은 정성을 다해 열심히 오랫동안 연구를 거듭한 끝에 세기의 지혜를 다 모아, 열두 권의 방대한 책으로 만들어 왕에게 바쳤습니다. 왕은 책자를 훑어보더니 다음과 같이 말했습니다.

"이 책이 여러 시대 지혜의 결정이라는 것을 믿어 의심치 않소. 그러나 너무 두꺼워서 사람들이 읽지 않으면 소용이 없으니 책을 좀 더 얇게 줄여주시길 바라오."

현자들은 또 오랜 시간의 노력 끝에 몇 번을 고치고 고쳐서 한 권의 책으로 만들었습니다. 그런데도 왕은 여전히 책의 두께가 너무 두껍고 분량이 많다면서 또다시 더 줄일 것을 명령했습니다. 대신들은 한 권의 책을 한 장으로 만들었다가 다시 한 페이지로 만들었습니다. 그러나 왕은 아직도 만족스럽지 않은지 더 줄일 수 없겠냐고 물었습니다. 현자들은 한 문단으로 만들었다가 최종에는 한 줄로 만들었습니다. 이 문장을 본 왕은 아주 흡족해하면서 다음과 같이 말했습니다.

"이거야말로 여러 시대 지혜의 결정체구나. 그러면 우리만 알 것이 아니라, 다른 지방의 사람들도 이 진리를 알면 사람들 대부분의 문제는 곧 해결될 수 있지 않겠는가?"

세기의 지혜를 다 모아 한 줄로 농축시킨 말이 무엇인지 아십니까? 그것은 바로 '세상에 공짜는 없다'는 것이었습니다.

여러분! 한자 성어에 '천하막무료(天下莫無料)'란 말이 있습니다. 천하에 무료란 없다는 뜻이지요. 또 '무한불성(無汗不成)'이란 말도 있지요. 땀을 흘리지 않으면 이룰 수 없다는 말입니다. 세상에 공짜는 없다는 말은 물질이나 자본적 가치뿐 아니라, 성공이나 인간관계 등 모든 인간사에 적용됩니다. 그럼에도 불구하고 공짜를 바라는 사람이 세상에는 많은 것 같습니다. 우리 모두 공짜를 바라지 맙시다.

지금까지 '공짜는 없다'에 대해 말씀드렸습니다.

공포심

지금부터 '공포심'에 대해 말씀 드리겠습니다.

인도의 석가모니는 "목숨이 있는 자는 모두 괴로움을 두려워한다"고 했고, 미국의 사상가 에머슨은 "공포는 항상 무지에서 발생한다"고 했으며, 독일의 시인 괴테는 "인생에는 두려운 일이 적어도 두 가지는 있다. 하나는 공포심에 사로잡히는 것이고 또 하나는 두려운 것을 모를 정도로 교만해지는 것이다"라고 했습니다.

의학자들은 오늘날 무수한 병고(病苦)의 원인은 공포에 있다고 말합니다. 공포는 히스테리와 정신착란을 유발해 마음을 약하게 하며, 마음을 괴롭히고 점령해 인간의 영혼과 육체를 병들게 합니다. 그러므로 인간이 그 가치를 향유하려면 먼저 공포심을 정복해야 합니다.

어느 날, 한 아라비아의 대상(隊商)이 길을 가다 전염병을 만났습니다.

"전염병, 그대는 어디로 가는가?"

대상이 묻자 전염병이 대답했습니다.

"예, 바그다드로 갑니다."

"바그다드에는 뭘 하러 가지?"

대상이 묻자 전염병이 대답했습니다.

"예, 저의 전염병으로 5천 명을 죽이러 갑니다."

그 후 바그다드에는 전염병이 나돌아 수많은 사람이 죽었습니다.

그러던 어느 날, 아라비아 대상은 사막에서 다시 전염병을 만났습니다. 대상은 화난 음성으로 소리쳤습니다.

"네 이놈, 전염병아! 저번에 만났을 때, 네 놈은 분명히 5천 명을 죽이러 간다고 했겠다. 그런데 실제로는 전염병으로 죽은 사람이 5만 명이나 돼. 왜 거짓말을 했느냐?"

그러자 전염병이 대답했습니다.

"저는 거짓말을 한 것이 아닙니다. 분명히 5천 명밖에 죽이지 않았습니다. 나머지 사람들은 스스로 놀라 공포로 죽은 것입니다."

여러분! 이 이야기는 전염병에게 언동을 부여해 인격화시킨 우화로 인간의 약점을 꼬집는 진실이 들어 있습니다. 그렇다면 공포심이란 무엇일까요? 공포심이란 두려워하는 마음이며, 공포심의 대부분은 실제보다 무섭다고 스스로 느끼는 것이기 때문에, 쓸데없는 미망(迷妄)에 사로잡혀 시달릴 필요가 없습니다. 공포심에 대한 해독제는 오직 자기 자신을 믿고 실체를 파악해 정진하는 것뿐입니다.

지금까지 '공포심'에 대해 말씀드렸습니다.

관용의 미덕

지금부터 '관용의 미덕'에 대해서 말씀을 드리겠습니다.

중국의 처세교본 〈채근담〉에는 "생각이 너그럽고 두터운 사람은 봄바람이 만물을 따뜻하게 기르는 것과 같으니, 모든 것이 그를 만나면 살아난다"는 말이 나옵니다.

어린이의 아버지, 소파 방정환 선생의 집에 어느 날 강도가 들어와 돈을 내놓으라고 위협했습니다. 방정환 선생은 순순히 서랍에서 390환을 꺼내 주었습니다. 그러자 강도는 돈을 홱 움켜쥐고 나가려 했습니다. 이때 소파 선생이 강도를 불러 세워 다음과 같이 말했습니다.

"아니, 이보시오! 남의 돈을 가져가면 고맙다고 인사라도 하고 가야 되지 않겠소?"

강도는 어이가 없다는 듯 뻔히 쳐다보더니 "그래, 고맙다"라고 툭 내뱉고 어디론가 사라졌습니다. 그러나 얼마 지나지 않아 경찰이 강도를 붙잡아 소파 선생의 집으로 데려왔습니다.

"이 사람이 선생님의 돈을 훔쳤다지요?"

고개를 푹 숙인 채 아무 말도 못하는 강도의 모습을 보며 선생은 말했습니다.

"아니오. 나는 이 사람에게 돈을 빼앗긴 사실이 없소이다."

그 말에 경찰도 강도도 어리둥절해졌습니다.

"아니? 이놈이 여기서 390환을 훔쳤다고 얘기했습니다. 분명히 훔쳤지요?"

경찰이 의아해하며 다시 물었습니다. 그러자 소파 선생은 강도를 향해 말했습니다.

"원 사람도, 내가 390환을 주니까 당신이 고맙다고 인사까지 하지 않았소! 뺏었다면 고맙다고 했을 리가 있겠소?"

경찰은 소파 선생의 말에 하는 수 없이 강도를 포박했던 포승을 풀어주었습니다. 그 후 도둑은 소파 선생의 깊은 마음과 관용에 감동을 받아, 평생 동안 선생의 곁을 떠나지 않고 열심히 일하는 사람이 되었다고 합니다.

여러분! 관용은 이렇게 위대한 설득력이 있습니다. 우리들은 어떻습니까? 자기 자신과 남에게 얼마나 관용을 베풀며 살고 있습니까? 병가상사(兵家常事)라고 한두 번 실수했다고 낙담하지 말고 남의 잘못에도 관용을 베풀도록 합시다. 관용은 인간의 덕목 가운데 으뜸입니다.

지금까지 '관용의 미덕'에 대해 말씀드렸습니다.

관점의 차이

지금부터 '관점의 차이'에 대해 말씀드리겠습니다.

신라시대 선덕여왕 때, 원효와 의상은 의형제를 맺고 산속으로 들어갔습니다. 둘은 가까운 지역에 기거하면서 도를 깨우칠 때까지 서로 만나지 않기로 했습니다. 세월이 흘러 7년이 지난 어느 늦가을 밤, 묘령의 부인이 의상이 기거하는 의상대에 찾아와 방문을 두드렸습니다.

"지나가는 나그네인데 하룻밤만 쉬어가게 해주세요."

"여기는 승방이라 여자는 들어오지 못하오."

스님의 무뚝뚝한 말에 여인이 사정을 했습니다.

"대사님, 날씨가 너무나 춥습니다."

"그래도 할 수 없소."

갑자기 여인은 신음소리를 내며 애걸했습니다.

"대사님, 산기가 있습니다."

의상은 아랑곳하지 않고 문고리를 잠갔습니다.

'의상의 도가 다 되었다더니 아직 멀었구나. 그럼 원효나 만나고 갈까?'

그녀는 원효암으로 가서 방문을 두드리며 말했습니다.

"지나가는 나그네인데 하룻밤 쉬어갈 수 있겠습니까?"

"아니, 이 어두운 밤에 어떻게 젊은 여인이 혼자서 왔소. 어서 들어오시오."

원효가 그녀를 방 안으로 맞아들이고는 아랫목에 앉혔더니, 얼마 후 여인이 신음을 하기 시작했습니다.

"대사님, 산기가 있습니다."

'이거 큰일났군. 어서 물을 데워야지.'

원효가 물을 데워오니 여인은 옥동자를 낳았습니다.

"스님, 그 물로 저를 좀 씻겨주세요."

그녀가 옷을 벗자 원효는 여인의 몸을 깨끗이 씻어주었습니다.

"스님도 옷을 벗고 이 물에 몸을 좀 씻으세요."

여인의 말에 물을 들여다보니 소용돌이가 치고 향내가 진동하는데, 여인과 옥동자는 온데간데없이 사라졌습니다. '관세음보살이 나를 시험하러 왔었구나'라고 생각하고 그 물에 목욕을 하는 순간 도를 깨우쳤다고 합니다.

여러분! 원효 대사와 의상 대사는 우리나라를 대표하는 불교계의 태두(泰斗)입니다. 원효의 불교는 스스로 이롭고 남도 이롭게 하는 이타행(利他行)을 실천하는 대승불교며, 의상의 불교는 자기 구원만 추구하는 소승불교라고 합니다. 여러분은 과연 어떤 관점에서 행동하고 있습니까?

지금까지 '관점의 차이'에 대해 말씀드렸습니다.

광고의 기술

지금부터 '광고의 기술'에 대해 말씀드리겠습니다.

광고 없이 사업하는 것은 어둠 속에서 처녀에게 윙크하는 것과 같습니다.

아주 오래전 유대 지방에서 흉년이 들어 식량난에 부딪치자 물가가 하늘 높은 줄 모르고 폭등하던 시절 이야기입니다. 행정 당국에서 물가를 통제하고 있었는데 그때 헤르셸이란 남자에게 오리 한 마리가 생겼습니다.

'오리를 기르자니 힘겹고 잡아먹자니 아깝고……'

생각하다 못한 헤르셸은 신문광고를 낸 당시 돈으로 200크로네라는 비싼 값에 팔았습니다.

이 소식을 들은 오리 기르는 집 주인은 '오리 값이 엄청나게 올랐구나'라고 생각하고 자기도 돈을 벌 욕심에 광고를 냈습니다.

"오리를 팝니다! 한 마리에 200크로네."

그런데 광고가 나가자마자 손님보다 경찰이 먼저 찾아와 폭리를 취한다고 오리를 전부 압수해갔습니다. 억울하기 짝이 없는 오릿집 주인은 헤르셀을 찾아가 물었습니다.

"당신은 어떤 수를 썼기에 오리를 경찰에 뺏기지도 않고 비싼 값에 팔았소?"

헤르겔이 오리집 주인에게 물었습니다.

"어떻게 광고를 냈기에 몰수를 당했습니까?"

"그냥 '오리를 팝니다! 한 마리에 200크로네'라고 냈을 뿐입니다."

그러자 헤르셀은 안타깝다는 듯 다음과 같이 말하는 것이었습니다.

"참, 바보짓을 하셨군요. 제가 낸 광고는 조금 다르지요. '지난 일요일 아침, 교회 앞에서 200크로네를 분실! 찾아주시는 분에게 사례로 오리 한 마리를 드리겠음.' 그러자 여기저기서 200크로네를 갖고 와서 오리를 달라고 하더군요."

여러분! 우리나라 속담에 '아 해 다르고 어 해 다르다'는 말이 있습니다. 같은 내용이라도 그 표현을 어떻게 하느냐에 따라 광고의 효과는 달라집니다. 효과적인 광고를 위한 다섯 가지 원칙을 소개하겠습니다.

첫째, 작은 광고보다는 큰 광고가 효과적입니다.

둘째, 사물보다는 인물이 효과적입니다.

셋째, 각진 것보다는 둥근 것이 효과적입니다.

넷째, 정지된 것보다는 움직이는 것이 효과적입니다.

다섯째, 차가운 색보다는 따뜻한 색이 효과적입니다.

기발한 아이디어와 함께 이 원칙을 활용한다면 틀림없이 성공할 것입니다. 지금까지 '광고의 기술'에 대해 말씀드렸습니다.

Today's
speech

30

광고 이야기

지금부터 '광고 이야기'에 대해 말씀드리겠습니다.

미국의 소설가 마크 트웨인이 신문을 편집할 때의 이야기입니다. 하루는 그 신문의 구독자 중 한 사람이 그에게 편지를 보내왔습니다. 내용인즉, 자기가 보는 신문 위에서 한 마리의 거미를 발견했는데, 그 거미가 길조를 뜻하는 건지 흉조를 뜻하는 건지를 묻는 것이었습니다.

거기에 대해 마크 트웨인은 다음과 같은 회답을 썼습니다.

"친애하는 구독자께. 당신이 신문에서 거미를 발견한 것은 길조도 흉조도 아닙니다. 그 거미는 단지 우리의 신문에서 어떤 상인이 신문에 광고를 내지 않았는지 알아보고, 파리 날리는 그 상점에 찾아가 문간에 거미줄을 치고, 아무에게도 방해받지 않는 평화로운 생활을 하기 위해 잠시 머물러 있었던 것입니다."

광고의 중요성을 풍자한 의미 있는 이야기입니다. 광고를 효과적으로 해 정책을 성공시킨 역사 속의 일화도 있습니다.

'터키의 아버지'로 국민의 추앙을 받는 케말 아타튀르크. 그는 1차 세계대 전 패전으로 국가가 존망의 위기에 처해 있을 때, 강대국인 영국과 그리스를 상대로 독립전쟁을 해, 근대화된 터키공화국을 수립한 인물입니다.

공화국의 초대 대통령이 된 아타튀르크는 터키를 근대화하기 위해서 여러 가지 개혁을 했는데, 그 중 하나가 여자들이 베일을 쓰는 것을 금지한 것입니 다. 보통의 지도자들이라면 그냥 포고령을 내려 베일을 못 쓰게 했을 것입니 다. 그랬다면 오랜 세월 이어온 관습으로 반발도 심했을 것이고, 여러 저항에 부딪쳤을지도 모릅니다.

그런데 아타튀르크는 이색적인 방법을 사용했습니다.

'창녀들은 꼭 베일을 써야 한다'는 법을 만들어 공포했습니다.

그러자 여성 모두가 창녀로 오해받기 싫었던지 자발적으로 베일을 벗어버 렸다고 합니다.

여러분! 현대는 자기 PR의 시대이며 광고의 시대입니다. 광고는 사업의 필 수 조건입니다. 그렇다면 어떻게 광고를 해야 될까요? 효과적인 광고를 위해 서는 첫째, 고객의 입장에서 생각해야 하고 둘째, 강제하는 것보다는 설득하 는 게 효과가 더 좋습니다.

지금까지 '광고 이야기'에 대해 말씀드렸습니다.

광고 전략의 선구자

지금부터 '광고 전략의 선구자'에 대해 말씀드리겠습니다.

"선전은 적극적인 것이 아니면 안 된다. 그리고 공격적이어야 한다. 매스컴에 의한 판매가 바로 그것이다."

일찍이 이런 정의를 내린 사람은 광고계의 역사에서 누구보다 가장 돈을 많이 벌었던 알버트 라스커라는 사람입니다.

물물교환의 범주를 채 넘지 못했던 100여 년 전에, 이미 현란한 광고의 성공을 직감해낸 그의 예지는 반짝이는 보석과도 같지 않습니까? 청년 라스커는 계속해서 주장했습니다.

"매스컴을 통해서 판매를 유효하게 하는 복합적인 요소는 무엇인가? 어째서 상품이 팔리며 어째서 사람들은 그것을 사는가? 선전은 사람들에게 그 '어째서'를 가르쳐주지 않으면 안 된다. 예를 들면 식료품 상점의 주인이 사람들에게 아무런 이유도 없이 단골이 되어달라고 해도 그것은 무의미한 구걸에 불과하다. 그러나 어째서 그의 상품이 좋은가 어째서 값이 싸며 어째서 품질 보장을 할 수 있는가를 설명하고, 이를 증명할 수 있다면 그는 손님을 휩쓸 것이다."

여기서 그가 개척해 낸 '어째서식(式)' 선전 전략이 탄생하게 됩니다.

라스커는 소년 시절 신문기자가 되려는 뜻을 품고 사회에 진출했는데, 선견지명을 가진 토마스란 청년 사업가를 만나 선전 사업에 종사하게 되었습니다. 이렇게 광고 사업에 발을 들여놓은 그는 마침내 '20세기에 가장 위대한 광고의 마술사'로 손꼽히게 되었습니다.

그가 창출한 여러 가지 선전 방법은 삽시간에 전 세계로 파급되었는데, 극장에서의 프로모션, 신문을 이용한 돌출 광고, 라디오와 TV 등을 이용한 방식, 그 모두가 그와 그의 동료들의 아이디어였습니다. 가정에 세탁기를 제공하고, 많은 사람들에게 담배와 주스를 보급시킨 사람이 바로 라스커이며, 대륙을 달리는 여행자에게 햄버거를 제공한 것 또한 그였습니다. 그런가 하면 공용 광고를 개발해 산아제한의 미덕을 여성들에게 가르치고, 공공 캠페인 프로에 광고주의 이름을 넣게 했습니다.

여러분! 현대는 광고의 시대라고 합니다. 광고 없이 사업을 한다는 것은 캄캄한 밤중에 등불도 켜지 않고 상점을 여는 것과 같습니다. 우리도 사업 번창을 위해 광고 전략을 짭시다.

지금까지 '광고 전략의 선구자'에 대해 말씀드렸습니다.

국민성

지금부터 '국민성'에 대해 말씀드리겠습니다.

길에 동전 하나가 떨어져 있습니다. 인도 사람은 엎드려 절부터 하고 얼른 집어가고, 영국 사람은 씹던 껌을 지팡이에 붙여 아무 일도 없었다는 듯 주운 다음 유유히 사라지며, 일본 사람은 일단 바나나 껍질을 버린 다음 일부러 넘어지는 척하면서 줍는다고 합니다. 그러나 중국 사람은 먼저 큰 소리로 외칩니다.

"맞아! 여기 떨어뜨렸다니까."

고공비행 중인 여객기가 사고 때문에 무게를 줄여야 했습니다.

승객들이 서로 얼굴만 쳐다보던 중 먼저 일본 사람이 벌떡 일어나 "천황폐하 만세!"라고 외치며 뛰어내렸습니다. 그래도 중량이 초과되자 이번에는 영국 사람이 점잖게 일어나더니 "대영제국은 영원하리라!" 하고 외치며 뛰어내렸습니다. 남은 것은 중국, 러시아 사람뿐이었습니다. 먼저 중국 사람이 일어나 한참 침묵의 시간을 가진 뒤 "중화민국 만세!"라고 외치면서 순간 러시아 사람을 밀어 떨어뜨렸습니다.

초호화 호텔에서 국제회의가 열리고 있었습니다. 쉬는 시간을 이용해 각국의 대표들이 연못의 분수 주위에 모였습니다. 독일 사람은 열심히 분수의 구조를 궁리했고, 프랑스 사람은 찬란한 불빛과 물줄기를 감상하기에 여념이 없었으며, 일본 사람은 분수에 적힌 'Made In Japan'이라는 문구에 흐뭇해했습니다. 그러나 무표정한 중국 사람은 무엇인가 궁리에 빠져 있었습니다.

"저놈을 튀겨 먹을까? 삶아 먹을까?"

연못 속의 금붕어를 보고 한 말이었습니다.

길을 가다 마주 오는 두 사람의 어깨가 부딪쳤습니다.

'그럴 수도 있지 뭐' 하고 뒤도 안 돌아보고 가는 사람은 중국 사람이며, 즉각 돌아서서 "어이구, 죄송합니다" 하고 사과하는 사람은 일본 사람이며, "야, 왜 쳐!" 하고 시비를 거는 사람은 한국 사람이랍니다.

여러분! 국민성은 나라마다 다릅니다. 어느 나라 사람이 좋다 나쁘다고 단정지을 수는 없습니다. 그러나 세계화 시대에 주역이 되려면 각 나라의 국민성을 파악하는 것이 좋지 않을까요?

지금까지 '국민성'에 대해 말씀드렸습니다.

궁즉통

지금부터 '궁즉통(窮則通)'에 대해 말씀드리겠습니다.

핀란드의 수도 헬싱키의 중심부에 '바위교회'라는 이상한 이름의 교회가 있습니다. 오늘날 이 교회는 세계적으로 유명한 하나의 관광 코스가 되었습니다. 원래 헬싱키 시에서는 효율적으로 토지를 이용하기 위해, 도시의 한가운데 교회를 짓지 못하도록 교회 신축 토지허가를 법으로 규제하고 있었습니다.

그런데도 바위교회만은 예외로 세워지게 된 데는 다음과 같은 이유가 있습니다.

교회 재단에서 시의 허락을 받기 위해 고민하던 중 건축가 두 사람이 기발한 아이디어를 제의했습니다. 그것은 헬싱키의 도시 한가운데 있는 큰 바위를 이용하자는 것이었습니다. 이 바위는 너무 거대했기 때문에 시에서 없애지도 못하고 이용할 수도 없어서 그대로 방치해두고 있는 애물단지였습니다. 두 건축가가 내놓은 아이디어는 다음과 같았습니다.

"교회 건물이라고 해서 반드시 땅 위에 기초를 닦고 기둥을 세워 지붕을 덮어야 된다는 법은 없습니다. 바위 속을 그대로 파내 문만 뚫어놓으면 훌륭한 교회가 될 것 아니겠습니까? 이렇게 해놓으면 시에서도 새로운 토지를 사용하지 않고 바위 속을 뚫어 지붕만 덮어놓았으니, 그대로 바위이지 달라진 것은 없으니까 아무 말도 못할 것입니다."

그래서 교회에서는 곧 그 아이디어를 구체화시켜 시에 요청했고, 시에서는 새로운 토지를 허가해달라는 것도 아니고, 처치 곤란인 바위를 교회로 이용하겠다는 청을 거절할 수 없어서 허락했습니다.

건축가의 말대로 바위의 속을 파고 지붕을 덮고 문을 달아놓으니, 훌륭한 바위교회가 탄생해 세계적인 명물이 된 것입니다.

여러분! 세상에 안 되는 일은 없습니다. 안 된다고 포기하는 사람이 있을 뿐입니다. 안 되는 것도 되게 하는 것이 지혜로운 사람의 행동 아닐까요? 〈역경(易經)〉에 "궁즉변 변즉통(窮則變變則通)"이란 명구가 있습니다. '궁하면 변해야 하고 변해야만 통한다'는 진리를 담은 말이지요. 궁하면 통한다는 말을 명심하고 우리 모두 새로운 아이디어를 개발해 어려운 현실을 극복해나갑시다.

지금까지 '궁즉통'에 대해 말씀드렸습니다.

근심과 걱정

지금부터 '근심과 걱정'에 대해 말씀드리겠습니다.

옛날 어느 마을에 안락한 생활을 하는 농부가 있었습니다. 그가 안락하게 지낼 수 있었던 것은 첫째, 부지런히 일한 덕택이고 둘째, 하루하루를 걱정하지 않고 지내기 때문이었습니다.

그러나 주위 사람들 모두가 날씨가 어떻고, 경제가 어떠며, 심지어는 세계 정세가 어떻다느니 하면서 근심을 한다는 사실을 알았습니다.

그래서 농부는 세상 사람들이 다 근심을 하는 모양인데 자신만 안 하면 손해를 볼지도 모른다는 생각에, 하루 종일 근심을 해보기로 작정했습니다. 우선 농사에 대해 생각했습니다.

'흉작이 오면 어떻게 하나?' 하고 생각해보니 파멸이었습니다. 그렇다면 '대풍작이면?' 하고 생각했으나 역시 값이 폭락하고 맙니다. 다음에는 날씨에 대해 생각했습니다.

'비가 안 오고 가문다면?' 당연히 추수할 것이 없어서 파멸입니다. '비가 너무 많이 와서 장마가 든다면?' 홍수에 작물이 몽땅 떠밀려가 농사를 망칩니다.

그 다음에는 건강을 생각했습니다. '병으로 일을 못하게 되면?' 역시 망할 수밖에 없습니다. 근심하면 할수록 계속 근심거리만 늘어났습니다.

다음 날, 농부는 이웃 사람에게 자기가 깨달은 중대한 진리를 말했습니다.

"내가 열두 시간을 꼭 채워서 근심을 해봤는데 무엇 하나 좋은 일이 없더구만. 그래서 난 근심 걱정은 하지 않기로 했다네."

어느 연구 기관에서 근심에 관한 조사를 했는데, 그 결과는 우리가 근심하는 내용 가운데 40%는 일어날 수 없는 일이고, 30%는 과거에 발생한 것으로 이미 어쩔 수 없는 일이며, 12%는 타인에 관한 것으로 자기와는 관계가 없는 일이었고, 10%는 상상으로 그려본 질병에 관한 것이었으며, 나머지 8%만이 근심할 가치가 있는 것이었습니다.

여러분! 쓸데없는 근심은 하지 맙시다. 근심은 두려움을 잉태하며 두려움은 의욕을 빼앗는 법입니다. "내일 지구의 종말이 온다고 해도 나는 오늘 한 그루의 사과나무를 심겠다"던 철학자 스피노자의 말처럼 주어진 현재의 일에 충실하도록 합시다. 근심은 비생산적입니다.

지금까지 '근심과 걱정'에 대해 말씀드렸습니다.

급한 마음이 부른 불상사

지금부터 '급한 마음이 부른 불상사'에 대해 말씀드리겠습니다.

어느 날 밤, 의사인 반 아이크 박사에게 전화가 걸려왔습니다. 한 소년이 총을 가지고 놀다 오발을 해 생명이 위태로우니, 빨리 병원으로 와달라는 것이었습니다. 아이크 박사는 빠른 속도로 자동차를 몰았습니다.

그런데 얼마 가지 않아 느닷없이 한 사나이가 자동차를 가로막는 것이었습니다. 그 사나이는 다짜고짜 자동차에 올라타더니 권총을 들이대며 말했습니다.

"미안하지만 이 차는 내가 좀 빌려야겠소. 당신은 여기서 내리시오!"

사나이의 위협에 아이크 박사는 깜짝 놀랐지만 정신을 차리고 사정했습니다.

"여보시오, 나는 의사요. 지금 생명이 위독한 환자를 돌보러 가는 중이오. 제발 나를 그냥 가게 해주시오."

그러나 사나이는 화를 벌컥 내면서 박사를 자동차 밖으로 밀어내더니 쏜살같이 사라져버렸습니다. 그렇다고 안 갈 수도 없는 일이라 30분이나 지체한 뒤 지나가는 택시를 잡아타고 가까스로 병원에 도착했습니다.

"그 소년은 어떻게 됐습니까? 한시가 급하다고 들었는데……."

"안됐습니다만 소년은 10분 전에 죽었습니다."

'박사가 조금만 빨리 왔더라면……' 하는 안타까운 표정을 지으며 간호사가 말했습니다. 이때, 병실 밖에서 초조하게 기다리고 있던 죽은 소년의 아버지가 뛰어 들어왔습니다.

"내 아들이 죽었다고요?"

소년의 아버지는 창백해진 얼굴로 죽은 소년을 끌어안고 울기 시작했습니다. 그 순간 아이크 박사는 깜짝 놀랐습니다. 소년의 아버지는 바로 자신의 자동차를 빼앗아 타고 달아난 사나이였던 것입니다.

사나이도 소스라치게 놀라더니 마침내 이렇게 부르짖었습니다.

"내가 아들을 죽였구나!"

여러분! 급한 마음에 앞뒤 가리지 않고 행동했다가 큰 손해를 보신 적이 없습니까? '아무리 바빠도 바늘허리에 실 매어 쓰지 못한다'는 속담이 있습니다. 또 '급할수록 돌아가라'는 말도 있습니다. 아무리 바쁜 일이 생겨도 서두르지 말고 침착하게 대처해나가야겠습니다.

지금까지 '급한 마음이 부른 불상사'에 대해 말씀드렸습니다.

긍정의 눈, 부정의 눈

지금부터 '긍정의 눈, 부정의 눈'에 대해 말씀드리겠습니다.

인도의 작가 오쇼 라즈니쉬는 "부정은 자존심에 도움이 되고 긍정은 자아를 붕괴시키기 때문에, 사람들은 아니라고 부정하기를 좋아한다"고 했습니다.

가난한 집안에서 태어난 형제가 있었습니다. 같은 환경에서 성장한 두 사람은 너무도 다른 삶을 살았습니다. 형은 학식도 없고 돈도 없는 처량한 걸인이 되었고, 동생은 열심히 공부해 존경받는 훌륭한 대학 교수가 되었습니다.

이들의 사정을 들은 한 기자가 '똑같은 환경에서 자란 형제가 왜 이렇게 다른 인물이 되었는가?'라는 주제로 연구를 하게 되었습니다. 오랜 연구 끝에 기자는 특이한 점을 하나 발견했습니다. 형제가 자란 집에는 조그만 액자가 하나 걸려 있었고 형제는 액자 속에 적힌 글을 보면서 자랐습니다. 그 액자에는 'Dream is nowhere(꿈은 어디에도 없다)'라고 적혀 있었습니다.

'세상에 꿈이 없다니…….'

기자는 형제에게 그 액자가 기억나느냐고 물었습니다.

처량한 신세가 된 형이 대답했습니다.

"있었죠. 20년 넘게 우리 집에 있던 액자입니다. 그 액자에는 '꿈은 어디에도 없다'라고 써 있었지요. 전 그것을 보며 늘 생각했습니다. 내게는 어떤 희망도 없다는 것을……."

그러나 대학교수로 성공한 동생은 미소를 지으며 이렇게 대답했습니다.

"기억이 나지요. 하지만 저는 액자 속에 쓰인 글의 띄어쓰기가 잘못되었다는 것을 발견했습니다.

'Dream is now here(꿈은 바로 지금 여기에 있다).'

그래서 주어진 상황 속에서도 열심히 공부를 하면 저도 성공할 수 있다는 생각을 했고, 생각한 그대로 성공적인 삶을 살고 있습니다."

여러분! 우리는 세상을 살아가면서 어떤 눈으로 사물과 사건을 바라봅니까? 빨간색 안경을 쓰고 보면 모두가 빨갛게 보이고, 파란색 안경을 쓰고 보면 모두가 파랗게 보이듯, 어떤 색의 안경을 쓰느냐에 따라 사물에 대한 판단도 달라집니다. 우리 모두 긍정의 눈으로 세상을 바라보고 긍정적인 생각, 긍정적인 행동을 하는 긍정적인 사람이 되도록 노력합시다.

지금까지 '긍정의 눈, 부정의 눈'에 대해 말씀드렸습니다.

기다림

지금부터 '기다림'에 대해 말씀드리겠습니다.

독일의 소설가 하이제의 작품에 다음과 같은 이야기가 있습니다.

옛날 한 젊은 농부가 있었습니다. 어느 날 그는 애인과 데이트하기로 약속하고, 성격이 급한 나머지 너무 일찍 약속 장소에 나갔습니다. 기다릴 줄 모르는 그는 큰 나무에 머리를 틀어박고 땅이 꺼지게 한숨을 쉬고 있었습니다. 이때 갑자기 한 난쟁이가 나타나 다음과 같이 말했습니다.

"나는 당신이 왜 고민하는지 알고 있습니다. 이 단추를 옷깃에 달고 따분하게 기다려야 할 때는 오른쪽으로 돌리세요. 그러면 시간이 막 지나갑니다. 얼마만큼 지나고 싶다고 하면 그만큼 지나갑니다."

이 말은 청년의 마음에 꼭 들었습니다. 그는 단추를 오른쪽으로 홱 돌려보았습니다. 그러자 애인이 눈앞에 나타나 자기를 보면서 생긋 웃는 것이 아닙니까? 그는 속으로 '지금 당장 결혼하면 얼마나 좋을까?' 하고 단추를 또 한

번 돌렸습니다. 이번에는 화려한 결혼식장이 나타났으며, 푸짐한 음식이 차려진 테이블 앞에 그녀와 자신이 나란히 앉아 있고 관현악대들의 우아한 음악이 사람들을 도취시켰습니다. 그는 신부의 눈동자를 보며 '만약 지금 우리 단 둘뿐이면 얼마나 좋을까?' 하고 슬그머니 또 단추를 돌렸습니다. 삼라만상이 잠들어버린 깊은 밤, 그는 그녀와 함께 달콤한 사랑을 나누었습니다.

또 단추를 돌렸습니다. 시간이 쏜살같이 지나더니 갑자기 아들딸이 줄줄이 늘어섰습니다. 그의 욕망은 끝이 없어 단추를 돌리고 또 돌렸습니다. 어느덧 그는 늙은 할아버지가 되어 병석에서 몸도 가누지 못했습니다.

그때서야 그는 단추를 더 돌리지 않았습니다. 돌이켜 지난날을 생각해보니 성격이 급해 실수하고 기다리기 싫어하며 오로지 욕심만을 추구한 자기의 일생이 못내 후회되었지만, 비로소 깨달았습니다.

'기다리는 생활도 가치가 있고 낙이 있다. 나는 시간을 되돌리고 싶다.'

그는 단추를 왼쪽으로 돌렸습니다. 단추가 뚝 멈추더니 그만 꿈에서 깨어났습니다. 눈을 뜨고 보니 자기는 큰 나무 밑에서 여전히 애인을 기다리는 중이었습니다. 청년은 이제 기다리는 법을 알게 되었습니다.

여러분! 우리는 그동안 얼마나 많은 날들을 조급하게 행동해왔습니까? 조급한 행동은 초조한 마음을 만들고, 기다림은 여유 있는 마음을 갖게 합니다. 우리 모두 서둘지 말고 차분한 마음으로 기다리는 즐거움을 누려봅시다.

지금까지 '기다림'에 대해 말씀드렸습니다.

기대한 대로

지금부터 '기대한 대로'에 대해 말씀드리겠습니다.

하버드 대학의 심리학 교수인 로버트 로젠탈 박사는 다음과 같은 실험을 실시했습니다.

학생들을 A와 B반으로 나누고 모두에게 평소대로 수업을 합니다. 물론 A, B 반은 같은 연령, 같은 학년의 학생들입니다. 한 달이 지나서 학생들에게 시험을 치게 했습니다. 그리고 A반의 답안은 철저하게 채점을 해 점수를 매기고, 한 명 한 명 불러서 답안지를 건네주며 지적하고 질책했습니다. 한편 B반에 대해서는 답안을 채점도 하지 않고 학생들에게 다음과 같이 말했습니다.

"이 반의 학생들은 모두 시험을 잘 봤다. 수업 태도도 좋고 답안도 잘 썼어. 선생님은 안심이다. 다음 달 시험도 잘 보기 바란다. 선생님은 그렇게 되기를 기대한다."

다음 달 다시 시험을 치렀고 전달과 마찬가지로 했습니다.

이것을 1년 동안 계속한 후에 결과를 보았더니 A반 학생들은 성적이 내려갔고 수업 태도가 나빠졌으며 선생님에 대한 비판적인 언동이 많았습니다. 이와는 대조적으로 B반의 학생들은 모두 성적이 향상되었고 선생님에 대한 분위기도 화기애애하며, 의욕도 있는 바람직한 방향으로 바뀌었습니다.

이 실험을 통해 얻은 결론으로 로젠탈 박사는 '인간은 인정하고 기대하면 기대한 대로 된다'는 인간관계의 가설을 세웠습니다. 로젠탈 박사가 이 이론을 '피그말리온 효과'라고 이름 짓게 된 것은 그리스 신화에서 유래됩니다.

그리스 신화에는 키프로스에 사는 피그말리온이라는 젊은 조각가 이야기가 나옵니다. 그는 조각 솜씨가 남달리 뛰어났습니다. 어느 날 자기가 이상적으로 생각하는 여인상을 심혈을 기울여 조각했습니다. 자기의 손으로 조각을 했지만 보면 볼수록 너무나 멋지고 훌륭한 여인상에 반한 피그말리온은 매일같이 들여다보고 쓰다듬으면서 이런 생각을 했습니다.

'정말 멋져. 조각품이 아니라 진짜 사람이라면 얼마나 좋을까?'

그것을 안 사랑의 여신 비너스가 조각상에 숨을 불어넣어 인간으로 만들어주었고, 피그말리온은 그 여성과 결혼해 행복하게 살았다고 합니다.

여러분! 기대와 믿음은 일반 상식으로는 도저히 설명할 수 없는 기적을 만들어냅니다. 타인은 물론 자기를 변화시키려면 긍정적인 기대와 확고한 신념을 가지십시오! 인간은 인정하고 기대하면 기대한 대로 됩니다.

지금까지 '기대한 대로'에 대해 말씀드렸습니다.

기회와 욕심

지금부터 '기회와 욕심'에 대해 말씀드리겠습니다.

땔나무를 주워 생계를 유지하는 가난한 두 나무꾼이 있었습니다. 어느 날 두 사람이 산에 땔감을 구하러 갔다가 커다란 솜 보따리 두 개를 발견했습니다. 두 보따리의 솜을 판다면 양쪽 집 가족이 한 달 동안은 근심 걱정 없이 먹고살 수 있었기 때문에, 가난한 나무꾼들에게는 너무나 큰 행운이었습니다.

두 사람은 각자 한 보따리씩 솜을 메고 산을 내려오는 도중 커다란 한 뭉치의 천을 발견했습니다. 그것은 삼베 천이었는데 10여 필이나 되었습니다. 한 나무꾼이 기뻐하면서 동반자에게 어깨에 짊어졌던 솜을 내려놓고 값이 더 나가는 베를 메고 가자고 했습니다. 하지만 동반자는 이미 솜을 메고 이렇게 많이 내려왔는데, 여기까지 와서 솜을 버린다면 헛수고라는 생각이 들어 그냥 솜을 지고 가겠다고 고집을 부렸습니다. 삼베 천을 먼저 발견한 나무꾼은 동반자를 여러 번 설득했으나 결국은 혼자서 베를 짊어지고 내려가게 되었습니다.

베를 짊어진 나무꾼이 한참동안 길을 내려오다 수풀 속에서 반짝반짝 빛나는 것을 발견했습니다. 다가가 보니 뜻밖에도 몇 단지나 되는 황금이 널려있었습니다. 대운이 텄다고 생각한 그는 동반자에게 지금까지 지고 온 것들은 버리고 황금을 이고 가자고 했습니다. 하지만 동반자는 여전히 여태껏 지고 내려온 수고가 아까워서 솜을 그냥 가져가겠다고 미련을 떨었습니다. 그러면서 그 황금은 가짜일지도 모르니 공연히 쓸데없는 욕심을 냈다가, 나중에 일장춘몽이 될 수도 있다는 말까지 했습니다.

황금을 발견한 나무꾼은 하는 수 없이 혼자서 황금 두 단지를 지고 솜을 가진 나무꾼과 함께 집으로 향했습니다. 산 아래까지 내려왔을 때 공교롭게 갑자기 소나기가 쏟아지는 것이 아닙니까? 두 사람은 아무도 없는 벌판에서 흠뻑 비를 맞을 수밖에 없었습니다. 하지만 더욱 불행한 것은 솜이 물에 흠뻑 젖으니 너무 무거워 도저히 지고 갈 수가 없게 되었습니다.

여러분! 기회는 계속 오는 것이 아닙니다. 천재일우의 기회도 잘 붙잡지 못하면 평생 뜻을 이루지 못하고 살아갈 수도 있습니다. 우리 모두 시대적 변화에 적응해 기회를 포착하고 활용합시다.

지금까지 '기회와 욕심'에 대해 말씀드렸습니다.

꿈을 잃지 않는 사람

지금부터 '꿈을 잃지 않는 사람'에 대해 말씀드리겠습니다.

미국 미네소타 주 블루밍턴에 '스파키'라 불리는 소년이 있었습니다. 그는 학교에서 무엇을 시켜도 제대로 하는 것이 없었습니다. 8학년 때는 전 과목을 낙제했습니다. 고등학교에서는 물리 시험에서 0점을 받아 창립 이래 가장 성적이 나쁜 학생으로 유명했습니다. 스파키는 국어인 영어도 외국어인 라틴어도 수학도 잘하지 못했습니다.

그는 동료들과 어울리는 것에도 어려움을 느꼈습니다. 방과 후 클래스메이트가 말을 붙이면 깜짝 놀랄 정도였고, 여학생들에게는 한번도 말을 붙여본 일이 없었습니다. 혹시 거절당하면 어쩌나 하는 두려움 때문이었습니다. 한마디로 매사에 의욕이 없는 열등한 학생이었습니다.

스파키는 자신을 패배한 인간이라고 생각했고 클래스메이트도 모두 그렇게 생각하고 있었습니다. 그러나 스파키는 어렸을 때부터 '언젠가 나도 햇빛을 볼 때가 오겠지' 하고 굳게 믿었습니다. 그리고 자기가 좋아하는 그림을 그려 화가가 되겠다는 소박한 꿈이 있었습니다. 누구 하나 인정해주는 사람은 없었지만 그림은 자신 있었습니다.

그래서 고등학교를 졸업하던 해, 스파키는 졸업 앨범의 편집진에게 만화 몇 장을 그려서 보냈습니다. 하지만 모두 되돌아왔습니다. 그래도 졸업과 동시에 월트디즈니 스튜디오에 편지를 썼습니다. 그러자 그쪽에서 몇 장인가 그려서 보내라고 테마를 정해주었습니다. 스파키는 심혈을 기울여 그려 보냈지만 역시 안 되겠다는 거절 통보가 왔습니다.

그러나 스파키는 그림 그리는 일을 포기하지 않았습니다. 아무도 그림을 받아주지 않자 만화로 자기의 전기를 그렸습니다. 내용은 자기의 어렸을 때의 모습으로, 언제나 패배하면서 변변한 성적 한번 얻어보지 못한 소년의 이야기였습니다. 만화의 주인공은 '찰리 브라운'으로 순식간에 세계에 알려졌고, 스누피, 라이너스, 루시 등의 등장인물을 출현시켜 유명 연재만화로 탄생되었습니다. 만년 열등생에 패배한 인간으로 불렸던 그 사람이 바로 전설적인 만화가 찰스 슐츠라면 믿으시겠습니까?

여러분! 인간은 꿈을 먹고사는 동물이라고 했습니다. 꿈은 곧 희망이며 희망은 성공의 씨앗입니다. 마음속에 희망을 간직한 채 계속 노력하는 사람은 반드시 성공합니다. 여러분은 어떤 꿈을 꾸고 얼마나 많은 노력을 하고 있습니까?

지금까지 '꿈을 잃지 않는 사람'에 대해 말씀드렸습니다.

꿈을 꾸는 자

지금부터 '꿈을 꾸는 자'에 대해 말씀드리겠습니다.

영국 제일의 경마기수인 스티브 코딘은 어렸을 때 가졌던 자신의 꿈을 실현시킨 인물입니다. 코딘이 아홉 살이었을 때, 당시 그가 하는 일이란 농장에서 아버지를 돕는 것이었습니다. 하지만 아버지를 돕는 것보다 건초 더미 사이에서 포장된 짐짝에 걸터앉아 마치 말을 탄 듯 폴짝폴짝 뛰는 것을 더 좋아했습니다.

어느 날인가 어린 코딘이 노는 모습을 보다 못한 아버지가 말했습니다.

"애야, 쓸데없는 짓 하지 말고 트럭에다 짐이나 실으렴."

그러자 코딘은 다음과 같이 대답했습니다.

"지금 전 벨몬트 스태크스를 이기려고 연습하는 중이에요!"

그로부터 9년 후, 코딘은 열여덟 살 나이에 경마에서 3관왕을 차지하며 세계적으로 유명한 기수가 되었습니다.

미국의 유명 가수 페기 리는 오락장에서 "구경 값으로 10센트만 내세요!"라고 외치며 다녔던 소녀였습니다. 비록 그녀는 오락장에서 잡일을 하는 신세였지만 무대 위에 서 있는 스타가 된 자신의 모습을 항상 꿈꿔 왔다고 했습니다.

또 이스라엘의 전 수상 베긴은 독일 나치의 침공이 있은 후, 폴란드의 유대인 거리인 게토에서 살았습니다. 당시 그는 음식 찌꺼기 통을 뒤져 가족들을 먹여살렸을 정도로 궁핍한 생활을 했지만, 그의 꿈은 단지 생존한다는 것에 있지 않았습니다. 언젠가는 독립과 자유를 되찾고 이스라엘 국민들을 위해 일하겠다는 것이 생존의 목적이었습니다.

1969년 7월 20일은 달에 인간의 발자국을 남긴 역사적인 날이었습니다. 암스트롱과 올드린이 달에 착륙해 탐사하던 모습이 TV를 통해 전 세계에 방영되었을 때, 우주에 대한 인간의 꿈이 실현된 모습에 세계인들은 감동했습니다.

여러분! 인간이 성취한 무수한 것들의 대부분은 꿈에서 시작되었습니다. "꿈에 의해서 인간은 위대하게 된다. 모든 위인들은 몽상가였다"는 미국 대통령 윌슨의 말처럼 꿈은 성공의 씨앗입니다. 여러분은 지금 어떤 꿈을 꾸고 있습니까? 우리 모두 큰 꿈을 꾸고 그 꿈을 펼치도록 노력합시다.

지금까지 '꿈을 꾸는 자'에 대해 말씀드렸습니다.

꿈의 실현

지금부터 '꿈의 실현'에 대해 말씀드리겠습니다.

아메리카 신대륙을 발견한 유럽인들은 자유로운 신천지와 노다지를 꿈꾸며 원주민들을 무력으로 밀어내고 새로운 나라를 건설했습니다. 이 광활한 대륙을 개척하기 위해서는 많은 노동력이 필요했고, 부족한 노동력을 해소하기 위해 그들은 아프리카로 흑인 사냥을 나섰습니다. 이때 야생동물처럼 포획된 흑인들은 가축처럼 수송되었고 대대로 노예 생활을 했습니다.

1863년, 에이브러햄 링컨 대통령은 노예 해방을 정식으로 선언했습니다. 단지 피부가 검다는 이유로 백인들에게 짐승처럼 부려졌던 흑인 노예들에게 희망과 자유를 준 것입니다. 그러나 법률상의 보장이었지 흑인들의 생활이 갑자기 확 달라진 것은 아니었습니다. 이 불평등의 자유는 이후로도 100년 동안 지속되었습니다.

버스를 탈 때도 백인들이 앞좌석에 타고 흑인들은 뒷좌석에 타야 했으며,

자리를 잡았다가도 백인이 타면 앉은 자리를 내줘야 했습니다. 이러한 불평등과 차별 대우에 대대적으로 항거한 운동이 1955년 앨라배마 주 몽고메리에서 일어났던 흑인들의 '버스 보이콧'입니다.

1963년, 인권운동가 마틴 루터 킹 목사는 25만여 명이 모인 워싱턴 대행진 때, 링컨 메모리얼에서 '나에게는 꿈이 있습니다'라는 유명한 연설을 하고, 직업과 정의, 시민의 권리에서 진정한 민주주의 쟁취를 위해 노력했지만 끝내 암살당하고 맙니다.

2008년, 링컨 대통령의 노예 해방 이후 145년 만에, 킹 목사의 연설 이후 45년 만에 흑인 대통령 오바마가 당선되었습니다. 그것도 절대다수인 백인들의 지지를 얻고 압도적으로 당선이 된 겁니다.

그 이유는 무엇일까요? 어떤 이는 '대공황 이후 최악인 미국의 경제 위기, 오판에서 비롯된 부시 행정부의 중동 전쟁, 보수에서 진보로의 변화 욕구'라고 하며, 어떤 이는 '연설을 잘했기 때문'이라고도 합니다.

그러나 여러분! 오바마의 승리야 말로 흑인들이 몇 백년 동안 간절히 꿔온 꿈의 실현이며, '과거의 사회적 지위나 인종에 관계없이 능력만 있으면 누구나 노력으로 꿈을 이룰 수 있다'는 아메리칸드림 아닐까요? 지도자는 공익을 위한 큰 꿈을 갖고 있어야 하며, 그 꿈을 실현하기 위한 비전의 제시가 대중의 지지를 얻는 비결입니다.

지금까지 '꿈의 실현'에 대해 말씀드렸습니다.

끈기와 도전

지금부터 '끈기와 도전'에 대해 말씀드리겠습니다.

　영국의 정치가 디즈레일리는 유태계 상인의 아들로 태어났습니다. 그는 작가로 성공해보고자 몇 권의 소설을 써 이름을 얻었지만 대성하지는 못했고, 정치가가 되기로 작정을 하고 보수당에 입당합니다. 그리고 선거에서 몇 번의 낙선을 거듭한 끝에 33세에 마침내 하원의원이 됩니다. 의원이 되기까지의 길은 참으로 힘들었지만, 그 과정을 생략하는 것은 의원이 되고 나서의 시련이 예전의 시련보다 훨씬 가혹했기 때문입니다.

　하원의원으로서 야심찬 출발을 하게 된 디즈레일리는 국회 연단에서 최초의 연설을 하게 되었는데, 연설은 그의 야심과 반대로 대실패였습니다. 연설은 전혀 공감을 불러일으키지 못했고 내용은 수준 이하라는 혹평을 받았습니다. 아무리 초선의 풋내기였지만 하원에서는 전혀 존재조차 없는 신세로 전락하고 말았습니다.

그러나 디즈레일리는 잡초와 같이 끈질긴 생명력이 있었습니다. 재기를 노리고 연설의 연마는 물론 정치가가 되기 위한 자격을 갖추기 위해 피눈물 나는 노력을 거듭했습니다. 그 결과 마침내 1858년, 하원의장에 선출되었고 이어서 세 차례나 재무부장관을 역임했습니다. 그리고 1868년에는 그의 최대 꿈이었던 영국수상에 취임하게 되고, 대영제국의 기수로서 탁월한 업적을 남기게 됩니다.

그가 남긴 업적 가운데 수에즈 운하 건설도 있습니다. 아프리카 대륙과 아시아 대륙을 관통하는 이 운하의 대역사는 프랑스인 레셉스에 의해 시작되었지만, 완공은 디즈레일리의 공헌입니다. 레셉스가 운하 공사를 시작하고 자금난으로 진퇴양난에 빠져 있을 때, 디즈레일리가 전문을 보냈습니다.

"당신이 시작한 수에즈 운하를 영국 정부가 인수해 완성하겠소"

레셉스의 승낙을 얻었지만 재원의 염출(捻出)은 쉽지 않았습니다. 그래서 최대 금융가인 로스차일드에게 자금을 빌려달라고 하자, 그는 누가 보증을 서느냐고 물었습니다.

"영국 정부요!"

디즈레일리의 배짱은 승리를 거두고 운하는 완공되었습니다.

여러분! 디즈레일리의 인생은 끊임없는 좌절과 실패 속에서 전개되었습니다. 그가 획득한 것들은 모진 시련에도 절망하지 않고 끈기와 도전으로 얻어낸 값진 것들이었습니다. 우리도 지금의 시련을 딛고 일어나 아름다운 성공의 꽃을 피웁시다. 끈기와 도전이야말로 성공의 밑거름 아닐까요?

지금까지 '끈기와 도전'에 대해 말씀드렸습니다.

Today's
speech
44

끈기의 대가

지금부터 '끈기의 대가'에 대해 말씀드리겠습니다.

1942년, 남아메리카 북부 베네수엘라에서 있었던 실화입니다.

다이아몬드 채집꾼 라파엘 솔라노는 육체적으로 녹초가 되어 실의에 빠져 있었습니다. 그는 마른 강바닥 위에 있는 둥근 돌에 걸터앉아 동료 두 명에게 말했습니다.

"나는 할 만큼 했어. 더 이상 계속해도 소용이 없어. 이 조약돌을 봐! 내가 집은 999,999개째야. 그런데도 지금까지 다이아몬드는 하나도 없었어. 만약 내가 다시 하나를 집으면 100만 개가 될 거야. 그러나 그게 무슨 소용이겠어? 그만 단념하겠어."

세 사람은 베네수엘라의 강줄기에서 다이아몬드를 찾는 데 여러 달을 보냈습니다. 그들은 하루도 쉬지 않고 열심히 일했습니다. 그리고 조약돌을 하나하나 집어보면서 다이아몬드를 찾고자 노력했습니다. 그들의 옷은 남루했고 모자는 갈기갈기 찢어졌으며 몰골은 말이 아니었습니다.

그때 솔라노가 외쳤습니다.

"나는 이제 그만 포기하겠어!"

이때 그들 중 한 친구가 무뚝뚝하게 말했습니다.

"다른 하나를 더 집어. 그러면 그것은 100만 개가 되는 거야."

"좋아!" 하고 솔라노는 허리를 굽혀 한 조약돌에 손을 내밀어 집어 들었습니다. 그것은 달걀 크기만 했습니다.

"됐어! 마지막 거야."

그러나 그 조약돌은 무거웠습니다. 그는 눈을 크게 뜨고 깜짝 놀라 소리쳤습니다.

"야! 다이아몬드다! 다이아몬드야!"

뉴욕에서 보석상을 경영하는 하리 윈스톤은 그 100만 개째 조약돌의 대가로 라파엘 솔라노에게 20억 달러를 주었습니다. '해방자'라고 불리는 그 다이아몬드는 지금까지 발견된 것 중 가장 크고 순수한 다이아몬드였습니다.

여러분! 성공과 실패의 차이는 잘못 시작한 데 있지 않고 잘못 그만두는 데 있습니다. 한번 뜻을 세웠으면 어떠한 어려움에도 굴하지 말고 끈기 있게 도전하십시오. 성공은 끈기의 대가입니다.

지금까지 '끈기의 대가'에 대해 말씀드렸습니다.

끈기의 열매

지금부터 '끈기의 열매'에 대해 말씀드리겠습니다.

스물 세 살의 한 청년이 신문에서 다음과 같은 광고를 보았습니다.

"모집 : 임시로 회계사를 고용함. P.O.BOX 1720."

청년은 광고를 보자마자 즉시 서류를 갖춰 신청했지만 아무런 회답이 없었습니다. 그래서 다시 이력서를 써 보냈지만 역시 회답이 없었습니다. 그러나 포기하지 않고 세번째 이력서를 보냈으나 결과는 마찬가지였습니다.

그래서 그는 우체국에 가 사서함 1720의 수신인이 누구냐고 물어봤지만 우체국 직원은 가르쳐줄 수 없다고 말했습니다. 우체국장도 만나봤지만 역시 거절당했습니다. 수신인의 이름을 밝힐 수 없게 돼 있기 때문입니다.

청년은 궁리 끝에 한 가지 방법을 생각해냈습니다. 새벽에 일어난 그는 아침 식사를 마친 다음 곧장 우체국으로 달려갔습니다. 그리고 1720번 사서함 근처에서 망을 봤습니다.

얼마나 시간이 흘렀을까, 한 사람이 나타나더니 1720번 사서함을 열고 우편물을 꺼내가는 것이었습니다. 청년은 그 사람을 미행했는데 한 증권회사로 들어갔습니다. 그는 다짜고짜 사장실로 들어가 따져 물었습니다.

"사장님, 제가 이력서를 세 번씩이나 보냈는데도 어째서 회답이 없으십니까?"

그러자 사장이 청년에게 물었습니다.

"어떻게 내가 그 광고를 낸 사람인 줄 알았죠?"

청년은 모집 광고를 보고 즉시 이력서를 보냈으며 회답이 없어서 세 번을 연거푸 보냈는데도 묵묵부답이라, 우체국 직원과 우체국장까지 만나 물었지만 그래도 수취인을 가르쳐주지 않았다는 그동안의 과정을 설명하고 다음과 같이 말했습니다.

"그래서 저는 여러 시간을 우체국 복도에 서서 1720번 사서함을 지켜보았습니다. 그런데 몇 시간이 지나자 한 사람이 들어와서 그 사서함의 우편물을 가져가더군요. 그래 여기까지 따라온 것입니다. 저는 꼭 취직을 해야 합니다."

"젊은이, 자네야말로 내가 바라던 끈기 있는 사람일세. 오늘부터 일하게!"

여러분! 요즈음 한국인은 너무 조급하게 서둘면서 쉽게 포기하는 경향이 있습니다. 은근과 끈기가 우리의 민족성 아닙니까? 성공은 끈기의 열매입니다. 매사를 신중하고 끈기 있게 처리하도록 노력합시다!

지금까지 '끈기의 열매'에 대해 말씀드렸습니다.

나누는 기쁨

지금부터 '나누는 기쁨'에 대해 말씀드리겠습니다.

미국의 대재벌 록펠러는 여러분도 잘 알고 계실 겁니다. 록펠러는 어린 시절, 그 나이 또래의 친구들에 비해 몸집도 크고 매우 튼튼해서 자신이 어른이 된 후에 튼튼한 몸을 바탕으로 큰 부자가 될 것이라고 믿었습니다. 그리고 결국 자신의 믿음대로 부자가 되었습니다. 마흔세 살 때 록펠러는 세계에서 가장 큰 회사를 경영했으며, 쉰세 살 때에는 세계 최고의 부자가 되었습니다.

그러나 그즈음 그는 점점 몸이 쇠약해져 지독한 피부병을 얻고 말았습니다. 머리카락과 눈썹이 빠지고 몸은 바싹 여위어갔습니다. 1주일에 몇 백만 달러씩 벌어들이는 그의 수입은 아무런 위안이 되지 않았습니다. 그는 몇 조각의 비스킷과 물로 식사를 대신해야 했으며, 돈벌이에 급급했던 자신을 미워하는 사람이 많았기 때문에 항상 경호원과 동행해야 했습니다.

록펠러는 항상 무언가에 쫓기는 것 같아서 잠을 제대로 이룰 수가 없었습니다. 억만장자 록펠러는 더 이상 행복하지 않았으며 그의 얼굴은 딱딱하게 굳어버렸습니다.

최고의 의사들이 록펠러를 진찰한 결과 1년 이상은 살 수 없다는 진단을 내렸고, 언론 매체는 록펠러의 막대한 재산이 누구에게 돌아갈 것인가에만 비상한 관심을 보였습니다.

록펠러는 자신의 사망 기사가 미리 준비된 절망 속에서 인생은 돈이 전부가 아니라는 사실을 깨달았습니다. 그리고 새사람이 되었습니다. 그동안 벌어놓은 막대한 재산을 가난한 이웃과 불쌍한 사람들을 돕는 데 쓰기 시작했습니다. 록펠러재단을 설립해 많은 자선사업을 벌였고 의학계를 지원했습니다.

그러자 록펠러에게 기적처럼 이전의 건강이 돌아왔습니다. 잠도 잘 자고 음식도 잘 먹게 된 것입니다. 그러나 가장 큰 변화는 그의 얼굴에 미소가 돌아온 것입니다. 삶의 기쁨을 깨달은 그는 최고의 의사들이 54세까지밖에 살 수 없다는 진단과는 달리 98세까지 장수를 누렸습니다.

여러분! 인생의 목적은 보람 있는 일을 하는 것이지 결코 치부에 있는 것이 아닙니다. 진정한 행복은 자기의 것을 나누는 기쁨에서 오는 것 아닐까요? 우리 모두 불우한 이웃, 도움을 필요로 하는 사람들에게 나누어주는 습관을 들이도록 합시다.

지금까지 '나누는 기쁨'에 대해 말씀드렸습니다.

나를 필요로 하는 일

지금부터 '나를 필요로 하는 일'에 대해 말씀드리겠습니다.

오스만 제국 스코페에서 태어난 테레사는 1928년에 수녀가 되어 1997년까지 인도 캘커타의 빈민가에서 가난하고 병든 사람을 위해 봉사와 희생의 삶을 살았으며, '사랑의 선교수사회'를 설립했습니다. 그 공로를 인정받아 1979년 노벨 평화상을 받았으며, 세상 사람들은 그녀를 '마더 테레사', '빈자의 성녀'라고 추앙하고 있습니다.

이 테레사 수녀가 미국에 갔을 때, 초췌해 보이는 한 여성이 다가와 상담을 청했습니다. 그녀는 눈물을 흘리며 자신의 신세 한탄을 하면서 죽고만 싶은 심정이라며 어떻게 하면 좋으냐고 물었습니다.

그러자 테레사 수녀는 여성에게 이렇게 제안했습니다.

"자살하기 전에 내 부탁을 하나 들어주세요. 딱 한 달만 내가 일하고 있는 인도의 캘커타에 와서 도와주신다면, 그 다음에 당신이 어떻게 해야 될지 말쏟드리죠."

　그래서 그녀는 테레사 수녀의 말대로 캘커타 빈민가에 가서, 가난하고 병들어 고통당하는 사람들을 돕고 섬겼습니다. 그런데 그들을 도와주며 몸 바쳐 일하다 보니 삶에 대한 의욕이 생기기 시작했습니다.

　'여기에 나를 필요로 하는 사람이 있구나!'

　그녀는 자기보다 더 처절한 형편에 놓인 불쌍한 사람들을 돕고 섬기는 데서 삶의 보람과 순수한 환희를 느꼈고, 한 달 후에는 테레사 수녀의 조언이 필요 없게 되었습니다. 그녀는 계속 그곳에 머물러 일하면서 테레사의 훌륭한 조력자가 되었다고 합니다.

　여러분! 삶에 의미를 잃고 방황하신 적이 있습니까? 있다면 그 원인이 무엇인지 생각해 보았습니까? 그것은 바로 자신을 필요로 하는 일, 자신을 필요로 하는 사람이 있다는 사실을 자각하지 못하기 때문입니다. 우리를 필요로 하는 곳은 많습니다. 우리가 해야 할 일도 많습니다. 개인의 일이든 단체의 일이든, 자신을 필요로 하는 일이 있다는 것은 자긍심을 갖게 하며 생기 있는 삶을 만들어줍니다. 자기보다 약한 사람들을 돌보며 받기보다는 베풀 줄 아는 삶이야말로 바람직하지 않을까요? 우리 모두 보람있는 일을 찾아봅시다.

　지금까지 '나를 필요로 하는 일'에 대해 말씀드렸습니다.

나보다는 우리

지금부터 '나보다는 우리'에 대해 말씀드리겠습니다.

옛날 인도에 마쨤바라는 사냥꾼이 있었습니다. 어느 해인가 마쨤바가 사는 마을에 기근이 들었습니다. 기근이 들자 온 마을은 식량난에 허덕였습니다. 그러던 어느 날, 마쨤바가 숲 속에서 사투를 벌인 끝에 큰 코끼리 한 마리를 잡았습니다. 혼자 힘으로는 도저히 운반할 수 없는 엄청나게 큰 코끼리였습니다. 그래서 마을로 내려와 사람들에게 소리쳤습니다.

"내가 코끼리를 잡았어요! 아주 큰 놈이요. 코끼리 운반을 도와주세요."

마을 사람들은 너도나도 앞다퉈 코끼리 운반에 나섰습니다.

"영차, 영차! 우리 코끼리, 우리 코끼리……."

마을 사람들은 신나게 코끼리를 운반하면서 "우리 코끼리"를 외치는 것이었습니다. 마쨤바가 가만히 들어보니 바야흐로 소유권이 달라지는 것이었습니다. 그래서 소리를 빽 질렀습니다.

"뭐, 우리 코끼리? 이건 내 코끼리야. 마짬바 코끼리!"

그러자 여태껏 열심히 운반하던 사람들이 갑자기 코끼리를 꽝 내려놓고 맥 빠진 목소리로 말했습니다.

"그래, 이건 분명히 네가 잡은 코끼리지. 그런데 왜 우리가 이렇게 땀 흘리며 이 야단이냐?"

그리고는 모두가 뒤로 물러서서 팔짱을 끼고 방관자가 되었습니다.

"좋아! 의리 없는 놈들이군. 네놈들이 운반을 안 해주면 혼자라도 하겠어. 내가 이걸 잡느라고 얼마나 죽을 고생을 했는데."

화가 난 마짬바는 있는 힘을 다해 끌었지만 워낙 큰 코끼리라 꿈쩍도 하지 않았습니다. 순간 마짬바는 깨달았습니다.

'아하, 세계는 이익 교차의 시대구나.'

그래서 다음과 같이 소리쳤습니다.

"야! 우리 코끼리야, 우리 코끼리. 좀 도와줘!"

마을 사람들은 다시 신나게 운반을 했고 코끼리를 공동 분배해서 그 기근을 잘 넘겼다고 합니다.

여러분! '나'라는 말은 이기주의, 이해타산으로 대립의 관계가 되지만, '우리'라는 말에는 협력 관계, 연대 의식이 형성됩니다. 나보다는 우리라는 생각을 갖고 나라는 말 대신 우리라는 말을 사용하도록 노력합시다.

지금까지 '나보다는 우리'에 대해 말씀드렸습니다.

낙천적인 사람

지금부터 '낙천적인 사람'에 대해 말씀드리겠습니다.

1838년, 미국 필라델피아에서 가난한 벽돌공의 아들로 태어난 존 워너메이커는 훗날 미국, 아니 세계 제일의 '백화점왕'이 되었습니다. 그런 워너메이커도 다른 성공한 사람들과 마찬가지로, 소년 시절은 매우 가난하게 보냈습니다. 열 살 때부터 아버지의 일을 돕는 한편 변호사나 출판사 직원의 심부름꾼, 양품점 점원 등 여러 가지 직업을 경험했습니다.

백화점왕으로서의 편린이 엿보인 것은 스물두 살 때, 결혼을 하고 처남과 동업으로 아동복 가게 '오크 홀'을 개점했을 때였습니다. 그는 가게를 개업하자마자 최악의 시기에 부딪쳤습니다. 3일 후에 남북전쟁이 발발한 것이었습니다. 큰 기대로 가슴이 부풀어 있었는데 혼란한 사회 정세 속에서 고객의 발길은 뜸했습니다. 개점 당일에 찾아온 손님은 고작 세 사람이었고 매상은 단돈 4달러였습니다.

"다 틀렸어. 전쟁이 시작되려고 하는데 물건을 사러 올 손님이 있을 리 없지. 시기가 나빴어."

동업자인 처남은 이렇게 한탄하고 있었습니다.

그러나 워너메이커는 매상 부진의 원인을 사회 환경의 탓으로 돌리지 않았습니다. 상품에 문제가 있다고 생각한 그는 매력 있는 상품을 필사적으로 찾아다녔습니다. 개업하고 얼마 되지 않았을 무렵이라 신용도 돈도 좋은 상품을 사들이기에는 곤란한 상황이었지만 발이 닳도록 쫓아다녀서 좋은 상품을 사들였고, 박리다매의 방침을 세우고, 얼마 남지 않은 자금을 광고비에 투자해 적극적으로 홍보했습니다. 그렇게 하자 상품은 전부 품절이 되었고 얼마 되지는 않았지만 이익도 생겼습니다.

여기서 워너메이커는 '설사 상황이 나쁘더라도 좋은 물건을 싸게 팔고, 그것을 알리면 물건은 반드시 팔린다'는 확신을 갖게 되었습니다. 그는 낙천적인 사고로 이익의 대부분을 선전비에 충당한 결과, 군대와 경찰의 유니폼 주문도 쇄도하여 상점은 날로 번창했으며, 그 후 그는 세계의 백화점왕으로까지 대성공을 거두게 됩니다.

여러분! 워너메이커의 성공 비화야말로 우리가 인생의 기로에 처해 있을 때, 어떻게 대처하면 좋은가를 시사해주고 있습니다. 똑같은 상황이라도 비관적으로 생각하는 사람과 낙천적으로 생각하는 사람은 엄청난 결과의 차이가 있습니다. 우리 모두 낙천적인 생각으로 적극적으로 도전해 이 난국을 타개해나갑시다.

지금까지 '낙천적인 사람'에 대해 말씀드렸습니다.

남은 시간을 어떻게 살 것인가

지금부터 '남은 시간을 어떻게 살 것인가'에 대해 말씀드리겠습니다.

여러분은 자기에게 주어진 시간을 어떻게 활용하며 살고 있습니까? 인간의 수명은 길어야 100년을 넘기기 어렵습니다. 어떤 사람은 한창 일할 40살에 죽기도 하고, 어떤 사람은 50살, 또 어떤 사람은 70~80살에 죽기도 합니다. 그러나 중요한 것은 얼마나 목숨이 붙어 있느냐가 아니고, 목숨이 붙어 있는 동안 얼마나 충실하게 사느냐입니다.

여기 자기에게 주어진 시간을 최대한으로 살다 간 한 남자의 이야기가 있습니다.

존 어스킨 박사가 콜롬비아 대학에서 교직 생활을 하던 1941년 가을의 일입니다.

두 발이 모두 부자유한 남학생이 어스킨 교수에게 인사하며 말했습니다.

"교수님, 저의 상담에 응해주시겠습니까?"

"무슨 상담인가?" 학생은 심각한 표정으로 말했습니다.

"지금부터 2년 반이라는 시간을 나 자신을 위해서 어떻게 가장 잘 활용할 수 있을까 하는 문제입니다."

"글쎄, 그런데 2년 반 동안의 공부를 마치면 자네는 무엇을 할 작정인가?"

그 학생은 미소를 띠며 대답했습니다.

"그리고 나서 전 죽겠지요."

"죽다니 그게 무슨 말인가?"

젊은이는 진행성마비증이라는 난치병에 걸려 있었던 것입니다. 그의 손과 팔은 2년 정도밖에 쓸 수 없으며, 마비 증세가 심장에 이르면 죽게 된다고 했습니다. 그때까지의 시한부 생명임에도 불구하고, 얼마 남지 않은 시간을 어떻게 보람 있게 쓸 것인가에 대한 상담에 어스킨 교수는 깊은 감동을 받았습니다. 그로부터 그가 죽기까지 2년 동안, 그 젊은이는 대학 내에서 가장 우수한 학생이었습니다. 보통 사람으로서는 도저히 감당하기 힘든 부자유한 몸이었지만, 어느 누구에게도 자신의 처지를 푸념 한번 하지 않고 최후의 날까지 열심히 살다 갔습니다.

여러분! 인생은 소중합니다. 살아온 날들이 어떻든 앞으로 살아가야 할 날이 더욱 소중합니다. 그렇다면 남은 인생을 어떻게 살아야 할까요? 감동 없는 시간을 살지 않도록 우리 모두 열심히 노력합시다.

지금까지 '남은 시간을 어떻게 살 것인가'에 대해 말씀드렸습니다.

노력과 시간

지금부터 '노력과 시간'에 대해 말씀드리겠습니다.

왕년의 유명 골프선수 게리 플레이어는 국제적 토너먼트에서 수많은 우승을 했습니다. 그가 주위 사람들에게 자주 듣는 소리가 있습니다.

"당신처럼 멋진 공을 날릴 수 있다면 나는 당장 죽어도 여한이 없습니다."

그럴 때마다 그는 웃어넘겼습니다. 그런데 어느 날 피로에 지쳐 만사가 귀찮게 느껴진 그에게 누군가 또 말했습니다.

"당신은 참 좋겠군요. 그렇게 멋진 공을 자유자재로 칠 수 있다니……."

평소에 사람 좋기로 소문난 게리 플레이어였지만 이날만은 짜증 섞인 소리로 다음과 같이 잘라 말했습니다.

"남의 일이라고 그렇게 말하면 곤란합니다. 내가 힘 안 들이고 잘 치는 것 같지요? 멋진 공을 날리기 위해 얼마나 고생을 하는지 아십니까? 매일 아침 다섯시에 코트에 나가 골프공 천 개를 쳐보십시오. 손에 물집이 생기고 그 물집이 터져 피가 흘러나옵니다. 그러면 클럽 하우스에 가서 피를 닦고 붕대를 감고, 또 다시 코트에 돌아와서 천 개의 공을 치는 연습을 되풀이합니다. 이래도 제가 공을 잘 치는 것이 부럽습니까?"

스포츠뿐 아니라 인생의 어느 분야라도 지속적인 노력이 성공을 만든다는 것은 불변의 진리입니다. 그런데도 대다수의 사람들은 노력하는 과정은 생각하지 않고, 영광이란 결과만 부러워하는 것 같습니다.

저명한 바이올린 연주가의 콘서트에서 황홀한 연주 솜씨에 반한 젊은 부인이 말했습니다.

"선생님은 어떻게 그런 신비로운 소리를 내십니까? 저 같은 사람도 바이올린을 배운다면 연주를 잘할 수 있을까요? 그리고 레슨도 가능한가요?"

바이올린 연주가는 의미 있는 웃음을 머금고 다음과 같이 대답했습니다.

"그럼요. 누구나 바이올린을 배우기만 한다면 연주를 잘할 있으며 개인 지도도 해드릴 수 있습니다. 다만 하루에 일곱 시간씩 20년간의 연습이 가능한가 아닌가는 별개의 문제입니다."

여러분! 세상에 공짜가 없다는 말이 있듯 노력이란 대가 없이는 성공 또한 없습니다. 성공에는 트릭이 없습니다. 성공은 노력 곱하기 시간이라는 사실을 명심하십시오! 우리 모두 끈기 있게 노력해 성공합시다.

지금까지 '노력과 시간'에 대해 말씀드렸습니다.

노력의 대가

지금부터 '노력의 대가'에 대해 말씀드리겠습니다.

어느 해인가 큰 가뭄이 들었습니다. 온 들판의 풀들은 누렇게 말랐고 논밭의 곡식들도 하나같이 모두 시들었습니다.

이때 부지런한 농부는 '곡식들은 김을 매줘도 죽을 것이고 김을 매주지 않아도 죽을 것이다. 그러나 곡식이 죽어가는 것을 팔짱끼고 앉아서 멍하니 바라보기만 하는 것보다, 있는 힘을 다해 살리려고 애써보는 것이 나을 것이다. 그러다가 만에 하나라도 비가 오면 전혀 보람 없는 일은 되지 않으리라'라고 생각하고, 쩍쩍 갈라진 논바닥에서 김매기를 멈추지 않고, 시들어버린 곡식의 싹을 쉬지 않고 돌봤습니다. 1년 내내 잠시도 게으름을 부리지 않고 열심히 노력해 곡식이 완전히 말라 죽기 전까지 농사일을 멈추지 않았습니다.

한편 게으른 농부는 '곡식들은 김을 매줘도 죽을 것이고 김을 매주지 않아도 죽을 것이다. 그렇다면 부질없는 노력으로 고생하기보다는 차라리 편히 지내자. 만약 비가 전혀 오지 않는다면 모두 헛고생이 될 테니까'라고 생각하고 열심히 일하는 농부를 비웃으며, 그해가 다 가도록 하늘만 쳐다보고 있었습니다.

늦가을 추수할 무렵, 한쪽은 잡초만 무성하고 드문드문 있는 곡식들도 모두가 쭉정이뿐이었으며, 다른 한쪽은 농사가 제대로 되어 잘 익은 이삭들이 논밭 가득 고개를 숙이고 있었습니다. 잡초만 무성한 곳은 게으른 농부의 것이었고, 곡식이 잘 영근 곳은 부지런한 농부의 것이었습니다. 과연 어떤 농부가 현명하고 어떤 농부가 어리석을까요?

농사뿐 아니라 공부도 마찬가지입니다. 많은 사람들이 제각기 뜻을 세우고 공부를 시작합니다. 그러나 성취하는 사람은 적습니다. 초지일관하지 못하고 중도에서 포기하기 때문입니다. 어떤 사람은 며칠 동안 노력하다 실력이 붙기도 전에 포기하고, 어떤 사람은 절반쯤 실력이 붙었는데 포기하며, 어떤 사람은 실력이 성공의 문턱까지 이르렀는데 포기하고 맙니다. 그렇다면 게으름을 피우다 농사를 망친 어리석은 농부와 무엇이 다르겠습니까?

여러분! 한 해 동안 먹고살 수 있는 농사도 열심히 노력하지 않고는 성공할 수 없거늘, 하물며 일생을 좌우하는 공부가 어찌 노력 없이 성취될 수 있겠습니까? 좀 더 노력해 우리 모두 성취인이 됩시다.

지금까지 '노력의 대가'에 대해 말씀드렸습니다.

노력의 성과

지금부터 '노력의 성과'에 대해 말씀드리겠습니다.

고대 그리스의 대웅변가 데모스테네스를 아실 겁니다. 그는 선천적으로 웅변에 소질이 있었던 것은 아닙니다. 원래 말더듬이였다면 믿으시겠습니까?

그는 심각한 말더듬이로 말만 더듬는 것이 아니라 정확하게 발음할 수 없는 음이 있었고, 폐가 약해서 긴 음절이나 문장을 한 번에 말할 수 없어서 말하는 중간 중간 숨을 쉬지 않으면 안 될 정도였다고 합니다.

그런 그가 어떻게 대웅변가가 될 수 있었느냐고 의아심을 갖는 분도 계실 것입니다. 그는 수공업을 경영하는 부유한 집안에서 태어났으나 일곱 살이 되던 해에 아버지를 여의고 고아가 됩니다. 그래서 성인이 된 후 유산을 횡령한 후견인들을 상대로 재판을 하기 위해 당대에 유명한 웅변가 이사이오스에게 수사법(修辭法)을 배웁니다. 그 결과 재판에 승소했는데 그것이 계기가 되어 변론술의 교수로 입신출세해 아테네를 좌지우지하는 정치가가 됩니다.

그 후 그가 어떻게 정치 행로를 밟았느냐는 말하지는 않겠습니다. 여기서 소개하고 싶은 것은 심한 말더듬이였던 그가 대웅변가가 되기까지 어떤 노력을 했느냐는 것입니다.

그는 발음을 정확하게 하기 위해서, 입속에 작은 돌멩이를 넣고 발음 연습을 했으며, 호흡량을 키우기 위해 급경사의 언덕을 뛰어 오르며 발성연습을 했고, 제스처를 연구하기 위해 거울 앞에서 연습을 하였으며, 어깨를 치켜 올리는 나쁜 버릇을 고치기 위해 예리한 칼날 밑에서 연습했다고 합니다.

또한 이론적인 무장을 하기 위해 지하실을 서재로 만들고 한 달 정도 두문불출하며 독서와 연구에 몰두하기도 했습니다. 그때 밖으로 나가고 싶은 유혹을 물리치기 위해 머리와 눈썹을 반쪽만 남기고 깎았습니다.

어디 그뿐입니까? 연설문을 멋지게 만들기 위해 투키디데스의 〈펠로폰네소스 전쟁사〉를 여덟 번이나 되풀이해 베껴 썼다고 합니다.

여러분! 세상에 노력해서 안 되는 일은 없습니다. 말더듬이 데모스테네스가 끈질긴 노력으로 대웅변가가 됐다면, 정상적인 우리가 명스피커가 되는 것은 쉽지 않을까요? 성공과 실패를 좌우하는 열쇠는 끈질긴 노력입니다. 우리 모두 좀 더 노력합시다!

지금까지 '노력의 성과'에 대해 말씀드렸습니다.

노자의 〈도덕경〉

지금부터 '노자의 〈도덕경〉'에 대해 말씀드리겠습니다.

역사 속에서 여전히 행적을 올바르게 파악하지 못하는 인물은 허다합니다. 중국 춘추시대의 사상가 노자도 그 중 하나입니다. 그가 몇 년에 태어났고 노년에 어디로 갔고 어디서 세상을 떠났는지는 아무도 모릅니다. 문헌에 의하면 노자는 초나라 사람으로 주나라 궁정도서관의 관장을 지낸 당대의 석학이었다고 합니다.

노자가 남긴 유일한 저서로 알려진 〈도덕경〉의 집필 유래가 재미있습니다. 중국의 〈신선전(神仙傳)〉에 의하면 주나라의 함곡관(函谷關)을 지키는 관문장 윤희(尹喜)가 어느 날 아침에 일어나 동쪽을 쳐다보니, 자줏 빛 구름이 오고 있었습니다.

중국 고대의 망기학(望氣學)에 의하면 이것은 성인이 관문을 지나갈 징조입니다. 그래서 그는 오는 성인에게 도를 구하겠다고 마음먹었습니다. 과연 머지않은 시간에 백발 노인 노자가 검은 소를 타고 천천히 함곡관으로 들어섰습니다. 관원이 노인에게 통행증을 보자고 하니 없다는 것입니다.

그러자 관문장인 윤희가 노인에게 말했습니다.

"통행증이 없으면 이 관문을 통과할 수 없습니다. 그래도 꼭 관문을 통과하시겠다면 통용되는 방법이 있긴 합니다. 그것이 무엇인지 아십니까?"

노인이 웃으며 대답했습니다.

"알고말고요. 그 방법은 돈이지만 내게는 한 푼도 없으니 어쩌겠소."

그러자 돈이 목적이 아닌 윤희는 다음과 같이 말했습니다.

"돈이 없다면 딱 한 가지 방법이 있습니다."

"그 방법이 뭐요? 내가 할 수 있는 일이면 하겠소."

"저에게 도를 전해주시면 됩니다."

노인은 선택할 여지가 없어 5천 자를 써주고 관문을 나갔는데 이것이 〈도덕경〉이라고 합니다. 이렇게 노자가 윤희에게 전했고 그 다음은 호자, 열자, 장자에게 계승해 당나라에 와서는 국교로 변했고, 오늘날의 〈도덕경〉으로 전해졌다고 합니다.

여러분! 노자라고 하면 누구나 그 이름은 알지만 막상 그가 쓴 〈도덕경〉의 유래나 핵심 내용을 아는 사람은 많지 않습니다. 우리 모두 동양의 고전인 〈도덕경〉을 탐독해봅시다.

지금까지 '노자의 〈도덕경〉'에 대해 말씀드렸습니다.

노하우

지금부터 '노하우'에 대해 말씀드리겠습니다.

잘못된 파이프 때문에 큰 손해를 보고 있던 어떤 공장의 사장이 있었습니다. 그는 많은 기술자들을 불러다 고치려고 했지만 아무도 어디가 잘못되어 있는지 원인조차 발견하지 못했습니다. 그러던 어느 날, 작은 연장 가방을 가지고 혼자 다니는 어떤 기술자가 찾아왔습니다. 사장은 그에게 수리할 수 있으면 해보라고 했습니다. 기술자는 파이프의 여기저기를 살피더니 3층으로 올라갔습니다. 그리고 가방에서 작은 망치를 하나 꺼내 어떤 파이프를 두드렸습니다. 그러자 기계가 돌아가는 것이었습니다. 고치는 데 10분도 걸리지 않았습니다.

며칠 후 100달러가 기재된 청구서가 날아왔습니다. 사장은 화를 내며 기술자에게 전화를 걸었습니다.

"당신 너무하지 않소. 특별한 재료도 들이지 않고 망치 몇 번 때린 값이 100

달러나 된단 말이오? 돈을 받고 싶으면 납득할 수 있는 명세서를 보내시오."

기술자는 다음과 같이 명시된 청구서를 보냈습니다.

"파이프를 두드린 값 : 1달러. 어디를 두드려야 할지 알아낸 값 : 99달러. 합계 : 100달러."

계산서를 본 사장은 타당성이 있다고 생각해 대금을 지불했고 그 기술자의 단골이 되었다고 합니다.

미국의 사업가 슈워브가 젊었던 시절, 작은 회사의 사장이었을 때의 이야기입니다. 눈코 뜰 새 없이 바쁜 그에게 경영 컨설턴트인 J. B. 리가 찾아왔습니다. 방문의 목적은 바빠지지 않는 노하우를 전수하는 것이었습니다.

"정말 그런 노하우가 있습니까?"

일이 꼬여 정신없이 바쁜 슈워브 사장은 너무나 반가워 큰 기대를 갖고 물었습니다.

"먼저 내일 해야 할 일 여섯 가지를 쓰십시오. 그 다음에는 우선순위를 매기고 순서대로 진행하면 됩니다."

간단하게 처방을 한 리는 실행을 해보고 효과가 있으면 상담료를 지불해달라고 했습니다. 슈워브는 반신반의하면서 실천해보았습니다. 확실히 능률이 올랐습니다. 큰 업무들이 점점 정리되었을 뿐 아니라 일에 여유까지 생겼습니다. 2개월 후, 리에게는 슈워브가 보낸 2만5천달러짜리 수표가 도착했습니다.

여러분! 지금 우리에게 필요한 것은 노하우입니다. 노하우야말로 더 이상의 원가를 들이지 않고도 좋은 조건, 비싼 가격으로 거래할 수 있는 유일한 자산 아닐까요?

지금까지 '노하우'에 대해 말씀드렸습니다.

능력 개발

지금부터 '능력 개발'에 대해 말씀드리겠습니다.

미국의 사상가 에머슨은 "사람은 누구나 타고난 천직이 있다. 재능이 그것이다"라고 했고, 영국의 평론가 해즐릿은 "재능은 근면과 노력에 의해서 얻어지는 것이며 자발적인 힘이다"라고 했으며, 벤저민 프랭클린은 "재능을 감추지 말라. 재능은 사용되기 위해서 있는 것이다"라고 했습니다.

미국 미시시피 주의 작은 마을에 불운한 소년이 살고 있었습니다. 그의 학업 성적은 밑바닥을 헤맸으며 가장 친한 지미의 집에도 놀러갈 수 없었습니다. 왜냐하면 지미의 부모가 소년을 가난뱅이의 자식이라고 업신여겼기 때문입니다. 그렇지만 소년은 언젠가는 쥐구멍에도 볕 들 날이 있으리라는 희망을 잃지 않았습니다.

소년은 음악을 좋아했으며 기타를 가지고 있었으나 소리를 맞추는 방법을 몰랐습니다. 그러던 어느 날 이름이 좀 알려진 가수이자 사촌형 론조 그린이 찾아왔습니다. 두 사람은 낡은 중고 기타를 들고 집 가까운 잔디밭에 앉아 노래를 불렀습니다.

그때 딱하다고 생각했던지 사촌형이 가락을 맞추는 방법을 설명해주고 몇 가지 화음을 쳐주었습니다. 물론 그 가르침만으로 기타를 제대로 다룰 수 있는 것은 아닙니다. 다만 뭔가를 시작하기 위한 계기는 되었습니다.

소년은 훗날 자라서 트럭 운전수가 되었다가 1956년 〈하트브레이크 호텔〉로 큰 인기를 끌었고, 미국과 영국은 물론 세계에서 사랑받는 가수가 되었습니다. 〈러브 미 텐더〉, 〈블루 하와이〉 등 영화에도 출연하며 선풍적인 인기를 얻어 1960년대 가장 사랑받는 스타가 되었습니다.

한때 가난뱅이의 자식이라고 놀림을 받았던 소년이 바로 '로큰롤의 황제'로 불리는 엘비스 프레슬리입니다.

여러분! 인간에게는 누구나 보이지 않는 무한한 능력이 있으며 그 능력을 개발하면 누구나 대성공자가 될 수 있습니다. 가난뱅이, 열등생 소년이 해냈다면 우리 또한 못할 리 없지 않습니까? 자신을 믿고 희망을 키우며 밝은 미래를 향해 하루하루 전진합시다.

지금까지 '능력 개발'에 대해 말씀드렸습니다.

능력의 씨앗

지금부터 '능력의 씨앗'에 대해 말씀드리겠습니다.

인간은 누구나 성공할 수 있는 자질과 위대한 일을 성취할 수 있는 능력의
씨앗을 부여받고 태어났습니다. 우리 모두는 가치 있는 존재이며 위대한 일
을 감당할 만한 능력을 지니고 있습니다.

"당신은 인정받을 수 있어. 틀림없이 성공할 거야."

이런 말을 계속 듣는다면 그 사람은 분명 목적하는 바를 성취하기 위해 노
력할 것입니다. 그러나 다음과 같은 말을 들을 수도 있습니다.

"당신은 틀렸어! 2류 인간이야."

이런 말을 매일 듣게 된다면 자신도 모르는 사이에 그 말대로 2류 인간이
되기 쉽습니다.

미국의 유명한 복음전도자 빌 글라스는 교도소 안에 있는 재소자들을 대
상으로 오랫동안 목회를 해왔습니다. 그는 그곳에서 놀라운 사실을 발견했

습니다.

"너는 못돼 먹었어. 네 녀석은 결국 감옥에서 일생을 마치고 말 놈이야."

전체 재소자의 약 90% 정도가 자기 부모로부터 이런 말을 반복적으로 들었다고 합니다.

톰 뮤렌은 〈인생은 참으로 우스운 것〉이라는 그의 저서에서, 항상 모든 과목에 A학점을 받았던 에이미라는 열다섯 살짜리 소녀에 관해 말하고 있습니다. 그녀의 부모는 에이미가 한 과목에서 B 학점을 받자 대단히 마음이 상해서 심하게 꾸중을 했습니다. 그날 저녁, 에이미는 자기 부모에게 편지를 썼습니다.

"만일 제가 하는 일에 실패했다면 제 자신의 인생 또한 실패했습니다."

에이미가 자살하기 직전에 남긴 글의 일부분입니다. 무심코 하는 부정적인 말이 자녀의 마음속에서 독이 되어 자살하게 만들었던 것입니다.

여러분! 중요한 것은 우리가 하는 일이나 소유한 것이 아니라 바로 우리들 자신입니다. 병가상사란 말처럼 한두 번의 실수는 누구에게나 있습니다. 한때의 실패야말로 성공의 발판입니다. 실패는 불명예가 아닙니다. 불명예는 노력하기를 거부하는 것이기 때문입니다. 우리는 위대한 일을 감당할 능력을 지니고 있습니다. 우리가 가진 능력의 씨앗을 싹틔우도록 노력합시다. 우리는 성공하기 위해 태어났습니다.

지금까지 '능력의 씨앗'에 대해 말씀드렸습니다.

다이아몬드의 땅

지금부터 '다이아몬드의 땅'에 대해 말씀드리겠습니다.

옛날 페르시아에 부유하고 만족한 생활을 하는 알리 하퍼드라는 농부가 있었습니다. 하루는 길 가던 늙은 승려가 그의 집에서 하루만 묵게 해달라고 청했습니다. 그날 밤, 승려는 알리 하퍼드에게 세계가 어떻게 형성되었는지에 관한 전설을 들려주었고 끝으로 다이아몬드에 관해 말했습니다.

"만약 그대가 엄지손가락만 한 다이아몬드를 얻게 된다면 이 지역의 토지를 모두 살 수 있으며, 만약 그대가 다이아몬드 광산을 얻게 된다면 그대의 아들을 왕으로 만들 수 있을 만큼 큰 부를 누릴 수 있다네."

알리 하퍼드는 그날 저녁 귀중한 다이아몬드의 가치를 알게 되었고 갑자기 자신이 가난한 사람처럼 느껴졌습니다. 마음속에 다이아몬드 광산에 대한 잡념이 가득 차 잠도 제대로 이룰 수 없었습니다. 이튿날 아침 일찍 그는 승려를 깨우고 어떻게 하면 다이아몬드가 있는 땅을 찾을 수 있는지 방법을 가르쳐

달라고 졸랐습니다. 견디다 못한 승려는 그에게 다음과 같이 말했습니다.

"그러면 우선 백사가 흐르는 높은 산의 하천을 찾게. 만약 그 하천을 찾으면 그 백사 중에 꼭 다이아몬드가 있을걸세."

알리 하퍼드는 자기 소유의 밭과 땅을 모두 팔아버리고, 가족을 이웃에게 부탁한 후 다이아몬드를 찾아 나섰습니다. 그러나 온 천지를 돌아다녔으나 끝내 다이아몬드를 찾지 못했고, 지칠 대로 지친 그는 스페인의 바세나르 해안에 뛰어들어 자살을 하고 말았습니다.

이야기는 여기서 끝나지 않습니다. 알리 하퍼드가 그토록 찾아 헤매던 다이아몬드는 그가 팔아넘긴 땅에서 나왔고, 그때 발견한 광산이 인류 역사상 가장 훌륭한 골콘다의 다이아몬드 광산이었다는 것입니다.

이처럼 부와 성공으로 상징되는 다이아몬드를 찾는 사람들의 이야기는 미국의 강연가 러셀 콘웰이 5천 번 이상 강연한 내용입니다. 또한 같은 제목으로 출판된 그의 책 〈다이아몬드의 땅〉은 미국인들이 성경 다음으로 많이 읽는다는 자기계발서의 고전이 되었습니다.

여러분! 콘웰은 인생에 있어서 소중한 그 무엇은 "지금 여기에서 시작하면 옳은 것은 반드시 이루어진다"고 주장합니다. 우리 모두 한눈팔지 말고 지금 하고 있는 일을 성공시키는 데 최선의 노력을 합시다.

지금까지 '다이아몬드의 땅'에 대해 말씀드렸습니다.

대중을 사로잡는 법

지금부터 '대중을 사로잡는 법'에 대해 말씀드리겠습니다.

절대적인 권력을 쥐고 국가의 요직을 독점해온 마르코스 정권이 하루아침에 붕괴된 필리핀의 정변(政變)을 여러분도 기억하실 겁니다.

1986년 2월에 시작된 이 정변은 코라손 아키노의 주장으로 마르코스 정권에 대항한 사건으로부터 시작되었습니다. 당초에는 마르코스 측과 아키노 측의 세력은 호각지세로, 어떻게 전개될지 한 치 앞을 예측할 수 없는 상황이었습니다. 그런데 방송국을 점거한 아키노 측이 선제공격을 했습니다.

'마르코스 대통령이 국외로 탈출하기 위해 공항을 향해 가고 있는 것 같다'는 테마의 뉴스를 보도하고, 대통령이 이미 출국했다는 뉴스를 연이어 방송했습니다.

이 방송을 들은 군부나 정치가들은 즉각 아키노 측을 지지하게 되었고, 민중들도 마르코스 측을 이탈하는 현상이 급속도로 파급되었습니다. 마르코스 측에서는 이 뉴스가 유언비어라는 것을 호소했지만, 정변의 흐름을 막기에는 역부족이었습니다.

아키노 측의 승리는 새 대통령에 대한 민중의 기대와 지지가 컸기 때문이지만, 직접적인 승리의 원인은 마르코스 측이 패배했다는 인상을 주어, 아키노가 미국과 여러 나라의 지지를 얻고 있다는 정보를 내보냈던 것에 있습니다.

이러한 뉴스를 들은 사람들은 아키노 진영의 심벌컬러인 황색 티셔츠를 입거나 황색 머리띠를 두르고 가두에 나가 새로운 대통령의 탄생을 축하하는 축제를 벌였습니다.

아키노 측을 승리로 이끈 이 작전은 '밴드웨건 효과^{band wagon effect}'라는 심리 현상을 응용한 것입니다. 축제 때 행렬의 선두에 가는 악대차(樂隊車)를 밴드웨건이라고 합니다. 악대차가 지나가면 축제의 분위기는 한층 더 고조되어, 행진을 보고 있던 사람들도 어느 새 행진의 분위기에 푹 빠져버립니다. 밴드웨건 효과란, 주위 사람들의 의견이 모두 일치하고 있다, 모두가 찬성하고 있다고 떠들어대 사람들의 의견이나 사고방식을 그런 방향으로 전환시키는 것을 말합니다.

여러분! 정치든 사업이든 성공을 하기 위해서는 대중을 사로잡아야 합니다. 대중에게 인기를 얻는 방법은 무엇이며, 대중을 사로잡는 방법에는 어떤 것들이 있는지 연구해봅시다. 대중을 사로잡는 사람이 천하를 움직입니다.

지금까지 '대중을 사로잡는 법'에 대해 말씀드렸습니다.

도전하는 자

지금부터 '도전하는 자'에 대해 말씀드리겠습니다.

러시아의 시인 푸시킨은 "실패에는 달인이 없다"고 했고, 미국의 목사 윌리엄 W. 채닝은 "실패하는 것은 전진하기 위한 훈련이다"라고 했으며, 영국의 사상가 사무엘 스마일스는 "성공보다 실패에서 많은 지혜를 배운다"고 했습니다.

전쟁에서 패배한 스코틀랜드의 왕이 있었습니다. 적에게 쫓기고 쫓겨 깊은 산속 오두막에 숨어서, 혼자 몇 날 며칠을 지내다보니 절망과 패배감이 더욱 짙어져 갔습니다.

'이제 나는 어떻게 해야 하나? 이런 식으로 살 바에는 차라리 죽는 편이 낫지 않을까?'

지붕 위로 떨어지는 빗방울 소리를 들으면서 자기의 신세를 생각해보니 처량하기 짝이 없고 실낱 같은 희망도 남아 있지 않은 것 같았습니다.

그때 문득 거미 한 마리가 눈에 띄었습니다. 거미는 지붕에서 내려와 천천히 조심스럽게 집을 짓고 있었습니다. 이쪽 기둥에서 저쪽 기둥으로 줄을 걸려고 시도했지만 번번이 실패했습니다. 자그마치 여섯 번씩이나 실패하는 모습을 보고 왕은 중얼거렸습니다.

"가엾은 것! 너도 나처럼 실패의 쓴맛이 어떻다는 걸 알겠구나!"

하지만 거미는 조금도 실망하는 것 같지 않았습니다. 더욱더 몸을 사리더니 일곱번째 시도를 하는 것이었습니다. 거미를 지켜보던 왕은 자신의 괴로움 따위는 까맣게 잊어버린 채 소리쳤습니다.

"그래, 다시 해봐. 마침내 건너뛰었구나. 됐어. 이제야 집이 완성된 거야!"

왕은 거미가 마침내 집을 완성한 것이 자신의 일처럼 기쁘기만 했습니다. 그리고 자신도 모르게 주먹을 불끈 쥐면서 각오를 했습니다.

'그래, 나도 다시 한 번 일곱번째 시도를 해보는 거야!'

심기일전하여 용기를 되찾은 왕은 흩어져 있던 병사들을 불러 모아, 분전한 끝에 나라를 되찾았다고 합니다.

여러분! 자기가 기대하고 실행했던 일이 뜻대로 되지 않는다고 실망하거나 좌절해서는 안 됩니다. 처음부터 잘하는 사람이 어디 있겠습니까? 어렵고 힘들어도 꿈을 향해 끊임없이 계속 도전하는 사람이 결국 승자가 됩니다! 계속은 힘입니다. 될 때까지 도전하고 계속 도전하십시오.

지금까지 '도전하는 자'에 대해 말씀드렸습니다.

독서의 중요성

지금부터 '독서의 중요성'에 대해 말씀드리겠습니다.

옛날 중국 오나라 손권의 부하 중에 여몽(呂蒙)이라는 장군이 있었습니다. 그는 힘이 세고 담력도 출중했지만 낫 놓고 기역 자도 모르는 일자무식의 장수였습니다. 그의 사람됨을 아까워한 손권이 그에게 뒤늦게나마 책 읽기를 권했습니다.

권유를 받아들인 여몽은 그날부터 책을 읽기 시작했는데 여간 열심히 하는 것이 아니었습니다. 그 결과 그의 공부는 놀라운 진보를 보였습니다. 무식한 여몽만 알고 있던 사람들은 그의 엄청난 변화에 놀라고, 한편으로 의아하게 생각하면서도 새삼 그를 재인식하지 않을 수 없었습니다.

어느 날 문무를 겸비한 노숙(魯肅)이 여몽을 만나 의론을 벌였는데, 더 이상 상대가 되지 않을 만큼 여몽의 식견과 논리는 완전히 노숙을 압도했습니다. 감복한 노숙은 여몽의 등을 힘차게 두드리며 격려했습니다.

"그대를 전쟁터에서 싸움밖에 모르는 사람인 줄 알았는데, 이제 보니 학식도 어지간히 폭넓게 통달하고 있군. 과연 예전의 무식쟁이가 아니구려."

노숙의 이 말에 여몽은 다음과 같이 말했습니다.

"선비가 헤어져 사흘이 지난 뒤에 만나면 서로 눈을 비비고 상대해야 할 뿐입니다."

선비 된 사람은 사흘간 만나지 않는 동안에도 학문에 정진해 몰라보게 달라져야 한다는 뜻입니다. 어디 선비뿐이겠습니까? 사람은 누구나 책을 읽음으로써 학문과 견문이 넓어지는 것입니다. 그래서 문필가 이광수는 "독서는 정신적인 양식"이라고 했고, 철학자 베이컨은 "독서는 완성된 인간을 만든다"고 했으며, '독서는 국력'이라는 말까지 있습니다.

그렇다면 우리는 독서를 얼마만큼이나 하고 있을까요? 아시아 태평양 경제사회위원회ESCAP의 보고서에 의하면, 국민 1인당 연간 독서량이 한국은 2.7권, 미국이 10.8권, 일본이 12.7권으로 나와 있습니다.

여러분! 우리 국민의 독서량은 참으로 부끄럽기 짝이 없습니다. 책 속에는 남들이 수많은 시행착오를 겪고 터득해낸 인생의 진리가 담겨 있습니다. 그 진리를 가장 짧은 시간에 내 것으로 만들 수 있는 것이 바로 독서입니다. 우리 모두 책을 다양하게 많이 읽도록 노력합시다.

지금까지 '독서의 중요성'에 대해 말씀드렸습니다.

독서의 방법

지금부터 '독서의 방법'에 대해 말씀드리겠습니다.

조선시대의 대학자 퇴계 이황은 어려서부터 글 읽기를 무척 좋아해 신변에서 책을 멀리한 적이 하루도 없었습니다. 그리고 책을 읽을 때도 항상 자세를 바르게 하고 앉아 온갖 정성을 기울였습니다. 몸이 아무리 피곤해도 눕거나 흐트러진 자세로 책을 읽는 일이 한번도 없었습니다.

이처럼 근엄한 독서의 자세는 어려서부터 70 평생 동안 변함이 없었습니다. 게다가 퇴계는 책을 정독하는 편이어서, 무슨 책이든 한번 읽기 시작하면 열 번이고 스무 번이고 연거푸 읽어, 그 속에 담긴 참된 뜻을 완전히 터득하기 전에는 책을 놓지 않았습니다.

그가 〈주자전서(朱子全書)〉를 처음 읽었을 때의 일입니다. 그해 여름은 몹시 더웠는데 일체 외출을 하지 않고 방 안에 들어앉아 그 책 한 질을 수없이 되풀이해 읽었습니다. 이 소식을 들은 친구가 찾아와 퇴계의 건강을 염려해 충고를 했습니다.

"이 사람아, 요새 같은 무더위에 방문을 닫고 앉아 독서에만 전념하다가는 반드시 건강을 해치게 될걸세. 독서는 가을이 되고 서늘할 때 하기로 하고, 이 여름에는 산수 좋은 곳으로 가 시원한 바람이라도 맞도록 하세."

그러자 퇴계는 조용히 웃으면서 이렇게 대답했습니다.

"이 책을 읽노라면 가슴속에 시원한 기운이 감도는 것 같은 깨달음이 느껴져 더위를 잊게 되는데 무슨 병이 생기겠는가. 이 책에는 무한한 진리가 담겨 있어서 읽으면 읽을수록 정신이 상쾌해지며 마음에 기쁨이 솟는다네."

또 제자가 '글을 올바르게 읽는 방법'을 묻자 그는 이렇게 대답했습니다.

"글이란 정신을 차려서 수없이 반복해 읽어야 하는 것이다. 한두 번 읽어보고 대충 뜻을 알았다고 해서 그 책을 그냥 내버리면, 그것이 자기 몸에 충분히 배지 못해서 마음에 간직할 수 없게 된다. 이미 알고 난 뒤에도 그것을 자기 몸에 배도록 더 공부해야만 비로소 마음속에 길이 간직할 수 있는 것이다."

여러분! 그렇습니다. 독서에도 효과적인 방법이 있습니다. 독서의 진수는 정독입니다. 우리 모두 이번 주에는 좋은 책을 선정해 정독하고 토론해보면 어떨까요.

지금까지 '독서의 방법'에 대해 말씀드렸습니다.

독학으로 성공한 인물

지금부터 '독학으로 성공한 인물'에 대해 말씀드리겠습니다.

조선시대 학자였던 퇴계 이황은 경상북도 안동에서 태어나 생후 7개월 만에 아버지를 여의고 홀어머니 밑에서 외롭게 성장했습니다. 이런 불우한 처지였으나 그는 학문으로 입신하려는 뜻을 세우고 노력해 성인으로 칭송받게 되었습니다.

그는 항상 깊이 사색해 매사를 처리했으며 정해놓은 선생이 없어 독학을 해야 했기 때문에 더욱 노력을 아끼지 않았습니다.

"몸이 그렇게 수척한데 또 밤을 새우더구나. 학문을 하기는 해야겠지만 그렇게 몸이 상해가면서 공부를 해서야 어떻게 견디니? 쉬엄쉬엄하려무나."

어머니는 아들의 건강을 걱정했지만 퇴계는 다음과 같이 말했습니다.

"몸 생각을 하고말고요. 그러나 이 고장에는 훌륭한 선생님도 안 계시고 훌륭한 선생님을 찾아가 사사할 형편도 못되니, 선생님을 모시고 공부하는 사람들보다 저는 몇 배나 더 열심히 해야 합니다."

이렇게 공부를 하고 보니 학문은 일취월장이 되어 그의 나이 28세 때 진사가 되었고, 33세 때 성균관에 들어가 다음 해에 문과에 올랐던 것입니다. 그의 관직은 차츰 높아갔으나 퇴계는 원래 높은 관직이나 출세보다는 학문을 이룸에 뜻이 있었습니다. 그래서 임금에게 간청했습니다.

"소신의 뜻은 학문에 있사오니 고향으로 물러가 학문을 닦게 해주십시오."

임금은 그의 소청이 간절하였으므로 관직을 그만두게 했습니다. 퇴계는 안동으로 내려가 양진암(養眞庵)을 짓고, 밤낮으로 주자(朱子)에 대한 학문에 힘썼습니다. 그러다 임금이 다시 불러 조정에 나가 일을 하게 되었는데, 이때 학자들을 양성하는 서원을 짓고 이로부터 세상에 서원이 일어나게 되었습니다. 그리고 얼마 후 관직을 그만두고 고향에 돌아가 학문에만 진력을 하니, 그를 사모하는 제자들이 사방에서 모여들었습니다. 그가 70세의 나이로 운명하자 임금 선조는 영의정의 벼슬을 주었고, 그의 제자들은 도산서원을 만들어 스승인 퇴계를 길이 모셨습니다.

여러분! 세상의 모든 성공자들이 다 그랬던 것처럼, 뜻을 세우고 열심히 노력한다면 독학으로도 얼마든지 성공할 수 있습니다. 아니, 진정한 의미의 학문 연구는 독학이라 해도 과언이 아닙니다. 우리 모두 스스로 열심히 공부합시다.

지금까지 '독학으로 성공한 인물'에 대해 말씀드렸습니다.

독학의 힘

지금부터 '독학의 힘'에 대해 말씀드리겠습니다.

1999년 5월, 매스컴이 '우리나라에 아주 귀한 손님 한 분이 다녀가셨다'고 보도했습니다. 그는 유명한 정치가도 아니고 세계적인 종교지도자도 아닙니다. 그녀의 이름은 시오노 나나미입니다.

1937년, 일본 도쿄에서 태어나 가큐슈인 대학 철학과를 졸업하고 1964년 28세에 이탈리아로 건너가 그곳에서 수많은 집필 활동으로 주목을 받은 여류 작가입니다.

그녀는 여자의 몸으로 서양인들도 감히 손대기를 꺼려 하는 장구하고 화려한 이탈리아의 역사를 누구도 모방할 수 없는 독특한 필체로 그려냈습니다. 1992~2006년까지 15년 동안 필생의 역작이라 불릴 〈로마인 이야기〉라는 교양서를 써, 이탈리아는 물론 일본과 우리나라에서도 큰 반향을 불러일으켰습니다. 이탈리아의 한 신문은 다음과 같이 평했습니다.

"그녀의 작품은 역사라고 하기에는 너무 재미있고, 소설이라고 하기에는 너무나 역사적인 방대한 저술이다."

그녀를 세계적인 정치가나 종교지도자와 버금가는 존재로 여기는 이유는 어느 누구도 생각해내지 못한 독특한 방법으로 로마와 이탈리아를 정리한 역사가이자 저술가이기 때문입니다.

한국에는 〈로마인 이야기〉가 1995년부터 1년에 한 권씩 번역판으로 나와 2006년 11월에 15권으로 완간되었습니다. 현재까지 국내에 번역된 그의 저서는 150만 권 이상 팔렸다고 합니다. 그러나 우리의 관심은 '무엇이 그녀로 하여금 이처럼 시공을 초월할 수 있는 힘을 갖게 하였느냐?' 하는 것입니다.

이탈리아로 건너간 그녀는 공식적인 교육기관에 적을 두지 않고, 틀에 박힌 학교교육에서 배울 수 없는 해박한 지식을 자유분방한 독학으로 얻었다고 합니다.

여러분! 아직도 학력이 있어야만 성공한다고 생각하지 않습니까? 자녀를 일류 대학에 보내기 위해 수입의 절반 이상을 과외비로 지출하고, 심지어 가산까지 팔아서 유학을 보내는 집도 적지 않다고 합니다. 그러나 학력에 집착하면 할수록 독특한 경지의 큰 인물이 되기는 어렵지 않을까요? 위대한 인물, 위대한 성공자들은 학교의 기본 교육보다 더 많은 지식을 사회에서 독학으로 얻었다는 사실을 명심합시다.

지금까지 '독학의 힘'에 대해 말씀드렸습니다.

돈 쓸 줄 아는 사람

지금부터 '돈 쓸 줄 아는 사람'에 대해 말씀드리겠습니다.

영국의 조지 피바디는 돈이 많은 상인이었습니다. 그는 가치 있는 일을 위해서는 재물을 아끼지 않았고, 생애 동안 기부한 금액을 추정해보면 900만 달러가 넘는다고 합니다.

언젠가 볼티모어의 한 저녁 식사 모임에 조지 피바디와 유명한 시인 존 홉킨즈가 참석했는데 누군가 이렇게 물었습니다.

"피바디 씨, 당신은 돈을 버는 것과 기부하는 것 중에서 어느 쪽이 더 기분 좋은 일이라고 생각하십니까?"

"나는 돈 버는 걸 좋아합니다. 돈 버는 건 아주 기쁜 일이니까요. 처음에 돈을 기부하려고 생각했을 땐 결코 즐거운 일이 아니었습니다. 힘들여 번 돈을 남에게 그냥 준다고 생각하니 우울해졌습니다. 그렇지만 우선 조그마한 규모로 한 번 시도해보기로 마음먹었습니다. 그래서 처음으로 런던에 임대 가옥을 지었습니다. 그런데 건물이 완공되고 나서 가난한 사람들이 깨끗하고 편안하게 지내는 것을 보고 나니 기분이 새로웠습니다. 그리고 보람을 느꼈습니다. 그래서 저는 조금 더 돈을 썼고 그 보람은 점점 커졌습니다. 지금은 돈을 버는 보람보다 좋은 일에 돈을 쓰는 보람이 더 크다고 말씀드릴 수 있습니다."

또 1950년대에 인기 있었던 TV쇼 〈백만장자〉에 한 박애주의자가 출연해 거액의 수표를 받을 시민들을 직접 발탁해 세간을 놀라게 한 적이 있습니다. 그러나 이 흑인 박애주의자 토마스 캐논은 결코 백만장자가 아니었습니다. 그는 리치몬드에서 우편배달부로 일하며, 지난 5년 동안 자신이 번 돈 중에서 3만3천 달러를 다른 사람을 위해 기부했습니다.

그렇다면 그는 왜 이런 일을 했을 까요? 캐논은 '돈의 획득과 치부(致富)는 자칫 자기 파멸로 귀결된다'고 굳게 믿었습니다. 그래서 그와 그의 아내 프린세타는 그들이 할 수 있는 한 많은 돈을 기부했습니다. 하지만 그들은 지붕이 새는 집에서 살며 낡은 자동차를 타고 지내고 있었습니다.

여러분! 세상에서 가장 아름답고 보람 있는 일은 남에게 베푸는 선행입니다. 악착같이 돈을 버는 것도 중요하지만, 번 돈을 뜻있게 쓸 줄 아는 것은 더욱 중요합니다. 우리 모두 돈을 많이 벌어서 가치 있게 쓸 줄 아는 사람이 됩시다.

지금까지 '돈 쓸 줄 아는 사람'에 대해 말씀드렸습니다.

동기부여

지금부터 '동기부여'에 대해 말씀드리겠습니다.

어떤 축구팀에 아주 게으르기로 소문난 느림보 선수가 있었습니다. 그는 환호받기를 좋아했지만 노력은 하지 않았습니다. 경기 며칠 전 그에게 전보가 왔습니다.

"사랑하는 아들아, 네 아버지가 세상을 떠나셨다. 곧장 집으로 오너라."

시합이 다가와 그 팀은 경기장으로 나갔습니다. 그런데 경기장 벤치에 게으른 선수가 있는 것이 보였습니다. 시합종이 울리자마자 선수는 코치에게 말했습니다.

"코치님! 오늘 제가 뛰면 안 되겠습니까?"

"너는 오늘 뛰어서는 안 돼. 지금은 네가 고향에 가 있을 시간이야. 이번 시합은 아주 중요한 시합이란 말이야. 우리는 모든 선수를 다 뛰게 할 거지만 너는 예외야."

냉정한 코치의 말에도 불구하고 그는 코치를 따라다니며 졸랐습니다.

"코치님! 제발 저를 뛰게 해주세요. 코치님, 저는 꼭 뛰어야 합니다."

전반 45분이 일방적인 열세로 끝나고, 그 팀은 후반전에 경기장에 나가 최선을 다했으나 계속 열세에 몰리고 있었습니다. 게으른 선수가 와서 또 애원을 했습니다. 코치가 점수판을 올려다보며 다 된 경기라고 생각했는지 승낙을 했습니다. 경기장에 들어서자 그는 예상 밖으로 잘 달리고 패스도 잘하고 잘 막아냈습니다. 팀의 활기가 솟아났습니다. 게임 종료 몇 초를 남기고 그는 상대편의 결정적인 패스를 차단하고 득점으로 연결시켜 역전승을 거두었습니다. 코치가 평소 게을렀던 선수에게 물었습니다.

"도대체 어떻게 이런 일이 있을 수 있지?"

"코치님, 저의 아버님께서 지난주에 돌아가신 것 아시죠? 아버지는 장님이었습니다. 그런데 오늘 처음으로 아버지께서 제 경기를 보러 오셨을 겁니다!"

여러분! 동기부여에는 두 가지가 있습니다. 스스로 하는 내적인 동기부여와 누가 시켜서 하는 외적인 동기부여입니다. 그러나 가장 큰 힘을 발휘하는 것은 내적인 동기부여입니다. 우리 모두 스스로 행동하도록 노력합시다.

지금까지 '동기부여'에 대해 말씀드렸습니다.

리더의 자존심

지금부터 '리더의 자존심'에 대해 말씀드리겠습니다.

로마 제국의 뛰어난 장군이며 정치가였던 케사르는 로마인들의 사랑을 한 몸에 받던 인물이었습니다.

그가 어느 날, 시골의 조그만 마을을 지나게 되었습니다. 이 소식을 들은 마을 사람들은 말로만 듣던 케사르의 얼굴을 보기 위해 몰려들었습니다.

"저분이 율리우스 케사르인가?"

"암, 저분이 바로 로마에서 가장 용감한 장군이며 훌륭한 지도자라네."

이렇듯 마을 사람들은 저마다 한마디씩 하며 케사르를 존경하는 눈빛으로 바라보았습니다. 그런데 단 한 사람, 이 마을의 촌장은 자기가 케사르 못지않은 훌륭한 인물임을 자부하고 나섰다.

"케사르 장군님, 이렇게 직접 뵙게 되니 영광입니다."

"저 역시 그렇게 생각합니다. 촌장께서는 마을을 위해 얼마나 수고가 많으십니까?"

케사르는 촌장을 위로하며 겸손한 태도로 말했습니다.

"뭘요. 제가 이 마을을 이끌고 있는 것이나 장군께서 로마를 다스리는 것이나 결국은 같은 일이잖습니까?"

"옳으신 말씀입니다. 한 사람이나 수많은 국민의 행복을 위해서 힘쓰는 일이나, 모두 자기 아닌 타인을 위해서 하는 일이라는 점에서 같습니다."

이 장면을 지켜보고 있던 장교 한 사람이 촌장의 가소로운 태도에 조소를 터트렸습니다.

"자네는 어째서 그렇게 웃는가?"

케사르의 엄한 질문에 장교는 대답했습니다.

"사람도 몇 안 되는 마을의 촌장이 으스대는 꼴이 가소롭지 않습니까?"

그러자 케사르는 다음과 같이 말했습니다.

"저 촌장을 비웃을 일은 조금도 없다. 내가 생각하기로는 저 촌장이야말로 스스로 뽐낼 만큼 자랑스러운 점이 있다. 나에게 누가 로마에서 둘째가는 사람이 되라고 한다면, 비록 50여 명 밖에 안 되는 작은 마을이지만 나는 서슴지 않고 이곳의 촌장이 되겠다."

여러분! 옛말에 '닭 벼슬이 될망정 쇠꼬리는 되지 말라'는 말도 있지 않습니까? 크든 작든 한 조직의 리더가 된다는 것은 결코 쉬운 일이 아닙니다. 여러분은 쇠꼬리가 되겠습니까, 닭 벼슬이 되겠습니까?

지금까지 '리더의 자존심'에 대해 말씀드렸습니다.

리더의 제일 덕목

지금부터 '리더의 제일 덕목'에 대해 말씀드리겠습니다.

영국 식민지로부터 인도를 독립시키기 위해 일생을 바쳤던 간디는 인품이 온화해 독립 운동뿐 아니라 개인적인 상담을 위해 찾아오는 사람들도 많았다고 합니다.

어느 날, 중년 부인이 비만한 아들을 데리고 와 '체중 조절과 치아 보호를 위해 설탕을 먹지 않도록 충고해달라'고 부탁하자, 간디는 약간 망설이다 이렇게 말했습니다.

"죄송하지만 한 달 뒤에 다시 오셨으면 합니다."

부인은 실망한 표정으로 서운하게 생각했습니다.

'위대하고 자상한 지도자라기에 가정교육에도 도움을 주실 줄 알았는데……. 내가 하찮은 사람이라서 그런 걸까? 아니면 너무 바빠서 그런 걸까?'

한 달 뒤, 부인은 다시 아들과 함께 간디를 방문했습니다. 하지만 이번에는 큰 기대를 하지 않았습니다. 지난번 먼 길을 무릅쓰고 찾아갔다가 기분만 상했기 때문에, 도대체 어떤 말을 해주려는 것일까 궁금해서 재차 발걸음을 옮겼을 뿐이었습니다.

그런데 간디는 중년 부인과 아이를 분명히 기억하면서 반갑게 맞아주더니 아이 앞에 무릎을 꿇고 손을 꼭 잡으며 부드럽게 말했습니다.

"얘야, 너는 이다음에 커서 훌륭한 인물이 되어야 한다. 그러니 설탕을 먹지 말거라. 그건 몸에 좋지 않단다."

그러자 간디의 말을 들은 아이는 그렇게 하겠다고 다짐을 했고, 그 모습을 지켜본 부인은 고마우면서도 의아해서 간디에게 질문을 했습니다.

"감사합니다. 한 달 전에 왔을 때는 왜 그 말씀을 해주지 않으셨나요?"

간디는 부끄러워하면서 다음과 같이 대답했습니다.

"한 달 전에는 저도 설탕을 즐겨 먹고 있었습니다. 제가 즐겨 먹으면서 아이에게는 먹지 말라고 할 수 없지 않습니까? 그래서 제가 먼저 설탕을 끊고 오늘 아이에게 자신 있게 말할 수 있었던 겁니다."

여러분! 그렇습니다. 자기는 하지 않고 타인에게만 하라는 것은 위선입니다. 지도자가 먼저 모범을 보이면 구성원들은 지도자의 말 하나하나를 굳게 믿고 따르는 것입니다. 리더의 제일 덕목은 언행일치에 있습니다. 우리 모두 언행일치를 하도록 노력합시다.

지금까지 '리더의 제일 덕목'에 대해 말씀드렸습니다.

리더의 중요성

지금부터 '리더의 중요성'에 대해 말씀드리겠습니다.

머리가 가는 데로 항상 따라다니기만 하던 뱀의 꼬리가 어느 날 불만을 터뜨리며 머리에게 항변했습니다.

"왜 나는 언제나 네 꽁무니만 따라다녀야 하는 거지? 이건 너무 불공평해. 나 역시 뱀의 일부분인데 언제까지 노예처럼 따라다니기만 해야 하니?"

뜻밖의 항변에 머리가 설명을 해주었습니다.

"바보 같은 소리 좀 하지 마. 너는 앞을 볼 수 있는 눈도 위험을 분간할 수 있는 귀도 행동을 결정할 수 있는 두뇌도 없잖아. 나는 절대로 자신만을 위해 그렇게 하는 게 아니라고. 다 너를 생각하기 때문이지."

그러자 꼬리가 큰 소리로 웃으며 말했습니다.

"그따위 말은 듣기 싫어. 세상의 모든 독재자나 폭군이 '자신을 따르는 자들을 위하여 일한다'는 구실을 내세워 제멋대로 행동하지."

꼬리의 말에 화가 난 머리는 이렇게 말했습니다.

"네가 정 그렇게 생각한다면 내가 하는 일을 한번 해보렴."

꼬리는 뛸 듯이 기뻐하며 앞에 나서서 먼저 움직이기 시작했습니다. 그러나 얼마 가기도 전에 도랑으로 떨어지고 말았습니다. 머리가 여러 가지로 애쓴 끝에 간신히 도랑에서 빠져 나오기는 했지만, 또다시 꼬리는 가시투성이의 덤불 속으로 들어가고 말았습니다. 꼬리가 애를 쓰면 쓸수록 점점 더 가시에 찔리고 덤불에 엉켜 어떻게 할 도리가 없었습니다.

이번에도 머리의 도움으로 뱀은 상처투성이가 되어 가까스로 가시덤불을 빠져 나왔습니다. 그래도 꼬리는 포기하지 않고 앞장서서 나갔지만 이번에는 불길 속으로 들어가고 말았습니다. 몸이 점점 뜨거워지더니 갑자기 앞이 캄캄해졌습니다. 다급해진 머리가 필사적으로 도망치려 했지만 이미 때는 늦었습니다. 결국 뱀은 불에 타 죽고 말았습니다.

여러분! 조직에는 반드시 리더가 있어야 하고 추종자가 있게 마련입니다. 리더가 하는 일이 멋있어 보이고 쉬워 보이기도 하지만, 누구나 다 리더가 될 수 있는 것은 아닙니다. 안목이 있는 자만이 리더가 될 수 있습니다.

지금까지 '리더의 중요성'에 대해 말씀드렸습니다.

마무리

지금부터 '마무리'에 대해 말씀드리겠습니다.

로키시와 그의 악단이 은퇴 공연을 하는 날, 각계 저명인사들이 관람석을 메웠고 라디오 방송으로 생중계를 하고 있었습니다. 로키시는 악단의 동지들에게 오랫동안 함께 활동해준 것에 감사의 말을 전했고, 오프닝 곡에서 그가 지휘봉을 들었을 때 주위 사람들은 눈물을 흘렸습니다.

방송이 순조롭고 드라마틱하게 진행돼 절정에 다다랐을 때, 초청 가수인 헤로드 본도세가 자기를 스타로 만들어준 〈웃는 익살꾼〉이라는 노래를 부르기 위해 무대에 올라 마이크 앞에 섰습니다. 사회자가 곡명을 소개하자 관람석에서는 환성과 함께 박수갈채가 터져 나왔습니다. 오케스트라가 전주곡을 연주하자, 본도세는 지금까지 볼 수 없었던 정열이 용솟음치듯 노래를 부르기 시작했습니다. 그의 음성이 코러스와 화합되자 스튜디오에 있는 사람들과 관객들은 모두 감동의 파도에 휩쓸렸습니다.

그런데 갑자기 노래 가사가 끊어지고 본도세가 당황한 기색을 보였습니다. 몇 천 번이나 부르고 또 부른 노래의 가사를 잊어버린 것입니다. 본도세는 얼어붙은 인형처럼 서서 단원들의 얼굴만 돌아보고 있었습니다. 그의 얼굴에는 식은땀이 흘렀고 필사적으로 기억하려고 애를 쓰는 듯했습니다.

코러스 부분이 끝나고 오케스트라의 연주가 두 번이나 반복되었지만 본도세는 그때까지도 가사가 생각나지 않았습니다. 그제야 관객들도 이상하게 생각하기 시작했고 본도세는 죄송스러운 마음으로 로키시 쪽을 돌아봤습니다. 로키시는 지휘를 하면서 미소 띤 얼굴로 신경쓸 것 없다는 듯이 그의 어깨를 부드럽게 다독거렸습니다.

그러자 본도세의 눈동자가 다시 빛나고 입에서 가사가 흘러나오기 시작했습니다. 그는 남은 부분을 힘차게 불렀습니다. 노래가 끝났을 때 그는 눈물을 글썽거렸고 참석자들은 그에게 아낌없는 박수를 보내며 환호했습니다.

여러분! 우리는 평소에 잘하던 것도 갑자기 생각이 나지 않아 곤란을 겪을 때가 종종 있습니다. 그러한 위기의 상황에서는 절대로 포기해서는 안 됩니다. 끝까지 마무리를 지어야만 성공자가 됩니다. 끝이 좋으면 다 좋다고 하지 않습니까?

지금까지 '마무리'에 대해 말씀드렸습니다.

마음가짐

지금부터 '마음가짐'에 대해 말씀드리겠습니다.

옛날에 삼베옷을 즐겨 입는 마의선사(麻衣禪師)가 살았는데 그는 천문, 지리, 주역, 기문, 둔갑, 명리 등에 통달했습니다. 그런 그가 쉰이 넘어서 아들 둘을 낳았는데 늦게 본 자식인지라 금지옥엽으로 키웠습니다. 그러던 어느 날 문득 아이들을 보니, 열 살이 훌쩍 넘어 소년티가 나는지라 사주팔자로 아이들의 장래를 감정해보았습니다. 그랬더니 큰아들은 재상이 되고 작은아들은 거지가 되는 것으로 나타났습니다. 그래서 아이들을 불러 앉혀놓고 운명 감정의 결과에 대해 이야기했습니다.

"첫째야, 너는 이다음에 나라의 재상이 될 팔자니 열심히 공부를 하거라. 그리고 둘째야, 너는 거지 팔자를 타고났으니 놀고먹겠구나. 이 애비가 틀린 적은 한번도 없으니 너희도 사주팔자대로 사는 수밖에 더 있느냐."

거지 팔자라는 소리에 충격을 받은 둘째는 '거지 팔자라면 집에 있을 필요가 없지 않은가?' 하고 아버지에게 작별을 고하며 세상 속으로 나갔습니다. 그러던 어느 날 가진 돈이 다 떨어지고 아버지의 말처럼 거지 노릇을 할 수밖에 없었습니다. 그래서 얻어먹을 곳을 찾다 큰 부잣집 하나를 발견했습니다. "밥 좀 주세요"라고 구걸을 해 게 눈 감추듯 밥 한 그릇을 비웠지만 다음 끼니가 또 걱정이었습니다. 그때 시끄러운 소리가 들려오기에 돌아보니 들에 나가 일하던 머슴들이었습니다. 잠자리, 먹을거리 걱정을 하지 않는 그들이 부러웠습니다.

그래서 머슴이 되기로 작정하고 주인에게 간청을 해 그날부터 부지런하고 성실하게 일했습니다. 2년쯤 지났을 때는 주인에게 곳간지기로 발탁을 당했습니다. 그는 더욱 열심히 일했습니다. 이에 감동한 주인이 무남독녀인 자기 딸과 혼인을 시키려 하자 그는 부모님께 허락을 받으려고 옛집을 찾아갔습니다. 둘째가 살았는지 죽었는지 소식을 몰라 애태우던 마의선사는 늠름한 청년으로 성장한 아들을 보고 깜짝 놀랐습니다. 둘째의 얼굴이 재상감으로 변해 있었기 때문입니다. 거지 팔자를 타고난 둘째 아들은 자신의 노력으로 나중에 재상까지 하게 되었습니다.

여러분! 인간의 운명은 개척할 수 있습니다. 사주팔자나 관상도 중요하지만 심상(心相) 즉, 마음의 바탕이 더욱 중요합니다. 우리 모두 팔자타령만 하지 말고 올바른 마음가짐으로 성공자가 되도록 노력합시다.

지금까지 '마음가짐'에 대해 말씀드렸습니다.

마음의 여유

지금부터 '마음의 여유'에 대해 말씀드리겠습니다.

〈걸리버 여행기〉를 쓴 고대 로마의 그리스 풍자작가 루키아노스는 "너무 팽팽히 당겨진 활시위는 끊어진다"고 하며 삶의 여유를 강조했습니다.

엄청나게 많은 돈을 번 부자가 있었습니다. 그 사람은 물질적인 재산이 많아 아주 성공한 듯 보였지만 마음은 하나도 기쁘지 않았습니다. 그래서 그는 퇴직 후에 즐거운 생활을 하자고 결심했습니다. 하지만 얼마 지나지 않아 여전히 자기가 즐겁지 않다는 것을 발견했습니다.

'인생이 왜 이다지도 허무하고 쓸쓸할까?'

이 사람은 인생을 만족시킬 수 있는 중대한 비밀에 대해 가르침을 받으려고 도인을 찾아 나섰습니다. 20여 개월간의 고생 끝에 높은 산꼭대기에 살던 도인을 만나게 되었습니다. 도인은 그 사람에게 아주 친절히 인생을 행복하고 아름답게 살 수 있는 비결을 가르쳐주었습니다. 그 사람은 도인의 말을 들고 놀라움을 금치 못했습니다.

이 비결은 과연 무엇이었을까요? 세계를 즐길 수 있는 비결 중 하나는 바로 탄성 있는 습관을 키우는 것이었습니다.

프랑스에는 이런 속담이 있습니다.

"소경들의 나라에서는 한쪽 눈만 가지고 있는 사람이 왕이 될 수 있다."

마음의 여유가 있는 사람은 인생을 살면서 다른 사람들이 볼 수 없는 그 무엇인가를 볼 수 있는 것입니다. '마음의 여유'가 도인의 답이었습니다.

여러분! 아무리 성공한 사람이라도, 아무리 부자라도 앞만 보고 살아온 마음의 여유가 없는 사람은 행복이 무엇인지, 인생의 기쁨이 무엇인지 진정 알 수 없습니다. 평범한 사람이든 성공한 사람이든 마음의 여유를 가진 사람은 진정한 행복과 기쁨, 삶의 보람을 느끼며 살아갈 수 있습니다. 우리 모두 아무리 각박한 현대인의 삶을 살더라도 마음의 여유를 가질 수 있는 자신을 가꿔야 하겠습니다.

지금까지 '마음의 여유'에 대해 말씀드렸습니다.

마음의 자세

지금부터 '마음의 자세'에 대해 말씀드리겠습니다.

노동자들이 자기가 하고 있는 일을 어떻게 느끼고 있는가를 조사하기 위해 어느 건축 현장에 시찰관이 파견되었습니다. 한 노동자에게 시찰관이 다가가 무엇을 하고 있는지 물었습니다.

"보다시피 이렇게 단단하고 큰 돌을 무딘 도구로 잘라내 감독의 말대로 세워놓는 작업이오. 햇볕은 내리쬐고 땀은 줄줄 흐르고 정말 힘든 일이오. 게다가 똑같은 일을 반복해야 하니 죽을 맛이오."

시찰관은 그 자리를 떠나 다른 노동자에게 같은 질문을 했습니다.

"이 돌을 정해진 모양으로 가지런히 자르고 있습니다. 그런 다음 건축가의 도면대로 조립합니다. 중노동이고 같은 일을 반복하지만 1주일에 5프랑은 벌 수 있습니다. 마누라와 자식들을 부양할 수 있으니 괜찮은 일입니다."

시찰관은 얼마간 마음이 편해져서 세번째 사람에게도 같은 질문을 했습니다. 그는 하던 일을 멈추고 하늘을 바라보며 다음과 같이 말했습니다.

"저길 보십시오! 저렇게 높이 올라갈 대성당을 건설하는 중입니다."

세 사람이 하는 일은 모두 같은데 왜 이처럼 대답이 다를까요? 세상에는 항상 우는 소리를 하는 사람이 있는 반면 무엇을 하든 즐거운 휘파람을 불 수 있는 사람도 있습니다.

그렇다면 마음의 자세를 긍정적이고 적극적으로 바꾸는 방법은 무엇일까요?

첫째는 보물 지도를 그리는 것입니다. 자기가 바라는 것을 구체적으로 종이에 나타내는 방법입니다. 예를 들어 지금까지 사귀어본 적이 없는 친구나 애인을 갖고 싶다면, 그런 사람의 모습을 그림으로 그린다거나 원하는 성격이나 특징 등을 글로 써서 눈에 잘 띄는 곳에 붙여놓으면 됩니다.

둘째는 긍정적으로 단언을 하는 것입니다. 자신이 바라는 무언가가 실현될 것 같으면 '실현될 것 같다'가 아니라 '반드시 실현된다!'고 단언하면 됩니다.

셋째는 시각화하는 것입니다. 자기가 달성하고자 하는 것이 소망대로 달성된 상황을 머릿속에 자세히 그리면 됩니다. 이때 주의할 점은 반드시 긍정적이어야 합니다.

여러분! 세상을 살다보면 바꿀 수 없는 문제에 부딪히는 경우가 있습니다. 그러나 그 문제를 어떻게 보느냐는 마음가짐에 따라 얼마든지 바꿀 수 있습니다. 우리 모두 긍정적이고 적극적인 마음을 갖도록 노력합시다.

지금까지 '마음의 자세'에 대해 말씀드렸습니다.

마음의 힘

지금부터 '마음의 힘'에 대해 말씀드리겠습니다.

여러분은 바르셀로나 올림픽 여자 100m 달리기에서 금메달을 차지한 미국의 게일 디버스에 대해 알고 계십니까? 그녀는 심한 갑상샘 질환을 앓고 있었으며, 혈관 이상으로 얼굴과 다리가 부어 올림픽이 열리기 1년 전만 해도 달리기는커녕 걷지도 못했습니다. 의사는 달리기 훈련을 하면 병세가 악화돼 다리를 절단해야 할 가능성이 높다고 경고했습니다. 그러나 게일은 올림픽을 5개월 앞두고 강훈련에 돌입했습니다.

코치를 비롯한 그 누가 말려도 아무 소용이 없었습니다. 그녀의 집념을 꺾을 사람은 없는 듯했습니다. 그녀는 위험한 모험을 했던 것입니다. 드디어 그녀의 뜻은 성취되었고 세계인을 놀라게 했습니다. 집념을 가진 훈련의 결과로 금메달을 받게 된 것입니다. 그녀가 병마에 시달리면서도 올림픽에서 금메달리스트가 될 수 있었던 것은 무엇보다 마음의 힘 덕분이었습니다,

우리들 마음의 방향에 따라 행복이 올 수도 있고 불행이 올 수도 있습니다. 행복해지고 싶으면 행복할 마음을 갖춰야 합니다. 마음속에 불만이나 두려움이 도사리고 있으면, 행복은 멀리멀리 도망치고 실패와 불행만 다가오기 마련입니다. 불만의 크기와 불행의 농도는 정비례합니다. 그러기에 나에게 주어진 조건을 받아들이고 불만의 조건을 헤치고 새로운 미래를 건설할 진취적인 마음이 행복의 길을 안내합니다.

율리우스 케사르는 간질병이 있었고, 헬렌 켈러는 언어와 청각장애, 앞을 보지 못하는 삼중고를 겪었으며, 루스벨트는 소아마비를 견뎌야 했습니다.

그러나 이 사람들은 누구보다 훌륭한 삶을 살았고, 주어진 육체적·정신적 장애가 불만의 조건이 되지 않았다는 공통점이 있습니다.

여러분! 우리의 육체는 이들보다 건강합니다. 세계사에 이름을 남긴 케사르보다 건강하고, 헬렌 켈러보다 멀쩡하며, 백악관의 주인이 된 루스벨트처럼 소아마비가 아닌데도, 우리는 어디에도 도전할 마음을 갖지 못하고 있는 것은 아닌지요. 우리 모두 마음의 힘을 굳게 믿고 곧고 강하게 살아갑시다.

지금까지 '마음의 힘'에 대해 말씀드렸습니다.

마음이 편안한 집

지금부터 '마음이 편안한 집'에 대해 말씀드리겠습니다.

진이와 시우는 각자 새 집을 마련해 이사를 하게 되었습니다. 그리고 각자 집들이를 한다고 이웃들에게 초대장을 보냈습니다. 두 사람은 사촌 간이었기 때문에, 진이의 집에서 먼저 식사를 한 후 저녁에 시우의 집에서 칵테일파티를 하기로 했습니다.

"어서 오세요. 천천히 둘러보시고 즐거운 시간 보내세요."

진이가 웃으면서 손님들을 반겼습니다. 진이의 낙천적이고 쾌활한 성격을 꼭 빼닮은 그녀의 집은 소박하고 아늑했습니다. 손님들은 새들이 즐겁게 지저귀는 진이의 작고 아담한 집에서 그녀가 정성껏 마련한 식사를 하며 편안한 오후를 보냈습니다. 저녁이 되자 손님들은 일정대로 시우의 집을 방문했습니다.

그런데 시우의 집에 도착해보니 정원에는 '잔디에 들어가지 마시오', '꽃에 손대지 마시오'라는 커다란 푯말이 있어 잔디와 꽃을 밟지 않기 위해 조심스럽게 걸어야 했습니다. 그래도 손님들은 집 안에 들어가면 진이네 집에서처럼 즐겁고 마음 편한 시간을 보낼 수 있을 것이라고 기대했습니다. 하지만 그들은 빈틈없이 깨끗하게 정리된 그녀의 집에서 새 카펫에 발을 딛기도 전에 신발을 벗을 것과 카펫 위에 칵테일을 쏟지 말라는 주의를 들어야 했습니다.

"여기 이 도자기는 아주 값비싼 물건이랍니다. 그리고 이 풍경화도 진품이니 아주 귀중한 것이지요. 오, 저런! 그건 만지면 곤란해요."

그녀는 손님들의 기분은 아랑곳하지 않고 자신이 보여주려고 계획했던 것들을 빠짐없이 보여주면서 물건에는 손도 못 대게 했습니다. 손님들은 시우를 따라 마치 전시장에 구경 온 아이들처럼 열을 지어 그녀의 끊임없는 자랑과 설교를 들어야 했습니다. 그 후로 진이의 집은 이웃 사람들로 붐볐지만 시우의 집을 방문하는 사람은 아무도 없었습니다.

여러분! 가정은 가족의 마음이 쉬는 곳이며 집은 가족의 몸이 쉬는 곳입니다. 오늘날 집은 갖고 있으되 가정이 없는 사람들이 많이 있습니다. 집이 없거나 집이 작으면 불편한 생활을 하지만 가정이 없으면 불행한 생활을 하게 됩니다. 우리 모두 사랑하는 가족이 마음 편하게 살아갈 수 있는 집, 행복한 가정을 만들어갑시다.

지금까지 '마음이 편안한 집'에 대해 말씀드렸습니다.

말버릇과 이미지

지금부터 '말버릇과 이미지'에 대해 말씀드리겠습니다.

우리가 만났던 많은 사람들 가운데 인상적인 몇 사람을 떠올려봅시다. 뚱뚱한 사람, 날씬한 사람, 세련된 사람, 촌스러운 사람 등 그 이미지가 다양할 것입니다. 그러나 그 중에서도 특히 인상적으로 떠오르는 것은 그 사람의 말버릇입니다. 동창회에 참석해 옛 친구를 만나면 으레 화제가 되는 것은 우리를 가르쳤던 선생님들의 말버릇입니다. 말끝마다 '에…… 또……'를 연발하던 선생님, 열강을 할 때면 입가에 하얀 침이 고였던 선생님, '아시겠죠?'를 연발하던 선생님, '그렇습……' 하고 말꼬리를 흐리던 선생님 등 참으로 다양한 말버릇을 가진 선생님들이 학생들에게 깊은 인상을 심어주기 때문입니다.

한국인으로는 최초로 마나슬루 봉에 도전했던 등산가이자 대한산악연맹 회장인 이인정 박사는 사업도 잘하지만, 친구 간에 의리 있고 자신의 이름처럼 인정 많은 것으로 소문이 났습니다.

언젠가 자신의 친구가 목 수술을 해 병원에 입원을 했습니다. 이 소식을 들은 이인정 박사는 외국에 나간 친구의 남편 대신 자기가 보호자로 자청하고, 매일 병원에 들려 보살피고 의사와 환자의 상황을 의논했습니다.

그런데 이인정 박사는 고약한 말버릇을 가졌습니다. 입만 열면 욕 반 말 반이 섞여 나옵니다. 그런데도 누구 하나 그를 싫어하는 사람이 없고 그에게 깊은 정을 느낍니다. 모임이 있을 때도 그가 참석하지 않으면 왠지 썰렁하고 재미가 없습니다. 그렇다고 누구나 다 이인정 박사처럼 욕 반 말 반을 섞는다고 분위기를 화기애애하게 만들 수 있는 것은 아닙니다. 말버릇은 그 사람만의 상표이기 때문입니다.

상표에는 좋은 것도 있고 나쁜 것도 있습니다. 우리 주위에 음담패설을 잘하는 친구도 있지요. 입만 열면 어디서 그렇게 많이 수집을 했는지 마구 쏟아져 나옵니다. 좌중의 사람들은 배꼽을 잡고 재미있어 합니다. 그런데 이상한 일은 나중에 그 친구에 대한 이미지는 왠지 모르게 저질스러운 느낌만 남아 있다는 것입니다. 나쁜 느낌의 말버릇은 나쁜 이미지로 각인되기 때문입니다.

여러분! 위대한 사업가나 정치가들의 자서전을 보면 자기만의 독특한 말버릇이 있습니다. 탤런트나 개그맨들이 자기의 이미지를 강하게 심어주기 위해 독특한 말버릇을 만들 듯, 우리도 자기만의 독특한 말버릇을 만들어봅시다. 말버릇이 자기의 이미지를 좌우합니다.

지금까지 '말버릇과 이미지'에 대해 말씀드렸습니다.

말의 씨

지금부터 '말의 씨'에 대해 말씀드리겠습니다.

가장 총애하던 아들 방석(芳碩)이 형제들에 의해 변고를 당하는 꼴을 보고 실망한 태조 이성계가 왕위를 동댕이치고 함흥으로 갔습니다. 왕위를 찬탈하다시피 한 태종은 사죄도 하고 노여움을 풀 겸 여러 차례 문안사신을 함흥으로 보냈습니다. 그러나 태조가 번번이 노여워하고 버티는 바람에 문안은커녕 만나보지도 못하고 돌아왔습니다.

이처럼 부자의 정이 단절된 사실을 딱하게 여긴 태종의 친구 성석린(成石璘)이 태조의 마음을 돌려보겠다고 자청했습니다. 계획을 치밀하게 세운 석린은 백마를 타고 베옷 차림으로 함흥에 닿아, 나그네인양 말에서 내려 불을 피우고 밥 짓는 시늉을 했습니다. 이 광경을 목격한 태조는 내시에게 저 사람이 누구인지 알아보라고 했습니다.

"길을 가다 날이 저물어 하룻밤 유숙하고자 합니다."

석린의 말을 전해들은 태조는 무료하던 차에 기뻐하면서 즉시 불러오라고 했습니다. 이런 꾀로 태조와 대면하게 된 석린은 넌지시 "부자 관계가 천륜인데 어찌 끊을 수 있겠습니까" 하고 말하기 시작했습니다. 그러자 갑자기 태조가 얼굴을 붉히며 물었습니다.

"네 이놈! 네 임금을 위하여 나를 달래려고 온 것이냐?"

"아니올시다. 맹세컨대 신이 만약 그런 목적에서 왔다면 신의 자손은 반드시 눈먼 장님이 될 것입니다."

석린이 단호하게 다짐하므로 태조가 그의 말을 믿었습니다. 이러한 석린의 노력으로 그 후로 태조와 태종이 화합했는데, 훗날 석린의 아들은 정말로 눈이 멀었다고 합니다. 석린의 맏아들 지도(至道)와 지도의 아들 귀수(龜壽), 귀수의 아들이 모두 태중에서부터 장님이 되어 삼대를 이었으며, 작은 아들인 발도(撥道)는 자식을 두지 못했다는 것입니다.

여러분! 이 얼마나 무서운 결과입니까? 우선 다급한 나머지 임시변통으로 아무 말이나 하기 쉽습니다만 그 말이 씨가 되어 현실로 나타난다는 사실을 명심하십시오. 좋은 말의 씨앗은 좋은 열매를 맺고 나쁜 말의 씨앗은 나쁜 열매를 맺습니다. 우리 모두 좋은 말의 씨앗을 뿌리도록 노력합시다.

지금까지 '말의 씨'에 대해 말씀드렸습니다.

말의 위력

지금부터 '말의 위력'에 대해 말씀드리겠습니다.

언어는 사람들을 믿게 하거나 행동하도록 만드는 힘이 있습니다.

제2차 세계대전 도중 윈스턴 처칠은 영국의 힘과 국력을 유지하는 위대한 원동력으로 간주되었습니다. 그의 말은 마치 시와 같아서 오늘날에도 처칠이 사용했던 표현들은 많은 사람들에게 인용구로 선택되고 있습니다.

"우리는 해변에서 싸울 것이며 땅 위에서 싸울 것입니다. 우리는 들판과 거리에서도 싸울 것입니다. 또한 언덕 위에서도 싸울 것입니다. 결코 굴복하지 않을 것입니다."

처칠과 같은 시대의 인물로는 미국의 대통령이었던 프랭클린 D. 루스벨트가 있는데 그 역시 언어의 마술사였습니다. 그의 연설을 기념비적인 것으로 만들었던 한 가지 일화가 있습니다.

1941년 12월 7일, 일본이 진주만을 기습 공격했을 때 루스벨트 대통령은 국회에서 선전포고를 하게 되었습니다. 그 시기를 이용해 미·일 양국 간의 국교단절을 해야 한다는 언론에, 루스벨트 대통령은 재빨리 그렇지 않다고 대답했습니다. 그는 라디오를 통해서 미국 국민들에게 가정에서 하는 말처럼, 다음날부터 자세한 상황을 알려주겠다고 자연스럽게 말했습니다. 국민뿐만 아니라 국회에서 첫번째 극적인 메시지를 전달했습니다. 지금도 대부분의 사람들이 그의 유명한 문장을 기억하고 있을 것입니다.

"이날은 치욕의 날로 기억될 것입니다."

자주 사용되면서 약간 애매모호하지만, 강력한 힘을 가진 이 말을 선택한 루스벨트는 그 말 자체와 함께 영원히 기억된 것입니다.

또한 흑인 인권운동가 마틴 루터 킹의 유명한 연설도 있습니다.

"나에게는 꿈이 있습니다."

지극히 잘 선택된 이 말이 얼마나 힘을 가지고 청중에게 강한 인상을 남겼는지는 여러분도 잘 알고 있을 것입니다.

여러분! 위대한 지도자들의 정신과 입에서 나온 말은 한 국가를 움직이고, 역사의 기록에서 볼 수 있듯 세계사의 가장 중요한 일들을 변화시켰습니다. 우리도 좀 더 열심히 스피치를 연마해 사람들을 움직이고 시대를 변화시킬 수 있는 위대한 스피커가 됩시다.

지금까지 '말의 위력'에 대해 말씀드렸습니다.

말의 재치

지금부터 '말의 재치'에 대해 말씀드리겠습니다.

영국이 낳은 위대한 작가 찰스 디킨스를 아십니까? 그는 하인 출신 할아버지를 두었고 하급관리의 장남으로 태어났습니다. 아버지 존은 호인이었으나 금전 감각이 희박해 감옥에 간 적도 있었습니다. 때문에 디킨스는 소년 시절 빈곤의 고통을 겪었으며 학교도 거의 다니지 못했습니다.

그러나 그는 독학으로 고전을 탐독하며 문학에 눈을 떴습니다. 열다섯 살 때부터 변호사 사무실의 사환, 법원의 속기사를 거친 끝에 신문기자가 되었고, 스물네 살에 작가로 데뷔해 유머러스한 필치로 생전에 폭넓은 인기를 누렸습니다.

그의 일화 가운데 이런 이야기가 있습니다.

어느 날 디킨스가 연못에서 낚시를 하고 있었습니다. 그런데 낯선 사람이 다가오더니 그에게 물었습니다.

"낚시를 하고 계시군요. 잘 잡힙니까?"

"하루 종일 들이밀었지만 아직 한 마리도 낚지 못했습니다. 그러나 어제는 이곳에서 열다섯 마리나 낚았죠."

그러자 낯선 사람이 다시 물었습니다.

"당신은 제가 누구인지 아십니까? 저는 낚시를 단속하는 사람입니다. 이곳은 엄격하게 낚시를 금지하는 곳이지요."

낯선 사람은 말을 마치자마자 서류를 꺼내더니 벌금을 매기려고 했습니다. 위기의 상황에 몰린 디킨스는 침착하게 반문했습니다.

"당신은 제가 누구인지 아십니까?"

낯선 사람은 깜짝 놀라서 물었습니다.

"누구시기에……."

디킨스는 미소를 지으며 여유 있게 말했습니다.

"저는 소설가 디킨스입니다. 당신은 저에게 벌금을 물릴 수 없습니다. 그 이유는 제 직업이 이야기를 꾸며내는 것이니까요."

여러분! 이 얼마나 통쾌한 역전입니까? '침묵은 금이고, 웅변은 은'이라고 하지만, 필요한 때 필요한 말을 필요한 만큼 할 수 있는 화술은 다이아몬드 아닐까요? 위기의 상황에 몰렸을 때 재치 있는 말 한마디가 위력을 발휘합니다.

지금까지 '말의 재치'에 대해 말씀드렸습니다.

Today's
speech
80

말의 힘

지금부터 '말의 힘'에 대해 말씀드리겠습니다.

프랑스의 시인 하이네는 "말, 그것으로 죽은 이를 무덤에서 불러내고 산 자를 묻을 수도 있다"고 했습니다.

미국 미시시피 주에서 출생한 소녀가 열한 살 때 불행한 일을 당했습니다. 자동차 사고로 왼쪽 다리가 으스러져 100바늘 이상이나 꿰매는 수술을 했지만 결국 불구가 되고 만 것입니다. 의사는 그녀의 부모에게 다시는 걷지 못하게 될 것이라고 말했습니다. 최선의 치료에도 불구하고 불구가 된 그녀는 고통의 나날을 보냈으나 결코 좌절하지는 않았습니다.

치료를 마치고 난 후, 부상을 당한 그녀의 왼쪽 다리는 건강한 오른쪽 다리보다 훨씬 짧았습니다. 그러나 짧았던 왼쪽 다리가 자라났습니다. 그녀는 하나님의 기적으로 걷게 되었다고 말하지만 이와 같은 기적을 불러온 것은 그녀의 아름다운 삶의 태도에 있다 하겠습니다.

많은 사람들이 그렇듯 그녀도 자포자기할 수 있었습니다. 그러나 그녀는 결코 절망하지 않았습니다. 그렇다면 어떻게 그토록 놀라운 방향 감각과 아름다운 태도를 얻게 되었을까요? 흥미롭게도 교통사고를 당하기 전 일어났던 한 사건이 직접적인 영향을 주었습니다.

그녀가 다섯 살 때였습니다. 부모님이 경영하는 가게에 어느 날 우유 배달부 아저씨가 왔다가 그녀를 유심히 보더니 "너는 장차 미스 아메리카가 되겠구나"라고 말했던 것입니다. 그 이후로 그녀는 아저씨의 말을 믿고 긍정적인 사고, 적극적인 태도로 살아왔으며, 휠체어를 타고 다니면서도 끊임없이 재활을 위해 힘썼고 마침내 재활에 성공했습니다.

그녀가 누구인지 아십니까? 그녀의 이름은 세릴 프레위트로 1980년 '52대 미스 아메리카'로 당당히 선발된 인물입니다.

여러분! 말은 강력한 힘을 가지고 있습니다. 사랑, 희망, 용기 같은 긍정적이고 적극적인 말은 한 인간을 새로운 정상으로 밀어 올릴 수 있습니다. 그러나 좌절, 증오, 저속, 절망 같은 부정적인 말은 인간을 파괴하거나 몰락시킬 수도 있습니다. 우리 모두 긍정적인, 적극적인 말을 사용하도록 노력합시다.

지금까지 '말의 힘'에 대해 말씀드렸습니다.

명스피커가 되기까지

지금부터 '명스피커가 되기까지'에 대해 말씀드리겠습니다.

미국의 흑인 영화배우 제임스 얼 존스의 올해 나이는 80세. 그는 연기 못지 않게 목소리로도 잘 알려진 인물입니다. 조지 루카스 감독의 〈스타워즈〉 3부작에서 다스 베이더의 목소리를 맡았고 CNN 방송의 해설자로도 일했습니다.

그런 그가 소년 시절 심한 말더듬이였다는 사실을 아십니까? 얼마나 심했던지 집에 손님이 와 인사를 하라고 시키면, 말 한마디 못하고 그냥 서 있으면서 발을 구르고 이를 갈 뿐이었습니다.

그러다 열네 살이 되었을 때, 은퇴한 대학교수 한 분이 그가 다니는 고등학교에 부임하게 되었습니다. 교수의 이름은 도날드 크라우치, 키가 크고 호리호리한 반백의 신사였는데 특별히 시를 사랑했습니다. 그분은 제임스 얼 존스가 시를 좋아할 뿐 아니라 쓰기도 한다는 것을 알고 더없는 친구가 되어주었습니다. 크라우치 교수는 "시란 바로 설교처럼 큰 소리로 읽혀지기 위해 쓰인 거야. 너는 이 아름다운 낱말들을 전달할 수 있어야 해"라고 존스에게 낭독하기를 권했습니다. 그러나 존스는 고개를 저으며 돌아섰습니다.

그러던 어느 날, 존스가 열심히 한 편의 시를 지어 제출하고 교수의 비평을 기다리고 있는데, 교수는 이를 칭찬하는 대신 도전적인 말을 했습니다.

"정말 이 시를 네가 쓴 거니?"

"물론 제 것이지요." 그는 분노를 느끼며 답했습니다.

"그래? 그렇다면 일어나 암송해보아라."

교수는 의미심장하게 그를 바라보며 고개를 끄덕였습니다. 존스는 떨리는 무릎으로 일어나 급우들 앞으로 나갔습니다. 한동안 숨도 못 쉬고 서 있었습니다. 그러나 존스는 용기를 내 자기가 지은 시를 낭독하기 시작했고 끝까지 전부 외웠습니다. 머뭇거리거나 더듬지도 않았습니다. 순간 우레와 같은 박수갈채가 터져 나왔습니다. 여기서 자신을 얻은 그는 그 후 웅변대회와 토론대회에 참가했고, 미시간 대학 연극과를 졸업하고 배우가 되어 미국예술훈장을 받기까지 했습니다.

여러분! 소심하고 내성적인 성격에 말더듬이었던 소년 제임스 얼 존스가 명스피커가 되었다면 우리 또한 못할 것 없지 않습니까? 스피치는 훈련입니다. 머리로만 익히지 말고 몸으로 터득할 때까지 익힙시다.

지금까지 '명스피커가 되기까지'에 대해 말씀드렸습니다.

명스피커가 되려면

지금부터 '명 스피커가 되려면'에 대해 말씀드리겠습니다.

일본 닛코 증권의 야스코치 정보부장은 화술이 능숙하기로 소문이 나 있습니다. 그는 주식 강연회가 있을 때는 반드시 강사로 초빙되어 전국을 누비고 다닙니다. 부장의 이런 인기는 지난 20년간 계속 되었는데 아직도 수그러들 기미가 보이지 않습니다. 인기가 대단하기 때문에 회사에서도 부장을 정년퇴직 시키지 않고 60세 이후에도 계속 현역으로 대우하고 있습니다.

"저 역시 처음에는 청중이 모이지 않아 울고 싶었습니다."

20년 전 광고부에 근무할 때, 근속 연수가 제법 되면서부터 가끔씩 강연을 나가야 했는데, 그때는 강연이 서툴러 자리가 마련될 때마다 두렵고 무서워 견딜 수가 없었다고 합니다. 고민을 하던 부장은 자신의 설익은 말솜씨의 원인을 분석해보았고 평소에 공부를 게을리한 탓이라는 것을 깨달았습니다. 겨우 경제신문이나 뒤적거리는 정도의 지식으로 한 시간을 이야기하려고 하니,

하나밖에 모르면서 열을 아는 것처럼 떠들 수밖에 없었습니다. 알맹이 없는 강의를 시간내서 일부러 들으려는 사람은 없었습니다.

'이래선 안 되겠다. 열을 알고 하나를 이야기한다면 강연은 알차게 꾸려질 수 있겠다.'

부장은 이렇게 생각하고 책을 읽으며 공부하기 시작했습니다.

"1달에 10권, 1년에 120권을 읽는다고 다짐하고 우선 손에 잡히는 대로 책을 읽기 시작했습니다."

책을 읽는 동안 읽을 책의 경향을 세 가지로 나누었는데, 3분의 1은 경제 관련 도서, 3분의 1은 화제의 신간, 나머지 3분의 1은 고전과 역사책으로 안배했습니다.

술을 마시면 잠이 오기 때문에 술자리에는 일체 참석하지 않고, 회사 일로 귀가가 늦어진 날에도 새벽 1시까지는 반드시 서재에서 책을 읽었습니다. 서재에서는 마음을 집중하기 위해 향을 피우고 클래식 음악을 틀어 심신을 안정시킨 뒤 책을 읽었습니다. 아침 기상은 6시 반. 지난 20년 동안 하루에 5시간 이상 잔 날이 없다고 합니다.

여러분! 명스피커가 되기를 원하십니까? 그렇다면 내용을 알차게 꾸며야 합니다. 내용의 화제는 독서에서 얻는 것이 제일입니다. 여러분은 독서를 얼마나 하고 계십니까? 우리 모두 보다 많은 책을 읽고 명스피커가 되도록 노력합시다.

지금까지 '명스피커가 되려면'에 대해 말씀드렸습니다.

명함의 아이디어

지금부터 '명함의 아이디어'에 대해 말씀드리겠습니다.

현대인에게 명함은 신분증보다 더 유효하게 사용되고 있습니다. 특히 비즈니스맨에게 명함은 자기를 알리는 필수 장비라 해도 과언이 아닙니다. 그래서 그런지 각양각색의 명함이 있습니다. 우선 명함을 만드는 재질을 보면 종이, 천, 알루미늄, 심지어 황금으로 된 명함이 있는가 하면, 크기로는 손바닥 안에 들어갈 정도로 작은 것에서부터 엽서만큼 큰 것도 있고, 색깔도 흰색부터 검은색까지 실로 다양합니다.

일본 도카이 선박의 오노에 회장은 붉은색, 분홍색, 오렌지색, 노란색, 초록색, 푸른색, 흰색 등 일곱 가지 명함을 사용한다고 합니다.

"비즈니스맨은 대부분 무난한 흰색 명함을 사용합니다. 그런 명함은 받아놔도 그냥 그런가 보다 싶습니다. 나도 흰색 명함이 있지만 살아 있는 사람에겐 주지 않아요. 죽은 사람의 영전에 내밀지요."

그는 경우에 따라서 일곱 가지 색깔의 명함을 책상 위에 쭉 늘어놓고 좋아하는 색깔을 주겠다고 말할 때도 있습니다. 그러면 상대방은 놀라기도 하고 재미있어 하기도 해서 첫 대면의 긴장이 자연스럽게 풀린다고 합니다.

"색깔을 고르는 걸 보면 그 사람의 성격을 알 수 있어요. 성공할 가능성이 있는 자신감과 감각을 가진 사람은 대부분 붉은색이나 분홍색을 고릅니다."

점잖은 푸른색이나 초록색을 고르는 사람은 진취적인 감각이 통하지 않는 틀에 박힌 사람이며, 그런 사람과는 오랫동안 접촉하고 싶은 생각이 없다고 말합니다. 그가 가장 마음에 들어 하는 것은 분홍색 명함이며 다음과 같이 덧붙입니다.

"젊고 아름다운 여자는 반드시 이 색깔의 명함을 원합니다."

언젠가는 인기 절정의 가수와 첫 대면 때 붉은 명함을 주었더니, 눈을 크게 뜨고 놀라는 것이었습니다. 그로부터 여러 해가 지난 뒤, 어느 파티에서 그 가수를 다시 만났을 때 "어머, 붉은색 명함을 주신 사장님 아니세요?" 하고 평범한 얼굴의 아저씨를 천하의 인기 가수가 기억해준 것도 명함의 위력이었다고 합니다.

여러분! 명함은 그 사람의 얼굴이며 자기 홍보의 가장 중요한 도구입니다. 명함 하나로도 감동을 줄 수 있습니다. 그렇다면 우리들이 현재 사용하고 있는 명함은 어떻습니까? 명함이라는 상식에서 벗어나지 않고 그러면서도 상대방을 감탄케 하는 아이디어를 짜내봅시다.

지금까지 '명함의 아이디어'에 대해 말씀드렸습니다.

모국어의 중요성

지금부터 '모국어의 중요성'에 대해 말씀드리겠습니다.

"영국의 수상은 미국에게 아무것도 숨기는 게 없습니다."

벌거벗은 알몸으로 목욕탕에서 나온 영국의 수상 처칠이 미국의 루스벨트 대통령에게 했다는 유명한 말입니다.

제2차 세계대전의 주역인 정치가 윈스턴 처칠은 1874년에 태어났습니다. 귀족으로 보수당 하원의원이 된 아버지와 미국 태생의 어머니 사이에서 태어난 그는 대단한 개구쟁이였으며, 공부하기를 싫어하는 열등생이었습니다. 수학은 아주 질색이었고, 외국어인 프랑스어는 처음부터 배우기를 포기했으며, 일곱 살에 입학한 세인트제임스 학교의 지독한 예의범절에 죽는 소리를 해 전학을 했을 정도였습니다.

열세 살에 명문 하도우 학교에 입학했는데 실은 정실입학(情室入學)으로 처칠 집안에 대한 배려였습니다. 그것을 증명이라도 하듯 학교에서는 열등생

반에 넣어져 그리스어나 라틴어는 배우지도 못하고, 오로지 국어인 영어만을 집중적으로 학습했다고 합니다.

그런데 국어만을 많이 공부한 덕분에 성적은 쑥쑥 올라갔고, 제1차 세계대전 후의 세태를 유머와 기지 넘치는 풍자로 묘사했던 마코 레이의 장시(長詩)를 한 구절도 틀리지 않고 암송해 상을 받기도 했습니다. 윈스턴 처칠의 정치가 이외의 얼굴 즉, 노벨 문학상을 수상할 정도의 저술가로서의 재능은 외국어는 못하고 모국어인 영어만을 배웠던 것이 전화위복으로 양성되었는지도 모릅니다.

아니, 애초부터 정치가가 되기로 결심한 것도 1897년 여름에 일어난 영국 최대의 식민지였던 인도 서북국경에서 주민 반란이 일어났을 때, 국어의 재능을 살려 군인으로서 참가한 경험을 기초로 쓴 〈마라칸드 이야기〉와 〈강가 전쟁〉이 호평을 받아서 그 성공으로 용기를 얻었던 것입니다. 결론적으로 낙제생에 열등생이었던 처칠이 정치가, 문필가로 대성할 수 있었던 원동력은 모국어를 잘했기 때문이었습니다.

여러분! 그렇습니다. 모국어야말로 모든 언어의 바탕이며 우리 국민의 사상과 행동을 지배하는 원동력입니다. 우리 모두 모국어를 사랑하고 그 활용법을 배우고 연마합시다. 일생동안 사용하는 언어의 90% 이상은 모국어입니다.

지금까지 '모국어의 중요성'에 대해 말씀드렸습니다.

목소리 파워

지금부터 '목소리 파워'에 대해 말씀드리겠습니다.

여러분은 오드리 햅번이 주연한 〈마이 페어 레이디〉라는 영화를 기억하십니까? 그 영화에서 언어학자인 헨리 하킨스 교수는 빈민가 출신으로 길거리에서 꽃을 파는 떠돌이 아가씨 일라이자 토리틀의 목소리를 바꿔주고, 말하는 방법을 훈련시켜 어엿한 요조숙녀로 만듭니다. 이제 그녀에게서는 더 이상 투박한 런던 말씨와 촌스런 악센트를 들을 수 없게 되고, 결국 히긴스 교수의 이상적인 여인상으로 변한 엘리자는 그와 사랑하는 사이가 됩니다.

이 작품의 소재는 근거가 있습니다. 사회생활에서 사람의 목소리는 그 목소리의 주인공을 판단하는 자료가 됩니다.

〈바디 랭귀지〉로 세계적으로 명성을 떨친 줄리어스 파스트는 그가 알고 있는 린다라는 여성에게 일어난 중요한 사실을 우리에게 들려줍니다. 그녀는 외모가 날씬하고 옷을 맵시 있게 입을 줄 아는 매력적인 여성이지만, 그녀가 일단 말을 시작하면 전혀 다른 인상을 받게 됩니다. 그녀는 지각이 있고 이성적인 여성인데, 목청이 날카로우며 어린 소녀의 목소리를 내기 때문에 마음이 들뜬 경솔한 여자 같은 인상을 줍니다. 그래서 그는 그녀에게 목소리 교정사를 소개해주었습니다. 그로부터 1년 후 그녀는 목소리뿐 아니라 인생도 변했습니다. 그녀는 다음과 같이 말합니다.

"지난 몇 달 동안 내 사업은 놀랄 만큼 변했어요. 정신을 차릴 수 없을 정도로 확장되고 있습니다. 그러나 그보다 더 좋은 일은 내가 상대하는 사람들이 나를 대하는 태도가 좋아진 것이요. 전에는 내 말을 신중하게 들어주지도 않고 가볍게 농락하는 태도로 대했는데, 이제 그들은 나를 동등하게 존경할 만한 상대로 대한답니다."

그녀는 자신의 취약점인 목소리를 바꿨더니, 대인 관계는 물론이고 사업 관계에 있어서도 파워가 생긴 것입니다.

여러분! 정상적인 사람은 누구나 말을 합니다. 말할 때의 내용도 중요하지만 어떤 목소리로 말을 하느냐에 따라서 그 효과는 엄청나게 달라집니다. 목소리 표현이 커뮤니케이션의 효과를 자그마치 38%나 좌우한다고 합니다. 당신의 목소리는 만족스럽습니까? 만족스럽지 못하다면 발성 연습을 하십시오! 좋은 목소리는 얼마든지 개발할 수 있습니다. 특히 권위와 파워를 주는 목소리는 성대에서만 나오는 소리가 아닌 뱃소리라는 사실을 명심하십시오!

지금까지 '목소리 파워'에 대해 말씀드렸습니다.

목표 설정

지금부터 '목표 설정'에 대해 말씀드리겠습니다.

한 소년이 있었습니다. 그는 집안도 가난하고 학업 성적도 나빴습니다. 그가 중학생이었을 때, 하루는 선생님이 자신의 이상에 대해 작문을 지어오라는 숙제를 냈습니다. 그날 저녁 소년은 곰곰이 생각하고 나서 장장 일곱 쪽에 달하는 자신의 위대한 이상을 썼습니다.

그 내용은 대목장의 주인이 되는 것이었는데, 200여 헥타르에 달하는 목장의 설계도를 그리고 그 위에 말, 활주로 등의 위치도 정확하게 표시해 놓았습니다. 뿐만 아니라 끝없이 넓은 목장 한가운데 4천 평이나 되는 자기의 전원주택도 상세하게 그려놓았습니다.

이튿날 소년은 자기가 심혈을 기울여 완성한 작문을 선생님에게 조심스럽게 드렸습니다. 이틀 후 선생님으로부터 돌려받은 작문의 첫 페이지에는 "수업이 끝난 후 만나자"는 메모와 함께 빨간 펜으로 커다랗게 F가 쓰여 있었습니다. 소년은 수업을 마친 후 선생님을 찾아가 물었습니다.

"선생님, 왜 저한테 불합격 점수를 주시는 겁니까?"

그러자 선생님은 딱하다는 표정으로 설명했습니다.

"너는 아직 나이도 어린데 왜 이렇게 모래성만 쌓고 있는 거니? 너는 돈도 없고 가정환경도 좋지 못하고 아무것도 가진 게 없잖아. 그런 엄청난 이상은 실현성이 없어. 만약 네가 소박한 이상으로 다시 써온다면 다시 채점해 줄 수는 있어."

집에 돌아온 소년은 고민을 거듭하다 아버지한테 상담을 했습니다. 그러자 아버지는 소년에게 다음과 같이 말했습니다.

"아들아, 이건 네 일생에 관계되는 매우 중요한 일이니 스스로 잘 생각해보고 결정하기 바란다. 인생은 네 자신의 것이야."

다음 날 한 글자도 고치지 않은 작문을 제출하면서 소년은 말했습니다.

"불합격 점수를 주시더라도 저는 제 이상을 포기하지 않을 겁니다."

그로부터 20년 후 대목장주가 된 제자에게 선생님은 말했습니다.

"자네의 신념에 감탄했네. 내가 너무 옹졸하게 굴었어."

여러분! 인간은 누구나 무한한 가능성을 지니고 있습니다. 현재의 여건이 어떠하든 불굴의 신념을 갖고 목표에 도전하는 사람은 반드시 성공합니다. 우리 모두 분명한 목표를 설정하고 도전합시다.

지금까지 '목표 설정'에 대해 말씀드렸습니다.

목표에 대한 확신

지금부터 '목표에 대한 확신'에 대해 말씀드리겠습니다.

우리는 하루에도 수없이 목표를 세우기는 하지만 목표에 대한 확신이 없기 때문에 중도에 포기하기 일쑤입니다.

성공의 조건에는 여러 가지가 있지만 첫번째는 목표를 수립하는 것입니다. 두번째는 목표 달성을 위한 계획을 수립하고 그 계획대로 정확히 실행해 나가는 것입니다.

1952년 7월 4일, 플로렌스 챠딕은 카타리나 섬을 출발해 21마일이나 떨어진 캘리포니아 해안까지 헤엄쳐서 건너는 데 도전하기 위해 바다에 뛰어들었습니다. 시간이 흐르자 피로가 엄습해오기 시작했습니다. 더욱 심각한 문제는 뼈가 시릴 정도로 차가운 바닷물의 온도였습니다. 15시간이 지나자 찬 바닷물 때문에 전신에 마비가 와 더 이상 헤엄을 칠 수 없게 되었습니다. 하는 수 없이 포기하고 물 밖으로 나온 그녀는 자신이 도착 지점인 해안에서 겨우 반 마일 정도밖에 떨어져 있지 않은 곳에서 포기해버렸음을 알게 되었습니다.

그녀는 아쉬운 표정으로 말했습니다.

"만약 안개가 끼지 않아 목표 지점인 육지를 보기만 했더라면 추위와 피로는 능히 이길 수 있었을 텐데……."

목표 지점을 볼 수 없게 한 안개가 그녀의 이성과 눈과 마음을 가려버렸던 것입니다.

2개월 후, 그녀는 다시 도전했습니다. 또다시 안개가 그녀의 시야를 가렸지만 이번에는 목표에 대한 확고한 신념을 가지고 헤엄쳐나갔습니다. 안개 속 어딘가에 목표인 육지가 있으리라는 변함없는 신념으로 마침내 그녀는 캘리포니아 만을 헤엄쳐 건넌 최초의 여성이 되었습니다. 뿐만 아니라 남자 기록을 두 시간이나 단축하는 대기록도 세웠습니다.

여러분! 성공은 거저 얻어지는 것이 아니라 올바른 목표 설정과 목표에 대한 확신을 가지고 매진함으로서 얻을 수 있는 것입니다. 당신은 지금 어떤 목표에 도전하고 있으며 얼마나 확신을 가지고 있습니까? 우리 모두 자기가 세운 목표에 확신을 가지고 전력투구합시다.

지금까지 '목표에 대한 확신'에 대해 말씀드렸습니다.

무대 공포증

지금부터 '무대 공포증'에 대해 말씀드리겠습니다.

멋진 맥고모자에 텁텁한 목소리와 매력적인 미소 띤 얼굴로 전 세계의 관객을 매료시킨 연기자 모리스 슈발리에가 한창 인기를 얻기 시작하던 때의 이야기입니다. 그는 무대의 막이 오를 순간이 되면 신경쇠약으로 고통을 받았습니다. 휴양하기를 권하는 의사에게 그는 이렇게 말했습니다.

"나는 패배자예요. 실패가 두려워요. 나에게 미래란 없습니다."

의사의 지시에 따라 그는 신경회복을 위해 매일 오랜 시간 산책을 했지만, 마음은 전혀 평정을 되찾지 못했습니다. 회복되기는커녕 한층 더 심한 공포를 느꼈고 마침내 자기 상실에 빠졌습니다.

의사는 슈발리에가 연기자로서 재기할 수 있다고 믿었기 때문에, 동네에 있는 작은 홀에서 소수의 관객을 앞에 놓고 연기해보라고 권했습니다.

"저의 정신 상태가 이상해지지 않는다는 보장이 어디 있습니까? 두 번 다시 현기증이 일어나지 않으리라는 보장이 어디 있습니까?"

그러자 의사는 다음과 같이 말했습니다.

"당신 말대로 보장은 없어요. 하지만 실패를 두려워해서는 안 됩니다. 당신은 공포심을 두려워하는 것이 아니라 무대에 올라가는 것을 두려워하고 있습니다. 마치 스스로에게 '내 인생은 끝났다'고 얘기하는 것과 같습니다. 성공하는 사람은 공포를 느꼈을 때, 그것을 당당하게 인정하고 그대로 전진해 나갑니다. 두려워하는 것을 피하려고 하면 안 됩니다. 공포를 느끼더라도 연기를 계속해야 합니다."

슈발리에는 마을 사람들 앞에 나타나기까지 말로 표현할 수 없는 공포에 시달렸습니다. 그러나 굽히지 않고 훌륭한 연기를 보여주었습니다.

"공포심을 영원히 극복한 것은 아니었습니다. 그러나 나는 공포심을 받아들였고 공포를 느끼면서도 공연을 해냈던 것입니다."

그날 밤 이래로 60여 년 동안 슈발리에는 노래하고 춤추며 수백만 명의 사람들을 매료시켜왔습니다.

여러분! 연기뿐 아니라 스피치도 마찬가지입니다. 공포는 누구에게나 있습니다. 공포심이 두렵다고 피하지 맙시다. 떨리더라도 해야 할 말은 하는 사람이 용기 있는 사람입니다. 진정으로 용기 있는 스피커가 되기 위해서는 사전 준비와 연습을 충분히 해야 합니다.

지금까지 '무대 공포증'에 대해 말씀드렸습니다.

무지

지금부터 '무지(無知)'에 대해 말씀드리겠습니다.

미국 버먼트 주에서 있었던 일입니다. 한 농부가 벌목을 하기 위해 새 톱을 사려고 농기구점에 들렀습니다.

"이 상점에서 가장 잘 드는 톱을 주시오."

상점 주인은 신형 엔진톱을 권하면서 말했습니다.

"아주 성능이 좋은 톱이 있습니다. 이걸 사용하시면 하루에 수천 평 이상은 거뜬히 자를 수 있을 겁니다."

"그래요? 그렇게 성능이 좋은 톱이 있었구려."

농부는 신형 엔진톱을 사서 돌아갔습니다. 그런데 일주일 후, 농부는 심각한 얼굴로 농기구점에 들어와 주인에게 말했습니다.

"여보시오, 이 톱을 물러주시오. 거뜬히 수천 평은 작업할 수 있다더니 엉터리예요. 아무리 애를 써봐도 하루에 수십 평 이상은 자를 수가 없었소."

농부의 항의를 받은 주인은 의아하게 생각하면서도 상냥하게 말했습니다. "그럴 리가 없는데? 잠시만 기다려보십시오. 제가 알아봐 드리겠습니다."

그러면서 엔진톱을 받아 마루에 올려놓고 스타터 끈을 잡아당겼습니다. 그러자 요란스러운 엔진 소리가 상점 가득 울려 퍼졌습니다.

그 소리에 놀란 농부는 당황해서 물었습니다. "뭐요? 이 소리는!"

엔진톱의 사용 방법을 몰랐던 농부는 최신형의 성능 좋은 엔진톱을 시동도 걸지 않고 일반 톱처럼 수동으로 사용했던 것입니다.

무지에 대한 일화는 또 있습니다.

지금은 웬만한 건물에는 스팀이 있어서 겨울철 난방을 해결하고 있습니다. 그런데 불과 50여 년 전만 하더라도 우리나라 건물에는 스팀 장치가 없었습니다.

처음으로 스팀 장치를 했을 때였습니다. 기계와 재료를 미국에서 들여와 시공법대로 장치했는데 도무지 실내가 따뜻해지지 않는 것이었습니다. 할 수 없이 미국인 기술자를 초빙해 확인해보니 공기 빼는 장치가 설치돼 있지 않았습니다. 우리나라 기술자가 그 조그마한 장치의 용도를 몰라 생략해버렸기 때문이었습니다.

여러분! 무지처럼 인간을 무능하게 만드는 것도 없습니다. 세상의 모든 일은 알면 쉽고 모르면 어렵습니다. 안 된다고 생각하지 말고 되는 방법을 연구하고 배웁시다. 방법은 일을 쉽게 만듭니다.

지금까지 '무지'에 대해 말씀드렸습니다.

문제의 해결책

지금부터 '문제의 해결책'에 대해 말씀드리겠습니다.

세상살이는 문제의 연속입니다. 문제가 없는 곳이 있다면 그것은 공동묘지밖에 없을 것입니다. 그렇기 때문에 문제를 피하려고만 하지 말고 해결하는 것이 중요합니다.

1918년 여름, 미국 유타 주 태생의 한 젊은이가 청운의 꿈을 안고 워싱턴으로 왔습니다.

'앞으로 무엇을 해야 될까?' 하고 여기 저기 일거리를 찾아 헤매던 끝에 운동경기장 근처에서 냉차 가게를 발견했습니다. 유타 주와는 달리 워싱턴의 여름은 유난히 더웠고, 젊은이는 숨이 막힐 정도로 목이 타서 냉차를 시켜 마셨습니다. 그 맛이 얼마나 좋은지 젊은이는 가게 주인에게 이 냉차 이름이 무엇이냐고 물었습니다. 가게 주인은 '루트 비어'라고 했는데 초목의 뿌리를 갈아서 즙을 내고 탄산수를 섞은 것이었습니다.

젊은이는 이거다 싶어서 가진 돈을 몽땅 주고 루트 비어의 독점권을 샀습니다. 그리고 냉차 가게를 열었더니 그 매상고가 대단했습니다. 더위에 헉헉대는 사람들이 시원한 루트 비어를 너도나도 사 마셨기 때문이었습니다. 그러나 11월이 되고 살을 에는 듯한 찬바람이 불기 시작하자 사람들은 찬 음료수를 마실 생각조차 하지 않았습니다.

'어떻게 해야 하나? 날은 점점 춥고 손님은 없으니……'

어떤 장사라도 손님이 없으면 문을 닫아야 합니다. 곰곰이 생각하던 젊은이는 '왜 냉차가 잘 팔렸던가?'를 생각했습니다. 그것은 루트 비어의 맛이 좋았기 때문이었지만 더운 날씨 때문이었다는 것을 발견했습니다. 그는 '그렇다면 추울 때는 더운 것을 찾을 거야' 하면서 가게의 상품을 바꿨습니다. 그 상품은 다름 아닌 핫도그와 샌드위치, 따끈한 커피 등이었으며 가게 이름도 '핫숍'으로 바꾸었습니다.

그러자 손님이 또다시 몰려들었으며 오늘날, 그 가게 주인인 존 메리어트는 450개가 넘는 레스토랑과 43개의 호텔, 그리고 유람선까지 소유한 '메리어트Marriott 제국'을 건설했습니다.

여러분! 우리는 항상 크고 작은 문제에 부딪칩니다. 그러나 어떤 문제에도 반드시 해결책은 있습니다. 포기하지 말고 방법을 찾으십시오!

지금까지 '문제의 해결책'에 대해 말씀드렸습니다.

믿는 자의 승리

지금부터 '믿는 자의 승리'에 대해 말씀드리겠습니다.

경리로 입사해 스피드 출세를 하며 대폭적인 승급을 한 존 록펠러. 그는 입사한 지 3년이 지나지 않아 업무에 정통하게 되자, 한층 더 적극적으로 일에 몰두하기 시작했습니다. 일단 밀, 옥수수, 햄 등을 매점했습니다. 영국에 기근이 일어난다는 정보를 들었기 때문입니다.

견실 경영을 바라는 사장은 투기에 의한 위험 부담을 염려해 존에게 잔소리를 했지만, 그는 주저 없이 전보다 더 매점을 해 회사 창고를 가득 채웠습니다. 결과는 그의 예상이 적중해 영국은 기근이 덮쳤고, 회사는 그때까지 사두었던 식품을 영국까지 운반해 거대한 이익을 보았습니다.

"저 사람은 장사의 천재다."

이 일을 계기로 그의 평판은 널리 퍼져나갔습니다. 그러나 호사다마라고 할까, 강경하게 연봉 향상을 신청했다가 거부당하고 회사를 그만두게 됩니다. 회사의 방침을 거역하면서까지 자신의 심념을 관철시킨 록펠러, 그에게 독립해나가는 데 주저란 없었습니다.

1858년, 열아홉 살 나이로 중개인회사를 공동 설립해 세계적인 부호로의 스타트를 끊었던 것입니다. 그러나 순조로운 출항은 아니었습니다. 농작물이 서리를 맞고 전멸하다시피 한 상황에서 분주히 돌아다니는 록펠러 일행에게 농민들은 돈을 빌려줄 것을 요구했습니다. 그리고 만약 받아들여지지 않으면 작물을 팔지 않겠다고 했습니다. 하지만 그때는 회사를 설립한 지 얼마 되지 않았기 때문에 여분의 자금이 없었습니다. 그래서 록펠러는 은행에 융자를 신청했습니다.

"담보는 있습니까?" 은행 직원의 질문에 록펠러는 대답했습니다.

"제가 담보입니다."

상인으로 평가가 높았던 록펠러의 말에 은행 측도 마지못해 응했습니다. 록펠러는 농민의 신용을 받고 서서히 사업을 확대해나갔습니다. 그리고 그 후 석유 러시와 남북전쟁에 의한 특별한 수요로 더욱 확장을 계속해 사업을 비약적으로 발전시켜 대성공을 거두었던 것입니다.

여러분! '실패하지 않을까?', '역경을 벗어날 수 없는 것은 아닐까?' 이런 패배주의로는 곤란이나 역경을 극복할 수 없습니다. 승리의 월계관은 반드시 성공하겠다는 신념에 가득 찬 낙천적인 사람에게 돌아가는 것입니다. 우리 모두 자신의 능력을 믿고 난관을 돌파해나갑시다.

지금까지 '믿는 자의 승리'에 대해 말씀드렸습니다.

바람직한 삶

지금부터 '바람직한 삶'에 대해 말씀드리겠습니다.

1980년대 초, MBC TV에 〈백년해로〉라는 프로가 있었습니다. 이 프로는 결혼을 해 원만한 가정을 이루고, 사회의 모범이 된 각계의 원로부부를 초대해 그분들의 삶의 여정을 알아보는 내용입니다. 이 프로에 '김우현'이라는 목사가 출연해 다음과 같은 이야기를 했습니다.

"한여름에 파리가 공중을 막 날고 개구리가 풀숲을 펄쩍펄쩍 뛰잖아요. 왜 그런지 아세요?"

"글쎄요…… 왜 그럴까요?"

게스트로부터 엉뚱한 질문을 받은 사회자 는 황당한 듯 되물었습니다.

"사는 게 좋아서 그래요, 사는 게! 사람에게도 사는 것처럼 중요한 것이 없어요."

당시 그분의 연세는 92세, 인생을 달관한 노인이 '인생에서 가장 중요한 것은 사는 것'이라고 했습니다. 하기야 세상의 부귀영화도 살아 있을 때 가치가 있는 것이지, 죽은 다음에는 아무런 소용이 없습니다.

산다는 이야기를 하다보니 또 하나 생각나는 사건이 있습니다. 우리나라의 재벌 총수 가운데 한 분이 죽을병에 걸려 오랜 투병 생활을 했습니다.

"이제 가실 때가 되었습니다. 가족들에게 유언을 하시지요."

사형 선고를 받은 그는 담당 의사를 붙들고 흥정을 했습니다.

"여보게! 나를 살려준다면 내 재산의 반을 주겠네. 제발 나 좀 살려주게."

평생 동안 돈 모으기에 열중해 큰 재산을 모았지만, 그 많은 재산을 써보지도 못하고 죽는다고 생각하니 억울했던 모양입니다. 그래서 재산의 반을 주고라도 생명이 연장된다면 나머지 반을 신나게 써보고 죽고 싶었던 것이 아니었을까요? 그러나 그의 마지막 소원은 이루어지지 않았습니다. 하기야 억만금을 주고도 못 사는 것이 생명이라면, 산다는 것만큼 중요한 것도 없을 것입니다.

여러분! 한 사람이 태어나서 죽을 때까지의 과정을 일생이라고 합니다. 일생은 생활의 연속이며, 생활은 활동하는 삶입니다. 바람직한 삶은 '건강하게 사는 것'과 '활동하며 사는 것', '가치 있는 일을 하는 것'입니다. 우리 모두 바람직한 삶을 살도록 노력합시다.

지금까지 '바람직한 삶'에 대해 말씀드렸습니다.

반발심

지금부터 '반발심'에 대해 말씀드리겠습니다.

미국의 소설가 마크 트웨인이 쓴 〈톰 소여의 모험〉에는 영광의 페인트칠 이야기가 나옵니다. 어느 날 톰 소여는 선생님으로부터 담에 페인트를 칠하라는 벌을 받았습니다. 아주 지긋지긋해하면서 일을 하고 있는데 친구인 벤이 지나가면서 톰을 놀렸습니다.

"톰, 너 페인트칠하는 벌을 받았구나."

평소의 톰이라면 분해서 이를 갈았겠지만 그날은 달랐습니다.

"이거? 일이지만 좋아서 하는 거니까 재미있어."

"그렇다면 나도 하게 해줘."

"안 돼, 이곳은 사람들의 눈에 가장 잘 띄는 곳이니까 깨끗이 칠하지 않으면 안 돼! 게다가 이런 일을 능숙하게 할 수 있는 어린이는 나밖에 없어."

"그렇다면 이 사과를 줄 테니까 나도 칠하게 해줘."

이렇게 해서 톰은 계속해서 지나가는 동료들의 보물을 감쪽같이 가로채면서 페인트칠까지 시킨 것입니다. 물론 이것은 사람을 골탕 먹인 톰 소여의 초일류의 장난입니다.

그러나 어린이가 아니더라도 사람은 금지하면 할수록 금지된 것에 매력을 느끼게 되는 법입니다. 심리학자 브렘은 이에 대해 사람은 금지된 것에 의해 자신의 행동의 자유가 위협을 받았다고 느끼고 반발심리를 가지기 때문이라고 합니다. 심리적인 반발이 일어나면 사람은 위협받은 자유를 어떻게든 회복하려고 합니다. 이러한 심리와 행위를 관찰하기 위한 실험을 한 두 교수가 있습니다.

베네비이커와 산더스는 어느 대학의 남자용 화장실 안에 낙서를 금지하는 게시판을 걸어두었습니다. 하나는 '낙서 엄금! –대학경찰보안부장'이라고 쓴 강한 어조의 것이고, 또 하나는 '낙서하지 마십시오. –대학경찰구내위원'이라고 부드러운 어조였습니다. 그 결과 가장 낙서가 많았던 것은 '낙서 엄금!'이었고 적었던 것은 '낙서하지 마십시오'의 판이었습니다. 이 실험은 금지가 엄하면 엄할수록, 또 그것이 권위를 가지면 가질수록 반발 심리가 커진다는 사실을 일깨워주고 있습니다.

여러분! 사람은 누구나 자유롭게 행동하기를 원합니다. 자유가 위협을 받았을 때는 반발 심리가 일어납니다. 사람들에게 협력을 구할 때는 자유 의사에 맡기는 것이 효과적입니다. 결코 강요하지 맙시다.

지금까지 '반발심'에 대해 말씀드렸습니다.

받는 사람의 타입

지금부터 '받는 사람의 타입'에 대해 말씀드리겠습니다.

여러분은 죽음의 바다로 불리는 사해에 대해 알고 계실 겁니다. 그러나 이 사해와 갈릴리 바다가 똑같은 물로 이루어져 있다는 사실은 아는 사람은 그리 많지 않을 것입니다.

사해와 갈릴리 바다는 헤르몬과 레바논의 삼나무 뿌리로부터 발원해 맑고 차갑게 흘러내린 물로 채워져 있습니다. 같은 물줄기로 채워진 바다지만 둘 사이에는 엄청난 차이가 있습니다. 갈릴리 바다는 참으로 아름답고 철 따라 사방에 아름다운 꽃들이 만발하며 주위에는 수목이 울창합니다. 그리고 맑은 물속에는 온갖 물고기들이 서식하는 풍요로운 바다입니다. 그러나 사해는 그렇지 못합니다. 황량하기가 이루 말로 표현하기 어려울 정도로 주위에 식물이라고는 눈 뜨고 볼 수 없고, 바닷속에도 생명체라고는 전혀 찾아볼 수가 없습니다. 문자 그대로 사해 즉, 죽은 바다가 되어버렸습니다.

왜 이토록 엄청난 차이가 생겼을까요? 그 이유는 갈릴리 바다는 그 물을 받아 모았다 쏟아냄으로써 요르단 평원을 비옥하게 만듭니다. 거기에 비해 사해는 똑같은 물을 받아 방출하지 않기 때문에 소금물이 되어 어떤 생물도 살수 없게 만들어졌습니다. 한마디로 갈릴리 바다는 '주기 위해서' 받았고, 사해는 '갖기 위해서' 받았습니다.

이와 마찬가지로 사람도 주기 위해서 받는 사람과 갖기 위해서 받는 사람이 있습니다. 아무도 돌보지 않는 지체부자유자를 돕기 위해 사랑의 성금을 받아들이는 꽃동네나 불우한 이웃을 돕기 위한 적십자회비 등은 남에게 주기 위해 받기 때문에, 아름다운 행위로 칭송되며 많은 사람들이 자발적으로 참여합니다.

그러나 자기가 갖기 위해서 받는 사람은 추악한 행위로 간주되어 세상 사람들의 지탄을 받게 됩니다.

여러분! 주기 위해서 받는 것이나 갖기 위해서 받는 것이나 남의 것을 받는다는 행위는 같지만, 그 평가는 하늘과 땅만큼 차이가 납니다. 세상살이가 어차피 주고받는 것이라면, 주기 위해서 받는 사람이 되도록 노력합시다. 갖는 기쁨보다 주는 기쁨이 더 크지 않습니까?

지금까지 '받는 사람의 타입'에 대해 말씀드렸습니다.

발상의 전환

지금부터 '발상의 전환'에 대해 말씀드리겠습니다.

요즘 같은 불황일수록 발상의 전환이 필요한 것 같습니다.

1974년, 짐과 요한이라는 형제는 사람들이 현재의 영화관 시설에 불만이 많다는 것에 착안해 10만 달러를 투자해서 플로리다 주 쇼핑센터 근처에 레스토랑 영화관을 건설했습니다.

이 영화관은 관객들이 레스토랑 손님과 마찬가지로 편안하게 앉아서 샌드위치나 피자를 먹고 맥주도 마시면서, 여유를 가지고 영화를 즐기도록 만들어졌습니다. 이색적인 레스토랑 영화관은 문을 열자마자 연일 만원을 이루었는데, 특히 젊은 청춘 남녀들의 스타일에 알맞았습니다. 영화관에는 정연하게 배열된 전통적인 의자도 없었고, 넓은 공간에 테이블과 의자를 놓고 있어 따분한 감을 주지도 않았습니다. 게다가 멋진 연미복까지 차려입은 서비스맨들이 예절 바른 태도로 손님에게 최상의 서비스를 했습니다.

당시 미국 일반 영화관의 입장권이 5달러였는데, 이 영화관의 입장권은 2달러밖에 안 되었습니다. 그래도 입장권 때문에 밑지지는 않았습니다. 그들의 수입은 입장권보다도 이익이 엄청나게 많이 남는 음식과 음료에 있었기 때문이었습니다.

더욱 재미있는 것은 많은 손님들이 이 영화관에서 어떤 영화를 상영하는가에 대해 신경을 쓰지 않는다는 점입니다. 그들이 좋아하는 것은 영화관의 가정 같은 분위기였고, 또 다른 사람들은 이 영화관의 맛있는 음식과 음료를 보고 왔습니다.

영화관 사업은 사양길이라고 기존의 업자들이 한탄만 하고 있을 때, 영화를 보는 동시에 음식을 먹을 수 있는 레스토랑 영화관이라는 발상의 전환으로, 이 형제는 미국 전역에 21개의 체인점을 세우게 되었습니다.

여러분! 세상에 안 되는 직업은 없고 불황이라고 다 장사가 안 되는 것은 아닙니다. 하던 일이 잘 안 된다고 포기하는 사람이 있는가 하면, 그 일에 새로 뛰어드는 사람도 있으며, 남들은 불황인데도 호황을 누리는 사람도 있습니다. 지금 하고 있는 일이 잘 안 된다면 발상의 전환을 해보는 것은 어떨까요?

지금까지 '발상의 전환'에 대해 말씀드렸습니다.

방법의 차이

지금부터 '방법의 차이'에 대해 말씀드리겠습니다.

사람은 누구나 인생의 목표가 있게 마련이며 그 목표를 달성하려고 저마다의 방법으로 노력합니다. 그런데 어떤 사람은 성공하고 어떤 사람은 실패를 합니다. 그 원인은 어디 있을까요?

이유는 여러 가지가 있겠지만 가장 큰 원인은 방법의 차이입니다.

젊은 스님 한 분이 절 법당 밖에 앉아 두 손을 모으고 경건한 모습으로 무언가를 중얼거리고 있었습니다. 가까이 가서 들으니 '아미타불'을 연발하고 있었습니다. 젊은 스님은 빨리 성불하고 싶었습니다.

그래서 아무 일도 하지 않고 일념으로 아미타불을 염불하면 부처님의 자비심을 받을 것이라 생각하고, 오직 염불에만 열중이었습니다. 남들이 보기에는 무척 신앙심이 깊어 보였습니다.

그러던 어느 날, 그 절의 주지스님이 그의 곁에 앉아 벽돌 한 조각을 바위에 문지르기 시작했습니다. 처음에는 대수롭지 않게 여겼는데 주지스님이 며칠 동안 계속 문지르기를 반복하는 것 아닙니까?

호기심이 발동한 젊은 스님이 참다못해 물었습니다.

"주지스님, 도대체 무엇을 하려고 그렇게 열심이십니까?"

"응. 나는 거울을 만들려고 하네."

주지스님의 말에 기가 차다는 듯 젊은 스님이 말했습니다.

"뭐라고요? 벽돌로 거울을 만든다고요? 그것은 불가능해요."

그러자 주지스님은 의미 있는 미소를 지으며 다음과 같이 말했습니다.

"그래. 그렇지! 네가 하루 종일 아무 일도 하지 않고 아미타불만 외우는 것으로 부처님의 자비를 받으려는 것처럼, 벽돌로 거울을 만드는 것은 불가능한 일이야."

젊은 스님은 크게 깨우친 바가 있어서 다른 스님들처럼 잡일도 거들며 짬짬이 수행을 한 결과 마침내 득도했다고 합니다.

여러분! 그렇습니다. 목표의 설정이 아무리 좋다 하더라도 방법이 잘못되면 목표 달성은 불가능한 것입니다. 올바른 목표의 설정과 올바른 방법으로 꾸준히 정진할 때, 비로소 성공할 수 있는 것이 세상의 이치입니다. 우리 모두 올바른 방법으로 꾸준히 정진해 자기가 뜻한 바를 이루도록 합시다.

지금까지 '방법의 차이'에 대해 말씀드렸습니다.

방법을 찾는 사람

지금부터 '방법을 찾는 사람'에 대해 말씀드리겠습니다.

여러분은 누가 난로를 발명했는지, 누가 원근시 겸용의 안경을 고안했는지, 누가 지붕에 구리를 씌우자고 했는지, 누가 굴뚝에 피뢰침을 달 생각을 했는지, 누가 가로등을 생각해냈는지, 누가 도로변에 가로수를 심으면 좋겠다고 의견을 냈는지, 누가 최초의 도서관회사를 설립했는지, 누가 최초의 소방회사와 미국 최초의 화재보험회사를 설립했는지 의문을 품어본 적이 있습니까?

이 모든 것은 한 사람, 벤저민 프랭클린의 아이디어였습니다. 그는 미국에서 가장 오래된 대학인 펜실베이니아 대학의 초대 총장을 역임하기도 했습니다.

벤저민 프랭클린은 방법을 찾아서 성공한 사람으로 유명한데, 우리나라에도 방법을 찾아서 성공한 사람이 있습니다.

1951년에 전라남도 신안에서 태어난 윤생진 씨입니다. 그는 고등학교를 졸업하고 금호타이어 광주 공장의 생산직으로 들어갔습니다. 작업 현장에서 막일을 하면서도 마음만은 최고가 되겠다는 결심이 언제나 자리하고 있었습니다. 그리고 현장의 문제점을 하나둘씩 발견하고 개선할 수 있는 방법을 제안하기 시작했습니다. 그가 제안한 것만도 자그마치 15,700건이나 됩니다. 어디 그뿐일까요? 연간 타이어를 2만 개나 더 만들어낼 수 있는 획기적인 아이디어와 네 명이 한 조가 되어야만 할 수 있는 작업을 한 사람이 할 수 있던 아이디어도 냈습니다.

그는 1984년부터 지금까지 TV 연속극을 본 적이 없다고 합니다. 왜냐하면 그 시간에 보다 나은 방법을 연구하기 위해 공부를 해야 했기 때문이었습니다. 이렇게 해서 그는 전국제안왕, 품질관리금상을 탔으며, 석탑산업훈장, 무역역군상, 품질명상, 대통령금상 등 수많은 상을 받았습니다.

이런 공로로 공장의 대리로 근무하던 그가 2007년 금호아시아나그룹 전략경영본부 전무로 승진하였고, 금호아시아나 인재개발원 원장을 거쳐 한 회사의 사장으로 왕성하게 활동하고 있습니다.

여러분! 세상에는 무한한 방법이 있습니다. 그 방법을 조금씩 변형시켜 보다 나은 방법으로 만드는 것이 발명의 기본이며 삶의 지혜 아닐까요? 우리 모두 새로운 방법을 찾아봅시다.

지금까지 '방법을 찾는 사람'에 대해 말씀드렸습니다.

배려심

지금부터 '배려심'에 대해 말씀드리겠습니다.

중국인들로부터 가장 사랑받는 지도자 저우언라이. 그는 27년간 수상을 역임한 인물로 유연한 정치지도자로 유명했고, 중국 민중으로부터 신망이 높았습니다. 저우언라이가 늘 강조하던 말은 "작은 일에 최선을 다해야 큰일도 이룰 수 있다"는 것이었습니다. 그는 자신의 비서와 수행원들에게 언제나 일의 세부적인 면까지 최대한 신경을 써야 한다고 당부했으며, '대충, 아마도, 그럴수도 있다'는 말을 가장 듣기 싫어했습니다.

언젠가 베이징 호텔에서 외빈초청 만찬이 있었는데 준비 상황을 보고받던 저우언라이가 "오늘 저녁 만두에는 어떤 소가 들어가는가?"라고 물었습니다.

"아마 해산물이 들어갈 것입니다."

수행원의 대답에 저우언라이는 호통을 쳤습니다.

"아마 들어갈 것 같다니 도대체 무슨 뜻인가? 그렇다는 말인가 아니라는 말인가? 외빈 중에 해산물 알레르기가 있는 사람이 있어 문제라도 생기면 누가 책임질 건가?"

저우언라이가 외국 손님과의 만찬에 앞서 자주 주방을 찾았던 이유는 준비 상황을 알아보려는 것 말고도 또 있었습니다. 보통은 주방에 가서 하는 첫마디가 "주방장, 나 국수 한 그릇 말아주게"였습니다. 처음에는 주방 사람들도 이를 몹시 의아하게 생각했습니다.

'조금 있으면 맛있는 연회 음식을 먹을 텐데 왜 국수를 달라고 하는 걸까?'

그래서 한 사람이 용기를 내 이유를 물었더니 그는 이렇게 말했습니다.

"귀한 손님을 불러놓고 내가 배고프면 어떡하나. 그러면 먹는 데만 급급할 것 아닌가."

자신은 먼저 국수로 간단하게 요기를 하고, 실제 연회에 나가서는 대충 먹는 시늉만 하면서 손님이 식사를 잘하는지 정성껏 챙기려는 것이었습니다.

여러분! 바로 이것입니다. 저우언라이가 아직도 중국인은 물론 외국인들에게까지 존경받는 이유는 이런 세심한 배려 때문일 것입니다. 성공자가 되려면 인간관계는 물론 비즈니스도 작은 것부터 소홀히 하지 맙시다.

지금까지 '배려심'에 대해 말씀드렸습니다.

배우는 자세

지금부터 '배우는 자세'에 대해 말씀드리겠습니다.

고대의 명사수 감승(甘蠅)은 날카로운 화살로 날던 새도 떨어뜨리고 달리던 짐승도 고꾸라지게 했습니다. 한편 그의 제자 비위(飛衛)도 열심히 노력해 스승보다 훨씬 뛰어난 기술을 갖게 되었습니다. 하루는 기창(紀昌)이라는 사람이 비위에게 활 쏘는 기술을 배우러 갔더니 비위가 이렇게 말했습니다.

"먼저 어떤 상황에서도 눈을 깜박이지 않는 법을 배워야 하네. 그런 다음에라야 활쏘기에 대해 말할 수 있지."

기창이 집으로 돌아와 비위의 말에 따라 자기 아내의 베틀 밑에 드러누워 왔다 갔다 하는 북을 눈 한 번 깜박이지 않고 보고 있었습니다. 이렇게 2년 동안 훈련하자 끝이 날카로운 송곳이 눈동자를 찌르려 해도 눈을 전혀 깜박이지 않게 되었습니다. 그는 이 사실을 비위에게 알리려고 즐겁게 뛰어갔습니다. 그러자 비위가 고개를 설레설레 흔들며 말했습니다.

"아직 안 되네. 다음에는 안력(眼力)을 길러야 활쏘기에 대해 말할 수 있네. 아주 작은 물체를 아주 크게 보고, 모호한 목표를 분명히 볼 수 있게 된 다음 다시 찾아오게."

집으로 돌아온 기창은 이 한 마리를 잡아 소의 꼬리털에 매달아 창문 위에 걸어두고, 날마다 남쪽을 향해 눈을 깜박이지 않고 바라보았습니다. 이렇게 10여 일이 지나자 이가 점점 더 분명하게 커져 보이더니, 3년 후에는 마침내 수레바퀴만큼 크게 보였습니다. 다른 작은 물건도 마찬가지로 언덕만큼 크게 보였습니다.

그래서 그는 연나라산 쇠뿔로 만든 활에 초나라산 쑥대로 만든 화살로 이를 쏘았습니다. 활시위 소리와 함께 날카로운 화살이 이의 심장을 꿰뚫었지만, 소의 꼬리털은 단단하게 공중에 매달려 있었습니다. 그는 비위에게 달려가 이러한 사실을 알렸습니다. 그러자 그제야 비위가 그의 말을 듣고 기뻐하며 말했습니다.

"좋아. 이제 너의 학문이 이루어진 거야."

여러분! 이 이야기를 듣고 무엇을 깨달았습니까? 어떤 학문, 어떤 분야의 기술이든 최고가 되기 위해서는 기초 공부가 필요합니다. 스피치도 마찬가지입니다. 명스피커가 되기 위해서는 음성 훈련, 기본 자세, 제스처, 논리 정연한 내용 구성 등 기초 수업이 튼튼해야 합니다. 조급하게 생각하지 말고 기본에 충실합시다.

지금까지 '배우는 자세'에 대해 말씀드렸습니다.

배우자의 값

지금부터 '배우자의 값'에 대해 말씀드리겠습니다.

하와이 제도에 있는 오아후라는 섬에는 예부터 독특한 관습이 있었습니다. 남자가 신부를 맞이하려면 신부의 집에 소 몇 마리를 줘야 했습니다. 평균적인 가격은 소 세 마리였습니다. 만약 신부가 특별히 아름답고 매력적인 경우에는 네 마리를 주기도 했습니다.

그 섬에는 두 명의 딸을 가진 아버지가 있었습니다. 큰딸은 우스갯소리로 불량품이라고 할 정도로 추녀였고, 작은딸은 귀엽고 매력적인 미녀였습니다. 그래서 아버지는 작은딸은 비싸게 받고 결혼시킬 수 있겠다고 자신했습니다. 반면 큰딸에게는 소 두 마리만이라도 제의가 들어오면 기쁘겠다고 생각했고, 구혼자가 말만 잘하면 소 한 마리에도 시집을 보내겠다고 마음을 정했습니다. 최악의 경우에는 소를 받지 않고서도 딸을 줄 작정이었습니다.

그러던 어느 날, 섬에서 가장 부자인 조니 링고가 그 집에 청혼을 하러 왔습니다. 모든 사람들은 작은딸에게 청혼하러 왔을 것이라고 생각했는데 뜻밖에도 그는 큰딸을 찾았습니다. 사람들은 모두 깜짝 놀랐고 아버지는 기뻐서 하늘을 날 것 같았습니다. 조니는 그 섬에서 가장 부자였을 뿐 아니라 관대한 사람이어서 소 세 마리는 줄 것이라고 생각했기 때문이었습니다.

그런데 이게 어인 일입니까? 조니는 큰딸을 데려가는 조건으로 소 열 마리를 주겠다는 것이었습니다. 늙은 아버지는 너무나 놀랍고 반가워 조니가 마음을 바꾸기 전에 서둘러 결혼식을 올렸습니다.

결혼식이 끝난 신랑신부는 신혼여행을 떠났습니다. 당시에 평균적인 신혼여행은 1년이었지만 이들 부부는 2년간 여행했습니다. 마침내 신혼부부가 여행에서 돌아올 때, 마을 어귀에 있던 한 사람이 그들이 온다고 소리쳤습니다. 사람들이 뛰쳐나와 신혼부부를 보니 신랑은 변함이 없는데 신부가 너무나 아름답고 우아하며 자신감이 넘쳐 전혀 다른 사람을 보는 것 같았습니다.

어떻게 추녀가 미녀로 변했을까요? 신부의 값으로 신랑이 소 열 마리라는 사상 최고의 값을 지불하자, 실제로 신부는 최고의 여성으로 바뀐 것입니다.

여러분! 사람은 누구나 자기 이미지와 자신감에 의해서 변할 수 있습니다. 우리는 배우자의 값을 얼마나 매기고 있습니까? 아내는 남편이 만든 작품이고, 남편은 아내가 만든 작품이라는 사실을 명심하십시오.

지금까지 '배우자의 값'에 대해 말씀드렸습니다.

백만장자가 되는 방법

지금부터 '백만장자가 되는 방법'에 대해 말씀드리겠습니다.

보험 세일즈계에 신화를 남기고 스물일곱 살에 백만장자가 된 폴 마이어. 햇병아리 시절 그의 목표는 자그마치 100만 달러였습니다. 그러나 실제는 열네 명 정도를 만나야 가까스로 한 명 정도를 보험에 가입시키는 형편이었고, 처음 9개월 동안 월평균 수입은 87달러에 불과했습니다.

그러나 실망하지 않고 100달러를 장기 목표로 계획을 세웠습니다. 그런데 길고 어렵게만 느껴지던 9개월이 지나자 월수입이 3천 달러를 돌파했습니다. 여기서 폴 마이어는 '일단 어느 시점의 벽을 뚫으면 성취의 정도가 엄청나게 커진다'는 것을 알게 되었습니다.

드디어 2년째 되었을 때, 그는 최초 목표액 100만 달러를 훨씬 넘어선 400만 달러의 계약고를 달성했습니다. 그의 나이 스물일곱 살이 되었을 때 백만장자의 대열에 끼게 된 것입니다.

그가 성공에 이르렀던 길은 결코 복잡하지 않았습니다. 성공 비결을 요약해보면, 명확한 목표를 세웠고 여러 번의 장애를 만났지만 넘버원 세일즈맨이 되려는 목표는 조금도 흔들리지 않았습니다. 끊임없이 '무엇이 장애였으며 왜 그렇게 되었는가?'를 자문자답했습니다. 그리고 장애를 제거하기 위해 전략을 세웠으며, 자신이 도달하려는 소망을 글로 적었습니다. 그리고 그것을 달성하기 위한 행동 계획을 장단기로 나누어 세워놓았습니다.

아울러 '나는 지금 목표에 얼마나 근접했는가? 그리고 무엇이 장애가 되어 가로막고 있는가?'라는 물음을 통해 목표와의 거리, 자신의 현재 위치, 자세 등을 지속적으로 점검했습니다. 그리고 매일 목표와 달성 계획표를 보며 이를 반복해서 신념화했습니다. 그것이 짧은 시간에 그로 하여금 백만장자에 이르게 한 방법이었습니다.

폴 마이어는 자신이 실행한 '목표를 정한다. 목표에 대해 확고한 신념을 가진다. 행동한다'는 일련의 시스템을 프로그램으로 만들었고, 서른두 살 때 성취동기연구소SMI를 설립해 세계에 성공학을 파는 대성공자가 됩니다.

여러분! 성공의 길은 결코 멀리 있는 것이 아닙니다. 자기의 막연한 꿈을 구체적인 목표로 설정하고, 장애가 있더라도 포기하지 않겠다는 신념을 강화하고, 목표가 실현될 때까지 계속 노력하면 됩니다. '계속'은 힘입니다.

지금까지 '백만장자가 되는 방법'에 대해 말씀드렸습니다.

베푸는 생활

지금부터 '베푸는 생활'에 대해 말씀드리겠습니다.

미국 유타 주의 소도시에서 작은 주유소를 경영하는 청년이 있었습니다. 이 청년이 어느 날인가 네바다 주의 사막을 횡단하던 중 차를 세우는 허름한 작업복 차림의 노인을 만났습니다. 노인은 라스베이거스까지 태워달라고 부탁했습니다. 청년은 흔쾌히 노인을 차에 태워주었습니다. 이윽고 노인과 청년은 세상 사는 이야기를 나누며 목적지인 라스베이거스에 도착했습니다.

"여기서 내려주면 고맙겠소. 난 하워드 휴즈라네."

차에서 내린 노인이 자신을 하워드 휴즈라고 소개했지만 청년은 정신나간 부랑자로만 여겼습니다.

"영감님, 차비하셔야죠."

청년은 25센트짜리 동전을 내밀었습니다.

"자네는 참 친절하구먼. 명함이나 하나 주게. 내 이 신세는 꼭 갚을게."

"신세는 무슨 신세입니까? 제 명함입니다."

명함을 받아 눈여겨본 노인이 말했습니다.

"멜빈 다마, 주유소에서 근무하는구먼. 잘 가게."

청년이 이 사건을 잊어버린 어느 날, 미국 신문이 대서특필한 기사가 있었습니다.

'하워드 휴즈 사망! 그의 전 재산의 16분의 1, 멜빈 다마에게 상속.'

멜빈 다마에게 상속된 금액은 우리 돈으로 환산하면, 자그마치 1천억 원이 넘는 액수입니다. 친절한 마음씨로 건네준 단돈 25센트가 5억 배가 되어 돌아온 셈입니다. 뜻하지 않은 행운을 얻은 멜빈 다마에게 신문기자가 물었습니다.

"행운을 얻은 지금 심정이 어떻습니까?"

"네. 세상에 기적이라는 말도 있고 벼락이라는 말도 있는데, 이거야 말로 하룻밤 사이에 돈벼락을 맞은 기적 같습니다."

여러분! 행운의 사나이가 되고 싶지 않습니까? 그렇다면 어떻게 해야 될까요? 예부터 'Give and take'라고 했습니다. 자기가 먼저 베풀면 반드시 되돌아오는 것이 세상 이치입니다. 사랑도 우정도 사업도, 자기가 먼저 줘야 받을 수 있습니다. 당신은 얼마나 베푸는 생활을 하고 있습니까? 우리 모두 친절합시다.

지금까지 '베푸는 생활'에 대해 말씀드렸습니다.

변화와 기회

지금부터 '변화와 기회'에 대해 말씀드리겠습니다.

컴퓨터 황제로 불리는 미국 마이크로소프트의 빌 게이츠에게 성공 비결을 물었을 때, 그는 '변화는 기회'라고 말했습니다.

"나는 머리 좋은 천재가 아닙니다. 그렇다고 힘이 센 강자도 아닙니다. 단지 매일 새롭게 변했을 뿐입니다. Change(변화)의 g를 c로 바꿔보십시오. Chance(기회)가 됩니다."

우리는 항상 머릿속으로는 변화해야 한다고 생각하면서도 정작 변하지 못하고 있습니다. 사람은 가보지 않은 곳, 해보지 않은 것에 대한 두려움이 있기 마련입니다. 그러나 개척자나 성공한 사람들은 가보지 않은 곳을 두려워하기보다 가슴 설레며 가보고 싶어 하고, 오히려 의욕을 갖고 덤벼보는 특성이 있습니다.

지금으로부터 140년여 전, 함경도에서 가난으로 배고픔에 시달리던 사람들

중 일곱 가구가, 국경을 넘어 러시아 땅 연해주로 도강했습니다. 풍부한 자연 자원, 비옥한 땅, 그들은 그곳에서 땅을 이루고 경작을 시작했습니다.

그러자 그들에게 큰 보상이 돌아왔습니다. 보리죽도 못 먹고 지내왔던 그들에게 충분한 쌀이 생긴 것입니다. 그들의 개척 정신은 풍요와 행복이라는 보상을 선사했습니다. 그 후 열네 가구가, 또 그 후 많은 사람들이 이주를 해 연해주 일대는 20만 명에 달하는 고려인들로 꽉 차게 되었습니다.

이렇게 개척된 옛 선조들의 땅 발해는 후손들이 계속 사용하게 되었고, 일제 강점기에는 독립운동의 전진 기지로 해외 임시정부가 최초로 설립된 곳이기도 합니다. 미지의 세계를 개척한 선조들에게는 개인의 풍요와 행복으로, 국가와 민족에게는 영토 확장의 의미로도 높이 평가될 수 있을 것입니다.

이제 연해주는 다시 우리에게 손짓하고 있습니다. 풍부한 농토와 자원이 나름대로 안주해 살고 있는 우리에게 미래의 도약을 기약하고 있습니다.

여러분! '준비한 자에게 기회가 온다'는 말을 믿고 다시 한번 과감한 변화를 시도해보지 않겠습니까? 변화를 기회로 만들려면 모험과 도전을 즐기는 자기 변화가 필요합니다. 변화를 하는 동안 성공은 한 발짝 더 가까이 다가옵니다. 시대가 급변하고 있습니다. 우리도 이제부터 변화를 시작합시다. 틀림없이 우리들의 시대가 올 것입니다.

지금까지 '변화와 기회'에 대해 말씀드렸습니다.

변화하는 자

지금부터 '변화하는 자'에 대해 말씀드리겠습니다.

러시아의 문호 톨스토이는 "인생이란 머무는 일 없이 변한다"고 했고, 영국의 정치평론가 스위프트는 "이 불안정한 세상에서 변하지 않는 것은 아무것도 없다"고 했으며, 미국의 산업평론가 피터 드러커는 "참된 변화는 물질적인 변화가 아니라 관점, 신념, 기대 등 내면에 있는 것이다"라고 했습니다.

그런가 하면 미래학자 조 폴은 "시대 변화의 속도는 우리가 이동할 수 있는 속도와 같다"고 했습니다.

옛날에 말을 타고 인간이 이동할 수 있는 거리는 한 시간에 60km였습니다. 그로부터 1,500년이 지난 후까지도 한 시간에 60km를 갈 수 있는 것이 한계였습니다. 그러나 시대는 급변했습니다. 지난 100년 사이에 기차에서 자동차로, 프로펠러 비행기에서 제트기로, 스페이스 캡슐, 로켓 등으로 진보해 이동속도가 시속 60km에서 3만km 이상이 되었습니다.

시카고 대학의 총장 로버트 허친스에게 누군가 이런 질문을 했습니다.

"이 훌륭한 대학에서 공부하고 나가는 졸업생에게 꼭 가르치고 싶은 것이 무엇입니까?"

그러자 그는 다음과 같이 대답했습니다.

"한마디로 피할 수 없는 변화에 어떻게 대처해가느냐 하는 기술입니다."

좋든 싫든 우리는 변화하지 않으면 치열한 경쟁 사회에서 도태되고 맙니다.

세계적으로 유명한 코카콜라는 미국 음료 시장의 63%를 점유하고 있었습니다. 그런데 한때 펩시가 광고 전략을 대대적으로 펴며 도전해왔습니다. 코카콜라로서는 새 발의 피였지만 그 도전을 무시하지 않고 변화를 시도했습니다. 펩시와 비슷한 맛의 새로운 코크를 만들어냈습니다. 그리고 종전의 맛 그대로인 콜라는 '클래식 코크'라는 이름표를 달고 나왔습니다.

그 결과 고객에게 선택의 자유를 주었을 뿐 아니라, 타성에 젖었던 사원들에게 흥분된 열기와 적극성, 그리고 슈퍼마켓의 스페이스 획득 경쟁에 대한 자각을 얻어 대성공을 거두었습니다.

여러분! 변화를 피해갈 방법은 없습니다. 성공하는 사람은 항상 변화를 추구하고 창조합니다. 변하려고 하지 않는 자, 그는 죽은 자입니다. 성공하려고 하지 않는 자, 그도 죽은 자입니다. 삶과 죽음, 성공과 실패, 과연 어느 것을 선택하시겠습니까?

지금까지 '변화하는 자'에 대해 말씀드렸습니다.

부모가 자녀에게 미치는 영향

지금부터 '부모가 자녀에게 미치는 영향'에 대해 말씀드리겠습니다.

　같은 해에 두 아이가 태어났습니다. 한 아이는 1889년 4월 20일, 오스트리아의 작은 마을 브라우나우에서 세관원의 아들로 태어났습니다. 아버지는 몹시 성미가 급했고, 어머니는 가사나 육아에는 흥미가 없고 사교 생활에만 흥미를 느껴 밖으로 나다니기만 했습니다. 아이가 열세 살 때 아버지는 죽고, 어머니는 알콜중독자인 숙모에게 아이를 맡기고 달아나 버렸습니다. 열여섯 살이 된 소년은 미술학교에 들어갔으나 재능을 인정받지 못했습니다.

　그는 닥치는 대로 일을 하면서 연명하다가 1차 세계대전이 발발하자 지원병으로 입대하고 무공을 세워 1급 철십자장(鐵十字章)을 받았습니다. 독일이 패전하자 정치계에 투신해 극렬분자가 되었습니다. 그는 웅변에 능했고 그 힘으로 선전활동을 전개해 당세를 확장하였으며, 마침내 1934년 독일의 총통이 되었습니다. 그의 이름은 아돌프 히틀러. 그가 일으킨 제2차 세계대전으로 독일과 전 세계가 전쟁에 휘말렸습니다.

다른 한 아이는 1889년 10월 14일, 미국 텍사스에서 태어났습니다. 이 소년은 부모의 사랑을 흡족히 받고 자라 밝고 포용력이 있었으며 '아이크ke'라는 애칭으로 불렸습니다. 아버지는 소년에게 '하나님을 두려워하라'는 가훈을 전해주었고, 가족 모두가 적극적인 봉사자로 이름이 높았습니다. 이 소년도 군대에 흥미를 느끼고, 웨스트포인트 사관학교에 입학해 졸업을 했습니다. 그의 이름은 아이젠하워. 1943년 연합군 최고사령관이 되었습니다.

1944년 6월 6일, 이들 두 명의 동갑내기는 전투에서 대면했습니다. 11개월에 걸쳐 히틀러는 연합군사령관 아이젠하워와 싸웠는데 연합군의 승리였습니다. 히틀러는 1945년 4월 30일 지하 방공대피소에서 자살했고, 이 소식을 접한 전 세계는 박수갈채를 보냈습니다. 한편 아이젠하워는 8년 동안 대통령직을 수행한 후, 80살까지 살다가 1969년 3월 28일 평화롭게 세상을 떠났고, 그의 죽음을 전 세계가 애도했습니다.

여러분! 이 두 동갑내기의 일생을 보고 무엇을 느끼셨습니까? '부모가 착해야 효자가 난다'는 말이 있듯 훌륭한 부모에게서 훌륭한 자식이 나오고, 불량한 부모에게서 불량한 자식이 나옵니다. 우리 모두 자녀 교육에 모범을 보이고, 사랑과 칭찬을 아끼지 않는 부모가 되도록 노력합시다.

지금까지 '부모가 자녀에게 미치는 영향'에 대해 말씀드렸습니다.

부모의 사랑

지금부터 '부모의 사랑'에 대해 말씀드리겠습니다.

미국의 어느 가정에서 여덟 살 난 아들이 아침 식사 시간에 어머니에게 한 장의 청구서를 내밀었습니다.

"어머니는 제게 빚진 것이 있습니다. 심부름 값 25센트, 착한 일한 값 10센트, 노래 불러준 값 15센트, 기타 5센트, 전부 55센트를 주십시오."

청구서를 읽어본 어머니는 말없이 미소를 지었습니다. 그리고 점심 식사 때 아들의 밥그릇 밑에 55센트의 돈과 편지 한 장을 놓아두었습니다. 그 편지에는 다음과 같이 적혀 있었습니다.

"얘야, 너도 엄마에게 빚이 있단다. 네가 병이 났을 때 간호해준 값, 옷과 신발을 사준 값, 말을 가르쳐준 값, 군것질과 장난감을 사준 값, 그리고 매 끼니마다 식사를 제공한 값, 그밖에도 계산할 수 없을 만큼 많단다. 그러나 나는 네게 아무 것도 청구하고 싶지 않구나."

대가를 바라지 않는 무조건적인 사랑, 이것이 바로 어머니의 사랑입니다.

그렇다면 아버지의 사랑은 어떨까요?

거리를 떠돌며 구걸하는 한 청년이 있었습니다. 그는 철모르는 소년 시절에 가출해 18년 동안 부랑자로 떠돌며 생활하고 있었습니다. 이 청년이 하루는 신사에게 구걸을 하게 되었습니다.

"선생님, 한 푼만 보태주십시오."

그리고 신사의 얼굴을 보는 순간 깜짝 놀랐습니다. 청년의 아버지였기 때문입니다.

"아버지, 저를 몰라보시겠습니까?"

그러자 신사는 청년을 두 팔로 감싸 안으며 말했습니다.

"아, 드디어 찾았구나. 이제부터 내 것은 뭐든지 다 네 것이다."

집을 나간 지 18년이나 된 아들이 한 푼 달라고 구걸했을 때, 자기의 귀중한 모든 것을 다 물려주는 것이 바로 아버지의 사랑입니다.

여러분! 부모의 사랑은 하늘보다 높고 바다보다 깊다고 했습니다. 자식이 아무리 효자라고 한들 부모님의 끝없는 사랑을 따라갈 수 있겠습니까? 우리를 이토록 훌륭하게 키워주신 부모님께 감사하고 은혜에 보답하도록 노력합시다. 세상에 부모 없는 자식이 어디 있겠습니까? 특히 늙고 병든 부모님이 사시면 얼마나 더 사시겠습니까? 우리 모두 효도합시다.

지금까지 '부모의 사랑'에 대해 말씀드렸습니다.

부부 싸움 3막

지금부터 '부부 싸움 3막'에 대해 말씀드리겠습니다.

"저는 스피치 강좌를 들으면서 15년간 계속해온 부부 싸움이라는 전쟁에 종지부를 찍었습니다. 이 이야기는 15년 전부터 지난 4월까지, 그 다음은 5월부터 7월까지, 그리고 그 이후, 이렇게 3막으로 나눠집니다.

제1막의 시작은 주방에서 일어난 '쨍그랑' 소리입니다. 그것과 동시에 내 입에서는 다음과 같은 말이 튀어나옵니다. '바보! 뭘 멍청히 서 있어!' 그런데 아내에게서 나온 말이 뭔지 아십니까? 미안하다는 말이 아닙니다. '뭐예요? 이까짓 접시 하나에 큰소리나 지르고 꼴불견이야!' 어느 쪽이 혼나고 있는 건지 모를 정도입니다. 그 찰나에 나는 '뭐라구?'라며 오른손을 번쩍 들고 왼손으로는 안경을 벗는 것입니다.

제2막으로 들어갑니다. TV가 등장합니다. 이번 5월부터 TV에서 컴퓨터 강좌가 시작되어 저는 일요일 7~8시까지 TV에 매달려 있습니다. 이제까지는 매주 일요일이면 아침 일찍 골프를 치러 나가고 밖에서 식사하는 게 습관이었지만, 컴퓨터 강좌가 시작되고 나서는 집에서 식사를 하게 되었습니다. 그런 탓인지 일요일에 '쨍그랑! 쨍그랑!'이 두세 번 계속됩니다.

나는 화가 나는 것을 꾹 참고 TV를 보고 있지만 속이 부글부글 끓습니다. 그것이 2개월 동안이나 계속된 것입니다. 2개월이 끝날 때쯤 되자 내 심정이 그대로 주간지에 나와 있더군요.

"결국 왔던가? 15년의 파국!" 나는 그 직전까지 와 있었던 것입니다.

마침내 제3막으로 들어갑니다. 지난 7월 나는 스피치 강좌에서 '상대의 입장에서 배려하는 말을 사용하자'는 강의를 들었습니다. 선생님이 나의 나쁜 점을 간파하고 뭔가를 알려주시는구나 싶은 생각이 들었습니다.

8월 17일 오후 7시 59분 59초, '쨍그랑!' 하는 소리가 들렸을 때, 나의 입에서는 배운 대로 다음과 같은 말이 튀어나왔습니다. '여보, 무슨 일이야? 괜찮아? 다친 데는 없어?' 주방이 조용해서 나가보니 아내가 눈물을 흘리며 이렇게 말하는 것이 아니겠습니까?

'지난 15년 동안 당신에게서 이런 상냥한 말은 들어본 적이 없어요.'

지금 우리 집은 평화와 환희로 가득합니다. 모두 스피치 강좌에서 공부한 덕택입니다. 아내도 감사하고 있습니다. 마치겠습니다."

여러분! 이것은 어느 수강생이 한 스피치입니다. 이처럼 말의 사용 방법 여하에 따라 인간관계가 달라집니다. 우리 모두 효과적인 말을 사용하도록 합시다.

지금까지 '부부 싸움 3막'에 대해 말씀드렸습니다.

부정적인 말은 불행의 씨앗

지금부터 '부정적인 말은 불행의 씨앗'에 대해 말씀드리겠습니다.

말에는 마술과 같은 힘이 있습니다. '말 한마디에 천금이 오르내린다'는 속담이 있지만, 말 한마디 때문에 죽음을 당할 수도 있습니다. 똑같은 말이라도 듣는 사람의 상황에 따라서 다르게 이해하기 때문입니다.

재수생이 자기의 부모를 야구방망이로 때려 죽인 끔찍한 사건이 발생했습니다. 사건의 발단은 아버지의 현금 카드를 슬쩍해서 100만 원을 꺼내 썼다가, 아버지에게 야단을 맞은 데서 비롯되었습니다.

호되게 야단을 맞고 기분이 울적해서 자기 방에 들어가 위스키를 마시고 있는데, 갑자기 아버지가 들어오더니 또 야단을 치는 것이었습니다.

"너 같은 도둑고양이는 집에 둘 수 없어. 당장 나가!"

욕설을 퍼부으며 옆구리를 걷어차는 바람에 아들은 의자와 함께 나가떨어졌습니다. 엎친 데 덮친 격으로 어머니의 화살이 날아왔습니다.

"넌, 정말 형편없는 인간이야!"

아버지의 폭력도 처음 있는 일이지만, 어머니의 이런 말도 난생처음 듣는 소리였습니다. 쇼크를 받은 아들은 위스키 한 병을 단숨에 들이켰고, 옆에 있던 야구방망이로 양친을 마구 때려 죽게 한 것입니다.

그럼 아들은 평소에 불량한 패륜아였을까요? 아닙니다. 그는 지금까지 한 번도 부모에게 반항한 적이 없는 온순한 아들이었다고 합니다.

그렇다면 왜 이런 끔찍하고 불행한 사건이 발생했을까요?

그의 자백에 의하면 아버지에게 걷어차인 직후에 늘 자기편이었던 어머니마저도 "형편없는 인간"이라는 말로 몰아붙이는 바람에, 자기도 모르게 순간적으로 범행을 저질렀다는 것입니다.

여러분! 이 이야기는 일본의 가오사키에서 일어난 사건이지만, 우리나라에서도 이와 비슷한 사건은 얼마든지 일어날 가능성이 있습니다. 자기 대화의 권위자이자 〈셀프 토크The self-talk solution〉의 저자 섀드 햄스테터 박사는 "대부분의 사람들은 18세가 되기까지 부정적인 말을 14만 8천 개나 듣고 자란다. 그 아이들이 커서 부정적인 생각, 부정적인 말을 하는 것은 입력된 것의 출력에 불과하다"고 역설합니다. 부정적인 생각, 부정적인 말을 하지 맙시다. 부정적인 말은 불행의 씨앗입니다.

지금까지 '부정적인 말은 불행의 씨앗'에 대해 말씀드렸습니다.

불굴의 신념

지금부터 '불굴의 신념'에 대해 말씀드리겠습니다.

이탈리아의 명지휘자 토스카니니는 "인간에게 가장 중요한 것은 신념이다. 그러나 아무리 굳은 신념이 있더라도 침묵으로 가슴속에 품고만 있으면 아무 소용이 없다. 여하한 대가를 치르더라도, 죽음을 걸고서라도 반드시 자신의 신념을 발표하고 실행할 용기가 필요하다"고 했습니다.

세계적인 진주 보석상인 일본의 미키모토는 최정상의 자리에 앉기까지 남다른 성공 스토리가 있습니다. 그는 원래 곡물상이었는데 틈틈이 바다에 나가 진주를 채취했습니다. 그러나 진주를 품은 조개는 찾기도 어려울 뿐 아니라, 재수가 좋아 진주가 든 조개를 찾아도 알이 너무 작거나 모양이 볼품 없었습니다.

고심 끝에 진주에 관한 문헌을 뒤지기 시작하였습니다. 그러다 당시 그 방면의 권위 있는 동경제국대학 미스쿠리 교수를 찾아가 자문을 구했습니다.

"어떻게 하면 좋은 진주를 얻을 수 있을까요?"

"원하는 진주를 얻으려면 양식을 해야지요. 진주도 양식이 가능합니다만 그 방법이 문제입니다."

이 말에 용기를 얻은 미키모토는 곡물상을 그만두고 가족과 함께 작은 섬으로 이사를 갔습니다.

"진주 양식이라니 말도 안 되네. 가업에 충실하게나."

그는 친척과 친구들의 반대에도 아랑곳하지 않고 진주 양식을 시작했습니다. 하지만 3년이 지나도 아무런 성과가 없자 주위 사람들은 그를 비웃으며 "진주에 미친놈"이라고 손가락질을 했습니다. 게다가 갖고 갔던 돈도 다 떨어져 끼니조차 잇기 어려웠습니다.

그래도 미키모토는 의지를 굽히지 않고 연구에 몰두했습니다. 4년이 지난 어느 날 양식장의 조개를 열어보니, 알이 굵은 진주가 영롱한 빛을 발하는 것 아닙니까? 세계 제일의 미키모토 진주는 이렇게 탄생한 것입니다.

여러분! 성공자들은 단 1%의 가능성만 있어도 그 가능성을 믿고 도전합니다. 당신은 지금 어떤 일을 하고 있으며 그 가능성은 몇 프로나 됩니까? 불굴의 신념으로 도전하는 자만이 성공합니다.

지금까지 '불굴의 신념'에 대해 말씀드렸습니다.

불평불만

지금부터 '불평불만'에 대해 말씀드리겠습니다.

흔히 불평불만은 나쁜 것이라고 생각하기가 쉽습니다만 세상에 불평불만이 없는 사람이 과연 있을까요?

일찍이 로마의 시인 오비디우스는 "부당하게 겪는 불행에 대해서만 불평할 권리가 있다"고 했으며, 스위스의 철학자 아미엘은 "불만은 생활에 독을 섞는다"라고 했습니다. 그런가 하면 영국의 시인 오스카 와일드는 "불평은 개인이나 국가에 있어서 진보의 제1단계"라고 했으며, 영국의 비평가 버나드 쇼는 "만족은 죽음이다"라고 했습니다.

"이렇게 불편해서야 원……."

1938년, 한 사무원이 복사를 하다가 불평을 했습니다. 당시에는 두 종류의 복사기가 있었는데, 어느 것이든 손이 무척 많이 가서 여간 불편한 것이 아니었습니다.

'간단하게 사용할 수 있는 복사기는 왜 못 만드는걸까?'

현재 쓰고 있는 복사기에 불만을 가진 이 사무원은 그날부터 좀 더 나은 복사기를 만들기 위해 도전했습니다. 20년 동안 수많은 시행착오를 거듭한 끝에 마침내 1958년 건조방식에 의한 복사기를 발명해냈습니다.

이 발명가의 이름은 제스터 칼슨. 기쁨에 들뜬 그는 복사기 제조회사를 찾아갔지만 스무 개 이상의 회사로부터 거절을 당합니다.

그러던 중 할로이드사가 이 방식을 채택해 간편한 복사기를 만들자 불티나게 팔렸습니다. 할로이드사의 주식을 20년 전에 샀던 사람들은 순식간에 180배의 배당을 받았으며, 할로이드사는 이름을 바꿔 세계적인 기업 제록스로 성장했습니다. 발명가 칼슨 역시 미국의 50위 내에 드는 억만장자가 되었습니다.

어디 그뿐일까요? 건조방식의 복사기가 나오자 미국의 복사량은 10년 동안 700배로 증가했으며, 오늘날 전 세계적으로 확대되어 그 수를 헤아릴 수 없을 정도가 되었습니다.

여러분! 현재 주어진 것에 불만을 품은 한 남자가 전 세계의 사무실 작업을 바꾸었을 뿐 아니라 자신도 억만장자가 되었으니, 건전한 불평불만이야말로 성공의 기폭제 아니겠습니까? 우리는 지금 어떤 불만을 갖고 있습니까? 불평불만이 있다면 그것을 개선하는 데 도전하십시오. 당신도 할 수 있습니다!

지금까지 '불평불만'에 대해 말씀드렸습니다.

비전 있는 일

지금부터 '비전 있는 일'에 대해 말씀드리겠습니다.

빈곤 속에서 입신출세를 해 미국 제일의 백화점왕이 된 제임스 캐시 페니에 관한 일화는 참으로 많습니다. 페니는 종업원을 소중히 여겼으며 일단 파트너로 선택한 후에는 전적으로 신뢰했습니다. 그 파트너 가운데 조지 부슈넬이라는 인물이 있었습니다. 부슈넬이 아직 농기구 회사에 근무하고 있을 때, 매일 밤 잔업을 계속하고 늦게 돌아가다 보면 연일 심야까지 열려 있는 상점이 있었습니다.

"수고가 많으십니다. 언제나 밤늦게까지 상점을 열어놓으시는군요."

"당신도 열심히 일하시는구려. 매일 밤 이 앞을 늦게 지나가는 걸 보니."

그 상점 주인이 바로 페니였습니다.

페니와 부슈넬은 기묘한 장소에서 다시 만났습니다. 페니가 어느 마을에 출장을 갔다가 새벽 두시 기차를 타기 위해 역 대합실에서 기다리고 있을 때, 우연히 부슈넬도 똑같은 기차를 타려고 대합실에 들어섰습니다.

"업무를 보다가 늦으셨군요. 이렇게 추운데 호텔에서 기다리지 않고."

페니의 말에 부슈넬이 말했습니다.

"고용주에게 필요 이상의 출장비를 지출하게 하고 싶지 않아서요."

부슈넬의 말에 감동을 받은 페니는 후일 부슈넬에게 편지를 보냈습니다.

"나와 함께 일해보지 않겠소? 당신에게도 좋은 찬스가 될 텐데. 월급은 70달러, 밤에 아르바이트를 하지 않으면 생활이 곤란할지도 모르지만……."

부슈넬은 한마디로 거절했습니다. 결혼을 한 상태고 더구나 월수입이 이미 175달러나 되었기 때문입니다. 그러나 페니는 회사에 필요 이상의 경비를 쓰게 하고 싶지 않다는 마음으로 매일 밤늦도록 일하는 부슈넬을 단념할 수 없었습니다.

"그렇다면 90달러를 지불하겠소."

인재를 스카우트하는 경우에는 파격적인 대우 향상을 제시하는 것이 상식인데, 낮은 조건으로 두 번씩이나 교섭해오니 부슈넬도 흥미를 느끼지 않을 수 없었습니다. 그래서 사표를 내고 페니와 함께 일해 마침내 대성공을 하게 됩니다.

여러분! 당장 돈 몇 푼을 더 받는다고 비전 없는 일에 매달리는 사람은 성공하지 못합니다. 인생을 돈 몇 푼에 싸게 팔지 말고 비전 있는 일에 과감히 도전해봅시다.

지금까지 '비전 있는 일'에 대해 말씀드렸습니다.

112

비즈니스맨의 복장

지금부터 '비즈니스맨의 복장'에 대해 말씀드리겠습니다.

미국의 비즈니스맨들은 베이지색 코트를 입습니다. 어째서 모두가 한결같이 같은 색 계통의 코트를 입게 되었는가 하면, 한 베스트셀러 때문입니다.

존 몰로이가 쓴 〈성공을 위한 옷차림Dress for Success〉이라는 책에는 "베이지색 코트를 입고 응대하면 사업이 성공하기 쉽다"고 써 있습니다. 그는 실제로 사람을 사서 실험을 했습니다. 실험 참여자들은 처음 1개월 동안 베이지색 레인코트로, 다음 1개월 동안은 검은색 레인코트를 입고 온 마을을 다닌 결과 웨이터나 점원, 회사원 등 여러 사람이 검은색 레인코트보다 베이지색을 입었을 때 대접이 좋고 존경하는 시선으로 보며, 대우도 좋았던 것을 발견했습니다.

그리고 안면이 없는 회사를 갑자기 방문해보았습니다. 검은색과 감색 레인코트를 입었을 때는 "사장님이 부재중이십니다"라고 접수계에서 문전박대를 당하는 경우가 많았는데, 베이지색 레인코트를 입었을 때는 "잠깐만 기다려주십시오" 하고 연락을 해주는 경우가 많았습니다.

이 실험 결과가 발표된 후부터, 미국 사람들에게는 비즈니스맨의 코트는 베이지색이라는 법칙이 생긴 것입니다. 비즈니스맨들은 코트뿐 아니라 양복에도 많은 신경을 쓰고 있습니다. 가장 나쁜 것이 폭이 넓은 세로 줄무늬 양복입니다. 미국에서는 마피아의 졸개가 즐겨 입는 패션으로 비즈니스맨 세계에서는 시골뜨기로 취급받습니다.

또한 중역들은 사무실에서 절대 양복을 벗어서는 안 된다고 합니다. 상의를 벗지 않으면 안 될 만큼 냉방이 되지 않는 빈약한 기업이라는 이미지를 주며, 상사가 상의를 벗고 일하면 전체의 능률이 떨어진다는 것입니다.

넥타이는 신사의 유일한 멋이라고도 합니다. 넥타이의 매듭은 정확하게 매야 하고, 작은 무늬나 경사지게 선이 들어간 것이 무난하며, 재질은 실크가 기본인데 길이가 너무 짧거나 길어도 보기 싫으며 넥타이 끝은 벨트의 버클부분에 오는 것이 좋다고 합니다.

여러분! 옷은 인간 제2의 피부이며 그 사람의 됨됨이를 나타내는 거울이라고 했습니다. 자기의 이미지를 소홀히 하는 비즈니스맨은 절대로 성공하지 못합니다. 우리 모두 성공자의 복장술을 익히도록 합시다.

지금까지 '비즈니스맨의 복장'에 대해 말씀드렸습니다.

비판의 소리

지금부터 '비판의 소리'에 대해 말씀드리겠습니다.

로마 시대의 극작가 플라우투스는 "사람들은 성실한 비판보다 마음에도 없는 아첨을 더 좋아한다"고 했으며, 제정 러시아의 작곡가이자 피아니스트 루빈스타인은 "나를 칭찬하면 진저리가 나고 혹독하게 비판하면 화가 난다"고 했습니다.

어떤 회사의 사장이 갑자기 간부 회의를 소집했습니다. 회의 안건은 '사장에 대한 비판'이었습니다. 사장은 웃으면서 다음과 같이 말했습니다.

"여러분! 지금부터 사장인 나에 대해 비판해주기를 바랍니다. 좋은 점은 말하지 말고 나쁜 점만 기탄없이 비판해주면 고맙겠소."

그 자리에 모인 간부들은 한결같이 깜짝 놀랐습니다. 왜냐하면 보통 때는 남의 의견 따위는 완전히 무시하는 원맨 사장이었기 때문입니다.

그러나 어찌 되었든 사장의 명령을 거역할 수 없어서, 모두들 조심스럽게 한두 마디씩 조그마한 결점을 말하기 시작했습니다. 그러나 그것은 결점이라기보다 장점에 가까운 아첨의 말이었습니다. 그런데 고지식한 간부 한 명이 입을 열었습니다.

"사장님! 정말 솔직하게 어떤 지적을 하든 괜찮으시겠습니까?"

"그럼. 솔직한 자네들의 의견을 듣고 싶군. 어서 말해보게."

"그렇다면 단도직입으로 말씀을 드리겠습니다. 사장님께서는……."

사장은 처음에는 고개를 끄덕이며 경청하더니 차츰 안색이 바뀌어갔습니다. 화를 참는 표정이 역력했습니다.

"사장님이 이대로 계속 독주해나간다면 이 회사는 머지않아 쓰러지고 말 것입니다."

여기까지 말했을 때 사장은 마침내 폭발하고 말았습니다.

"뭐야? 회사가 쓰러지다니? 자네 지금 무슨 소릴 하는 거야! 자네 같은 봉급쟁이가 경영자의 고충을 알기나 해? 건방진 놈 같으니라구!"

사장은 자리를 박차고 뛰쳐나갔다고 합니다.

여러분! 세상에 독불장군은 없습니다. 더구나 기업은 사장 혼자서 원맨쇼를 한다고 잘되는 것은 더욱 아닙니다. 남들의 비판에 화를 내는 것은 어리석은 행동입니다. 당신이 리더라면 비판의 소리에 귀를 기울여야 합니다.

지금까지 '비판의 소리'에 대해 말씀드렸습니다.

보통 사람의 중요성

지금부터 '보통 사람의 중요성'에 대해 말씀드리겠습니다.

2008년 11월 4일, 미국 역사상 최초로 흑인 버락 오바마가 대통령으로 당선되었다고 세상이 떠들썩했습니다.

1963년 8월 23일, 흑인 인권운동가 마틴 루터 킹은 이렇게 연설했습니다.

"한 위대한 미국인은 노예해방선언문에 서명했습니다. 우리는 오늘 의미심장하고 상징적인 자리에 서 있습니다. 그 역사적 선언은 불의의 불길에 고통받던 수백만 흑인 노예들에게 희망의 등불로 다가왔습니다."

1863년 1월 1일, 에이브러햄 링컨은 남북전쟁이 한창이던 때 '노예해방선언'을 공표했으며, 이는 링컨의 가장 큰 업적이 되었습니다. 링컨은 대통령이 된 뒤, 대통령 집무실로 한 여류 작가를 초대했습니다. 그 작가는 〈엉클 톰 캐빈Uncle Tom's Cabin〉이라는 소설을 쓴 해리엇 스토였습니다. 그녀가 대통령 집무실로 들어서자 링컨은 정중하게 맞아들였고, 그녀의 작은 손을 두 손으로 감싸 쥐며 이렇게 말했습니다.

"이 작은 손으로 큰 전쟁을 일으킨 위대한 작품을 쓰셨군요."

링컨은 변호사 시절, 스토가 쓴 소설 〈엉클 톰슨 캐빈〉을 감명 깊게 읽고 흑인 노예의 비참한 생활에 몸을 떨었습니다. 그리고 반드시 이 억울하고 불쌍한 노예들을 해방시켜야겠다고 굳게 다짐했다고 합니다.

〈엉클 톰슨 캐빈〉은 흑인 노예의 비참한 생활을 그린 장편소설로 노예제도에 대한 논쟁이 치열하던 1853년 출간되어, 당시 미국 내에서 커다란 반응을 일으켰으며, 출간 첫해에 30만 부라는 놀라운 판매고를 기록한 데 이어 남북전쟁의 불씨를 당긴 문제작입니다.

그렇다면 이 작품을 쓴 해리엇 스토는 어떤 사람일까요. 그녀는 1811년 목사의 딸로 태어나 스물여섯 살 때 신학교 교수와 결혼을 합니다. 넉넉하지 않은 살림에 보탬이 되기 위해 틈틈이 글을 썼습니다. 그러다가 노예들의 참혹한 모습에 충격을 받고, 노예제도에 대한 탄핵으로 한편의 대중소설을 썼는데, 이것이 바로 〈엉클 톰슨 캐빈〉입니다.

여러분! 한 여류 작가가 쓴 책이 미국의 역사를 뒤바꿔 놓았고, 미국의 수천만 흑인들의 운명을 바꿔주었습니다. 위대한 일은 결코 위대한 사람들만 하는 것이 아닙니다. 인류의 역사는 보통 사람들에 의한 이야기입니다. 우리도 위대한 일의 첫발을 내딛는 사람이 될 수 있습니다.

지금까지 '보통 사람의 중요성'에 대해 말씀드렸습니다.

사람

지금부터 '사람'에 대해 말씀드리겠습니다.

미국의 사상가 에머슨은 "세상이 야속하다 말고 세상에 없어서는 안 되는 사람이 되라. 세상이 그대를 찾는 사람이 되라"고 했고, 독일의 철학자 니체는 "위대한 인간에게 반한 사람만이 그것으로 말미암아 교양의 최초 세례를 받는다"고 했습니다.

여러분은 고대 그리스의 철학자 디오게네스를 아실 겁니다. 그는 "행복이란 인간의 자연스러운 욕구를 가장 쉬운 방법으로 만족시키는 것이며, 자연스러운 것은 부끄럽거나 보기 흉하지도 않으므로 감출 필요가 없다"고 역설하면서, 몸소 가난하지만 부끄럼이 없는 자기 만족의 생활을 실천했습니다.

디오게네스는 나무통 속에 살았기 때문에 '나무통의 디오게네스'라고도 불렸으며, 자유로운 생활을 이상으로 삼고 실제로 그렇게 살았기 때문에 사람들로부터 '개'라는 조롱도 받았습니다. 그에 관해서는 많은 일화가 전해지는

데 다음의 두 가지가 유명합니다.

디오게네스가 일광욕을 하고 있을 때 알렉산더 대왕이 찾아와 그에게 소원을 묻자 나무통 속에서 햇볕을 쬐던 그는 다음과 같이 말했습니다.

"아무것도 필요 없으니 햇빛이나 가리지 말고 좀 비켜주시오."

이 말을 들은 알렉산더 대왕은 "내가 만일 알렉산더가 아니라면 디오게네스가 되고 싶다"고 했다고 합니다.

또 어느 날인가 디오게네스가 한낮에 램프를 켜 들고 거리를 걷고 있기에 이상하게 생각한 사람들이 까닭을 물었더니, 그는 다음과 같이 말했습니다.

"나는 사람을 찾고 있소."

이것은 인간다운 덕이 있는 사람이 없다는 것을 풍자한 말입니다.

여러분! 그렇습니다. 세상에 사람은 많지만 인간미가 풍기고 진실된 사람은 적은 것 같습니다. 김광섭 시인은 〈사람〉이라는 시에서 "사람 사람 사람 / 애국 애국하자고 난 사람 / 돈 돈 돈 하자고 난 사람 / 사랑 사랑하자고 난 사람 / 죽겠어 죽겠어 하자고 난 사람"이라고 읊었습니다.

첨단 과학의 발달과 물질만능 시대의 바쁜 현대인들은 자아를 상실한지 오래인 것 같습니다. 사람이 사람이라고 다 사람은 아닙니다. 사람이 사람 구실을 해야 사람입니다. 우리 모두 인간 본연의 자아를 되찾도록 노력합시다.

지금까지 '사람'에 대해 말씀드렸습니다.

사람다운 사람

지금부터 '사람다운 사람'에 대해 말씀드리겠습니다.

어느 날 아버지가 어린 아들에게 심부름을 시켰습니다.

"얘야, 목욕탕에 가서 사람이 많은지 보고 오너라."

아들은 아버지의 말씀대로 목욕탕에 갔습니다. 그런데 목욕탕에 들어가는 입구에 커다란 돌멩이 하나가 놓여 있었습니다. 그곳을 지나는 사람들은 모두 이 돌멩이에 걸려 넘어지거나 넘어질 뻔했습니다.

"아니, 누가 이런 돌멩이를 여기 둔 거야. 에잇, 재수 없어."

사람들은 원망과 불평을 하거나 신경질을 부릴 뿐, 돌멩이를 치울 생각은 하지 않았습니다. 심부름을 간 아이는 그 앞에 쪼그리고 앉아 반나절이 지나도록 그 광경을 지켜보고 있었지만, 누구 하나 돌멩이를 치우는 사람이 없었습니다.

그때, 한 남자가 돌에 걸려 넘어져 울고 있는 어린아이를 일으키더니, 그 돌을 단숨에 뽑아 멀리 던져버리고는 손을 툭툭 털며 목욕탕으로 들어갔습니다. 그제야 아이는 벌떡 일어나 집으로 갔습니다.

"아니 왜 이렇게 늦었니? 그렇게 사람이 많든?"

늦게 온 것을 꾸짖는 아버지에게 아이는 자신 있게 말했습니다.

"아니에요, 아버지. 목욕탕에는 사람이 한 명밖에 없어요."

"그럼 잘됐구나. 아버지와 목욕을 가도록 하자."

아이는 아버지의 손을 잡고 목욕탕으로 갔습니다. 그런데 목욕탕 안은 발 디딜 틈도 없이 복잡했습니다.

"이 녀석이 거짓말을 했구나. 너 왜 한 사람뿐이라고 했어?"

아버지가 화를 내며 아들을 나무라자 아들은 이렇게 말했습니다.

"아버지, 목욕탕 문 앞에 돌멩이가 하나 있어서 사람들이 걸려 자꾸 넘어지곤 했어요. 그런데 여기에 들어온 사람들은 돌멩이만 탓할 뿐 치우려고 하지는 않았어요. 그런데 단 한 사람만이 그 돌멩이를 치워 다른 사람들이 넘어지지 않게 했어요. 그러니 사람다운 사람은 한 사람 아닙니까?"

여러분! 사람답게 산다는 것은 쉬운 일이 아닙니다. 남을 위해 무엇인가를 하는 사람, 지킬 것은 지킬 줄 아는 사람, 자신의 일에 최선을 다하는 사람은 사람답게 사는 '사람다운 사람'입니다. 우리 모두 자신에게 부끄럽지 않고, 남에게 떳떳하게 사는 사람다운 사람이 됩시다.

지금까지 '사람다운 사람'에 대해 말씀드렸습니다.

사랑의 실천

지금부터 '사랑의 실천'에 대해 말씀드리겠습니다.

사랑의 실천 중 가장 으뜸은 무엇이라고 생각하십니까? 모두 생각이 같을 리 없겠지만, 그래도 공통분모를 찾아보면 봉사라고 말할 수 있을 것입니다.

봉사는 첫째, 물질 봉사. 둘째, 정신 봉사. 셋째, 육체 봉사로 나눌 수 있습니다.

누구든 많은 사람에게 봉사하며 사랑을 실천하고 싶지만, 가진 게 없어서 마음뿐인 사람이 대부분일 것입니다. 따지고 보면 이런 경우는 물질 봉사만을 생각하기 때문입니다. 자기 할 것 다하고 남는 것으로 베풀려고 하면 평생 봉사는 할 수 없습니다. 자기 수준에 맞게 베풀면 됩니다. 많이 가진 사람은 많이 베풀고 적게 가진 사람은 적게 베풀면 모두가 아름다운 것입니다.

물질로 봉사하지 못하는 사람은 마음을 잘 쓰면 됩니다. 정신 봉사는 마음을 잘 쓰는 일입니다. 어려움에 처한 사람에게 용기를 갖고 올바른 삶을 살아가도록 격려하는 것은 불가능을 가능케 하는 매우 중요한 일입니다. 정신 봉사는 무한한 가치를 창출할 수 있는 용기와 희망의 씨앗입니다. 가진 게 없고, 아는 게 없는 사람은 아무것도 할 수 없다고 비참하게 생각할 필요가 없습니다.

슬퍼하지 마십시오. 튼튼한 육체가 있지 않습니까? 이 세상에 사랑을 실천할 수 있는 봉사의 형태는 이처럼 다양합니다. 돈을 가진 사람은 돈으로, 교육자나 성직자, 집안의 어른과 인생의 선배들은 말씀으로 봉사합니다. 건장한 몸을 가진 사람은 몸으로 남을 돕습니다. 여러분은 어떤 봉사가 가장 가치 있다고 생각하십니까? 물질이든 정신이든 육체든 어느 것 하나 하찮은 것이 없습니다. 아름다운 삶은 서로를 보살피고 배려하는 삶입니다. 자신이 한 봉사의 가치를 높이 평가받고 싶어 날뛴다면 오히려 그 가치를 희석시키는 어리석은 일이 됩니다.

여러분! 우리는 어떻습니까? 지금까지 열심히 봉사를 하고도 그 공을 스스로 깎아내리는 어리석은 일을 하지는 않았습니까? 오른손이 한 일을 왼손이 모르게 하라는 말이 있습니다. 우리 모두 자신이 할 수 있는 방법으로 열심히 봉사하며 사랑을 실천하는 아름다운 삶을 살아갑시다.

지금까지 '사랑의 실천'에 대해 말씀드렸습니다.

Today's
speech

118

사랑이 깃든 말

지금부터 '사랑이 깃든 말'에 대해 말씀드리겠습니다.

미국 제34대 대통령 아이젠하워가 어렸을 때의 일입니다. 어느 날인가 심부름을 갔다가 돌아오면서 놀다보니 귀가 시간이 늦어졌습니다. 몹시 걱정을 하던 어머니가 몽둥이를 들고 때리려고 하자, 겁이 난 아이젠하워는 꾀를 부렸습니다.

"엄마, 나 배가 아픈데 화장실에 먼저 갔다 올게요."

화장실에 간 아이가 돌아오지 않아 확인해보니 화장실에 없었습니다. 속은 어머니는 괘씸해서 더 큰 몽둥이를 들고 기다리고 있었으나 아들은 돌아오지 않았습니다. 어머니는 걱정이 되었습니다. 사흘이 지나자 편지 한 장이 대문 앞에 떨어져 있었습니다. 아이젠하워가 보낸 편지였습니다.

"나는 엄마의 회초리가 무서워서 거짓말을 하고 달아났어요. 엄마가 큰 몽둥이를 버리기 전에 난 절대 집에 들어가지 않을 거예요."

270

어머니는 반성을 하며 답장을 보내려 했으나 발신지 주소가 없었습니다. 아이젠하워가 있을 만한 곳을 찾아갔으나 어떻게 알았는지 아이는 또 숨어버렸습니다. 여러 날이 지난 후에 아들을 찾은 어머니는 울면서 말했습니다.

"아들아, 내가 잘못했다. 말로 책망하지 않고 짐승처럼 몽둥이로 때리려고 했으니, 너를 짐승으로 봤으면 엄마도 짐승이 아니고 무엇이냐? 그러니 짐승 같은 엄마를 때려야겠다."

어머니는 자기의 손바닥을 회초리로 팍팍 때렸습니다. 손바닥에서는 피가 났지만 어머니는 계속 손바닥을 때려 핏방울이 떨어졌습니다. 이 광경을 지켜보던 아이젠하워는 그만 울음을 터트리며 말했습니다.

"엄마, 제가 잘못했어요. 이제부터 말 잘 들을게요. 저를 때려주세요" 하면서 자기의 손을 어머니 앞에 내밀었습니다. 어머니는 회초리를 내던지고 아들의 손을 잡고 키스를 하며 말했습니다.

"사랑하는 아들아, 이 손으로 큰일을 하거라."

그 후 아이젠하워는 잘못을 했을 때면 어머니가 잔소리를 하기 전에 회개를 하고 "이 손으로 큰일을 하겠어요"라고 약속을 해 마침내 대통령이 되었습니다.

여러분! 사랑의 힘은 위대합니다. 인간의 재능은 사랑이란 영양소를 먹고 자랍니다. 회초리로 때리기보다 사랑이 깃든 말로 아이들을 타이릅시다.

지금까지 '사랑이 깃든 말'에 대해 말씀드렸습니다.

사업 성공의 비결

지금부터 '사업 성공의 비결'에 대해 말씀드리겠습니다.

약대를 졸업한 테드 허스티드는 2년 동안 경험을 쌓은 후, 자기가 직접 약국을 경영하기로 결심했습니다. 자본금은 아버지가 돌아가시며 물려준 3천달러. 그 돈으로 아내와 함께 약국 자리를 물색했습니다.

허스티드와 그의 아내가 약국 터를 보는 데는 두 가지 기준이 있었습니다. 하나는 작은 마을일 것, 또 하나는 가톨릭 교회가 있었으면 하는 것이었습니다. 마침 이 두 가지 조건을 충족시킬 약국이 사우스다코타 주 월Wall에 매물로 나와 있었습니다. 기쁜 마음으로 집안 식구들에게 그곳에 약국을 차려보겠다고 하자 가족들은 펄쩍 뛰며 반대했습니다.

하지만 가족들의 반대에도 불구하고 허스티드는 그곳에 한 칸짜리 가게를 얻어 월 약국Wall Drug을 개업했습니다. 1931년 12월, 개업을 하고 며칠이 지났건만 장사는 엉망이었고 몇 달이 지났는데도 매상은 오르지 않았습니다. 그도 그럴 것이 작은 마을에 사는 사람이라고는 고작 326명, 그나마 전부 가난한 사람들뿐이었으며, 대공황과 가뭄으로 이 촌구석까지 밀려나 주저앉은 농부들이 대부분이었습니다.

그래도 그는 5년 정도는 버텨보자는 생각으로 그날그날을 보내고 있었습니다. 1936년, 여름이 다가왔을 무렵까지도 약국의 매상은 신통치 않았습니다.

그러던 어느 일요일, 아내가 좋은 아이디어를 냈습니다. 오랜 시간 뜨거운 초원지대를 가로질러 운전해온 여행객들을 끌자는 것이었습니다. 그래서 가까운 고속도로 근처에 다음과 같은 광고 표지판을 설치했습니다.

"청량음료 있습니다. 맥주도 있습니다. 다음 모퉁이에서 돌아 바로 그 옆 16번, 14번 고속도로로 가는 길목. 얼음물은 공짜! -월 약국."

미국의 약국은 약만 파는 것이 아니라 우리나라의 구멍가게처럼 일용잡화, 화장품, 담배, 잡지, 커피 등 여러 가지를 팝니다. 이 표지판이 붙자 손님들은 눈코 뜰 새 없이 몰려들었고, 월 약국은 나날이 번창해 지금은 연간 200만 명이 찾는 7,600평이 넘는 대단위의 세계적인 관광 명소로 성장했습니다.

여러분! 그렇습니다. 불황을 이기고 호황을 맞는 비결은 필요한 손님에게 필요한 것을 제공하는 것입니다. 우리도 앉아서 불황만 탓하지 말고 손님이 진정으로 원하는 것이 무언인지 찾아내 '섬기는 사업'을 합시다.

지금까지 '사업 성공의 비결'에 대해 말씀드렸습니다.

Today's speech
120

삶을 즐기는 방법

지금부터 '삶을 즐기는 방법'에 대해 말씀드리겠습니다.

그랜마 모세스를 아십니까? 그녀의 본명은 안나 메리 로버트슨으로 미국의 여류 화가입니다. 그랜마 모세스는 1860년, 가난한 농부의 딸로 태어나 열두 살부터 남의 집 고용살이를 시작했고, 스물일곱 살에 결혼을 해 농사일을 하던 평범한 주부였습니다.

그녀가 그림을 그리기 시작한 것은 남편이 먼저 세상을 떠나 홀로 남게 된 78세 때부터였고, 그것도 손자들을 위해 수를 놓으며 지내다 관절염 때문에 손 쓰는 것이 힘들어지자, 덜 정교한 작업인 그림을 그리기로 결심한 것이었습니다. 그녀의 표현을 빌리면 '그리운 옛날'의 추억을 그리는 일에 몰두해 〈추수감사절용 칠면조 잡기〉, 〈강 건너 할머니 댁으로〉 등 미국의 지나간 생활을 그리워하는 회고적인 그림들을 그렸습니다.

그녀의 그림이 주목을 받게 된 것은 1938년 어느 봄날, 미술품수집가 루이스 캘도어가 시골의 약국에 걸린 그림을 발견한 이후부터입니다. 시선을 끈 그림 네 점이 미술을 공부한 적이 없는 할머니의 것임을 안 캘도어는 이듬해 그 작품들을 뉴욕 미술 무대에 데뷔시켰습니다. 어떤 점이 사람들의 마음을 움직였는지 몰라도 그녀의 그림은 뉴욕의 화랑가에서 유명해졌습니다. 미국은 물론 유럽에서도 좋은 평가를 받는 일류 화가가 되었으며, 뉴욕의 메트로폴리탄 미술관, 파리의 근대미술관, 모스코바의 푸시킨 미술관 등 수많은 미술관에 그림이 걸리게 되었습니다.

그녀는 1941년 뉴욕 주 메달에 이어, 1949년에는 트루먼 대통령이 주는 '여성프레스클럽상'을 수상했고, 1960년 그녀의 100번째 생일날을 뉴욕 시에서 '모세스 할머니의 날'로 공포하고 생일을 축하했습니다.

1961년 12월 그랜마 모세스는 101세의 나이로 세상을 떴는데, 일흔여덟에 시작한 그림 그리기는 그녀 생애 마지막 해까지 계속되었고, 그녀가 남긴 그림은 무려 1,600점이나 되었습니다. 생전에 그녀는 이런 말을 남겼습니다.

"삶은 우리 자신이 만드는 것이다. 늘 그래왔고 앞으로도 그러할 것이다."

여러분! 그렇습니다. 삶은 스스로 만들어가는 것입니다. 일흔여덟에 선택한 새로운 삶이 그 후 30년간의 삶을 풍요롭게 만들어주었다면 무슨 일이든 못하겠습니까? 삶을 즐기는 방법을 개발합시다.

지금까지 '삶을 즐기는 방법'에 대해 말씀드렸습니다.

121

상대의 이름을 빛나게

지금부터 '상대의 이름을 빛나게'에 대해 말씀드리겠습니다.

가난의 밑바닥에서 백만장자가 된 사나이, 철강왕으로 잘 알려진 앤드류 카네기의 이야기입니다. 그의 어린 시절은 몹시 불우했습니다. 스코틀랜드에서 미국으로 이민 온 아버지는 직접 짠 천을 팔러 다녔고, 어머니는 세탁소나 구둣방의 잡일을 했습니다.

어린 앤드류는 셔츠가 한 벌밖에 없어서 밤마다 그가 잠든 뒤에 어머니가 빨아서 다려주고는 했습니다. 앤드류는 매일 열여섯 시간이나 일하는 어머니의 모습이 애처로웠습니다. 어느 날인가 그는 어머니에게 말했습니다.

"어머니! 언젠가는 나도 부자가 돼 어머니께 꼭 비단 옷을 사드리겠어요. 하인을 두고 자가용도 타고 다니시도록 해드릴게요."

앤드류는 젊었을 때부터 조직력이 뛰어나고, 지도력이 우수했으며 사람을 다루는 재능이 있었습니다.

그가 소년시절, 새끼를 밴 토끼 한 마리를 기를 때의 일입니다. 어미 토끼는 곧 여러 마리의 새끼를 낳았습니다. 토끼가 많아지자 먹이가 부족했습니다. 그래서 그는 동네의 또래 친구들을 모아놓고 선언을 했습니다.

"얘들아! 우리 집에 예쁜 토끼가 많아. 우리 같이 이 새끼 토끼를 기르자. 클로버나 민들레, 아카시아 등 토끼풀을 뜯어다주면 그 대신 너희들의 이름을 새끼 토끼에게 붙여줄게."

이 계획은 마치 마법처럼 효과가 있어 부족한 토끼 먹이를 무난히 해결할 수 있었습니다. 성인이 된 후에도 앤드류 카네기는 이 심리를 사업에 이용해 큰 성과를 거두었습니다.

그가 철도생산회사를 하고 있을 때, 펜실베이니아 철도회사에 철도를 팔고 싶었습니다. 그 회사의 사장은 애드가 톰슨이었는데 쉽게 사주지 않았습니다. 그래서 카네기는 피츠버그 시에 큰 공장을 건설하고, 그 회사의 이름은 '애드가 톰슨 제철소'라고 붙였습니다. 톰슨 사장이 기뻐했음은 물론 자기의 이름이 붙여진 제철소의 철도를 사들인 것은 두말할 나위가 없었습니다.

여러분! 사람은 누구나 자기의 이름을 소중하게 생각합니다. 그리고 그 이름이 빛나기를 갈망합니다. 그렇다면 그 이름을 빛나게 해주는 사람이 성공하는 것은 당연하지 않겠습니까? 우리 모두 상대의 이름이 빛나도록 노력합시다.

지금까지 '상대의 이름을 빛나게'에 대해 말씀드렸습니다.

122

상대의 입장

지금부터 '상대의 입장'에 대해 말씀드리겠습니다.

러시아 원정에 실패한 나폴레옹이 적군에게 들켜 급한 김에 양복점으로 뛰어 들어가 숨겨달라고 했습니다. 양복점 주인인 시몬은 그가 누군지 모른 채 두꺼운 이불을 덮어 숨겨주었습니다. 그때 러시아 군대가 들이닥쳤습니다.

"이봐, 누군가 들어오지 않았어?"

아니라고 시치미를 떼자 러시아군은 창으로 여기저기를 찔러보다 나가버렸습니다. 그들이 사라지자 겁에 질린 나폴레옹이 나타났습니다.

"고맙소. 당신은 생명의 은인이요. 무엇이든 원하는 게 있으면 말해보시오."

시몬은 잠시 생각에 잠기더니 이렇게 말했습니다.

"저 길 건너에 양복점이 있지요? 내 손님을 빼앗아가는데 저 가게가 다른 데로 이사 가도록 해주세요."

화가 난 나폴레옹은 버럭 소리를 질렀습니다.

"이봐! 나는 나폴레옹이야. 프랑스의 황제란 말이다."

황제란 말에 용기를 얻은 시몬이 말했습니다.

"폐하, 군인들이 창으로 이불을 찌를 때 저는 정말 무서웠습니다. 그때 폐하의 기분은 어땠는지 가르쳐주시겠습니까?"

나폴레옹은 얼굴이 벌게져서 소리쳤습니다.

"나는 한번도 무서워한 적이 없는 사람이다. 황제에게 그런 무례한 말을 하다니……."

그때 황제를 찾고 있던 부하들이 나타나자 나폴레옹이 소리쳤습니다.

"이 남자를 체포하라! 내일 아침에 총살시키겠다."

이튿날 아침, 시몬은 나무 기둥에 묶여 사형 집행을 당하게 되었습니다. 장교가 총살 명령을 내리고 있었고 시몬은 사시나무 떨듯 겁에 질려 있었습니다.

"하나, 둘, 셋……."

그때 전령이 말을 타고 급히 달려오며 외쳤습니다.

"잠깐! 황제의 명령이다. 총살형은 취소되었다."

풀려난 시몬에게 전령이 편지 한 장을 전해주었습니다. 거기에는 다음과 같이 쓰여 있었습니다.

"내가 그때 어떤 기분이었는지 이제 알았을 것이다."

여러분! 역지사지(易地思之)라는 말이 있습니다. 처지를 바꿔 생각해봐야 상대의 입장을 제대로 알 수 있다는 말입니다. 우리 모두 상대의 입장을 생각하고 상대의 입장에서 말하도록 합시다.

지금까지 '상대의 입장'에 대해 말씀드렸습니다.

상상력의 힘

지금부터 '상상력의 힘'에 대해 말씀드리겠습니다.

미국 경영학의 대가 피터 드러커는 "불투명한 문제가 많은 영역에서는 새로운 상황을 낳게 하는 창조적인 해결 방법이 필요하다. 그래서 우리는 상상력이 풍부해야 한다"고 했으며, 물리학자 아인슈타인은 "상상력은 지식보다 중요하다"고 했습니다.

열한 살 소녀 안치라는 신경계통의 질병을 앓고 있었습니다. 병세는 점점 악화돼 걸을 수도 없게 되었고, 손발도 자유롭게 움직일 수 없어 몸은 점점 쇠약해져 갔습니다. 의사는 그녀의 건강에 별로 희망이 없다고 했습니다. 이 병에 걸리면 건강을 회복하기란 몹시 드문 일이라고 들었지만 소녀는 결코 겁먹지 않았습니다.

그녀는 침대에 누워서도 자기의 말에 귀를 기울여주는 사람이 보이면, 언젠가는 꼭 일어서서 걸을 거라고 맹세하고는 했습니다. 그녀는 미국의 샌프란시스코에 있는 보건전문병원으로 옮겨져, 적합한 모든 치료를 다 받아봤지만 소용이 없었습니다.

하지만 굴하지 않는 그녀의 의지에 의사들은 깊은 감동을 받았고, 머릿속으로 자기가 걷는 모습을 상상하도록 당부했습니다. 그녀는 침대에 누워서도 착실하게 상상력의 힘을 믿었습니다. 자기가 움직이고 있다는 것을 상상하고 또 상상했습니다.

어느 날인가 그녀가 자기의 두 다리가 움직이고 있다는 상상을 하고 있을 때, 기적이 일어났습니다. 침대가 움직였던 것입니다. 침대가 방에서 비탈진 곳으로 움직이고 있었습니다. 그녀는 큰 소리로 외쳤습니다.

"이것 보세요! 빨리요! 제가 움직였다고요. 정말 움직일 수 있게 됐어요."

이때 병원에 있던 모든 사람들도 비명을 지르면서 저마다 피신처를 찾고 있었습니다. 사실 이것은 샌프란시스코에 대지진이 일어난 것이었습니다. 하지만 안치라는 자기가 정말 해냈다고 믿었습니다. 그리고 그녀는 얼마 후 이전에 다니던 학교로 돌아와 친구들과 즐겁게 공부하게 되었습니다. 물론 지팡이도 휠체어도 사용하지 않은 상황에서 공부를 할 수 있게 된 것입니다.

여러분! 한 번의 우연이 하나의 기적을 창조했습니다. 안치라의 행운은 그의 마음속 깊이 잠재해 있던 상상력의 힘을 받아 생겼습니다. 우리 모두 상상의 힘으로 불가능을 가능케 해봅시다.

지금까지 '상상력의 힘'에 대해 말씀드렸습니다.

124

상업 번창의 비결

지금부터 '상업 번창의 비결'에 대해 말씀드리겠습니다.

아시아인 중 가장 일찍 세계 각처에 흩어져 활약하고 현지에 뿌리를 내려 정착한 민족은 화교입니다. 이들 대부분은 맨몸으로 외국에 나가 중화 요릿집을 차리고 열심히 장사를 해 경제적으로 성공하고 있습니다. 그래서 저는 화교 상법이야말로 상업 번창의 비결이라고 생각해 그들의 장사 포인트 네 가지를 설명하고자 합니다.

첫째, 연중 무휴, 장시간 노동입니다. 화교들 대부분이 가족노동을 합니다. 가족노동은 근로기준법이 적용되지 않기 때문에 장시간 노동을 하든 휴일 노동을 하든 구애를 받지 않습니다. 또한 성심성의로 언제든지 필요할 때 항상 문을 열어놓으면 손님은 자연히 모이게 마련입니다.

둘째, 종신 현역입니다. 그들은 가족이 연중 무휴로 일하기 때문에 노인이라 하더라도 귀중한 노동력입니다. 따라서 몸이 움직이는 한 평생 동안 계속 일을 합니다. 늙어도 일을 하는 게 오히려 건강의 비결이라고 합니다. 게다가 요릿집을 경영하기 때문에 건강식을 먹을 수 있습니다.

셋째, 중도에서 포기하지 않고 계속하는 것입니다. 장사라는 것은 예상대로 순조롭게 되지 않는 것이 상례입니다. 그러다 궤도에 오르면 예상 밖의 큰 돈을 벌 수 있는데 이것이 바로 장사의 묘미입니다. 그래서 그들은 오랜 경험을 통해 한번 시작한 장사는 될 때까지 포기하지 않습니다.

넷째, 직장과 주거의 근접입니다. 중국 요릿집은 대부분 아래층이 가게고 위층이 살림집인 형태가 많습니다. 가게와 살림집이 떨어져 있어도 4~5분정도면 걸어서 갈 수 있는 근거리 생활 형태입니다. 상업 제일주의가 시간을 단축하게 만든 것입니다.

여러분! 화교 상법의 네 가지 포인트야말로 상업 번창의 비결 아닐까요? 자기의 시간 모두를 바쳐, 평생 동안 자기가 좋아하는 일을 자기 집에서 오너가 되어 멋지게 해보겠다는 화교 상법을 활용해보십시오. 상업 성공의 비결은 고객 제일주의가 되어야 한다는 사실을 명심하십시오!

지금까지 '상업 번창의 비결'에 대해 말씀드렸습니다.

Today's
speech
125

상황에 맞는 스피치

지금부터 '상황에 맞는 스피치'에 대해 말씀드리겠습니다.

인도네시아 초대 대통령 수카르노가 중국 베이징에 있는 칭화 대학교를 방문해 연설을 한 적이 있습니다. 낯선 대통령을 맞아 담담한 표정으로 멀찌감치 떨어져 앉은 학생들에게, 형식적인 연설은 통하지 않을 것 같은 상황이었습니다. 수카르노는 이렇게 입을 열었습니다.

"여러분, 앞으로 몇 걸음씩 나와주세요. 저는 여러분과 가까이하고 싶어서 먼 나라에서 왔습니다."

말이 떨어지자마자 친근감을 느낀 학생들은 활발해지면서 얼른 앞으로 몇 걸음씩 다가갔습니다. 수카르노의 두번째 말이 이어졌습니다.

"여러분, 웃으세요. 여러분 앞에는 휘황찬란한 미래가 있습니다."

그러자 학생들은 즐거운 마음으로 웃었고 분위기가 확 밝아졌으며, 그날의 강연은 성공적으로 끝났다고 합니다.

요즈음 축하 모임이 많아졌습니다. 축하 연회에 가보면 장광설을 늘어놓는 사람이 많습니다. 이를 통제하지 못하면 분위기를 망칩니다. 이 경우 사회자의 재치 있는 스피치가 필요합니다.

"제가 보건데 오늘 오신 손님들은 다른 모임들보다 두 배는 더 많습니다. 그리고 축사를 해주실 분도 비례해서 많습니다. 이보다 기쁘고 고마운 일이 어디 있겠습니까? 오늘 오신 귀빈들이 멋진 축사를 다 듣도록 하기 위해 축사시간을 2분 30초로 정하겠습니다.

제가 이렇게 말씀드려도 어떤 분들은 7~10분 동안 연발총마냥 줄줄 말씀하시리라 믿습니다. 그래서 저는 사회자의 권한을 행사하려고 합니다.

여러분께서 2분을 초과하시면 저는 '지당합니다'라는 말로 암시를 할 겁니다. 이 말을 한 다음에 30초 동안 더 말씀하실 수 있습니다. 만약 3분을 초과할 때는 저는 연속적으로 '지당합니다. 지당합니다'라고 말하겠으니, 이때 청중 여러분께서도 그만 끝내라는 박수를 크게 쳐주시기를 바랍니다."

여러분! 스피치가 성공하기 위해서는 여러 가지 요소가 있지만, 그 중에서도 특히 상황에 맞는 스피치를 하는 것이 중요합니다. 아무리 내용이 좋고 화술이 뛰어나도 상황에 맞지 않는 스피치는 청중에게 외면당하고 맙니다. 우리 모두 현장감 있는 스피치를 하도록 노력합시다.

지금까지 '상황에 맞는 스피치'에 대해 말씀드렸습니다.

새 출발의 중요성

지금부터 '새 출발의 중요성'에 대해 말씀드리겠습니다.

미국 비즈니스 철학의 아버지라고 불리는 짐 론은 적극적이고 진취적인 인물이었습니다. 그가 아버지의 일흔 여섯번째 생일 파티를 준비할 때였습니다. 이를 본 아버지는 기뻐하기는커녕 수심에 찬 모습으로 말했습니다.

"애야, 나를 위해 생일 파티를 열어준다니 고맙구나. 그러나 그렇게까지 성대하게 준비할 필요는 없다. 나는 너무 오래 산 것 같아. 이제는 기력이 쇠퇴해 머지않아 세상을 뜰 것이 몹시 슬프구나!"

아들은 아버지가 늙어가는 것에 마음이 아팠습니다. 그러나 아버지는 체력보다 정신력이 약해졌다고 생각돼 다음과 같이 조용히 말했습니다.

"아버지, 인간의 수명은 120세까지라고 합니다. 그러니 아직 45년이나 더 사실 수 있어요. 새로운 인생을 준비해보세요. 지금까지 75년간 살아오면서 겪은 모든 경험들을 이제 몽땅 76년째부터의 새로운 삶에 투자하면 얼마나 멋지게 살 수 있겠습니까?"

이 말에 감명을 받은 아버지는 용기를 내 20년 계획을 세우고 인생을 새롭게 출발했습니다. 지난 75년 동안 자신이 경험하지 못했거나, 그동안 너무 바빠서 생각만 하고 실행에 옮기지 못한 좋은 일들을 계획하며, 멋지게 인생을 살겠다고 작정했습니다. 그러자 인생을 대하는 태도가 완전히 능동적이고 긍정적인 태도로 바뀌었습니다.

그로부터 10여 년이 지난 후에도 짐 론의 아버지는 건강한 마음과 체력으로 하루하루를 신나게 보람 있는 일을 하며 살아가고 있습니다. 짐 론의 아버지는 다음과 같이 술회했습니다.

"일흔 여섯번째 생일을 맞이할 때 새롭게 결심하고 출발하지 않았다면 나는 벌써 죽었을 것이다."

여러분! 인생은 새 출발의 연속입니다. 하루하루 삶의 연속이 일생이라면 그 일생을 어떻게 살아야 할까요? 다람쥐 쳇바퀴 돌듯 그날그날 아무런 계획이나 준비 없이 살아간다면 다른 동물과 무엇이 다르겠습니까? 인간은 인간답게 살아야 합니다. 인간답게 살기 위해서는 자기가 하고 싶은 일, 자기가 해야만 하는 역할과 사명을 다해야 합니다. 우리 모두 새로운 각오와 새로운 계획으로 새 출발을 하도록 노력합시다!

지금까지 '새 출발의 중요성'에 대해 말씀드렸습니다.

새로운 시작

지금부터 '새로운 시작'에 대해 말씀드리겠습니다.

세상에 태어날 때부터 성공자나 실패자, 행복한 인생과 불행한 인생이 정해진 것은 아닙니다. 어떻게 사느냐에 따라서 성공자와 실패자, 행복과 불행이 좌우됩니다.

일본에서 선풍적인 인기를 끌었던 책이 있습니다. 〈그러니까 당신도 살아〉라는 책인데 발매 열흘 만에 20만 부가 넘게 팔렸다고 합니다. 이 책의 저자는 1965년에 태어나 그야말로 파란만장한 삶을 살아온 여인, 오히라 미쓰요입니다.

그녀는 중학교 3학년 때 왕따를 견디다 못해 자살을 기도했습니다. 다행히 목숨은 건졌지만 학교를 그만두고 폭주족과 어울리는 문제아가 되었습니다. 열여섯 살의 어린 나이에 야쿠자 두목과 결혼을 했지만, 남편의 부하들로부터 따돌림을 당하게 됩니다. 그녀는 따돌림을 견디기 위해 등에 문신을 새기며 조직원이 되려고 노력했지만, 결국 실패를 하고 6년 만에 이혼을 합니다.

그 뒤 오사카 술집에서 접대부 생활을 하다, 우연히 아버지의 친구를 만나 호된 꾸짖음을 받고 술집 생활을 청산합니다. 그리고 새로운 삶을 시작하기 위해 직장을 구하러 다녔지만, 학력이 중학교 중퇴인 그녀는 어디서도 환영을 받지 못했습니다.

그래도 미쓰요는 절망하지 않았습니다. 사회가 요구하는 자격증을 따기 위해 이를 악물고 공부해 택지건물취급사 자격증을 땄습니다. 이에 자신을 얻은 그녀는 검정고시를 통해 방송통신대학에 입학했고 마침내 사법시험에 도전하기로 결심합니다. 이때 아버지가 암으로 쓰러졌습니다. 그녀는 아버지가 살아 계실 때, 사법시험에 꼭 합격하자고 약속하고 그 약속대로 지난 1994년 사법시험에 합격했습니다.

새로운 인생을 시작한 오히라 미쓰요는 1997년 오사카에서 변호사 개업을 해 주로 청소년들의 변론을 맡았고, 현재 류코쿠 대학교 객원교수로 일하고 있습니다. 그녀는 자서전을 통해 다음과 같이 역설합니다.

"누구도 과거는 지울 수 없다. 그러나 인생은 새로 시작할 수 있다."

여러분! 그렇습니다. 과거는 바꿀 수 없지만 현재와 미래는 얼마든지 바꿀 수 있습니다. 중학교 중퇴의 술집 접대부가 새로운 삶을 위해 멋진 삶을 다시 시작했듯 우리도 못할 이유가 없습니다. 우리 모두 삶의 좌표를 수정해 보다 멋진 인생, 행복한 삶을 살도록 노력합시다.

지금까지 '새로운 시작'에 대해 말씀드렸습니다.

생각과 행동

지금부터 '생각과 행동'에 대해 말씀드리겠습니다.

일본 메이지 시대 이야기입니다. 씨름선수들이 자주 와서 수련을 하는 '원장사'라는 절에 '우지 오바쿠라'라는 고승이 있었습니다. 씨름선수들을 바라보던 스님은 그들 중에서도 특히 근육이 울퉁불퉁 튀어나온 훌륭한 체격을 가진 한 선수를 눈여겨보았습니다. 그리고 선수 중 한 사람에게 그가 누구냐고 물었습니다.

"저 사람은 오나미(大波)라는 장사로 보시는 바와 같이 소질이 참 많지만 기가 부족해 아직도 2류 선수에 머물러 있지요. 참으로 소질이 아깝습니다."

그 말을 들은 스님은 그날 밤 오나미 선수를 불러 몇 마디 충고를 해주었습니다. 그리고 이튿날부터 오나미 선수는 연전연승(連戰連勝). 마치 딴 사람처럼 강해졌습니다. 동료 선수들이 깜짝 놀라 물었습니다.

"자네, 스님이 무슨 말씀을 해주시던가? 숨기지 말고 우리한테도 가르쳐주게나."

오나미는 다음과 같이 대답했습니다.

"스님께서 내게 이렇게 말씀하셨지. '너의 이름은 큰 대 자에, 물결 랑 자 오나미 즉, 파도 같은 강력한 존재라는 뜻이야. 마음에서 우러나오는 진짜 오나미가 되지 않으면 결코 승부에서 이길 수 없는 법이네. 그러니 오늘밤 법당에 단정히 꿇어앉아서, 일심으로 나는 오나미다! 나는 오나미다! 하고 생각하게. 내가 진짜 오나미라면 씨름판에서 상대는 물론 섬이든 산이든 단숨에 삼킬 수 있다. 이렇게 일심으로 연원해보게'라고 하셨어. 그래서 그렇게 했다네. 그리고 씨름판에 올라가보니 무서울 것이 아무것도 없었지."

오나미는 스님의 말에 소심했던 마음의 벽을 허물고 승부에 임해 연전연승했던 것입니다. 두려움과 비관이라는 부정적 사고를 '나는 할 수 있다'는 긍정적 사고로 바꾸었기 때문에 오나미의 승리가 가능했던 것입니다.

여러분! 상대와의 형세가 막상막하라면 자신의 생각이 승패를 좌우하는 결정적인 요인이 됩니다. 할 수 있다는 신념을 가지고 끝까지 도전하는 정신은 씨름판뿐 아니라 인생 게임에서도 중요합니다. 신념은 자신이 가진 잠재력을 100% 발휘할 수 있게 해주는 마력이 있습니다. 우리 모두 긍정적인 생각으로 신념을 강화합시다.

지금까지 '생각과 행동'에 대해 말씀드렸습니다.

서로 위하는 마음

지금부터 '서로 위하는 마음'에 대해 말씀드리겠습니다.

뉴잉글랜드의 어느 봄날, 존 엘덴이라는 친절하고 활기찬 청년이 '프리스실라'라는 아름다운 아가씨 앞에 몸이 굳어 서 있었습니다. 엘덴은 메이플라워호를 탄 이들 가운데 가장 젊은 사람이었습니다.

그는 프리스실라를 깊이 사랑하고 있었는데 그의 상관인 마일스 스텐디쉬 선장도 그녀를 사랑하고 있었습니다. 그래서 그는 선장의 마음을 대신 전하는 중이었습니다. 그러나 그녀는 선장보다 젊은 엘덴이 더 좋았습니다. 그녀는 머리를 숙이고 입가에 웃음을 지으며 말했습니다.

"당신은 왜 자신을 위한 말은 하지 않는 거죠?"

청년 엘덴은 자신의 마음을 그녀에게 전하고 싶었으나 그는 상관에게 충성을 다하는 부하였습니다. 그는 결코 선장의 부탁을 무시하고 자신을 내세울 수 없었습니다.

한 달이 지나고, 두 달이 지나고 시간이 흐름에 따라 존 엘덴의 마음에서는 고통과 좌절된 열망이 들끓었습니다. 그는 매일 프리스실라를 보았지만 사랑한다는 말을 못하고 벙어리 냉가슴만 앓고 있었습니다.

그러던 어느 날, 선장인 스탠디쉬가 인디언과 싸우다가 살해되었다는 보고가 들어왔습니다. 상관의 죽음 앞에 엘덴은 슬펐지만 사랑의 고통과 좌절에서 해방이 되었고, 아름다운 프리스실라를 아내로 얻게 되었습니다.

그런데 이건 또 어찌 된 일입니까? 그들이 결혼식을 올리는 날, 죽었다던 선장 스탠디쉬가 나타난 것입니다. 그가 죽었다는 보고는 잘못된 것이었습니다. 그는 기뻐하며 결혼을 지켜보았고 그들 젊은 부부를 진심으로 축하해주었습니다. 그리고 미소를 지으며 엘덴에게 다음과 같이 말했습니다.

"자네가 어떤 것이 이루어지기를 원한다면 직접 말해야 한다네."

여러분! 상관을 위해 자기의 사랑을 억눌렀던 부하, 부하의 사랑을 위해 자신의 사랑을 포기한 상관, 두 사람의 마음이 참으로 아름답지 않습니까? 우리 모두 서로를 위하는 마음을 갖도록 노력합시다.

지금까지 '서로 위하는 마음'에 대해 말씀드렸습니다.

Today's
speech
130
서비스 제일 정신

지금부터 '서비스 제일 정신'에 대해 말씀드리겠습니다.

1985년 1월 31일, 일본의 5대 일간지의 1면 기사는 〈택시요금 인하 소송, MK가 전면 승소〉였습니다. MK는 유명한 택시회사로 이 회사가 요금을 내리겠다는 소송을 걸어 승소했다는 내용입니다.

이 회사의 대표는 재일교포인 유봉식 회장으로 그는 전남 해남에서 태어났습니다. 열다섯 살에 일본으로 건너가 리쓰메이칸 대학 법학부를 중퇴한 뒤 1960년, 열 대의 택시로 운수사업에 투신했습니다. 공개된 1988년도의 매출이 203억 엔, 천여 대의 택시에 종업원 3천여 명을 거느린 세계 최대의 택시회사가 되었습니다.

그렇다면 이렇게 신화 같은 성공을 일궈낸 그의 경영 철학은 무엇일까요? 그의 초고속 성장의 비밀은 '하면 된다'의 신념 아래 고정관념의 틀에서 벗어나려는 진취적 사고와 '서비스 제일 정신'이라는 철저한 봉사 마인드였습니다.

MK택시를 타는 승객들은 마치 귀족처럼 대접을 받습니다.

"고맙습니다. MK의 ○○○입니다."

"어디까지 가십니까? ○○까지 가시는군요."

"고맙습니다. 잊으신 건 없으십니까?"

타고 내릴 때까지 MK택시의 기사들은 미소 띤 얼굴로 이 세 마디의 인사를 결코 잊지 않습니다. 이 중 한마디만 빼먹어도 요금을 받지 않겠다고 하는 팻말이 승객석에 붙어 있습니다. 그런가 하면 1972년부터는 심야의 응급 환자를 위해 비상용 택시를 대기시켰습니다. 어디 그뿐인가요? 1978년부터는 모든 운전기사들에게 응급요원 자격을 따게 했습니다.

MK는 신입사원의 연수 교육도 독특합니다. 행인들이 많은 번화가에서 연수 교육을 실시합니다. 교육 내용의 주안점은 역시 인사. 많은 행인들 앞에서 부끄러움 없이 인사를 할 수 있어야 한다는 것이 MK 사원 교육의 목표입니다.

택시기사의 유니폼을 디자인하는 데도 일본 최고의 디자이너에게 천만 엔이라는 거금을 주었다고 해서 화제가 되기도 했던 유봉식 회장. 그의 끝없는 개척과 도전의 의지는 본받을 만하지 않습니까?

여러분! 아무리 경쟁이 치열하고 심각한 경제 불황이 계속된다 해도 서비스 제일 정신의 기업은 살아남습니다. 우리 모두 고객의 입장에서 생각하는 투철한 서비스 정신을 몸에 익혀, 경제 난국을 타개해나갑시다.

지금까지 '서비스 제일 정신'에 대해 말씀드렸습니다.

선과 악

지금부터 '선과 악'에 대해 말씀드리겠습니다.

일본 에도 시대의 명재판관 오오카 에치젠노카미에 대한 야담은 상당히 많습니다. 그는 인정미 있는 재판의 이상형으로 전해지는데 특히 '달마 문답'으로 유명합니다.

어느 날 젊은 오오카가 영주의 어전에 나가자 영주가 말했습니다.

"그대의 재판은 평판이 대단히 좋은데 사람의 선악을 구별하기란 어렵지 않는가?"

"선악을 구별하는 것은 그리 어렵지 않습니다만 그 악에 어떤 벌을 내려야 좋을지 정하기가 어렵습니다."

그때 누군가 다음과 같이 말했습니다.

"자네는 선악의 구별이 쉽다고 했지만 나는 이 나이가 되도록 선악을 본적이 없네. 그러니 자네가 선악을 한번 보여주지 않겠나?"

참으로 어처구니없고 까다로운 이야기였습니다. 그런데 오오카는 선뜻 이렇게 대답했습니다.

"뭐 어렵겠습니까? 오늘은 마침 가진 게 없으니 내일 보여드리겠습니다."

다음 날, 어전에는 영주를 비롯한 많은 사람들이 선악의 실체를 보려고 모였습니다. 좌중을 죽 둘러본 오오카는 달마 오뚝이를 바닥에 던졌습니다.

"이건 달마 오뚝이 아닌가?"

"그렇습니다. 몇 번을 던져도 데굴데굴 구르다 일어납니다. 참다운 선은 아무리 넘어뜨리려 해도 계속 일어나는 것입니다."

"그럼 악은 어떤 모습인가?"

그러자 오오카는 금화 한 개를 오뚝이의 등에 붙이고 바닥에 던졌습니다. 오뚝이는 동전의 무게 때문에 바닥에 누운 채 일어나지 못했습니다.

"선이라고 생각했던 달마 오뚝이도 황금을 등에 지니 이처럼 악이 됩니다."

좌중은 금화를 등에 지고 일어나지 못하는 달마 오뚝이를 진지한 표정으로 바라볼 수밖에 없었다고 합니다.

여러분! 돈에 대한 욕심이 선을 악으로 바꿉니다. 어디 돈뿐이겠습니까? 명예욕, 권력욕, 재물욕, 식욕, 성욕 등. 실로 많은 탐욕으로 우리는 스스로를 망치고 사회를 병들게 만듭니다. 우리 모두 욕심을 조절합시다.

지금까지 '선과 악'에 대해 말씀드렸습니다.

선물의 가치

지금부터 '선물의 가치'에 대해 말씀드리겠습니다.

선물이라는 말을 들으면 오 헨리의 소설 〈크리스마스 선물〉이 생각나는 분들이 많으리라 생각합니다.

가난하지만 애정이 돈독한 부부가 살고 있었습니다. 그들 두 사람은 크리스마스에 아내는 자기가 자랑으로 삼던 긴 머리를 잘라 팔아 남편이 갖고 싶어 하던 시곗줄을 선물하고, 남편은 자신의 시계를 전당포에 잡혀 아내에게 머리빗을 선물합니다. 두 사람의 선물은 쓸모없는 것처럼 느껴지지만, 서로 상대를 생각하는 마음이야말로 가장 값진 선물 아닐까요?

결혼 적령기의 어느 여성이 교제하는 남성으로부터 이색적인 선물을 받았습니다. 예쁜 포장 속에는 밝게 사는 가정생활을 그린 만화책과 함께 편지 한 장이 들어 있었습니다.

"만화 속에 나오는 것 같은 유쾌한 가정을 만들어보고 싶습니다."

그녀는 그동안 여러 남성들과 교제를 해왔지만 자신의 마음을 사로잡는 특별한 남성이 없었는데, 이 뜻밖의 선물로 그 남성이 좋아져 결혼까지 하게 되었다고 합니다.

또 하나 재미있는 선물 이야기가 있습니다.

남편이 말이 서툴러 대중 앞에 나서지도 못하고, 회사에서 회의나 상사 앞에서 프레젠테이션을 할 때 우물쭈물해 출세를 못하는 것을 안 아내가 남편에게 특이한 크리스마스 선물을 보냈습니다.

크리스마스 아침, 남편이 우편함을 열어보니 한 통의 편지가 들어 있었습니다. 발신인은 데일 카네기. 카네기는 스피치에 자신감을 주는 교육자로 유명한 사람입니다. 의아한 생각으로 편지를 뜯어보니 다음과 같은 말이 써 있었습니다.

"1월 11일, 당신을 만날 수 있기를 고대하고 있겠습니다. -데일 카네기"

그녀가 카네기 스피치 교실에 남편의 이름으로 입회 신청을 했던 것입니다.

여러분! 세상에 선물처럼 사람의 마음을 기쁘게 하는 것도 없을 것입니다. 그러나 선물은 주고받는 사람이 부담을 느끼지 않는 것이라야 합니다. 주고도 욕먹는 뇌물성 선물은 하지 맙시다. 최상의 선물은 받는 사람이 꼭 필요로 하고 주는 사람의 마음이 깃든 선물입니다.

지금까지 '선물의 가치'에 대해 말씀드렸습니다.

선물의 위력

지금부터 '선물의 위력'에 대해 말씀드리겠습니다.

일본의 저명한 경영 컨설턴트 후나이 유키오가 젊었던 시절 이야기입니다. 그는 거래처인 야나겐 백화점에 자주 들렀는데, 어느 날 아사노 데이지 사장이 이상한 방식으로 홍보를 하는 것을 보았습니다. 아사노 사장은 백중날이나 연말이 되면 고객들에게 선물을 보내는데, 그 양이 상상을 초월할 정도로 많았습니다. 후나이가 물었습니다.

"너무 많은 것 아닙니까? 백화점에 오지도 않는 사람들에게까지 선물을 주느니 종업원의 급료를 올려주든지 상품을 싸게 파는 것이 것이 더 좋지 않습니까?"

그러자 아사노 사장은 다음과 같이 말했습니다.

"후나이 씨, 당신이 머리 좋은 사람이라고 생각했는데 바보였네요. 큰 바보. 사람에게 물건을 주는 것만큼 플러스가 되는 일은 없어요. 지금까지 나는 그것을 몸으로 체험해왔어요. 돈을 거저 주는 것이 어렵듯 물건을 거저 주는 것도 쉬운 일은 아니어서, 대의명분이 없으면 줄 수 없는 법이지요. 그러니 백중날이나 연말연시는 그야말로 절호의 기회인 셈입니다. 모처럼 그때를 선택해서 드리고 있는데 트집을 잡다니요?"

"그렇다면 누가 옳은지 시험해보죠!"

혈기 왕성한 후나이는 화가 울컥 치밀어 아사노 사장에게 도전장을 던졌습니다. 그 시험은 후나이와 아사노, 양쪽을 모두 아는 가까운 사람들의 명단을 뽑아서 아사노는 그 사람들에게 선물을 보내고, 후나이는 아무것도 보내지 않는 것이었습니다. 그리고 1년이 지나 두 사람이 큰 싸움을 하되 후나이가 분명히 옳은 싸움을 하자는 약속을 했습니다. 그때 가까운 사람들이 누구의 편을 드는지가 시험의 내용이었습니다.

그리고 싸움을 해 확인해보니 80%의 사람들이 아시노 사장의 편을 들었습니다. 그 후 후나이가 여러 가지를 조사해본 결과 '이해타산을 따지지 않고 주면 5년 만에 5배가 되어 돌아온다'는 것을 알았다고 합니다.

여러분! 선물에는 위력이 있습니다. 남녀노소 빈부귀천을 가릴 것 없이 세상에 선물을 받고 좋아하지 않는 사람은 한 명도 없습니다. 그러나 선물과 뇌물은 다릅니다. 뇌물은 대가를 바라고 주는 것이지만, 선물은 대가를 바라지 않고 거저 주는 것입니다. 우리 모두 선물을 주고받읍시다.

지금까지 '선물의 위력'에 대해 말씀드렸습니다.

선전 문구

지금부터 '선전 문구'에 대해 말씀드리겠습니다.

어느 생선 가게의 주인이 쇼윈도에 다음과 같은 문구를 페인트로 써 붙였습니다. '신선한 생선을 오늘 여기서 팔고 있습니다.' 그랬더니 한 광고 세일 즈맨이 지나가다 "오늘이라는 글자는 빼는 것이 좋겠습니다. 신선한 생선이라면 당연히 오늘 들여온 것 아니겠습니까?" 하고 가르쳐주었습니다. 주인은 오늘이라는 글자를 없애고 다음과 같이 써 붙였습니다.

'신선한 생선을 여기서 팔고 있습니다.' 며칠 후 광고전문가라는 사람이 와서 또 충고를 했습니다. "신선한 생선을 파는 가게가 실제로 여기에 있으니까 여기에라고 단정짓는 것은 불필요하다고 생각합니다." 가게 주인은 그 말도 그럴싸해서 다시 문구를 바꿔 썼습니다.

'신선한 생선 팝니다.' 다음날 대기업의 간부로 일하는 친구가 찾아와 충고를 했습니다. "생선 가게에서 생선을 팔지 않는다면 이상한 거 아닌가? 어짜

피 팔기 위해 있는 생선이니 팝니다도 없애는 게 어때?" 그래서 쇼윈도의 문구는 세번째 바뀌었습니다.

'신선한 생선.' 이렇게 되자 생선 가게 가족들은 불만이 싹텄습니다. 마침내 부인이 선봉장이 되어 말했습니다. "여보! 신선한 생선이 아닌 걸 판 적이 있어요? 자랑은 아니지만 신선하지 않은 생선은 한 마리도 만져본 일이 없는 우리 가게입니다. 새삼스럽게 신선한이라고 써 붙일 필요는 없잖아요!" 아내의 말에도 일리가 있다 싶어 신선한이라는 글자도 없애자 쇼윈도에는 '생선'이라고 크게 쓴 글만 남았습니다.

며칠 후 이번에는 시골에서 어머니가 올라와 가게 주인인 아들에게 호통을 쳤습니다. "무슨 바보짓들이냐? 생선이라고 일부러 써 붙이지 않아도 생선 비린내가 코를 찌를 정도인데 그걸 돈을 들여 써 붙여?"

이렇게 해서 생선 가게의 선전 문구는 완전히 사라졌다고 합니다,

여러분! 선전 문구는 짧고 명료해야 하지만 중요한 골자를 빼서는 안 됩니다. 우리 모두 보다 잘 팔릴 수 있는 선전 문구를 연구하고 개발합시다.

지금까지 '선전 문구'에 대해 말씀드렸습니다.

설득력

지금부터 '설득력'에 대해 말씀드리겠습니다.

〈삼국유사〉에 다음과 같은 이야기가 나옵니다. 신라 19대 눌지왕이 즉위하기 전, 그의 아우 미사흔(未斯欣)과 복호(卜好)가 일본과 고구려에 각각 인질로 잡혀가 있었습니다. 이를 안타깝게 여기던 눌지왕은 즉위하자마자 말 잘하는 사람을 시켜 이들을 데려올 채비를 했습니다. 그래서 당시 현명하고 지혜롭기로 소문난 세 사람을 불러놓고 자문을 구했습니다.

"내 아우 두 명이 왜국과 고구려에 인질로 잡혀가 여러 해가 돼도 돌아오지 못하고 있소. 사랑하는 두 아우의 생각을 한시도 그칠 수가 없소. 그들이 살아서 돌아오도록 해야겠는데 어떻게 하면 좋겠소?"

그러자 세 사람은 함께 한 사람을 추천했습니다.

"저희가 듣건대 삽량주(歃良州) 박제상이 굳세고 용감하며 지모가 있다고 합니다. 그가 전하의 근심을 풀 수 있을 것입니다."

왕은 곧 박제상을 불러 자기의 뜻을 전하고 고구려에 가줄 것을 청했습니다. 이에 박제상은 "제가 비록 어리석고 못났으나 어찌 명을 받들지 않겠습니까?" 하고 예물을 갖춰 고구려로 들어가 고구려의 왕을 설득했습니다.

"제가 듣건대 이웃 나라와 서로 사귀는 도리는 진실로 신의입니다. 인질을 교환하는 것은 오패(伍覇, 중국 춘추시대 다섯 사람의 패자)에게도 미치지 못하는 것이니 진실로 말세의 일입니다. 저희 임금의 사랑하는 아우가 이 나라에 온 지 거의 10년이 되었습니다. 저희 임금은 형제가 서로 돕는 뜻을 깊이 생각해 마지않습니다. 만약 대왕께서 은혜를 베풀어 돌려보내시면 대왕께서는 아홉 마리의 소에서 한 개의 털이 빠진 것 같이 아무 손해도 없겠지만, 저희 임금은 대왕을 헤아릴 수 없이 큰 덕을 가진 분으로 생각할 것입니다. 대왕께서는 이것을 깊이 생각해주시길 바랍니다."

논리 정연하면서도 상대의 우월감을 자극한 박제상의 말에 고구려왕은 흔쾌히 허락을 했고, 인질로 잡혀 있던 복호와 함께 귀국했다고 합니다.

여러분! 화술의 힘은 실로 막강한 것이며 설득력 개발은 아무리 강조해도 지나치지 않습니다. 상대를 기분 좋게 만들면서도 자기 뜻대로 움직일 수 있는 설득력을 개발합시다.

지금까지 '설득력'에 대해 말씀드렸습니다.

설득의 방법

지금부터 '설득의 방법'에 대해 말씀드리겠습니다.

　루스벨트 대통령의 고문인 알렉산더 삭스가 어느 날 백악관에서 루스벨트를 만났습니다. 만남의 목적은 원자 에너지의 중요성을 역설하고 독일에 앞서 원자탄을 만들 것을 제안하기 위해서였습니다. 삭스는 루스벨트에게 아인슈타인의 편지를 전달했으며, 이어서 핵분열의 발견과 과학자들의 비망록을 낭독했습니다. 그러나 대통령은 그저 따분했고 흥미가 없었습니다.

　"잘 알겠소. 그러나 정부가 그런 일에 관여하는 건 이르다고 생각합니다."

　첫번째 회담에서 삭스는 실패했습니다. 이튿날 루스벨트는 삭스와 조찬을 함께했습니다. 삭스는 기회다 싶어 어제의 이야기를 다시 꺼내려 하자, 루스벨트가 먼저 말문을 막았습니다.

　"밥이나 먹읍시다. 아인슈타인의 편지 이야기는 한마디도 하지 맙시다."

　웃음 어린 대통령의 얼굴을 바라보며 삭스는 이렇게 말했습니다.

"그렇게 하지요. 그럼 딱딱한 과학 대신 역사 이야기를 조금 하지요."

삭스가 이렇게 말한 이유는 루스벨트가 물리학은 잘 모르지만, 역사에는 아주 박식하다는 사실을 알고 있었기 때문이었습니다.

"영국과 프랑스의 전쟁 기간, 유럽 대륙에서 승전고를 올리던 나폴레옹도 해전에서는 고전을 했습니다. 이때 미국의 젊은 발명가 로버트 풀턴이 프랑스 전함 위에 있는 돛대를 끊어버리고 증기기관을 설치한 뒤 나무 판자를 강판으로 바꾸자고 제의했습니다. 그는 이렇게 하면 가는 곳마다 승리할 것이라고 장담했습니다. 그러나 나폴레옹은 풀턴을 미치광이로 간주하고 쫓아버렸습니다. 하지만 역사학자들은 나폴레옹이 풀턴의 제의를 받아들였다면 19세기 역사는 다시 써졌을 거라고 말합니다."

삭스는 말을 마치고 나서 루스벨트를 조용히 바라보았습니다. 루스벨트는 깊이 생각에 잠겼다 입을 열었습니다.

"당신이 이겼소."

삭스는 이제 승리는 연합군에 있다는 것을 알고 눈물을 흘렸습니다.

여러분! 설득에는 여러 가지 방법이 있습니다. 그러나 그 중에서 일반적이면서도 효과적인 방법은 비유를 들어 설득하는 것입니다. 직설적인 설득은 자칫 반발을 사기 쉽지만, 비유법은 견주어 넌지시 일깨우기 때문에 자발적으로 받아들이는 효과가 있습니다.

지금부터 '설득의 방법'에 대해 말씀드렸습니다.

설득의 철칙

지금부터 '설득의 철칙'에 대해 말씀드리겠습니다.

1974년 8월 8일은 미국 공화당 출신의 닉슨 대통령이 대통령직을 사임한 역사적인 날이었습니다. 사건의 발단은 민주당 본부가 있는 워터게이트 빌딩에 첩자가 숨어들었다 체포된 것으로 시작됩니다. 정부가 불법행위인 도청을 했다는 여론이 들끓고, 대통령의 탄핵소추가 가결되자 그 책임을 지고 대통령이 사임을 하느냐 마느냐로 고민하고 있었습니다.

이때 닉슨 사임극(辭任劇)의 연출가는 그의 막료장인 헤이그 준장이었는데, 그는 표면상의 인물이었고 실제는 공화당의 유력한 상원의원 골드워터였습니다. 헤이그 준장은 골드워터에게 다음과 같이 말했습니다.

"대통령 앞에서는 '사임'이란 말을 절대로 쓰지 맙시다."

그리고 다른 한 사람까지 세 명의 공화당 의원이 대통령을 설득하러 집무실로 들어갔습니다.

"여러분이 찾아온 이유는 알고 있소. 그 일을 마무리지어 봅시다."

이렇게 이야기를 꺼내면서 닉슨은 하원과 상원의 표 읽기를 시작했습니다. 그 순간을 포착한 골드워터가 급소를 찔렀습니다.

"저도 조금 전까지 표 읽기를 해보았습니다만 확고한 표는 4표밖에 안됩니다. 그것도 남부 고령의원의 표입니다. 정세를 상당히 걱정하고 있는 의원도 있는데 실은 저도 그 가운데 한 사람입니다."

이것이 결정타가 되어 '닉슨 사임'이라는 결과를 낳게 된 것입니다.

'각하는 사임하셔야 합니다!'

만약 골드워터가 이렇게 윽박질렀다면 닉슨은 절대로 사임하지 않았을 것입니다.

여러분! 싸우지 않고 상대를 항복시키는 것이 최상의 병법입니다. 사람의 마음을 움직여서 행동으로 옮기게 하는 설득에도 철칙이 있습니다. 그것은 설득당하고 있다는 느낌을 주지 않고 스스로 결정했다는 느낌을 갖게 해야 된다는 것입니다. 인간은 누구나 나름대로 자존심을 갖고 있기 때문에, 자기가 누구에게 설득을 당하고 있다는 느낌을 갖게 되면, 자존심이 상할 뿐 아니라 반발심리가 생깁니다. 자존심을 건드리지 맙시다!

지금까지 '설득의 철칙'에 대해 말씀드렸습니다.

설화 사건

지금부터 '설화(舌禍) 사건'에 대해 말씀드리겠습니다.

대중을 상대로 말을 하다보면 가끔 걸려드는 함정이 있습니다. 이른 바 말로 인해 화를 입는 설화입니다.

인기 라디오 프로 〈가로수를 누비며〉에 필자가 매주 화요일 초대 손님으로 2년 반 동안 생방송으로 출연을 하던 때의 이야기입니다. 그때 토크의 주제는 주로 직장이나 가정에서의 인간관계였습니다.

구수한 목소리의 명사회자 송해 씨가 질문을 하고 내가 답변을 하는 형식이었습니다. 어느 날인가 '아내의 타입'에 대해서 이야기를 했는데 이것이 뜻밖에도 말썽을 일으켰습니다.

"아내의 타입에는 네 가지가 있습니다. 첫번째는 '당나귀형'으로 일밖에 모르는 아내입니다. 남편이 분위기라도 잡으려 하면 그럴 시간이 어디 있냐는 투로 뿌리치고 일감에 손을 대는 살림꾼이죠. 두번째는 '강아지형'으로 서비스 만점의 아내입니다. 남편이 퇴근해 돌아오면 반갑게 맞이하며, 열렬한 포옹과 키스를 퍼붓는 애교 덩어리라고 할 수 있죠. 이런 타입은 사랑받는 아내지요.

세번째는 '돼지형'으로 수다스러운 아내입니다. 처녀 때의 날씬한 몸매는 어디 가고 푹 퍼졌으며, 웬만한 소리에는 노여움도 타지 않고, 이 집 저 집 다니며 마구 떠드는 수다쟁이죠. 네번째는 '고양이형'의 아내로 곧잘 할퀴는 아내입니다. 항상 단정한 옷차림에 곱게 화장을 하고 자기 관리에 철저합니다. 그러나 자존심을 조금만 건드리면 남편과 자식을 가리지 않고 고양이처럼 할퀴어 상처를 줍니다. 특히 계모나 이혼녀 중에 많습니다."

이 방송이 끝나자마자 방송국의 전화통은 불이 났고 필자의 사무실에도 항의 전화가 빗발쳤습니다. 계모나 이혼녀들이 들고 일어났던 것입니다.

여러분! 아이들은 장난 삼아 연못에 돌을 던지지만 개구리는 생명이 왔다 갔다 합니다. 재미있게 표현하고자 한 것이 상처입은 여성들의 상처를 더 아프게 했으니, 실수도 이런 실수가 어디 있겠습니까? 말을 하기 전에 한 번 더 생각해봅시다. 말은 칼과 같아서 남에게 상처를 줄 수 있습니다.

지금까지 '설화 사건'에 대해 말씀드렸습니다.

성공의 가능성

지금부터 '성공의 가능성'에 대해 말씀드리겠습니다.

나이 101세에 22번째 개인전을 가진 유명한 화가가 있습니다. 그의 이름은 해리 리버만. 폴란드 출신으로 스물아홉 살 되던 1905년에 손가방 하나와 단돈 6달러를 가지고, 영어 한마디도 제대로 못하면서 미국의 맨해튼에 들어섰습니다.

그는 할렘 가 유태인 거주 지역의 한 판잣집에서 현금출납원으로 출발했습니다. 그리고 열심히 일해 모은 돈 400달러로 맨해튼의 로어 이스트사이드에 과자 도매상을 차렸습니다. 장사는 불 일듯 잘돼 그는 11년 만에 상당한 재산을 모아 부자가 되었습니다.

그리고 일흔네 살에 현업에서 은퇴하고 조용한 나날을 보내고 있었습니다. 그러던 어느 날 노인 클럽에 앉아 약속한 장기 상대를 기다리고 있었는데, 젊은 봉사원이 와서 오기로 한 상대가 병이 나서 올 수 없다며 다음과 같이 말했습니다.

"그냥 앉아 계시지 마시고 심심하실 테니 미술실에 가서 그림이나 그리시지요."

"내가 그림을? 붓도 잡을 줄 모르는데."

이렇게 해 리버만은 매일 미술실을 찾아가 그림을 그리게 되었습니다. 그때 그의 나이 여든한 살, 붓 한번 잡아보지 못한 노인이었지만 그의 천재성은 주위 사람을 놀라게 했습니다. 그가 받은 미술 수업은 여든한 살에 10주 동안 지도받은 것이 고작입니다.

그런데 오늘날 그의 그림은 미술관 벽에 걸려 있고, 저명한 수집가들이 계속 그의 그림을 사들이고 있습니다. 미술평론가들은 그를 가리켜 '원시적 눈을 가진 미국의 샤갈'이라고 극찬했습니다.

보통 사람들 같으면 손이 떨리고 등이 구부러져 주저앉을 여든한 살부터 그림을 그리기 시작해, 백한 살에 스물두번째의 개인전을 가진 리버만의 무서운 집념을 보여주는 이야기입니다.

여러분! 여든한 살의 노인이 새로운 도전을 해 백한 살이 되었어도 왕성하게 활동할 수 있다면, 우리들이 못할 일이 무엇이겠습니까? 인간의 잠재 능력은 무한합니다. 그리고 성공의 가능성은 누구에게나 있습니다. 우리 모두 열심히 노력해 성공합시다!

지금까지 '성공의 가능성'에 대해 말씀드렸습니다.

성공의 문

지금부터 '성공의 문'에 대해 말씀드리겠습니다.

세상에 있는 동안 선행을 많이 쌓아서 마침내 승천해 천국에 들어가게 된 한 무리의 선남선녀가 천국의 문 입구 근처에 집합했습니다. 여러 사회 계층에서 제각기 격렬한 경쟁을 거쳐 선발된 사람들로서, 득의양양한 마음을 감추지 못하고 서로 인사하며 축복하고 있었습니다.

그들이 천국의 문을 향해 걸어가자 두 갈래의 길이 나타났습니다. 오른쪽 길에는 '천국의 문'이라는 이정표가 있었고, 왼쪽 길에는 '천국행 강습회장'이라는 이정표가 있었습니다. 어느 쪽으로 갈까 망설이던 그들은 왼쪽 길로 몰려갔습니다.

그런데 유독 한 노인이 오른쪽 길로 가는 것이 아니겠습니까? 그는 지독한 근시안에 귀가 먹어서 사람들이 강습회장으로 가는 것을 몰랐기 때문이었습니다. 노인이 천국의 문에 다다르자 천국의 접수계원이 환영했습니다.

"어서 오십시오. 제일 먼저 오셨군요."

그제야 함께 있던 선남선녀들이 모두 강습회장으로 간 것을 깨달은 노인은 다음과 같이 탄식했습니다.

"아아, 나는 얼마나 불운한가. 내 눈이 근시가 아니고 귀가 멀지만 않았던들 강습회를 놓치지 않았을 텐데……."

"정 그러시다면 되돌아가서 강습회장에 들렀다 오시지요."

접수계원의 말에 노인은 정색을 하며 말했습니다.

"아니오. 가야 한다는 건 알지만 실은 간다는 것이 두려워요. 내 눈이 안 보이기 때문에 또다시 미아가 될지도 모르지 않소. 게다가 나는 배운 것이 없어서 강습회가 너무 어려울지도 모르니까."

이 일화는 이미 선발되어 자격을 가진 사람들이 바로 천국의 문으로 들어가는 것보다, 천국에서 가치 있는 자격을 획득하는 쪽에 흥미가 있어서, 그것 때문에 천국으로 못 들어가거나 혹은 늦게 들어가는 경우가 있다는 것을 알려줍니다.

여러분! 성공의 문 역시 천국의 문과 다를 바가 없습니다. 오랜 노력 끝에 이미 성공자의 대열에 올라선 사람들 가운데, 자기의 성공을 만끽하기보다 또 다른 성공을 하려고 방황하는 사람이 얼마나 많습니까? 세상에는 할 일도 많고 성공의 방법에도 여러 가지가 있습니다. 그러나 중요한 것은 일생일업(一生一業)에 매진하는 것입니다.

지금까지 '성공의 문'에 대해 말씀드렸습니다.

성공자와 실패자

지금부터 '성공자와 실패자'에 대해 말씀드리겠습니다.

로마의 황제이자 철학자 마르쿠스 아우렐리우스는 "우리의 인생은 우리의 사고로 만들어진다"고 했으며, 프랑스의 사상가 파스칼은 "인간은 생각하는 갈대이며, 생각이 인간을 위대하게 만든다"고 했고, 미국의 사상가 에머슨은 "사고는 행동의 씨앗이다"라고 했으며, 중국 작가 임어당은 "사고란 하나의 기술이지 과학이 아니다"라고 했습니다.

미국의 극작가이며 소설가인 어윈 쇼의 대표작으로 〈부자와 빈자〉라는 소설이 있습니다. 가난한 독일계의 이민 가정에서 자란 두 형제가 서로 다른 인생을 살아가는 모습을 보여주는 내용입니다. 이 작품은 인생의 성공과 실패, 영광과 좌절, 빛과 그늘이 선명하게 교차되는 실로 흥미로운 이야깁니다.

형은 역경에서 출발했지만 찾아온 기회를 계속해서 자기 것으로 만들고 성공의 계단에 올라 마침내는 대통령 후보까지 오릅니다. 이에 반해 동생은 처음부터 꿈을 포기하고 거친 생활을 계속하며 사회의 밑바닥을 맴돕니다. 똑같이 열악한 조건에서 출발했는데 어째서 두 사람의 결과는 하늘과 땅만큼 차이가 날까요? 동생이 형에게 다음과 같이 말합니다.

"나는 형만큼 상황이 좋지 않은 걸 보니 분명히 이런 운명으로 태어났나 봐."

그러자 형은 슬픈 듯 고개를 저으며 대답합니다.

"잘 생각해봐. 나와 너는 별로 다르지 않아. 단지 인생에 대한 사고방식과 행동이 약간 다를 뿐이지. 같은 사물을 보고 듣고 만져도 나와 너는 전혀 다른 생각을 한단 말이야."

여러분! 바로 이 점이 성공자와 실패자의 차이를 만듭니다. 사람은 누구나 생각할 수 있는 능력이 있지만, 그 생각을 어떻게 하느냐는 사람마다 다릅니다. 성공자는 매사를 긍정적으로 생각하며 자신의 꿈에 도전하고 승리하지만, 실패자는 매사를 부정적으로 생각하면서 모든 것을 운명 탓으로 돌리고 꿈을 포기합니다. 여러분은 긍정적 사고자입니까 아니면 부정적 사고자입니까? 위대한 성공자들은 모두가 긍정적 사고자라는 사실을 명심하십시오!

지금까지 '성공자와 실패자'에 대해 말씀드렸습니다.

성공인의 자세

지금부터 '성공인의 자세'에 대해 말씀드리겠습니다.

오하이오 주에 있는 공장에서 노동자로 일하는 청년이 있었습니다. 이 청년은 막노동을 하면서도 인생에 뚜렷한 목표를 언제나 간직했습니다. 그래서 낮에는 일하고 밤에는 야간학교에서 속기를 배웠습니다. 어느 날 속기사 자리가 났을 때 그는 얼른 지원했습니다.

"속기에 대해 아는가?"

"네. 시험해보십시오. 저는 야간학교에서 속기를 배우고 있습니다."

그때부터 그는 속기사가 되었으며, 나중에 부기하는 사람이 필요할 때도 야간학교에서 부기를 배웠다는 것이 그의 대답이었습니다. 그래서 속기사 겸 부기 일까지 한 그는 남보다 많은 보수를 받았습니다.

어느 날, 한 손님이 금고를 사러 들어왔습니다. 그런데 판매원이 자리를 비운 때라 속기사 청년은 그 손님에게 상품의 목록을 보여주며 열심히 설득했습니다. 판매원이 돌아와 보니 상담이 끝나고 계약 체결을 하고 있었습니다. 손님이 나가자 판매원이 물었습니다.

"자네는 속기사 아닌가? 금고를 팔 정도의 판매 지식을 어떻게 습득했지?"

그러자 속기사 청년은 자신감 넘치는 표정으로 말했습니다.

"나는 밤에 세일즈 기술을 배우고 틈만 나면 연구를 하거든요."

"어째서?"

"나는 보수가 더 좋은 세일즈맨이 되고 싶으니까요"

이 청년은 곧 세일즈맨이 되었으며 세일즈 챔피언이 되기 위해 더욱 노력했습니다.

"난 이 상담을 꼭 성공시켜야 해. 내 계좌에 넣을 돈이 필요하거든. 만약 오늘 성사시키지 못하면 그 돈은 날아가 버린 것이 돼."

자신의 레벨을 높이기 위해 한 단계씩 눈앞에 보이는 목표를 설정하고, 지속적으로 공부한 그는 마침내 마흔 살 나이에 내셔널 캐시 레지스터의 사장(휴 새머)이 되었습니다.

여러분! 성공하는 사람들의 공통점은 인생에 뚜렷한 목표를 세우고, 항상 새로운 것에 도전하며 공부를 계속한다는 사실입니다. 우리도 보다 나은 성공을 위해 뚜렷한 목표를 세우고 계속 노력하는 사람이 됩시다.

지금까지 '성공인의 자세'에 대해 말씀드렸습니다.

성실의 대가

지금부터 '성실의 대가'에 대해 말씀드리겠습니다.

요즘에는 자기가 해야 할 일인데도 뺀질거리며 마지못해서 하는 사람이 많은 것 같습니다. 그러나 남보다 더 성공적인 삶을 원한다면, 남이 시키지 않아도 스스로 일을 찾아서 할 줄 아는 사람이 되어야 합니다.

어느 부자가 보트 한 척을 샀습니다. 그는 보트에 가족들을 태우고 호수로 나가 낚시를 하고는 했습니다.

그러던 어느 날, 여름이 지나서 부자는 배를 뭍으로 끌어올렸습니다. 그런데 배 밑창에 작은 구멍이 하나 뚫려 있는 게 아닙니까? 겨울 동안에는 보트를 타지 않기 때문에 '구멍은 내년 봄에 탈 때 고쳐야지' 하는 생각으로 보트를 그대로 두었습니다. 대신 칠장이를 불러 말끔히 칠을 해두었습니다.

이듬해 봄이 되자 어린 두 아들이 빨리 보트를 타고 싶다고 졸랐습니다. 그는 보트에 뚫린 구멍은 까마득히 잊어버리고 아무 생각 없이 아이들만 호숫

가로 내보냈습니다. 얼마쯤 지났을까? 부자는 갑자기 보트에 구멍이 뚫렸다는 사실을 생각해냈습니다. 아이들은 아직 수영도 하지 못하고 노를 젓는 것도 서툴렀습니다. 그는 몹시 당황해 부리나케 호숫가로 달려갔습니다.

그런데 놀랍게도 아이들이 보트 타기를 무사히 마치고 집으로 돌아오는 중이었습니다. 그는 얼른 보트의 밑바닥을 살펴보았습니다. 작년 겨울에 뚫려 있던 구멍은 누군가에 의해 튼튼하게 막아져 있었습니다. 그는 문득 짚이는 데가 있어서 칠장이를 찾아갔습니다. 그리고 선물을 한 아름 건네자 영문을 모르던 칠장이가 어리둥절해하며 물었습니다.

"아니, 나리! 칠해드린 값은 작년에 이미 받았는데 이건 뭡니까?"

그러자 부자는 다음과 같이 말했습니다.

"나는 당신에게 칠만 해달라고 부탁했습니다만 당신은 칠을 하면서 구멍까지 막아주었소. 그 때문에 오늘 내 아들 둘이 목숨을 건졌소. 당신의 꼼꼼함이 두 생명을 건진 것이오."

여러분! 대수롭지 않은 작은 성실이 생명을 살렸을 뿐 아니라 고객의 신용을 얻게 했습니다. 성실은 모든 덕의 근본이며 인간 행동의 표준입니다. 여러분은 성실을 얼마나 실행하고 계십니까? 우리 모두 성실하게 일합시다.

지금까지 '성실의 대가'에 대해 말씀드렸습니다.

성추행

지금부터 '성추행'에 대해 말씀을 드리겠습니다.

미국 매사추세츠 주의 보스턴은 여성에 대한 억압이 유달리 심했던 곳입니다. 그 반발 때문인지 여성운동이 거세게 일어나 오히려 여성이 남성을 위협하는 도시가 되었던 적이 있다고 합니다.

과거에는 남자가 자신의 아내와 대중 앞에서 키스하는 것조차 범죄시 되었으나, 당시의 보스턴에서는 남성이 자신의 아내가 아닌 다른 여성들로부터 강제로 곧잘 키스를 당했습니다. 그래서 주 정부에서는 무례하고 억센 여성이 강제로 남자에게 키스를 하는 것을 성범죄로 간주하고 있습니다.

한 여성이 폭행을 사용해 남자에게 키스를 하고 달아났다는 이색적인 성추행 사건은 이 청교도 도시에 커다란 파문을 불러일으켰습니다. 그 여장부는 벌벌 떠는 남성을 억센 자신의 팔 안에 가두고, 수줍어하는 그의 입술에 야수와도 같이 광폭한 키스를 퍼붓고는 곧장 도망쳐 버렸습니다. 키스를 훔치고 달아나는 여성 좀도둑의 존재가 처음 밝혀진 것은, 한 남성이 경찰서에 신고한 것으로부터 비롯되었습니다. 헐레벌떡 달려온 남자는 외쳤습니다.

"정직한 보스턴 남자가 건달 같은 여자로부터 공격받지 않고 거리를 활보할 수는 없습니까?"

그는 이어서 사건의 경위를 말했습니다.

"내가 침착하게 걷고 있을 때 우악스럽게 생긴 여자가 달려오더니, 나를 움켜잡고는 팔을 꼼짝 못하게 잡고 계속 키스를 퍼부었습니다. 얼마나 불쾌하고 창피한지 당해보지 않은 사람은 모를 것입니다."

그 사내가 주위 사람의 도움을 요청하기도 전에 그녀는 재빨리 도망쳐 버렸습니다. 이 사건으로 인해 보스턴 남자들은 공포에 떨게 되었습니다. 남성의 명예가 난폭한 여성으로부터 위협받는 시대가 온 것입니다. 그래서 남성들은 건강하고 억세 보이는 여성을 보기만 하면 이렇게 애원을 했다고 합니다.

"여러분의 오빠들과 아들들, 남편들을 생각해보십시오! 그리고 제발 나를 건드리지 마십시오."

여러분! 세상은 많이 변했습니다. 남자가 여자를 성추행하는 시대에서 여성도 남성을 성추행하는 시대로 변했습니다. 여성이든 남성이든 성추행은 힘 있는 자가 힘없는 자를 강제로 추행하는 것입니다. 우리 모두 성희롱, 성추행은 하지도 말고 당하지도 않도록 노력합시다.

지금까지 '성추행'에 대해 말씀드렸습니다.

세 친구

지금부터 '세 친구'에 대해 말씀드리겠습니다.

옛날에 어느 나라의 왕이 어떤 사람에게 왕궁으로 들어오라고 명령했습니다. 그 사람은 '왕이 갑자기 왜 나를 부를까?' 하고 고민하기 시작했습니다. 혹시 어떤 누명을 쓴 것은 아닌가 싶어 걱정이 태산 같았습니다.

그래서 생각하고 또 생각한 끝에 세 명의 친구들과 함께 왕궁에 들어가서 자기를 변호하게 하자고 결정했습니다. 그에게는 친하다고 생각하는 친구 세명이 있었습니다. 첫번째 친구와는 아주 친했으며, 두번째 친구와는 조금 친한 편이었고, 세번째 친구와는 그럭저럭 지내는 정도였습니다.

그는 가장 친한 친구를 먼저 찾아가 사정을 얘기하고 함께 가줄 것을 요청했습니다. 그러나 그 친구는 "네 사정은 알지만 함께 갈 수가 없네"라고 단호하게 거절했습니다.

그래서 두번째로 조금 친한 친구 집을 찾아가서 자초지종을 말했습니다. 그랬더니 이 친구는 다음과 같이 말했습니다.

"사정이 딱하게 됐군. 한데 난 처자식 때문에 목숨이 위험한 짓은 할 수가 없네. 그러나 궁전 앞까지는 따라가 주겠네."

그는 힘없이 발길을 돌려 세번째 그럭저럭 지내는 친구 집으로 갔습니다. 세번째 친구는 뜻밖에도 이렇게 말했습니다.

"암 가야지! 함께 가고말고! 자넨 그동안 아무 나쁜 짓도 하지 않았으니 염려할 것이 전혀 없네. 내가 자네와 함께 가서 왕에게 변호를 해주겠네."

앞에서 말한 세 친구 중 첫번째 친구는 재산입니다. 재산은 아무리 사랑한다 해도 죽을 때는 남겨두고 떠나야 합니다. 두번째 친구는 가족과 친척입니다. 가족과 친척은 묘지까지는 따라가지만 그 이상은 따라가지 못합니다. 세번째 친구는 선행입니다. 선한 행위는 살아가는 동안 그다지 소중하게 여겨지지 않지만, 우리가 죽은 뒤에는 끝까지 동행합니다.

여러분! 여러분은 어떤 친구를 많이 가지고 있습니까? 재산이란 친구를 많이 갖기를 바랍니까? 가족이란 친구와만 놀지는 않습니까? 우리 모두 세번째 친구를 많이 갖도록 노력합시다. 선행이야 말로 영원한 친구입니다.

지금까지 '세 친구'에 대해 말씀드렸습니다.

세상에서 가장 아름다운 것

지금부터 '세상에서 가장 아름다운 것'에 대해 말씀드리겠습니다.

한 천사가 눈부신 아침 햇살을 받으며 하늘나라에서 이 세상으로 내려와 산책을 하고 있었습니다. 그는 자연과 예술의 다양한 광경을 보며 여기저기를 돌아다녔습니다. 그리고 해질 무렵 금빛 날개를 가다듬으며 중얼거렸습니다.

"나는 이제 곧 빛의 세계로 돌아가야 해. 여기 왔던 기념으로 무엇을 가져갈까?" 그리고 아름다운 꽃을 보며 생각했습니다.

'저 꽃들은 얼마나 아름답고 향기로운가? 저것들을 꺾어서 꽃다발을 만들자.'

꽃을 꺾어 들고 시골집을 지나가다가 작은 침대에 누운 아기의 미소를 보고는 이런 생각을 했습니다.

'저 아기의 미소는 이 꽃보다 아름답구나. 저것도 가져가야겠다.'

바로 그때, 아기에게 잘 자라고 키스하며 자신의 사랑을 샘물처럼 쏟아 붓는 헌신적인 어머니를 보았습니다.

'야! 이 어머니의 사랑이야말로 내가 이 세상에서 본 것 중 가장 아름다운 것이다. 이것도 가져가야겠다.'

이 세 가지의 아름다운 보물을 챙긴 천사는 하늘나라의 진주 색깔 문으로 들어가려다가, 문 앞에서 기념품들을 다시 점검해보았습니다. 그런데 놀랍게도 아름다운 꽃들은 이미 시들어버렸고, 아기의 미소 역시 찡그림으로 변해 있었으며, 오직 어머니의 사랑만이 본래의 아름다움과 향기를 그대로 지니고 있었습니다. 그는 시들은 꽃과 사라진 아기의 미소를 버리고 하늘 문으로 들어갔습니다.

그러자 그가 무엇을 가져왔는지 보기 위해 모여든 천사들이 환영의 박수를 치며 물었습니다.

"지상에서 무엇을 가져왔소?" 그는 다음과 같이 말했습니다.

"지상에서 가장 아름다운 것은 바로 어머니의 사랑입니다."

여러분! 그렇습니다. 이 세상에서 가장 아름다운 것은 어머니의 사랑입니다. 어머니의 사랑은 무한합니다. 그것은 어떤 조건이나 대가도 바라지 않는 희생적인 사랑입니다. 그래서 어머니는 위대한 정치가나 예술가, 어떠한 사업가나 과학자보다도 훨씬 중요한 존재입니다. 이런 어머니를 우리들은 어떻게 대하고 있습니까?

지금까지 '세상에서 가장 아름다운 것'에 대해 말씀드렸습니다.

세상을 움직이는 원동력

지금부터 '세상을 움직이는 원동력'에 대해 말씀드리겠습니다.

1901년 2월 어느 날, 늘씬하고 우아한 태도로 당시 26세이던 청년 윈스턴 처칠은 영국 하원에서 패기만만한 자세로 의원취임 연설을 하고 있었습니다. 그러나 연단에서 그가 받은 것은 끊임없는 야유와 비판, 굴욕적인 패배감뿐이 었습니다. 이 시절의 처칠은 선천적인 호방함과 자기주장이 지나쳐 하원에서 가장 미움받는 인물이었습니다.

"시골 태생의 시궁쥐!"

이것이 정적들이 지어준 젊은 날 처칠의 별명입니다.

그 후 영국이 히틀러의 공습으로 풍전등화와 같은 위기에 있을 때, 영국의 국왕 조지 6세는 처칠에게 새로운 내각을 구성하도록 요청했습니다. 이때 처 칠의 나이는 이미 65세였습니다.

이 기가 세고 완고한 노정치가는 지금까지의 인생에 있어서 전쟁의 비참함을 익히 알고 있었기 때문에 거짓 웃음을 짓는 것도, 장래에 대해 일시적인 모면책으로 맹목적인 낙관론을 펼 수도 없었습니다. 그래서 1940년 5월 일요일 밤, 동향의 친구들이 모인 자리에서 "피와 노력과 눈물과 땀 이외에 내가 제공할 수 있는 것은 없다"고 했습니다.

처칠의 이 한마디는 확실하게 현실을 간파한 말이었습니다. 치러야 할 전쟁에 대한 무서운 의욕과 사기가 넘쳤고, 비록 장비가 불충분해도 영국은 자신의 운명을 개척하겠다는 확신으로 가득 차 있었습니다.

독일의 맹공에 프랑스가 함락하자 처칠은 다시 말했습니다.

"우리는 해안에서 싸우고 지상에서 싸우고…… 산속에서도 싸울 생각입니다. 우리는 결코 항복하지 않습니다."

이 현실에 대한 인식과 강렬한 희망의 결속이 마침내 연합군에게 승리의 날을 가져왔던 것입니다.

여러분! 단순한 희망이나 젊은 패기만으로는 세상을 움직일 수 없습니다. 보다 냉철하게 현실을 보는 눈과 강렬한 희망을 가질 때 사람이 움직이고 세상이 움직이는 원동력이 되는 것입니다. 우리는 지금 자신 앞에 놓인 곤란한 문제를 어떤 눈으로 보고 있으며, 얼마만큼 강렬한 희망을 불 피우고 있습니까?

지금까지 '세상을 움직이는 원동력'에 대해 말씀드렸습니다.

세일즈맨의 윤리

지금부터 '세일즈맨의 윤리'에 대해 말씀드리겠습니다.

판매의 일화에는 재미있는 이야기가 많습니다. 언제부터인가 세일즈맨의 교육에 '에스키모에게도 냉장고를 팔 수 있다'는 말이 전해 옵니다. 세일즈맨의 적극적인 정신 자세를 위한 신화적인 교훈인 것입니다.

그런데 미국의 한 세일즈맨이 이 신화에 도전하고 나섰습니다.

'에스키모에게 냉장고를 판다는 것이 정말 가능할까?'

의문에 쌓인 세일즈맨은 비행기를 타고 멀리 얼음의 나라에 사는 에스키모를 찾아갔습니다. 그리고 순진한 에스키모를 꾀어, 생전 보지도 듣지도 못하던 냉장고라는 문명의 이기를 팔고 계약서에 사인까지 받아왔습니다. 그날부터 이 세일즈맨은 미국의 세일즈계에서 유명인사로 변했습니다. 신문, 잡지들이 그를 영웅처럼 대서특필했으며, 수많은 판매 회사에서 강의를 요청해왔습니다.

'나는 이렇게 팔았다!'라고 열변을 토하며 전국을 순회하기를 1년, 모든 범죄인의 심리가 그렇듯 돈도 많이 벌었고 유명해졌지만 자기한테 냉장고를 산 그 바보 같은 에스키모는 지금 무엇을 하고 있을까 궁금했습니다. 세일즈맨은 다시 비행기를 타고 에스키모를 만나러 갔습니다.

그런데 그 에스키모는 이상한 짓을 하고 있었습니다.

"오! 마침 잘 왔소. 당신네 나라 미국은 세계 제일의 부강국이오. 당신이 소속해 있는 회사 또한 신용 있는 회사요. 그리고 당신도 어디로 보나 신사임에 틀림없소. 그래서 난 당신의 나라와 회사, 당신의 말을 믿고 이 물건을 사지 않았겠소? 그런데 사용법을 잘 몰라서 그런지 내게는 아무 쓸모가 없더군요. 그래도 당신이 그 먼 곳에서 여기까지 와 권해줄 때는 무언가 내게 이익을 주려고 왔을 것 같아 용도를 연구한 결과 딱 한 군데 쓸 데가 있습다. 이곳 에스키모는 하도 추워서 냉장고 속이 오히려 따뜻해요. 그래서 지금 이렇게 발을 녹이고 있는 중이라오."

이 말을 들은 세일즈맨은 크게 반성을 했다고 합니다. 그리고 다시 미국을 돌며 세일즈맨의 윤리를 강의하고 있다고 합니다.

여러분! '파는 놈이 장땡'이라는 말처럼 봉이 김선달식의 장사꾼이 돈을 벌던 시대는 지나간 지 오랩니다. 상품을 팔기 전에 고객의 이익을 생각하는 세일즈맨이 되어야겠습니다. 모든 비즈니스는 이익의 교차입니다.

지금까지 '세일즈맨의 윤리'에 대해 말씀드렸습니다.

세일즈 성공의 비결

지금부터 '세일즈 성공의 비결'에 대해 말씀드리겠습니다.

여러분은 나폴레온 힐 박사가 쓴 〈생각하라! 그러면 부자가 되리라〉는 책을 읽어보셨습니까? 이 책은 지금까지 5천만 부 이상이 팔린 20세기 가장 위대한 성공학 고전으로 꼽히는 작품입니다.

이 책은 철강왕 앤드류 카네기가 추천한 507명을 직접 인터뷰하고 조사하면서 성공의 원리를 정리한 것으로, 수많은 성공 사례를 소개하고 있습니다. 그 가운데 재미있는 사건 하나를 말씀드리고자 합니다.

어느 유명한 화가에게 베테랑 세일즈맨들이 증권을 팔기 위해 접근했지만 번번이 거절당했습니다. 이 난공불락의 화가에게 신출내기 세일즈맨이 방문했습니다. 그는 그림에 열중인 화가의 옆에 묵묵히 서 있었습니다. 한참 후에야 방문객이 있다는 것을 눈치챈 화가는 어떻게 왔느냐고 물었습니다.

그러자 세일즈맨은 방해해서 죄송하다는 사과를 먼저 하고 말을 꺼냈는데,

그것은 화가가 그리고 있던 그림에 관한 이야기였습니다. 그는 그림을 좋아한다고 했으며 특히 지금 그리는 이 그림이 마음에 든다고 말했습니다. 거의 한 시간 동안 두 사람은 그림에 대해 말하다가, 화가는 세일즈맨에게 이름과 직업이 무엇이냐고 물었습니다.

그때 세일즈맨은 다음과 같이 대답했습니다.

"제 이름이나 직업에 대해서는 신경쓰지 마십시오. 저는 오직 당신의 그림과 당신에게 더 큰 관심이 있습니다."

이 말이 아름다운 음악처럼 들렸던지 화가의 얼굴은 기쁨의 미소로 빛났습니다. 점잖은 방문객의 사양에도 불구하고 화가는 다시 그가 방문한 목적을 물었습니다.

그때서야 세일즈맨은 자기소개를 하면서 무슨 일을 하고 있는지 설명했습니다. 화가는 세일즈맨의 말을 경청하고는 선뜻 엄청나게 큰 액수의 증권을 샀습니다.

여러분! 이것이 바로 세일즈의 비결입니다. 다른 세일즈맨들은 자기의 상품을 파는 데만 신경을 썼지만, 이 세일즈맨은 고객의 관심거리에 신경을 썼기 때문에 성공한 것입니다. 인간은 자기의 일에만 관심을 갖는 법이지만 상대에게 관심을 가지도록 노력합시다.

지금까지 '세일즈 성공의 비결'에 대해 말씀드렸습니다.

세일즈 챔피언의 신화

지금부터 '세일즈 챔피언의 신화'에 대해 말씀드리겠습니다.

레리 윌슨은 대학을 졸업하고 1년 동안 고등학교에서 교편을 잡았습니다. 그때의 월수입은 200달러. 그러나 아무리 아껴서 생활해도 지출은 210달러로 매달 10달러씩 적자가 누적되었습니다. 그래서 고민하던 어느 날, 보험업에 종사하는 삼촌이 보험 영업을 해보지 않겠느냐고 권유했습니다.

'내 적성에 안 맞아.' 마음속에서 그는 즉시 거부했지만 삼촌의 다음 말이 솔깃하게 만들었습니다.

"월 400달러는 보장될걸세."

최소한 10달러씩을 더 벌어야만 했는데, 400달러라니 자기 봉급의 두 배 아닙니까? 정신이 번쩍 났습니다. 그는 용기를 내 학교에 사표를 내고 판매직으로 직업을 바꿨습니다. 그리고 보험 영업을 해보니 스무 명을 만나야 한 명 정도가 보험에 가입했습니다.

그 당시 한 건을 계약해오면 100달러의 수당이 레리 윌슨에게 떨어졌습니다. 그래서 그는 '한 건만 하면 100달러를 번다'는 단순한 생각으로 손님한테 접근했다가 거절을 당하면 '100달러가 달아났다'고 섭섭한 마음을 가졌습니다. 그 마음이 손님한테도 느낌으로 전달되어 세일즈도 인간관계도 실패하게 만들었고, 거절을 당하면 당할수록 의욕도 상실하게 되었습니다.

여기에서 그는 관점을 전환하게 됩니다.

'20명의 손님을 만나야 1건이 계약되고 1건을 계약했을 때 100달러의 수당이 돌아온다면, 1건에 100달러가 아니라 20명에 100달러다. 그렇다면 1인당 평균 5달러다. 사지 않은 손님도 이미 5달러를 벌어준 셈이다.'

이 사실을 발견한 그는 세일즈의 태도를 180도 바꾸었습니다. 살 만한 사람을 찾아가 상품 설명을 하고 거절당하더라도 섭섭하게 생각지 않고, 마음속으로 '고마워요, 5달러' 하고 감사하는 마음을 갖기 시작했습니다.

이렇게 긍정적으로 생각하고 거절당한 손님에게까지 감사하는 마음을 표현하자, 판매 실적은 기적 같이 기하급수적으로 늘어나 5년 동안 세계 제일의 세일즈맨 신화를 창조하게 되었습니다.

여러분! 손님은 봉이 아니라 왕입니다. 손님을 위하고 손님에게 감사하는 마음가짐이야말로 세일즈맨의 기본 자세 아닐까요? 감사할 줄 아는 세일즈맨은 반드시 성공합니다. 우리 모두 감사 표현을 합시다.

지금까지 '세일즈 챔피언의 신화'에 대해 말씀드렸습니다.

소탐대실

지금부터 '소탐대실'에 대해 말씀드리겠습니다.

소탐대실이란 '작은 것을 탐하려다 큰 것을 잃는다'는 뜻입니다.

여러분 가운데 바둑을 좋아하는 분도 있을 겁니다. 기원에 가보면 바둑을 한참 두다가 다음과 같이 탄식하는 사람을 자주 볼 수 있습니다.

"아하, 이거 소탐을 하다 대실했구만!"

한정된 싸움에 얽매여 대세를 그르쳤다는 것을 뒤늦게 깨우친 것입니다. 게임인 바둑에서야 한판을 지면 다음 판에서 이길 수도 있지만, 인생 게임의 대부분은 한판 승부로 끝나는 경우가 많습니다.

언젠가 모 기업체에서 있었던 실화입니다.

한때 촉망받던 L 기업이 부실하게 되어 H 기업으로 넘어갔습니다. H 기업이 인수를 하고 난 후, 경영 진단을 해보니 허약해질 수밖에 없는 두 가지의 큰 요인이 발견되었습니다. 첫째는 사원들이 업무에 임하는 태도가 안일했으며, 둘째는 회계 장부상 미비점이 많았습니다.

그래서 H 기업은 경영의 합리화를 위해 L 기업 때부터 근무했던 사원들을 선별해 불량 사원을 제거하기로 결정했습니다. 그리고 먼저 경리부에 손을 댔는데 김 모 대리의 부정이 발견되었습니다. 액수는 크지 않았지만 하나 둘씩 가짜 도장을 만들어 공금을 살금살금 빼먹은 것입니다. 그래서 김 대리와 관계되는 모든 거래처와 장부를 추적했더니, 사취한 금액이 자그마치 억대였습니다.

H 기업은 그를 법정에 세우지 않는 대신, 그의 재산을 사취한 공금으로 변제받고 해고시켜버렸습니다. 김 대리는 하루아침에 알거지가 되어 아내와 아이들을 데리고 시골로 내려가야 했습니다. 곶감을 빼 먹듯 살금살금 공금을 유용한 그의 작은 재미가 쌓여서, 한 기업을 좀먹게 했고 결국은 자신의 인생까지 망친 것입니다.

여러분! 이 이야기가 어찌 김 대리에게만 국한하겠습니까? 우리도 자칫 남의 것을 탐내고 작은 욕망을 즐기다가, 자기의 가장 크고 소중한 것을 잃어버리는 경우가 있습니다. 소탐대실할 바에는 차라리 소실대탐하는 것이 바람직하지 않을까요? 우리 모두 잔재미에 만족하지 말고 보다 큰 목표를 달성하도록 노력합시다.

지금까지 '소탐대실'에 대해 말씀드렸습니다.

솔선수범

지금부터 '솔선수범'에 대해 말씀드리겠습니다.

영국의 속담에 '모범은 훈화보다 유효하다'고 했으며, 우리나라 속담에도 '윗물이 맑아야 아랫물도 맑다'고 했습니다. 그렇다면 모범을 보인다는 것은 과연 무엇일까요?

결핵요양소에 입원한 어느 사나이가 있었습니다. 이 사나이는 성질이 괴팍해서 1년 동안 누구와도 어울리지 않았습니다. 매일 침대에 누워서 창밖만 쳐다보던 그에게 어느 날 손님이 찾아왔습니다. 전도를 나온 교회 집사였습니다.

"예수를 믿으십시오. 평안과 기쁨이 옵니다."

"예수를 믿으라고요? 웃기지 마쇼. 난 피곤하니 빨리 나가요!"

너무나도 단호한 사나이의 태도에 집사는 머뭇거리다 돌아섰습니다. 그때 사나이가 집사를 불렀습니다.

"이봐요. 난 지금 추워서 죽을 지경이오. 당신이 입고 있는 옷을 내게 벗어

줄 수 있겠소?"

집사는 잠시 당황했으나 십자가에 못 박힌 예수님을 생각하고, 자기의 옷을 벗어 사나이에게 덮어주었습니다. 그리고 조용히 방을 나서려 했습니다. 그러자 사나이가 다시 말했습니다.

"이봐요! 베개가 너무 낮으니 그 성경책으로 내 머리를 좀 고여주겠소?"

세상에 성경을 베개로 삼다니 집사는 어이가 없었지만, 그가 원하는 대로 자기의 성경책을 고여주었습니다.

"이봐요! 이젠 너무 더워 죽겠소. 이 옷을 좀 걷어주겠소"

참으로 염치없는 사나이는 손가락 하나 까딱하지 않고 집사를 약 올리고 있었습니다. 집사도 인간인지라 화가 머리끝까지 났으나, 옷을 걷어 옷걸이에 걸고 말없이 나오려 했습니다. 그때 사나이는 다음과 같이 말했습니다.

"이봐요! 당신 같은 사람은 처음 봤소. 당신이 믿는 예수라면 나도 한번 믿어보겠소"

여러분! 남을 교화시키고 남에게 모범을 보인다는 것은 이만큼 어려운 일입니다. 자기는 제멋대로 행동하며 남들보고 잘하라는 위선자들이 우리 주위에는 너무도 많습니다. 솔선수범이야말로 리더십의 제일 조건 아닐까요?

지금까지 '솔선수범'에 대해 말씀드렸습니다.

수업료를 받는 기준

지금부터 '수업료를 받는 기준'에 대해 말씀드리겠습니다.

소크라테스는 수업료를 싸게 받거나 때로는 안 받고도 가르쳤다고 합니다. 한 젊은이가 수사학(修辭學)을 배우기 위해 소크라테스를 찾아갔습니다. 그는 선생에게 자신을 소개하는 데 너무나 장황하게 이야기를 늘어놓았습니다. 그러자 소크라테스는 젊은이에게 두 배의 수업료를 요구했습니다.

"왜 저에게만 그렇게 많은 수업료를 내라는 겁니까?"

"왜냐하면 나는 자네에게 두 가지 학문을 가르쳐야 하기 때문이지. 하나는 말을 어떻게 자제하느냐 하는 것이고, 다른 하나는 어떻게 말을 하느냐는 것이야. 첫번째 것이 더욱 어렵지. 하지만 자네는 이 첫번째 것에 초점을 맞춰 공부해야 하네. 그렇지 않으면 자네는 많은 고통과 함께 끊임없이 곤란을 당하게 될걸세."

소크라테스의 제자 아리스티포스는 스승보다 비싼 수업료를 받기로 소문이 나 있었습니다. 그래서 사람들은 그에게 야유를 퍼부었지만 그는 아랑곳하지 않았습니다. 어느 날, 한 제자가 그에게 물었습니다.

"선생님은 수업료를 싸게 받으실 수는 없습니까?"

"그건 좀 곤란한데." 아리스티포스는 한마디로 거절했습니다.

"어째서 곤란하단 말씀입니까?"

"나는 자네들에게 올바른 교육을 포기할 수 없으니까 말일세."

스승의 말을 이해 못한 제자가 다시 물었습니다.

"수업료를 싸게 하는 것과 올바른 교육을 포기하는 것과는 어떤 관계가 있습니까?"

그러자 아리스티포스는 점잖게 말했습니다.

"나는 사람들이 어떤 경우에 돈을 얼마만큼 써야 되는지 가르치고 있는걸세."

여러분! 세상에 공짜는 없듯 수업료도 당연한 대가입니다. 보석이나 옷, 술이나 담배 등 유형적인 물건을 사는 데는 돈을 아끼지 않으면서, 무형적인 지식을 사는 데는 인색한 사람이 많습니다. 현대는 지가(知價)의 시대입니다. 즉, 우리는 지혜의 가치가 각광받는 시대에 살고 있습니다. 남보다 앞서 가려면 새로운 지식의 습득에 인색하지 맙시다!

지금까지 '수업료를 받는 기준'에 대해 말씀드렸습니다.

Today's
speech
154

스승과 제자

지금부터 '스승과 제자'에 대해 말씀드리겠습니다.

여러분은 세계적인 피아니스트이며 작곡가였던 파데레프스키를 아십니까? 그는 음악가이면서도 폴란드 수상을 역임한 정치가로도 유명합니다.

그가 피아니스트로 한창 이름을 떨치고 있었던 시절의 일입니다.

어느 날 코네티컷의 작은 마을에 도착한 그는 모처럼 한가한 시간이라 산책을 하고 있었습니다. 그때 어디선가 피아노 소리가 들려왔습니다. 그 소리를 따라가 보니 다음과 같은 푯말이 붙어 있는 집 앞이었습니다.

'미스 존스, 피아노 강습 한 시간에 25센트.'

들려오는 곡명은 쇼팽의 야상곡 중 하나였는데, 그 교사의 연주 솜씨는 그리 뛰어나지 못했습니다. 파데레프스키가 문을 노크하자 여교사가 문을 나오다 거장을 알아보고는 깜짝 놀랐습니다.

"어머! 파데레프스키 선생님 아니세요? 정말 영광입니다."

그녀는 매우 반기면서 맞이했습니다. 파데레프스키는 피아노에 앉아서 자기의 방법대로 최선을 다해 야상곡을 연주했습니다. 곁에서 넋을 잃고 연주를 듣던 여교사는 비로소 그 곡의 진수를 터득했습니다. 그날 저녁 파데레프스키는 무명의 피아노 여교사에게 1시간 동안이나 교정을 해주었습니다.

"선생님, 그동안 무지했던 제가 부끄럽습니다. 이제 어떻게 연주해야 하는지 좀 알 것 같습니다. 감사합니다."

파데레프스키는 여교사의 감사를 받으며 기쁜 마음으로 그곳을 떠났습니다. 그리고 몇 개월 후 그 마을에 다시 갈 일이 생겼습니다. 그래서 미스 존스가 살고 있는 집 앞을 지나가는데, 문 앞의 푯말에는 다음과 같은 글이 써 있었습니다.

'미스 존스(파데레프스키의 제자), 피아노 강습 한 시간에 1달러.'

여러분! 스승과 제자는 학교교육에서만 만나는 것이 아닙니다. 또한 오랫동안 배워야만 학습이 되는 것도 아닙니다. 순간적 가르침이라도 깨우칠 수만 있다면 훌륭한 학습이며, 단 한 번의 가르침을 받았더라도 스승은 스승입니다. 그래서 '일일 사부 평생 스승'이란 말도 있습니다. 우리 모두 스승을 존경합시다.

지금까지 '스승과 제자'에 대해 말씀드렸습니다.

Today's
speech

155

스피치 공포

지금부터 '스피치 공포'에 대해 말씀드리겠습니다.

TV 쇼에 해병대 장군이 초대 손님으로 나왔습니다. 장군은 월남전에서 무공훈장을 받은 사람이었습니다. 방송 시작 직전에 PD가 무대 뒤로 가서 물었습니다.

"장군님, 준비되셨습니까?"

"아직 준비되지 않았소." 숨 막히는 목소리로 장군이 말했습니다.

"쇼는 5분 후에 시작됩니다. 아직도 준비가 되지 않다니요."

들릴락 말락 한 소리로 그는 반복했습니다.

"그래도 아직 준비되지 않았소." 그의 얼굴은 창백했습니다.

장군은 무시무시한 포탄의 세례와 기관총의 작렬하는 총성 속에서도 두려움이 없던 용감한 군인이었으나, 평화스런 방청인들을 직면한다는 심리에 꽁꽁 얼어붙었던 것입니다.

스피치 공포, 특히 연단 공포는 매우 뛰어난 연설가조차 괴롭힐 때가 있습니다. 가장 일반적 증상으로는 두근거리는 심장, 불안, 초조, 떨림, 식은땀, 가쁜 호흡 등입니다. 이 연단 공포의 스트레스는 종종 성대를 바싹 조이고 목을 메게 하며, 듣기 좋은 말투를 기분 나쁜 말투로 만들기도 합니다.

심리학자들은 연단 공포는 시합을 하기 전에 몸을 풀며 '싸울 것이냐 도망갈 것이냐?' 하는 것 같은 인간의 오래된 반응 중 하나라고 말합니다. 선사시대 인간이 멧돼지를 만나면 창으로 죽이거나 창을 버리고 도망가거나 하는 마음이라는 것입니다.

오늘날의 모험은 대개 실제적인 것보다 생각이나 마음에 달려 있습니다. 우리는 청중을 사로잡으려고 창을 들고 싶지 않아 합니다. 그러나 문제는 과거나 지금이나 같은 맥락입니다. 후퇴냐 전진이냐. 우리의 두려움을 조정하는 방법은 많습니다. 이들 중 몇 가지만 이용해도 성공할 수 있습니다.

첫째, 준비를 철저히 하십시오! 둘째, 두려움을 멀리 두고 오십시오! 셋째, 심호흡을 하십시오! 넷째, 제스처를 사용하십시오! 다섯째, 완벽하려고 하지 마십시오!

여러분! 연단 공포는 정도의 차이가 있을 뿐 누구에게나 있습니다. 너무 두려워하지 말고 용기를 내 준비한대로 차근차근 말하십시오. 스피치를 자주 하다보면 공포심도 차츰 사라집니다. 스피치는 훈련의 결과입니다.

지금까지 '스피치 공포'에 대해 말씀드렸습니다.

Today's speech

156

스피치의 힘

지금부터 '스피치의 힘'에 대해 말씀드리겠습니다.

1990년 여름, 필리핀 마카타의 한 특급 호텔. 한국의 교육자, 언론인, 사업가 등 20여 명의 관광객이 모인 자리에서 30대 중반쯤 되어 보이는 자그마한 체구의 여성이 필리핀 정부 대표로 나서 간단한 스피치를 했습니다.

무역산업부 차관보인 그녀는 자신의 아버지가 필리핀의 마카파갈 대통령이었다고 소개하면서, 다음과 같은 질문을 했습니다.

"한국이 가장 어려웠던 시절이 어느 때인지 기억나십니까?"

그녀는 다음과 같이 스피치를 이어나갔습니다.

"6.25전쟁 때, 우리 필리핀의 군대가 한국 전선에서 피 흘려가며 싸웠습니다. 경기도 어느 곳인가 600명이 넘는 전사자의 전몰기념비가 지금도 서 있을 것입니다. 우리가 목숨 바쳐가며 도와준 한국이 경제 발전을 해 선진 대열로 달리는 것을 보니, 무척 고맙고 자랑스럽고 한편으로는 부럽습니다.

여러분이 잘 아시다시피 우리 필리핀은 지금 몹시 어려운 상황에 있습니다. 이제는 한국이 필리핀을 도울 차례입니다. 그렇다고 목숨 바쳐가며 한국을 도왔다고 한국인의 목숨을 요구하는 것은 아닙니다. 한국인의 뛰어난 기술과 자금으로 이 땅에 합작으로 공장 건설을 해주신다면 우리 정부는 적극 후원하겠습니다. 이 나라는 아직 무역 장벽도 없고 인건비나 물가도 쌉니다. 도와주십시오."

그녀의 말에 가슴 뭉클하게 국력을 실감한 일행은 한국인임을 자랑스럽게 느꼈고, 또 한편으로는 경제적으로 조금 우위에 있다고 으스댄 것에 미안한 마음도 들었습니다. 그로부터 6년 후, 그녀는 필리핀 선거 역사상 최다 득표인 1,600만 표를 얻고 상원의원으로 당선되었고, '아시아에서 가장 영향력 있는 여성'으로 불렸으며 필리핀의 대통령이 되었습니다.

그녀의 이름은 글로리아 아로요. 성공 비결은 필리핀 국민에게 비전을 제시하고 설득하는 훌륭한 스피치의 힘이었다고 합니다.

여러분! 우리나라 속담에 '말 한마디가 천 냥 빚을 갚는다'는 말이 있고, '지도자의 말 한마디가 천하를 움직인다'는 서양의 속담도 있습니다. 우리 모두 스피치를 연마해 대중에게 존경받는 사람이 되도록 노력합니다.

지금까지 '스피치의 힘'에 대해 말씀드렸습니다.

승리자의 비결

지금부터 '승리자의 비결'에 대해 말씀드리겠습니다.

코닥사의 창시자인 조지 이스트만은 뉴욕 주에서 태어났습니다. 그는 거듭되는 고난에 물러서지 않고 맞서 샐러리맨에서 사업가로 승리한 인물입니다. 여덟 살 때, 평범한 소년으로 자라던 이스트만에게 시련이 닥쳤습니다. 뉴욕 주 로체스타에 최초의 대학을 설립했을 정도의 명사였던 아버지가 갑자기 세상을 떠난 것입니다. 가장을 잃고 형편이 어려워지자 이스트만은 열네 살에 학교를 그만두고 일하러 나가게 됩니다.

그러나 기껏해야 소년이었기에 주급 3달러를 받는 보험회사의 급사로 들어갔습니다. 그는 가계를 돕는 한편 꾸준히 저금을 하며 밤에는 회계학 공부를 했습니다. 가난해서 학교에도 갈 수 없는 현실을 인정하면서도 거기서 도피하지 않고 '어떻게 하면 최선을 다해 살아갈 수 있을까' 생각하며 전력투구했습니다.

그런 생활을 5년이나 계속한 이스트만은 마침내 스무 살 때, 어느 은행의 서기로 연 수입 800달러라는 고액의 급료로 스카우트되었습니다. 생활에 여유가 좀 생기자 그는 사진에 흥미를 갖게 되었습니다. 그러나 당시의 사진 촬영은 산더미 같은 기재를 필요로 했기 때문에 여간 불편한 것이 아니었습니다.

'어떻게 하면 좀 더 간편하게 만들 수 있을까?'

이것이 이스트만의 관심이었습니다. 그래서 그는 은행 일이 끝나면 사진에 관한 책을 읽고 실험을 계속했습니다. 낮에는 샐러리맨 생활을 하면서 밤마다 연구하고 실험을 한다는 것은 무척 힘든 작업이었습니다.

고진감래라고 이스트만은 마침내 건판(乾板) 제조의 획기적인 발명을 해 특허를 얻습니다. 특허는 얻었지만 아직 장래에 대한 보장은 없었습니다. 안정된 직장인 은행을 그만두고 보장 없는 사진 사업에 뛰어들어야 하는지를 고민하던 이스트만은 중대한 결단을 내렸습니다.

그로부터 꼬박 9년 동안 연구에 연구를 거듭한 결과, 1890년에 접는 코닥 카메라를 완성시켰습니다. 카메라는 계속 팔려서 10년 후인 1900년에는 대량생산에 들어가 이스트만은 대부호가 되었습니다.

여러분! 무사안일주의로는 큰 성공을 할 수 없습니다. 승리는 어려운 싸움 뒤에 오는 것입니다. 자기의 목표에 대한 갈망이 큰 힘을 발휘하게 만듭니다. 돌이킬 수 없고, 승리가 아니면 패배밖에 없다는 마음가짐으로 전력투구합시다.

지금까지 '승리자의 비결'에 대해 말씀드렸습니다.

시간을 잘 쓰는 사람

지금부터 '시간을 잘 쓰는 사람'에 대해 말씀드리겠습니다.

이탈리아의 조각가 미켈란젤로는 살아 있는 동안은 물론 현대에 이르기까지 가장 위대한 예술가 중 한 명으로 추앙받고 있습니다. 수많은 그의 그림, 조각, 건축 작품들 중 대표적인 것은 바티칸에 있는 시스티나 예배당의 천장화입니다.

그러나 미켈란젤로는 언제나 스스로를 조각가라고 여기며 이를 긍지로 삼았습니다. 실제로 그는 평생 대리석 조각에 몰두했고, 단지 일정 기간만 다른 분야의 예술 작업을 했습니다.

어느 날 미켈란젤로는 베네치아의 한 귀족으로부터 흉상을 제작해달라는 의뢰를 받았습니다. 그날부터 미켈란젤로는 거의 하루 종일을 흉상을 만드는 데 혼신을 쏟아 부었습니다. 빵 한 조각과 한 잔의 와인만이 그의 허기와 피로를 풀어주었습니다. 잠자리에 들어서도 그의 생각은 온통 흉상에 대한 것뿐이었습니다. 어떤 날은 밤중에 벌떡 일어나 일을 하기도 했으며, 어두우면 촛불을 켜고 그 아래에서 정성스레 끌을 움직이며 서서히 흉상을 완성시켜나갔습니다. 미켈란젤로의 이러한 작업 습관은 오래전부터 몸에 배어 온 것이었습니다.

미켈란젤로는 열흘 만에 귀족으로부터 의뢰받은 흉상을 완성할 수 있었습니다. 그리고 귀족에게 작품 대금으로 금화 50개를 청구했습니다. 그러자 귀족은 얼굴을 찌푸리며 부당하다는 듯 불평을 늘어놓았습니다.

"겨우 10일 동안에 만든 작품치고는 너무 비싸지 않소?"

그러자 미켈란젤로는 귀족을 똑바로 쳐다보며 말했습니다.

"흉상을 10일 만에 만들어낸 데에는 내가 30년 동안 조각에 바쳐온 노력이 있었기 때문이오."

여러분! 그렇습니다. 우리는 나이 먹는 것은 자각하면서도, 시간의 흐름은 무심히 넘기는 경향이 많습니다. 시간을 잘 쓰는 사람은 성공하지만 시간을 낭비하는 사람은 성공하지 못합니다. 한 번 흘러가면 다시는 되돌릴 수 없는 시간, 최선을 다해 살아가는 알뜰한 사람이 됩시다.

지금까지 '시간을 잘 쓰는 사람'에 대해 말씀드렸습니다.

시간 의식

지금부터 '시간 의식'에 대해 말씀드리겠습니다.

제너럴 푸즈(GF)라고 하면 모르는 사람도 있겠지만 '맥스웰 커피'라고 하면 대부분 '아아, 그것' 하고 고개를 끄덕일 것입니다. 이 GF를 급속히 성장시켜 오늘날 세계적인 회사로 기반을 쌓아올린 사람이 찰스 G. 모티머입니다.

그는 1928년 GF에 입사 후 마케팅 관계 일을 담당해 홍보부장이 되고 이사를 거쳐 1954년에 사장이 되었고, 1959년에 회장이 되어 11년 동안 GF의 경영을 맡았습니다. 이 11년 동안 GF는 눈부신 발전을 이뤄 매상고는 두 배, 순이익은 세 배를 상회하는 성장을 실현했습니다.

그의 닉네임은 '기한남(期限男)'으로 모든 문제에 있어서 시간을 중요시하는 태도를 빗대 만들어진 것이었습니다. 시간을 중요시하는 사고 속에서 식품 산업은 가정주부에게 '편리함과 시간'을 파는 산업이라는 인식을 얻게 되었습니다. 인스턴트 식품이라는 형태의 상품화가 모티머에 의해 창출되어, 이것을 최초로 기업화한 기업이 바로 GF입니다. 그는 사장에 취임하자마자 중역 전원을 모아놓고 하루 종일 경영회의를 했습니다. 그리고 시간의 의식이 산업 발전에 가장 중요하다는 것을 주지시키면서 다음과 같이 말했습니다.

"내가 사장에 취임한 바에는 발전시킬 수 있다고 믿는 극한까지 회사를 발전시킬 계획입니다. 이 회사의 대발전 계획의 열쇠는 한마디로 요약할 수 있습니다. 그것은 '언제까지'입니다. 즉, 언제까지 이 일을 할 수 있는가? 나는 이제부터 여러분에게 '언제까지? 언제까지?' 하고 계속 묻고 답을 구할 것입니다. 이것을 GF사의 '언제까지 경영'이라고 불러도 좋습니다. 유능한 경쟁상대가 우리 회사에 도전해올 때, 그들과 경쟁해 앞지르기 위해서는 잠시라도 시간을 늦출 여유가 없습니다. 언제까지 앞지르겠다고 결심하고 실행하지 않으면 안 됩니다."

이제껏 '언제까지'라는 평범한 말이, 회사의 대발전 계획을 좌우하는 열쇠라는 것은 그 누구도 생각하지 못했던 것입니다. 그러나 모티머는 이 한마디에 숨은 중요한 의미를 깊이 인식하고, 일부러 그것에 구애되어 실제로 대발전 계획을 완수했던 것입니다.

여러분! 인간사는 시간과의 싸움이며 그 시간은 유한합니다. 주어진 시간 안에 남보다 빨리 계획을 세우고 실천해 목표를 달성하는 사람이 성공자가 됩니다. 우리 모두 '언제까지 꼭 하겠다'는 시간 의식을 가집시다.

지금까지 '시간 의식'에 대해 말씀드렸습니다.

Today's
speech
160

시간의 소중함

지금부터 '시간의 소중함'에 대해 말씀드리겠습니다.

코카콜라 회사의 더글러스 테프트 전(前) 회장은 시간의 중요성을 일깨워 주기 위해 다음과 같이 말했습니다.

"1년의 소중함을 알고 싶으면 입학시험에 떨어진 학생들에게 물어보십시오. 1년이라는 시간이 얼마나 짧은지 알게 될 것입니다.

1달의 소중함을 알고 싶으면 미숙아를 낳은 산모에게 물어보십시오. 1달이라는 시간이 얼마나 힘든 시간인지 알게 될 것입니다.

1주의 소중함을 알고 싶으면 주간지 편집장에게 물어보십시오. 1주라는 시간이 쉴 새 없이 돌아간다는 것을 알게 될 것입니다.

1일의 소중함을 알고 싶으면 아이가 다섯 딸린 일용직 근로자에게 물어보십시오. 1일이라는 시간이 정말 소중한 시간이라는 것을 알게 될 것입니다.

1시간의 소중함을 알고 싶으면 약속 장소에서 애인을 기다리는 사람에게 물어보십시오. 1시간이라는 시간이 정말로 길다는 것을 알게 될 것입니다.

1분의 소중함을 알고 싶으면 기차를 놓친 사람에게 물어보십시오. 1분이라는 시간이 얼마나 소중한지 알게 될 것입니다.

1초의 소중함을 알고 싶으면 간신히 교통사고를 모면한 사람에게 물어보십시오. 1초라는 그 짧은 시간이 운명을 가를 수 있는 시간이라는 것을 알게 될 것입니다."

28세의 직장 여성이 지하철역에서 기차를 기다리다 현기증으로 철길에 떨어지고 말았습니다. 그걸 보고 있던 수많은 사람 중 43세의 중년 신사가 곧바로 그 여성을 구하기 위해 철길로 뛰어내려 비상 공간으로 몸을 피하는 순간 기차가 달려들었습니다. 불과 3초, 그 짧은 시간에 한 생명을 구한 것입니다.

여러분! 긴 시간만 쓸모 있는 것이 아닙니다. 단 3초에도 한 생명을 구할 수 있다는 사실을 직시한다면 우리가 무심코 허비하는 이 시간들이 얼마나 소중하게 쓰여질 수 있을지 알 수 있을 것입니다. 시간은 흘러가면 다시는 돌아오지 않습니다. 흘러가 버리는 시간들을 소중히 생각하고 알뜰히 사용한다면 누구보다도 멋진 인생, 훌륭한 삶을 살 수 있을 것입니다. 우리 모두 시간의 중요함을 깨닫고 후회 없는 삶을 살아갑시다.

지금까지 '시간의 소중함'에 대해 말씀드렸습니다.

시간의 에티켓

지금부터 '시간의 에티켓'에 대해 말씀드리겠습니다.

영국의 군인이며 정치가인 웰링턴이 고급 관리와 런던 다리 근처에서 만나기로 약속했습니다. 웰링턴은 미리 와서 기다리고 있는데 관리가 조금 늦게 나타났습니다.

"5분이나 지각이군."

그는 시계를 보면서 매우 불쾌한 듯 말했습니다.

"그렇지만 불과 5분인데요, 각하."

"불과 5분이라고? 그 시간 때문에 우리 군대가 패배를 당한다면?"

다음번 약속 시간에는 그 관리가 미리 가서 기다렸습니다. 웰링턴 공작은 정각에 나타났습니다.

"각하, 제가 5분 먼저 왔습니다."

그러자 웰링턴 공작은 찡그린 얼굴로 말했습니다.

"자네는 시간의 가치를 모르는군. 5분씩이나 낭비를 하다니 아깝기 짝이 없는 일이야."

이 에피소드는 시간의 중요성을 일깨우는 너무나 유명한 이야깁니다만 우리 주위에는 시간의 에티켓을 모르는 사람들이 의외로 많습니다.

미국에서는 개인의 집에 전화를 거는 텔레폰 타임이 상식화되어 있습니다. 그 시간대는 아침 아홉시부터 밤 아홉시까지입니다. 그런데 우리나라에서는 새벽이고 자정이고 가리지 않고, 마구 전화를 해 실례를 범하는 사람들이 있는가 하면, 인간관계나 비즈니스에 있어서도 시간의 에티켓을 모르는 사람들이 많습니다. 그래서 현대인이 꼭 지켜야 할 '일곱 가지 시간의 에티켓'을 소개하겠습니다.

첫째, 여성과 만나기로 약속한 경우 남성은 절대 늦지 말아야 합니다. 둘째, 연장자와 만나기로 약속한 경우 연하자는 시간을 절대 엄수해야 합니다. 셋째, 손님을 맞이할 경우 주인은 정각까지 준비를 확실하게 해두어야 합니다. 넷째, 지위가 높은 사람이 참석하는 경우 낮은 사람이 먼저 가서 기다려야 합니다. 다섯째, 연극이나 음악회 등에 초대된 경우 초대받은 사람이 먼저 도착해야 합니다. 여섯째, 비즈니스의 약속은 쌍방이 절대 늦어서는 안 됩니다. 일곱째, 결혼식이나 장례식, 파티 등에는 정각 10분 전에 도착해야 합니다.

여러분! 여러분은 시간 관리를 어떻게 하고 있습니까? '시간은 돈'이라는 말도 있지만, 현대인에게 있어서 시간 약속은 인격의 척도이며 비즈니스의 관건입니다. 우리 모두 시간의 에티켓을 지키도록 노력합시다.

지금까지 '시간의 에티켓'에 대해 말씀드렸습니다.

시간의 활용

지금부터 '시간의 활용'에 대해 말씀드리겠습니다.

아인슈타인의 생각 가운데 '시계역설$^{Clock\ Paradox}$'이라는 논쟁만큼 물리학자들을 매료시킨 것은 없을 것입니다. 이 역설은 시간은 쉬고 있는 대상보다 움직이는 대상에게 더욱 천천히 흘러간다는 가정에 기초한 것입니다. 만일 아인슈타인이 옳다면, 멀고먼 별을 향해 아주 빠른 속도 여행하는 우주인은 지구에 남아 있는 그의 쌍둥이 형제보다 그 여행 동안 나이를 덜 먹게 될 것입니다. 즉, 우주인이 우주여행을 마치고 귀환할 때 그의 쌍둥이보다 실제로 나이가 젊다는 것입니다. 그러나 아직까지 아인슈타인의 상대성원리를 입증할 정도로 기술적인 진보는 하지 못하는 상태입니다.

에디슨이 디트로이트에서 노선 사이를 오가는 열차에서 신문을 팔 때였습니다. 그때 대부분의 사람들은 스포츠나 영화 구경 같은 것을 찾으며 여가시간을 보냈습니다. 그러나 에디슨은 시간만 나면 도서관으로 달려갔으며,

더 많은 지식과 교훈을 얻기 위해 책과 함께 시간을 보냈습니다. 그 결과 위대한 발명왕이 되었습니다.

만약 매일 아침 어떤 은행에서 당신에게 86,400달러를 빌려준다고 생각해보십시오. 매일 돈을 빌려주는데도 불구하고 쓰지 않아서 할당된 돈의 가치를 잃을 사람은 없을 것입니다. 대부분 부지런히 1센트까지 다 꺼내 쓸 것입니다. 위와 같이 우리들 삶에도 거래되는 은행이 있습니다. 그것은 바로 '시간'이라는 은행입니다. 그 은행에서는 매일 아침 당신에게 86,400초를 빌려줍니다.

하루하루 시간이라는 은행은 당신과 새로운 계약을 맺고, 매일 밤 회계한 후 남은 시간을 폐기시킵니다. 만약 당신이 그날의 예금을 찾아 쓰지 못한다면 그것은 엄청난 손해가 됩니다.

여러분! 인생은 시간의 연속이며 하루 24시간은 누구에게나 공평하게 주어진 자본입니다. 우리는 그동안 이 시간이란 귀중한 자본을 어떻게 사용해왔습니까? 또 앞으로 어떻게 사용해야 효과적일까요? 인생의 성공과 실패는 시간 활용에 달려 있습니다. 주어진 시간을 잘 활용합시다.

지금까지 '시간의 활용'에 대해 말씀드렸습니다.

시기심

지금부터 '시기심'에 대해 말씀드리겠습니다.

　중국 전국시대 때 발해 출신 진월인(秦越人)을 조나라 사람들은 '편작(扁鵲, 중국 고대의 전설적인 명의)'이라고 불렀습니다. 그는 각지를 돌며 많은 사람의 병을 고쳤는데 진맥에 뛰어났고 침술과 뜸, 탕약 등으로 병을 고쳤습니다. 지나가는 사람의 얼굴색이나 말소리만 듣고도 병이 든 곳을 정확히 알아냈습니다.

　장상군(長桑君)이라는 은자로부터 병자를 진찰하는 투시력을 얻고, 침술이며 약품을 조제하는 비법을 전수받아 기적같이 의술을 행했다는 것입니다. '편작은 죽은 사람도 살려낸다'는 소문이 있을 정도로 전설적인 인물이었습니다.

　어느 해 곽(郭) 나라를 방문했을 때, 태자가 갑자기 죽어 온 나라 사람들이 슬픔에 잠겨 있었습니다. 편작은 궁중 사람을 통해서 태자의 병을 고쳐보겠다고 제의했습니다. 그러자 임금이 의아해하며 반문했습니다.

　"아무리 명의라지만 이미 죽은 사람을 어떻게 고치려 한단 말인가?"

"제가 들어보니 태자는 아직 죽지 않았을 것입니다. 빨리 가서 확인해보십시오. 귀는 아직 울리고 있고 코도 움직일 것이며 허벅다리에 아직 따뜻한 기운이 남아 있을 것입니다."

편작의 말을 듣고 임금이 즉각 확인해보니 과연 그의 말과 같았습니다. 편작이 태자의 몸에 몇 차례 침을 놓자 곧바로 살아났습니다. 양쪽 갈비 밑에 찜질을 하자 몸을 일으켜 앉을 수 있었고, 약을 달여 먹이자 완전히 건강을 회복했습니다. 임금과 모든 신하들이 편작을 '기사회생의 신의(神醫)'라고 칭찬했으나 편작은 겸손하게 말했습니다.

"만약 사람이 정말 죽었다면 저로서도 살릴 수 없었을 것입니다. 저는 태자의 병세가 일시적인 인사불성 상태에 빠졌음을 알고 있었기에, 살길을 찾고 있던 태자의 생명에 손을 빌려드린 것뿐입니다."

당시 진나라의 이혜(李醯)라는 궁중의원이, 편작의 명성이 자자하자 자신의 지위가 위험해질 것을 우려해 자객을 보내 편작을 죽였습니다.

여러분! 재능이 너무 출중해도 주위 사람의 시기와 질투를 받습니다. 시기심처럼 남을 망치는 것도 없습니다. 타인의 시기심을 조심합시다.

지금까지 '시기심'에 대해 말씀드렸습니다.

시련의 극복

지금부터 '시련의 극복'에 대해 말씀드리겠습니다.

세계적으로 유명한 잡지 〈가이드포스트^{Guideposts}〉의 초창기에 있었던 이야기입니다. 가이드포스트 사무실에 불이 나 구독자의 주소를 비롯한 모든 것이 타버렸습니다. 이때 노먼 빈센트 필 목사는 임직원들을 모아놓고 다음과 같이 말했습니다.

"우리에게 신념이 있다면 어떤 일도 불가능하지 않다고 생각합니다."

이 재난으로 모든 경영진과 직원이 더욱 더 결속해 큰 발전을 하는 계기가 되었습니다. 호사다마라고 할까요? 사업이 잘되자 〈가이드포스트〉는 판형을 바꾸고 4페이지에서 8페이지로 늘렸으며 매월 발행했습니다. 이렇게 잡지는 좋아졌지만 10개월 후에는 큰 적자를 보게 되어 인쇄공들의 월급도 못 주게 되었습니다. 화가 난 인쇄공들이 임금을 주지 않으면 일을 하지 않겠다고 파업 직전에 돌입했습니다.

이때 더크라는 한 여성이 투자하겠다고 나섰습니다. 그녀는 필 목사를 중심으로 10여 명의 간부들을 모아놓고, 약 한 시간동안 회사의 문제점과 그 해결 방법에 대해서 토의했습니다.

더크 부인은 모든 직원들이 생각하고 있는 회사 발전의 방안에 대해서 15분간 생각한 뒤에 한 사람씩 발표하자고 제안했습니다. 그래서 15분 후에 각자가 생각해낸 것들을 발표했는데, 대부분이 자금 조달에 관한 것이었습니다. 다 듣고 난 더크 부인은 다음과 같이 말했습니다.

"여러분의 가장 큰 문제는 '……가 없다'는 것만 생각하고 있다는 것입니다. 즉, 부정적인 생각만 하고 있어요. 그 생각이 바뀌지 않는 한 〈가이드포스트〉의 장래에는 희망이 없습니다. 이 잡지는 좋은 잡지이므로 기다리는 사람이 많습니다. 그런데 여러분은 현재 하고 있는 일에 자신감이 없습니다."

더크 부인의 말은 모두에게 자극을 주었습니다. 부인이 돈을 융자해줄 것을 기대하고 있다가, 뜻밖의 충고까지 듣자 큰 충격을 받았으며 심기일전해 오늘날 세계적으로 유명한 〈가이드포스트〉가 되었다고 합니다.

여러분! 어떤 일이 성공하기까지는 크고 작은 시련이 있게 마련입니다. 그러나 시련은 반드시 극복할 수 있습니다. 시련이란 '시'험하고 단'련'한다는 뜻 아닙니까? 우리 모두 할 수 있다는 적극적인 신념을 가집시다.

지금까지 '시련의 극복'에 대해 말씀드렸습니다.

시민 의식

지금부터 '시민 의식'에 대해 말씀드리겠습니다.

고대 철학자 아우구스티누스는 "이 세상 어느 것 하나도 나와 관계없는 것은 없다. 인류의 문제도 나의 일이며 도덕의 문제도 나의 일이다. 순전히 제 한 몸 제 일만 생각하는 에고이스트는 부끄러워하라"고 했습니다.

영국에서 탄광 노조 파업이 한창일 때의 일입니다. 탄광에서 파업을 하는 관계로 화력발전소의 발전량이 다른 때보다 턱없이 줄었기 때문에, 전기가 많이 소비되는 시간이면 런던 시내는 이따금 전깃불이 나가고는 했습니다. 그래서 영국 사람들은 집집마다 미리 촛불을 준비해 놓고 갑작스럽게 시작되는 정전에 대비했습니다.

시내의 각 호텔에서도 마찬가지였습니다. 밤마다 초를 준비해 정전이 되더라도 투숙객들이 당황하지 않고, 바로 불을 켤 수 있도록 만반의 준비를 했습니다.

어느 날 저녁, 시내의 한 호텔에 묵고 있던 외국인 여행객이 외출에서 돌아오는 길이었습니다. 자신이 묵고 있는 호텔에 거의 도착했을 때쯤, 그는 차 안에서 우연히 호텔 건물을 올려다보았습니다. 꼭대기가 작은 상자처럼 보이는 호텔은 캄캄한 밤하늘을 향해 우뚝 서 있었습니다. 그러다 문득 여행객은 이상한 생각이 들어 차의 창을 열고 호텔 주위를 자세히 둘러보았습니다. 그는 그 호텔뿐 아니라 주위에 있는 대부분의 창문 불빛이 모두 희미하다는 것을 알았습니다.

'정전인가?' 고개를 갸우뚱거리면서 호텔 안으로 들어선 그는 입구에 서 있는 직원에게 그 이유를 물었습니다. 그러자 직원은 당연한 걸 묻느냐는 표정으로 웃으면서 대답했습니다.

"전깃불이 환하게 켜 있는 방은 아마 대부분 외국 손님의 방일 겁니다. 우리 영국 사람들은 이 시간쯤이면 전력이 부족하다는 걸 알고 있기 때문에 전기가 들어오더라도 촛불을 켜고 있을 테니까요."

여러분! 우리나라는 자원이 풍부하지 못합니다. 산업화가 가속화 되면서 풍족한 것에 익숙해져 낭비하는 물, 기름, 에너지가 얼마나 많습니까? 그리고 나만 생각하는 이기주의가 팽배하고 있습니다. 공공의 이익을 위하는 시민 의식이야 말로 선진국으로 들어가는 관문 아닐까요? 우리 모두 에너지를 절약합시다.

지금까지 '시민 의식'에 대해 말씀드렸습니다.

신망을 얻는 법

지금부터 '신망을 얻는 법'에 대해 말씀드리겠습니다.

프랭클린 루스벨트는 탁월한 지도력으로 미국이 대공황에 처했을 때 뉴딜 정책을 단행해 이를 극복하고, 제2차 세계대전 때 연합국을 승리로 이끌었으며, 이례적으로 4선까지 대통령에 당선된 위대한 정치가입니다.

그가 어린 시절, 친구와 함께 험한 산골에 갔을 때의 이야기입니다. 무성한 버드나무 숲을 지나는데 먼저 가던 친구가 "아얏!" 하고 비명을 지르며 쓰러졌습니다. 루스벨트는 눈이 휘둥그레져 쫓아갔습니다. 친구는 발목을 만지며 신음 소리를 냈고 발목에서는 빨간 피가 흘렀습니다. 겉으로 보기에 큰 상처 같지는 않았습니다. 그러나 친구는 무척 아픈지 얼굴빛이 노랗게 변했습니다.

"어떻게 된 거야?" 하고 물었더니 뱀한테 물렸다는 것입니다.

루스벨트는 들은 이야기가 있어서 허리띠를 풀어 다리를 꽉 동여맨 뒤 입으로 상처 부위를 빨고, 친구를 업어 병원으로 달려갔습니다. 그리고 친구의 부모님께 알렸습니다. 부모님이 병원으로 와서 보니 아들은 발목이 퉁퉁 부운 채 침대에 누워 있었습니다.

의사는 정성을 다해 치료를 했습니다. 열흘이 지나자 부기도 빠졌고 상처도 거의 다 나았습니다. 부모가 의사에게 고맙다고 인사를 하자 의사는 다음과 같이 말했습니다.

"안심하십시오. 이제는 괜찮습니다. 사실 치료만 해서 나은 것이 아닙니다. 뱀에게 물렸을 때 루스벨트가 즉시 독을 입으로 빨아냈기 때문에 살아난 것이지 그렇지 않았으면 죽었을 것입니다."

'나는 죽어도 친구는 살린다'는 어린 시절의 이 마음은 루스벨트가 청년이 되어서도 남아 있어, 그는 자신의 몸을 아끼지 않고 남을 돌보며 이름을 널리 알렸습니다. 한때 소아마비로 정계를 은퇴했으나 주위 사람의 도움으로 주지사가 되고 마침내 대통령까지 되었습니다.

여러분! 세상에 사랑받는 독불장군은 없습니다. 주위 사람의 신망을 얻는 사람이 성공합니다. 그렇다면 어떻게 해야 신망을 얻을 수 있겠습니까? 한마디로 남에게 먼저 덕을 베풀어야 합니다.

지금까지 '신망을 얻는 법'에 대해 말씀드렸습니다.

신용의 척도

지금부터 '신용의 척도'에 대해 말씀드리겠습니다.

현대 사회는 신용 사회입니다. 사람에게 신용을 얻지 못하면 어떤 일도 성공할 수 없습니다. 어떤 경우에 신용을 잃고 또 어떤 경우에 신용은 얻을 수 있는지 알아보겠습니다.

어느 심리학자가 이혼하려는 사람들에게 그 원인을 여러 가지로 조사했습니다. 그랬더니 확실하게 성격이 마음에 들지 않는다던가, 애정이 없다는 등의 절대적인 이유를 든 사람은 적었습니다. 이혼 사유의 대부분이 치약을 쓴 후에 뚜껑을 닫지 않는 것이 마음에 들지 않는다던가, 식사 중에 신문을 읽는다던가, 담뱃재를 귤껍질 속에 버린다던가 하는 사소한 것들이 쌓이고 쌓여서 남편에게 불만을 느끼고 마침내 이혼하고 싶다고 느끼게 하는 것이었습니다. 이처럼 사소한 일로 상대의 신용을 잃는 경우가 있는가 하면, 사소한 일로 신용을 얻는 경우도 있습니다.

미국의 저명한 심리학자이며 평론가인 도날드 A. 레안톤은 기묘한 방법으로 잡지사의 편집장으로부터 신뢰를 받게 되었습니다.

어느 날, 편집장이 신문에 발표되었던 원고를 모아 평론집을 출판하자고 제안해왔습니다. 그런데 편집장이 제시한 원고료가 터무니없이 적었습니다. 그러나 레안톤은 원고료가 싸서 거절하겠다는 말을 하지 않고, 편집장에게 다음과 같이 말했습니다.

"제게 제안이 하나 있습니다. 이 동전을 던져서 밖이 나오면 당신에게 무료로 그 평론집 출판권을 드리겠습니다. 그러나 안이 나오면 지금 말씀하신 원고료의 두 배를 지불해주십시오."

그래서 편집장도 쾌히 승낙하고, 동전을 던진 결과 밖이 나와 레안톤은 원고료 없이 출판을 승낙하고 말았습니다. 공연한 게임을 해서 레안톤이 손해를 본 것 같지만 손해를 본 것은 일시적이었고, 그 후 편집장의 신용을 얻어 레안톤은 비싼 인세를 받고 계속 새로운 책을 출판해 엄청난 돈을 벌었다고 합니다.

여러분! 신용을 얻거나 잃는 것은 결코 큰 문제에 있지 않습니다. 사소한 일이나 대수롭지 않은 것 같은 약속을 잘 이행하느냐 하지 않느냐에 따라서 신용은 좌우되는 것입니다. 신용 있는 사람이 되기 위해서는 하찮은 약속이라도 반드시 지키도록 노력합시다.

지금까지 '신용의 척도'에 대해 말씀드렸습니다.

신중한 사람

지금부터 '신중한 사람'에 대해 말씀드리겠습니다.

1960년 9월, 미국의 어느 제약회사가 미국식품의약국에 새로운 수면제의 조제 인가를 신청했습니다. 그 약은 이미 유럽에서는 진정제 겸 임신 중인 여성의 입덧 약으로 널리 이용되고 있었습니다. 그 약을 먹으면 깊은 잠을 자연스럽게 청할 수 있고, 다음 날 불쾌감을 동반하는 일도 없으며, 약값이 싼 데다 동물 실험에서도 이렇다 할 나쁜 영향이 없다고 인정되었습니다. 약이 승인받을 만한 모든 조건을 갖춘 것 같았습니다.

그래서 심사위원 모두가 사인을 했는데, 단 한 사람 프랑스의 게르제 박사만이 통과 사인을 하지 않았습니다. 10대의 두 딸을 가진 그녀는 이 약에 많은 의문을 품었기 때문입니다. 그래서 실험 동물에 대한 영향과 인간에 대한 영향은 동일하지 않다는 이유로 좀 더 연구를 거듭하도록 요청했습니다.

제약회사에서는 약의 안전성에 대해서 정확한 데이터가 갖춰져 있었기 때문에, 약을 대량으로 제조해 포장하고 즉시 선적할 수 있도록 팸플릿까지 갖추고 있었습니다. 이처럼 엄청난 돈벌이를 눈앞에 두고도 까다롭게 구는 한 사람 때문에 일이 지연되자, 회사 측은 보고서나 연구 결과를 계속 제출하며 박사에게 압력을 가했습니다. 그러나 게르제 박사는 조금도 흔들리지 않고 신중한 자세로 성급한 결론을 내리지 않았습니다.

그러던 1961년 11월 29일, 유럽으로부터 악몽과 같은 제보가 날아왔습니다. 게르제 박사가 염려했던 대로 그 약, 살리도마이드는 금세기 가장 비참한 약의 화를 초래했습니다. 유럽의 전 지역에서 몇 천 명의 어린이가 손발을 잃은 채 태어났고 눈이나 식도, 장 기관의 기형도 보였으며, 게다가 더 놀랄 일은 그런 어린이들 중 3분의 1이 사망했다는 것입니다.

1962년, 백악관의 기념식전에서 케네디 대통령은 게르제 박사에게 정부직원 최고의 영예인 대통령국가공무원 명예상을 수여했습니다. 문제를 확고하게 예견한 것에 대한 평가였습니다.

여러분! 확고한 의지를 가진 진취적인 사람은 앞으로 일어날 문제를 냉정하게 전망합니다. 신중이야말로 재해의 손실로부터 보호받는 성벽과 같습니다. 경솔한 태도로 트러블에 휘말리지 말고 신중한 사람이 됩시다.

지금까지 '신중한 사람'에 대해 말씀드렸습니다.

신토불이

지금부터 '신토불이'에 대해 말씀드리겠습니다.

약 80년 전 인도의 어느 산속에서 늑대에게 키워지던 두 명의 소녀가 발견되었습니다. 이 늑대 소녀들은 틀림없는 인간이었지만 늑대의 젖을 먹고 늑대들과 함께 야생 생활을 했기 때문에, 일반 사람과는 다른 신체적 특징이 있었습니다.

우선 두 사람은 직립 보행이 아니었습니다. 이동할 때는 손을 사용해 늑대처럼 기는 것이 보통이었습니다. 그런 생활을 한 탓에 팔은 대단히 길었고 손가락, 발가락은 벌어져 있었습니다.

사람들은 이들이 인간 사회에서 살아가도록 많은 노력을 기울였지만, 나이 어린 소녀는 발견된 지 1년이 못 되어 죽어버렸습니다. 그 후 다른 한 소녀도 겨우 두 다리로 걸을 수는 있게 되었지만 뛰지는 못한 채 결국 9년 만에 죽고 말았습니다. 늑대 소녀들은 인간이면서도 늑대와 함께 산속에서 자랐기 때문에 인간 사회에 적응을 못하고 불행하게 된 케이스입니다.

비슷한 이야기가 또 있습니다.

미국 애리조나의 사막지대. 그곳은 풀도 나무도 물도 흙도 없는 넓기만 한 모래밭입니다. 사막 한가운데 언덕이 있고 약간의 물과 나무들이 있는 아주 열악한 땅에 인디언들이 군락을 이루어, 바람만 불면 금방 날아가 버릴 것 같은 거적때기 집에 살고 있었습니다. 이들을 보호하기 위해 미국 정부는 물 좋고 숲 좋은 곳에 아파트를 지어 옮겨 살게 하고, 기본적인 생활 보장을 해주었습니다. 그런데 얼마 후 그 좋은 아파트가 다 비어버렸습니다. 그래서 어디로 갔나 조사를 해봤더니, 먼저 살던 사막으로 되돌아간 것이었습니다.

여러분! 신토불이라고 사람은 자기가 살던 곳이 제일입니다. 산속에서 살던 사람은 산속에서 살아야 하고, 사막에서 살던 사람은 사막에서 살아야지, 산속에 살던 사람이 도시로 나오거나 도시에 살던 사람이 시골에서 살기란 무척 어려운 것 같습니다. 어디 생활뿐이겠습니까? 직업도 마찬가지입니다. 자기가 하던 일을 더욱 발전시키는 것이 성공의 지름길입니다. 그래서 송충이는 솔잎을 먹어야 한다고 하지 않습니까?

지금까지 '신토불이'에 대해 말씀드렸습니다.

실수해서는 안 될 실수

지금부터 '실수해서는 안 될 실수'에 대해 말씀드리겠습니다.

　여러분은 일본의 진주만 공격이 어떻게 이루어졌는지 아십니까? 진주만 공격은 일본 해군의 항공대 및 특수 잠항정(潛航艇)이 하와이 진주만의 미국 태평양 함대를 기습 공격한 사건으로, 이로 인해 태평양 전쟁이 일어난 것을 말합니다.

　1941년 12월 7일 일요일 아침, 353대의 일본 비행기가 진주만 상공을 가득 메웠고 그로부터 두 시간 안에 진주만은 쑥대밭이 되었습니다. 미국은 자그마치 18대의 전투함대와 비행장에 있던 177대의 비행기와 2,403명의 군인을 순식간에 잃어버렸습니다. 이 불행하고 끔찍한 사건은 아침 7시 50분에 일어났는데 다음과 같은 숨겨진 이야기가 있습니다.

　그날 아침 7시, 진주만 북쪽 200마일에서는 차가운 물살을 가르며 항진하는 항공모함 위에서 일본 항공기들이 발진을 하고 있었습니다. 여느 때와 마찬가지로 두 명의 미군이 레이더 관측망에서 스크린을 통해 태평양을 지켜보고 있는데 점과 점들이 화면에 나타나더니 순식간에 화면 전체를 꽉 메우는 것 아니겠습니까? 이상하게 생각한 군인들은 즉각 상부에 보고했습니다.

그러나 마침 그날이 일요일이라서 다른 사람들은 다 외출을 했고, 해군 대위 한 사람만이 당직자로 남아 있었는데, 이 대위는 그 점들을 자기네 비행기일 것이라는 안일한 생각으로 다음과 같이 말했습니다.

"알았네. 걱정할 것 없어."

그때야말로 진주만의 미국 비행기들이 요격할 시간이었고, 전투에 대비해야 할 시간이었으며, 사람들을 피난시켜야 할 중대한 시간이었습니다. 그러나 해군 대위는 군인으로서 가장 큰 책임을 져야 할 일생일대의 중요한 순간에 해서는 안 될 실수를 하고 말았던 것입니다.

여러분! 옛말에 '한 번 실수는 병가상사'라는 말이 있지만 해도 되는 실수가 있고, 해서는 안 되는 실수가 있는 법입니다. 개인적인 사소한 실수는 만회할 기회도 있고 희생도 적지만, 조직이나 국가와 관련된 실수는 너무나 희생이 크기 때문에 절대로 일어나서는 안 됩니다. 개미 구멍으로 공든 탑이 무너진다는 사실을 명심하며, 유비무환의 자세를 갖도록 노력합시다. 사고는 예고 없이 찾아옵니다.

지금까지 '실수해서는 안 될 실수'에 대해 말씀드렸습니다.

171

실수했을 때

지금부터 '실수했을 때'에 대해 말씀드리겠습니다.

여러분은 세계적인 피아니스트이자 지휘자인 정명훈을 아실 것입니다. 그의 가족은 음악 가족으로 유명합니다. 큰누나 정명소는 합주를 했으며, 둘째 누나 정경화는 바이올리니스트이고, 셋째 누나 정명화는 첼리스트로 세계적인 명성을 떨치고 있습니다. 한 가정에서 이렇듯 많은 음악가를 배출하기란 기적 같은 일로, 오늘이 있기까지는 어머니 이원숙 여사의 남다른 음악에 대한 감각과 노력이 있었다고 합니다.

언젠가 이원숙 여사에게서 들은 이야기입니다. 정명훈이 어린 시절 첫 무대에서 연주를 할 때의 일입니다. 참으로 오랫동안 연습에 연습을 거듭한 끝에 처음으로 피아노 연주를 하는 만큼 연주는 멋지게 시작되었습니다. 그런데 잘 나가는가 싶더니 갑자기 연주가 뚝 끊겼습니다. 연주할 곡을 잊어버린 것입니다. 순간 어머니와 가족들은 아연실색했고 관객들 역시 무슨 일인가 싶어 의아해했습니다. 그 침묵의 시간은 가족들과 정명훈을 가르친 선생님에게는 엄청나게 길었습니다.

'저러다 어린 명훈이가 그냥 훌쩍 내려오면 어쩌나?'

노심초사하는 가족들과 달리 어린 명훈이는 포기하지 않고 침착하게 처음부터 다시 연주를 시작했습니다. 일단 안도감을 느낀 가족들과 선생님은 다시 바짝 긴장하지 않을 수 없었습니다. 왜냐하면 연주를 하다가 막혀서 다시 시작하더라도 막혔던 부분에 가서 또 막히는 경우가 있기 때문입니다.

그러나 그것은 기우였을 뿐 어린 명훈이는 끝까지 연주를 해냈습니다. 연주를 하다가 막혀서 다시 했다는 사실을 뒤늦게 알아차린 관객들도 그의 침착함과 멋진 연주 솜씨에 우레 같은 박수갈채를 보냈습니다. 이것이 위대한 피아니스트의 출발이었습니다.

여러분! 위대한 인물도 한때는 풋내기였으며 노련한 기술자에게도 실수는 있습니다. 누구나 한두 번 실수는 있게 마련입니다. 문제는 실수를 했을 때 어떻게 대처하느냐입니다. 실수를 두려워하지 말고 과감하게 다시 시작하는 자세가 무엇보다 중요합니다.

지금까지 '실수했을 때'에 대해 말씀드렸습니다.

실패를 용수철로

지금부터 '실패를 용수철로'에 대해 말씀드리겠습니다.

멋진 대사와 몸짓, 황금의 목소리로 관중을 매혹시켰던 프랑스 여배우 사라 베르나르를 아십니까? 1870년대 유럽에서 명성을 쌓아 미국에까지 이름을 날렸던 19세기의 가장 유명한 여자 배우인데, 1923년 79세로 생애를 마치기까지 50년 이상을 무대에서 활약했습니다.

그녀는 1844년, 파리에서 사생아로 태어나 극단을 따라 전국을 떠돌아다니다가 22세에 비로소 무대에 서게 되었습니다. 첫 무대는 그녀의 기대와 달리 대실패로 끝나고 말았습니다. 아름다운 목소리를 무기로 갖고 있었지만, 신체의 다른 부분에 비해 몸통이 길어서 스타일이 나쁘다는 중대한 결함이 있었기 때문입니다.

그러나 그녀는 좌절하지 않고 자신의 결함을 극복하는 데 전력을 기울였습니다. 어떻게 하면 다리가 길어 보일까 하고 거울 앞에서 걷는 연습을 했으며,

의상에 대해서도 공부해 결점을 보완하려고 노력했습니다. 그뿐 아니라 대사도 자기가 맡은 역할만 외우지 않고 각본 전부를 암기했고, 연습장에도 가장 빨리 나갔으며 언제라도 대역까지 할 수 있는 만반의 준비를 했습니다.

첫 무대에서의 실패를 용수철로 삼아 25세 때 〈여행자〉에서 주연을 맡아 주목을 끌었고, 이어서 〈페드로〉의 주연으로 센세이션을 일으켰습니다. 1876년부터는 연극 단체를 조직해 세계순회공연을 하며 세계적인 배우로 인정받았으며, 1899년에는 '사라 베르나르 극장'을 창립하는 등 전성기를 열었습니다.

그러다 제1차 세계대전 때 오른쪽 다리를 절단해 불구가 되었지만, 그녀는 실망하지 않고 계속 무대에 섰습니다. 고집이 세고 이기적이며 정열이 남달리 왕성했던 그녀는 〈햄릿〉, 〈새끼 독수리〉 등의 남자 역에서도 당당한 연기를 보였던 당대의 걸물이었습니다.

여러분! 인간은 누구나 결함이나 약점을 갖고 있습니다. 더구나 실패를 한 번도 경험하지 않은 사람은 이 세상에 존재하지 않습니다. 그렇다면 성공자들은 어떤 사람일까요? 한마디로 자기의 결점을 있는 그대로 인정하고 보다 훌륭하게 되려고 노력한 사람들입니다. 우리도 실패를 두려워 하지 말고 결점을 보완해 성공자가 되도록 노력합시다!

지금까지 '실패를 용수철로'에 대해 말씀드렸습니다.

실패에 대한 염려

지금부터 '실패에 대한 염려'에 대해 말씀드리겠습니다.

세상에는 지나치게 소심해 모든 일에 염려와 걱정을 하는 사람들이 많은 것 같습니다. 그러나 지나친 소심증은 실패를 자초한다는 사실을 알아야 합니다.

미국으로 이민을 간 가난한 사람이 있었습니다. 그는 배우지 못했지만 천성적으로 부지런하게 열심히 노력한 결과 식당 경영으로 큰 성공을 거두었습니다. 그리고 자식만큼은 대학을 졸업시켜 훌륭한 사람이 되기를 바랐습니다.

그런데 대학을 졸업한 자랑스러운 아들이 취직을 하지 않고 아버지의 사업을 돕겠다는 것이었습니다. 기특하게 생각한 아버지는 아들에게 식당을 좀 더 효율적으로 경영할 수 있는 방법을 연구해보라고 했습니다.

그러자 경영학과를 나온 아들은 경영 진단을 한 결과 다음과 같이 말했습니다.

"아버지, 제가 대학에서 배운 바로는 곧 불경기가 닥친답니다. 그렇게 되면 지금과 같은 방법으로는 도저히 지탱을 못할 겁니다. 웬만한 사업은 모조리 망한다는 거예요."

"그렇게 심각한 불경기가 온단 말이냐? 그럼 어떻게 해야 하지?"

깜짝 놀란 아버지에게 아들은 자신 있게 말했습니다.

"미리 대책을 세워야지요. 지금 하이웨이에 큰 네온 간판을 내걸었는데 낭비도 이만저만이 아닙니다. 음식도 너무 많이 주고 커피의 무료 서비스도 낭비고요. 게다가 영업 시간이 길어서 경비 지출이 너무 많아요. 낭비는 모조리 잘라버립시다!"

배운 자식의 안목에 감탄하면서 아버지는 다음 날부터 음식의 양을 줄이고 커피 서비스도 없앴으며 영업 시간도 단축시켰습니다. 당연히 손님은 줄었습니다.

"아들의 말이 과연 옳구나. 정말로 불경기가 닥쳐왔군."

푸짐하고 서비스가 좋아서 성업 중이던 식당은 얼마 못 가 문을 닫고 말았습니다.

여러분! 예언은 반드시 실현된다는 사실을 명심하십시오! '실패하면 어떻게 하나?' 하는 생각이 예언으로 바뀌고, 그 예언은 실패라는 결과로 나타나기 마련입니다. 실패하지 않고 성공하는 비결은 '이번에야 말로'라는 긍정적이고 도전적인 생각으로 바꾸는 것입니다.

지금까지 '실패에 대한 염려'에 대해 말씀드렸습니다.

실패의 교훈

지금부터 '실패의 교훈'에 대해 말씀드리겠습니다.

실패는 성공의 어머니라는 말처럼 성공한 위인들 대부분은 실패 위에 승리를 쌓아올린 사람들입니다. 대표적인 인물이 링컨과 에디슨입니다.

링컨의 실패는 상점을 운영하다 망한 1832년에 시작되었습니다. 그는 1833년에 우체국장이 되었지만 생계 유지가 안 돼 그만두었습니다. 정치계에 입문한 1834년부터의 노력은 1838년 대변인으로서의 출마와 1843년 미국 의회의원에 출마했다가 참패함으로 끝을 맺었습니다.

1846년, 연방의회 하원의원에 당선되었지만 1848년에 낙선이 되었습니다. 1849년부터 1858년까지 실패의 기록은 계속됩니다. 국유지 관리인으로서의 낙방, 상원의원으로서의 낙방, 부통령지명에서 낙방, 그리고 또다시 상원의원 출마에서 패배가 이어졌습니다. 그러나 링컨은 포기하지 않았습니다. 마침내 1860년 대통령에 당선되어 미국 역사의 노선을 바꿔놓은 위대한 인물로 손꼽히게 되었습니다. 링컨의 일생은 그야말로 실패의 연속이었지만 그 실패를 바탕으로 위대한 승리자가 된 것입니다.

발명왕 에디슨은 또 어떻습니까? 초등학교에서 저능아로 취급받아 퇴학을 당하며 그의 실패는 시작됩니다. 그러나 그는 실패를 사랑하고 실패 위에서 발명의 꽃을 피웠습니다. 특히 전구와 축음기를 발명할 때는 그야말로 실패의 연속이었습니다. 전구의 필라멘트를 만들기 위해 그 재료를 찾는 데 무려 5천 가지의 다른 재료로 실험했습니다. 그러나 축전지를 발명하기 위한 그의 노력에 비하면 전구의 발명은 아무것도 아니었습니다. 2만5천 번의 실험에 실패한 그에게 누군가 말했습니다.

"이제 그만 두시지요. 2만5천 번이나 실패를 했는데 가능하겠습니까?"

그러자 에디슨은 웃으면서 말했습니다.

"실패를 하다니요? 나는 전혀 실패하지 않았습니다. 나는 그동안 배터리를 만들지 못하는 2만5천 가지 방법을 발견했습니다."

위대한 승리자들은 실패하는 동안 배운 교훈을 발판으로 목표를 향해 계속 전진합니다. 그리고 마침내 성공합니다.

여러분! 세상에 실패하지 않고 성공한 사람이 있습니까? 한두 번의 실패에 좌절하거나 포기하지 맙시다. 실패는 성공의 토대이며 성공의 필수 조건입니다. 우리 모두 실패를 두려워하지 말고 계속 도전합시다. 계속은 힘입니다.

지금까지 '실패의 교훈'에 대해 말씀드렸습니다.

Today's
speech
175
아내의 격려

지금부터 '아내의 격려'에 대해 말씀드리겠습니다.

세관의 검사관으로 일하고 있던 너대니얼 호손은 다니던 직장에서 파면을 당했습니다. 그해에 있었던 대통령 선거에서 호손이 지지하는 민주당이 패하는 바람에, 민주당 당원이었던 호손은 일자리를 잃게 된 것이었습니다. 그는 온몸에 힘이 쭉 빠진 채 터벅터벅 집으로 돌아왔습니다.

'아내가 이 사실을 안다면……' 하는 생각을 하자 앞이 캄캄했습니다. 아무것도 모르는 아내는 평소와 마찬가지로 반갑게 남편을 맞이했습니다. 환한 미소로 맞이하는 아내의 얼굴을 보니 호손은 더욱 입을 열 수 없었습니다. 그러나 저녁을 먹고 난 뒤 차를 마시면서 그는 어렵게 말을 꺼냈습니다.

"여보, 나 오늘 파면당했어. 내가 무능한 탓이지. 미안하오."

하늘이 무너지는 기분을 느낄 아내의 모습을 차마 바라볼 수가 없어, 호손은 고개도 들지 못하고 두 눈을 찻잔에 고정시키고 있었습니다. 그때 갑자기 아내의 밝은 목소리가 들려왔습니다.

"참 잘됐네요. 당신은 글을 쓰고 싶어 했잖아요. 이제부터라도 본격적으로 글을 쓸 수 있게 됐으니 얼마나 기쁜 일이에요!"

호손은 깜짝 놀라 아내를 쳐다보다 곧 힘없는 소리로 말했습니다.

"그렇긴 하지만 내가 글을 쓰는 동안에 무슨 돈으로 먹고산단 말이오?"

그러자 아내는 예금 통장을 꺼내 호손에게 주었습니다.

"아니, 이 많은 돈이 어디서 났지?"

통장을 보고 놀란 호손이 소리쳐 묻자 아내가 대답했습니다.

"난 당신이 천재라는 사실을 한순간도 잊어본 적이 없어요. 언젠가는 위대한 작품을 쓰리라는 걸 믿고 있거든요. 그래서 매달 당신이 준 생활비에서 조금씩 떼어 모아놓았답니다. 이 돈이면 1년은 충분히 지낼 수 있어요."

직장을 잃고 좌절하던 호손을 불후의 명작 〈주홍 글씨〉의 작가로 새롭게 탄생시킨 사람은 다름 아닌 현명한 그의 아내였습니다.

여러분! 남편은 아내가 만든 작품이고 아내는 남편이 만든 작품입니다. 세상을 살다보면 뜻하지 않은 위기를 맞기도 하고, 병고에 시달리기도 하며, 절망할 때도 있습니다. 이때 가장 필요한 것이 배우자의 격려입니다. 남편은 아내가, 아내는 남편이 서로 격려하며 삽시다.

지금까지 '아내의 격려'에 대해 말씀드렸습니다.

아니 땐 굴뚝의 연기

지금부터 '아니 땐 굴뚝의 연기'에 대해 말씀드리겠습니다.

조나라와의 싸움에서 진 위나라는 대신 방공(龐恭)과 태자(太子)를 조나라 수도 한단(邯鄲)에 인질로 보내게 되었습니다. 방공이 왕에게 작별 인사를 하며 말했습니다.

"어떤 사람이 뛰어나와 '큰 도로에 호랑이가 나타났다'고 하면 믿으시겠습니까?"

"아니오. 큰 도로에 어떻게 호랑이가 나타난단 말이오."

"그럼 두번째 사람이 달려와 '큰 도로에서 호랑이를 발견했다'고 한다면 믿으시겠습니까?"

왕은 고개를 갸우뚱하더니 못 믿겠다고 말했습니다. 방공이 다시 물었습니다.

"세번째 사람이 달려와 '도로에 호랑이가 있다'고 하면 믿으시겠습니까?"

그제야 왕이 고개를 끄덕이며 말했습니다.

"믿겠소. 세 사람이나 그렇게 말한다면 거짓일 리가 있겠소?"

그러자 방공이 일어나 말했습니다.

"큰 도로에 호랑이가 있을 수 없다는 것은 누구나 알고 있는 일입니다. 그러나 세 사람이나 큰 도로에 호랑이가 있다고 하면 왕께서는 믿으실 것입니다. 우리 나라에서 조나라의 한단은 여기서 큰 도로까지보다 훨씬 더 멉니다. 제가 가고 나면 저를 헐뜯을 사람이 어찌 세 사람뿐이겠습니까? 부디 시비를 분명히 판단하시기 바랍니다."

방공이 떠나자 그가 짐작한 대로 왕에게 많은 사람들이 근거 없는 나쁜 소문을 퍼뜨렸습니다. 처음에는 믿지 않던 왕도 결국 소문을 그대로 믿어 방공이 한단에서 돌아온 후에도 그를 등용하지 않았습니다.

여러분! 우리나라 속담에 '아닌 땐 굴뚝에서 연기나랴'라는 말이 있습니다. 그러나 많은 사람들이 아니 땐 굴뚝에도 연기가 난다고 우기면 그대로 믿고 마는 세상입니다. 분별없이 남이 하는 말을 그대로 믿으면 애매한 사람이 피해를 보게 됩니다. 남의 말을 그대로 믿는 습관을 버리고 분별력을 갖도록 합시다.

지금까지 '아니 땐 굴뚝의 연기'에 대해 말씀드렸습니다.

아름다운 변신

지금부터 '아름다운 변신'에 대해 말씀드리겠습니다.

신문에 〈포교사로 변신한 장경학 박사〉라는 기사가 실려 화제가 된 적이 있습니다. 먼저 장경학 박사의 약력을 살펴보면 1916년 함경남도 문천에서 태어나, 일본 교토 대학교와 동대학원에서 법학을 전공하고 귀국해서 1946년 동아대학교 교수로 학계에 입문해 연세대학교, 한양대학교, 동국대학교의 교수로 35년 동안 재직했습니다.

또한 동국대학교 법정대학 학장과 대학원 원장을 역임한 그가, 2000년 7월 25일 동국대학교 후기 졸업식에서 불교대학원 지도자과정을 졸업하고 포교사 자격을 획득했다는 것입니다.

우리나라 민법과 법사회학계의 최고 권위자인 장경학 박사는 법학뿐 아니라 문학에도 재능을 보여 〈법률춘향전〉을 비롯한 많은 논문과 글을 발표하기도 했습니다. 그러던 중 그동안 관심을 가졌던 불교 공부를 좀 더 본격적으로 하기 위해, 팔십 고령에도 불구하고 불교대학원에 진학을 결심한 것입니다.

1998년, 가을에 입학한 그는 손자뻘 되는 학생들과 불교사상사, 한국불교사, 포교론 등 열여섯 과목을 수강하며, 포교사가 되기 위해 필요한 이론과 실용 지식을 습득했습니다. 2년 동안 수업을 거의 빼먹지 않은 충실한 학생이었으며, 특히 자기의 직계 제자인 동국대 법과대학장이 담당하는 '사회복지 법규' 과목을 수강해 사제 관계가 뒤바뀌기도 했습니다. 기자와의 인터뷰에서 앞으로의 계획을 묻자, 여든네 살이란 나이를 믿을 수 없을 정도로 건강한 모습인 장경학 박사는 해맑은 웃음을 머금고 다음과 같이 말했습니다.

"사회과학과 불교에 대한 지식을 바탕으로 일반인들이 쉽게 불교를 이해할 수 있도록 강의와 저술에 힘쓰겠습니다. 그동안 불교는 사회 변화에 제대로 부응하지 못하고, 대중화와 현대화를 소홀히 한 느낌이 있습니다. 우선 요즘 한창 늘어나는 도심 사찰들의 불교교양대학에서 포교사로서 첫발을 내디딜 계획입니다."

여러분! 이 얼마나 아름다운 이야기며 멋진 변신입니까? 화려한 학력과 경력을 지닌 장경학 박사가 과거의 권위주의를 청산하고, 자기 연령에 맞는 새로운 역할을 위해 포교사로 변신한 모습에 박수를 보냅시다. 그리고 인생을 달관한 노학자의 인생 철학을 본받아 우리도 새로운 변신을 합시다.

지금까지 '아름다운 변신'에 대해 말씀드렸습니다.

아름다운 인연

지금부터 '아름다운 인연'에 대해 말씀드리겠습니다.

대한항공 객실 승무원으로 근무하고 있던 서서영 씨가 10여 년 전 샌프란시스코로 향하는 비행기 안에서 있었던 일입니다. 객실 승무원들이 한 차례의 서비스를 마친 후, 서 씨가 더 필요한 것이 없는지 객실을 한 바퀴 도는데 할머니 한 분이 계속 화장실을 들락날락거리며 어쩔 줄 몰라 하고 있었습니다.

"도와드릴까요? 할머니 어디 편찮으신 데 있어요?"

할머니는 잠시 난처한 표정을 짓더니 서 씨의 귀에 대고 이렇게 말했습니다.

"아가씨, 내가 틀니를 잃어버렸는데 어느 화장실인지 생각이 나지를 않아. 어떡하지?"

서 씨는 "제가 찾아보겠습니다" 하고 일단 할머니를 안심시킨 후 좌석에 모셨습니다. 그리고 손에 비닐장갑을 끼고 화장실 쓰레기통을 뒤지기 시작했습니다. 마침내 마지막 쓰레기통에서 서 씨는 휴지에 곱게 싸인 틀니를 발견했습니다. 할머니가 양치질을 하느라 잠시 빼놓고 간 것을 누군가가 쓰레기인 줄 알고 버린 것이었습니다.

서 씨는 틀니를 깨끗이 씻고 뜨거운 물에 소독까지 해서 할머니께 갖다드렸고, 할머니는 목적지에 도착해 내릴 때까지 서 씨에게 여러 번 고맙다는 인사를 했습니다. 그날 일이 서 씨의 기억 속에서 까맣게 잊힐 즈음 서 씨와 결혼할 애인에게서 연락이 왔습니다.

"미국에서 외할머니가 오셨는데 지금 서울에 계시니 인사드리러 가자."

잔뜩 긴장한 채 남자 친구를 따라 할머니를 뵈러 갔습니다.

"할머니, 처음 뵙는 것 같지가 않아요. 자주 뵙던 분 같으세요."

그러자 할머니께서는 서 씨의 얼굴을 가만히 쳐다보더니 갑자기 손뼉을 치며 "아가! 나 모르겠니? 틀니, 틀니!" 하더랍니다.

할머니는 외손자와 결혼할 처자가 비행기를 타는 아가씨라고 해서 혹시나 했는데, 이런 인연이 어디 있느냐며 좋아했고, 서 씨는 예비 시댁 어른들을 만나기도 전에 사랑받는 며느리가 되었다고 합니다.

여러분! '씨는 뿌린 대로 거둔다'고 하지 않습니까? 친절의 씨를 뿌린 서서영 씨에게는 행운을 거둬드릴 기회가 온 것이지요. 아름다운 인연은 그냥 이뤄지는 것이 아닙니다. 우리도 어떤 보상도 생각하지 말고 순수한 마음으로 친절의 씨를 뿌리는 사람이 되어 아름다운 인연의 주인공이 되도록 합시다.

지금까지 '아름다운 인연'에 대해 말씀드렸습니다.

아버지의 교훈

지금부터 '아버지의 교훈'에 대해 말씀드리겠습니다.

미국 14대 대통령 프랭클린 피어스가 어렸을 때의 일입니다. 그가 열네 살 때 아버지는 하버드 대학에 진학시킬 목적으로 명문 필립스 에그지터 아카 데미의 기숙사에 피어스를 집어넣었습니다.

그런데 어린 피어스는 집 생각이 나고, 기숙사 규율도 너무 엄격한 데다 공부도 어려워서 도저히 견뎌낼 수가 없었습니다. 그래서 배움의 길을 포기하고 다시 집으로 돌아왔습니다. 며칠 동안 발이 붓도록 걸어서 집에 돌아온 피어스를 본 아버지는, 그 길로 바로 마차에 태워 필립스 에그지터 아카데미로 가다가, 중간 지점에 내려놓으며 다음과 같이 말했습니다.

"피어스야! 너는 이제 아동기와 성인기 중간 나이에 있기 때문에 방황하는 것이란다. 아동기에 그대로 머물고 싶다면 집으로 돌아오고, 남자가 되어 지도자가 되고 싶으면 에그지터로 돌아가거라."

그리고 아버지는 마차를 타고 집으로 돌아갔습니다. 혼자 남은 피어스는 곰곰이 생각한 끝에 에그지터로 발길을 돌려 학교생활을 다시 시작했으며 여기서 남자로 성장하는 교육을 받아, 나중에 대통령의 자리에까지 오르게 되었다고 합니다.

그런가 하면 다음과 같은 이야기도 있습니다.

한 의과대학에서 파업이 일어나 학생들은 수업을 전면 거부했고, 교육부에서는 제적을 시키겠다고 맞섰습니다. 이 사건을 전해들은 아버지들은 자식에게 전보를 띄웠습니다. 한 아버지는 "네가 순종하기를 바란다"고 했고, 어떤 아버지는 "학교에서 쫓겨난다면 집으로 돌아올 필요가 없다"고 했으며, 또 어떤 아버지는 "네가 우리 가문에 먹칠을 한다면 부자 간의 인연을 끊겠다"는 등 각양각색이었습니다.

그러나 그 중에서 가장 훌륭했던 전보문에는 다음과 같이 짤막하게 쓰여 있었습니다.

"진정해라, 얘야. 진정해!"

여러분! 예부터 자식은 부모를 보고 자란다고 했습니다. 아버지가 모범을 보이며 자식을 믿어주고 존중할 때, 자식은 아버지의 기대에 부응하게 되는 것입니다. 우리 모두 훌륭한 아버지가 되도록 노력합시다!

지금까지 '아버지의 교훈'에 대해 말씀드렸습니다.

아이디어 개발

지금부터 '아이디어 개발'에 대해 말씀드리겠습니다.

요즈음 직장인들은 자의든 타의든 탈샐러리맨이 많은 것 같습니다. 그런데 탈샐러리맨 가운데 십중팔구는 실패하고 만다는 것이 슬픈 현실입니다.

그러나 아이디어로 성공한 사업가도 있습니다. 자기가 가진 전문 지식과 관계있는 특수한 아이디어를 창안해 월급쟁이 생활에서 벗어나 크게 성공한 사례입니다.

제2차 세계대전 중 항해기관사 일을 하던 로저는 전쟁이 끝나자 해군병원에서 피혁을 가공하는 일을 했습니다. 그러나 로저와 그의 아내 도리스는 병원에서 하던 일이 장래를 결정하리라고는 생각하지 못했습니다. 어느 날 아내의 친구가 찾아와 새로 산 가죽 핸드백을 자랑했습니다.

"이거, 자그마치 80달러나 주고 산 것이에요."

핸드백을 유심히 살펴보던 로저가 말했습니다.

"그것 참 비싸군요. 내가 하면 15달러에 만들 수 있어요."

다음 날 그는 단순한 농담이 아님을 증명하기 위해 가죽을 재단해 아주 훌륭한 핸드백을 만들었습니다. 아내는 그의 기술에 깜짝 놀랐습니다.

"여보! 아주 멋져요. 우리 이거 만들어서 팔아보면 어떨까요?"

의견이 일치된 부부는 여기저기 다닌 끝에 뉴욕 5번가에서 유명 상점의 구매담당자를 만났습니다. 그는 로저의 견본에 큰 관심을 보이면서 만들어놓은 것 전부를 사주겠다고 나섰습니다. 2~3개월이 지나자 또 추가 주문이 들어왔습니다. 그러다 새로운 디자인이 히트를 해 일약 업계의 정상을 치닫게 됩니다.

또 그의 아내 도리스는 어린이용 부대식 핸드백을 고안해 이 아이디어를 잡지 〈룩ᴸᴼᴼᴷ〉의 편집자에게 보냈습니다. 편집자는 기가 막힌 아이디어에 감탄하면서 핸드백 기사와 함께 호저 부부를 소개했습니다. 이 제품은 순식간에 100만 개나 팔렸습니다. 그의 브랜드였던 'VANS'는 오늘날 대기업이 되었습니다. 로저와 도리스가 처음으로 연간 100만 달러의 이익을 올렸을 때, 이들은 막 30세를 넘긴 나이였습니다. 만일 로저가 뛰어난 가죽 기술로 가죽제품 회사에 취직했다면 이처럼 대성공자가 되지는 못했을 것입니다.

여러분! 사업가로 성공하고 싶다면 자신의 아이디어를 밑천 삼아 도전해 보십시오! 한때는 돈이 사업의 성패를 결정한다고 했지만, 이제는 어떤 아이디어를 개발하느냐에 의해서 사업의 성패가 좌우됩니다. 자기의 전문 지식과 관계있는 아이디어를 개발합시다.

지금까지 '아이디어 개발'에 대해 말씀드렸습니다.

아이디어가 재산

지금부터 '아이디어가 재산'에 대해 말씀드리겠습니다.

미국의 사상가 에머슨은 "발명가만이 기존의 것을 차용할 줄 안다"고 했으며, 발명왕 에디슨은 "어떤 발명이라도 완전한 것은 없다. 꾸준한 개량이 필요하다"고 했습니다.

한 사나이가 세차를 하고 있었습니다. 차 안에서 브러시의 털이 차를 에워싸며 씻기는 것을 보다 갑자기 기발한 아이디어가 떠올랐습니다. 그는 평소에 엎드린 자세로 잔디를 깎는 일을 매우 귀찮게 생각했습니다. 그렇다고 정원사를 고용할 경제적인 여유도, 인력난이라서 이런 하찮은 일을 싼 값으로 해줄 사람도 없었습니다.

'우리 집은 매우 후미진 바닷가에 있다. 독사가 노리고 있을지도 모르는데 누가 엎드린 자세로 바위 둘레의 풀을 깎으려 들겠는가?'

이렇게 고민하면서 세차를 하다 보니, 세차의 브러시는 고속으로 회전할 때 곧바로 뻗으며 그 탄력으로 구석구석 닦고 있었습니다. 여기서 힌트를 얻은 그는 집으로 돌아오자마자, 팝콘 깡통에 구멍을 뚫고 거기에 나일론 끈을 넣었습니다. 그리고 회전 날이 달린 원예용 기계에서 칼날을 빼고, 깡통을 달아서 조심스럽게 작동시켜보았습니다. 그랬더니 좀 요란한 소리는 났지만 기대했던 대로 작동을 하는 것이었습니다.

이것이 최초의 제초기 발명이었으며 이 사나이의 이름은 조지 바라스입니다. 그가 직접 발명한 기계를 팔아보겠다고 말했을 때, 소매업자들의 반응은 나빴습니다.

"나일론 끈으로 풀을 깎겠다고요? 혹시 머리가 돈 거 아니에요?"

그러나 1971년, 바라스는 제초기 생산에 손을 댔으며 1만2천 달러의 광고비를 투자해 지방 TV에 CM을 내보냈습니다. 그러자 갑자기 전화의 홍수가 밀어닥쳤습니다.

처음에는 개선할 점도 많았지만 그의 제초기 회사는 불과 몇 년 만에 몇 백만 달러나 되는 국제적인 기업으로 성장했습니다.

여러분! 아이디어야말로 재산입니다. 사업은 돈만으로 성공하는 것이 아닙니다. 돈이 아무리 많아도 훌륭한 아이디어가 없다면 사업은 결코 성공할 수 없습니다. 당신은 지금 어떤 아이디어를 갖고 있습니까? 그 아이디어를 상품화시켜보지 않겠습니까?

지금까지 '아이디어가 재산'에 대해 말씀드렸습니다.

아첨의 말

지금부터 '아첨의 말'에 대해 말씀드리겠습니다.

중국 전국시대에 손꼽히던 책사 장의(張儀)가 초나라에 머물고 있을 때의 일입니다. 왕이 장의를 대하는 태도가 서먹서먹하여 마음이 편안치 않았으며, 게다가 주머니 사정도 좋지 않아 하인들이 투덜거리고 있었습니다. 그래서 장의는 한 가지 꾀를 내 왕에게 알현을 청했습니다.

"이 나라에서는 제가 그다지 쓸모가 없는 듯하니 위나라로 갈까 합니다. 폐하께서는 위나라에게 바라는 것이 없으십니까?"

"보석이든 황금이든 상아든 우리 초나라에는 없는 것이 없다."

"그렇다면 폐하께서는 그것에도 마음이 없으십니까? 중원의 여자들은 선녀와 구별하지 못할 정도로 아름답다고 합니다."

"중원 여자가 아름답다는 말은 들었으나 아직 본 적이 없군. 부탁하네."

귀가 솔깃해진 왕은 군자금으로 주옥까지 내주었습니다. 그런데 이 소식을 듣고 마음이 편치 않은 두 여인이 있었으니, 황후인 남후와 측실인 정수였습니다. 두 여인은 사람을 내세워 각각 많은 황금을 장의에게 보냈습니다. 장의는 이 두 여성으로부터 황금이 나오게 했는데, 이것은 아직 시작이었고 장의의 속셈은 더욱 깊은 데 있었습니다.

그는 마침내 왕에게 하직 인사를 했습니다.

"이런 난세에는 왕래도 뜻대로 되지 않아 언제 다시 뵙게 될지 모르겠습니다. 바라옵건대 이별주를 받고 싶습니다."

이리하여 송별연이 벌어지고 얼큰히 취했을 무렵 장의가 말했습니다.

"폐하께서 총애하시는 두 분을 부르시어 함께하심이 좋을 듯합니다."

송별연에 나온 두 여인을 보고 장의는 왕 앞에 엎드려 아뢰었습니다.

"폐하, 신은 백번 죽어 마땅한 죄를 저질렀습니다. 이처럼 아름다운 분이 계신 줄도 모르고, 타국에서 미인을 데려 오겠다고 했으니 백번 죽어 마땅합니다."

왕은 자기 사람을 칭찬해주는 것이 기분 나쁘지 않았습니다.

"아무렴 나도 천하에 이 두 사람을 능가하는 미인은 없다고 생각했네."

그 후 장의는 초나라 궁정의 환심을 사게 되어 풍족하게 지냈다고 합니다.

여러분! 아첨의 말에는 사람의 마음을 기분 좋게 만드는 힘이 있습니다. 그러나 상대의 환심을 사려고 하는 아첨이 단순한 알랑거림이 되어서는 효과가 없습니다. 아첨은 상대의 속마음을 꿰뚫는 단수 높은 화술이어야 합니다.

지금까지 '아첨의 말'에 대해 말씀드렸습니다.

악처

지금부터 '악처(惡妻)'에 대해 말씀드리겠습니다.

맹자의 성선설에 의하면 "모든 인간은 선하게 태어났다"고 하지만 순자의 성악설에 의하면 "모든 인간은 악하게 태어났다"고 합니다. 그렇다면 악처의 탄생은 선천적일까요 후천적일까요?

악처의 대명사로 손꼽히는 '크산티페'와 '소피아'를 다시 조명해봅시다. 크산티페는 우리가 너무나도 잘 아는 철학자 소크라테스의 아내입니다. 그는 평소에 자주 남편에게 물을 뒤집어씌우거나 식탁을 뒤엎어 악처의 대명사로 불립니다.

그러나 크산티페가 그토록 횡포를 부린 데는 그만한 이유가 있었을 것입니다. 소크라테스는 현실을 무시한 이상주의자였습니다. 찢어질 듯이 가난한 생활을 하면서도 무료로 제자들을 가르쳤으며, 크산티페 말고도 또 다른 부인이 있었습니다. 게다가 아들 셋이 있었는데 셋 중에 누가 크산티페가 낳은 아이인지는 기록에 나오지 않아서 알 수가 없습니다.

그렇다면 크산티페의 살림살이며 마음은 얼마나 고통스러웠을까요?

그럼 소피아에 대해 생각해봅시다.

소피아는 〈전쟁과 평화〉, 〈부활〉 등으로 유명한 러시아의 작가 톨스토이의 아내입니다. 그가 악처로 불리게 된 데는 말년에 톨스토이가 부부 싸움을 한 끝에 "아내가 나와 집안을 완전히 망치고 있다"고 말한 후, 집을 뛰쳐나가 어느 시골의 기차역에서 사망했기 때문입니다. 그때 톨스토이의 나이는 여든 두 살이었습니다.

'세상에 여든 살이 넘는 늙은 남편을 내쫓아 객사하게 만들다니…….'

이렇게 말할 사람도 있겠지만 소피아에게도 그럴 만한 이유가 있었을 것입니다. 톨스토이는 귀족의 자식으로 막대한 재산을 물려받은 부자였지만, 방탕한 생활을 계속했으며 나이가 들면서는 사유재산을 부정하고 농민계몽에 힘쓰는 금욕주의자로 변했습니다. 게다가 결정적으로 소피아를 참을 수 없게 만든 것은 톨스토이의 유언장이었습니다. 그는 자기 작품의 저작권을 아내 소피아가 아닌 막내딸에게 모두 위임했던 것입니다.

여러분! 부부는 일심동체며 동고동락해야 한다고 하면서도, 남편이 제멋대로 놀아난다면 어떤 아내가 현모양처가 될 수 있겠습니까? 인간은 상대적입니다. 악처는 남편이 만든다는 사실을 명심하십시오!

지금까지 '악처'에 대해 말씀드렸습니다.

Today's
speech
184

약속의 이행

지금부터 '약속의 이행'에 대해 말씀드리겠습니다.

경영의 신이라 불렸던 마쓰시타 고노스케, 그는 일본의 대표적인 성공자인 동시에 세계적인 기업가로도 명성이 알려진 사람입니다.

그는 원래 몸이 약했는데 말년에는 조금만 추워도 감기에 걸려 미열 상태로 괴로워했습니다. 그런 마쓰시타였지만 손님과의 약속에는 어김없이 한 시간 전에 가서 준비를 했습니다.

"괜찮으십니까? 오늘은 사정 얘기를 하고 돌아가 쉬시는 게 어떠세요?"

괴로워하는 모습을 보다 못한 비서의 말에 마쓰시타는 다음과 같이 대답했습니다.

"그건 예의가 아닐세. 그리고 지금 상대방에게 연락을 취한다고 해도 벌써 나섰을 텐데……."

그러는 사이에 손님이 당도했다는 전갈이 오자 그는 자세가 확 변했습니다.

"내가 맞이하러 가야지."

벌떡 일어나 나가는 그 모습은 조금 전까지 열이 올라 괴로워하던 사람이라고 도저히 믿기지 않을 정도로 다른 사람 같았습니다. 손님과 이야기를 나누고 "그럼 정원이라도 걸으실까요?" 하고 정원으로 나가 안내하기 시작했습니다. 그리고는 다시 돌아와 차를 마시면서 담소를 나누었습니다. 그렇게 한 시간 반 정도 손님을 접대했습니다. 그 사이 마쓰시타는 싱글벙글하며 컨디션도 좋아진 것 같았습니다. 이윽고 손님이 돌아가려 하자 마쓰시타는 언제나처럼 전송을 했습니다.

그렇게 손님의 모습이 시야에서 사라진 순간, 그는 마치 공기가 빠져버린 공처럼 푹 주저앉으며 "너무 피곤하군. 나 돌아가야겠네"라고 말했습니다. 나중에 그는 비서진에게 말했습니다.

"손님과 약속을 한 이상 손님이 만족할 수 있도록 최선을 다해야지. 내가 병이 난 것은 상대와는 아무 관계도 없지 않은가?"

여러분! 성공한 사람에게는 반드시 성공할 만한 이유가 있고, 실패한 사람에게는 실패할 만한 이유가 있습니다. 대인관계에서 성공하려면 무엇보다 약속을 잘 지켜야 합니다. 약속은 곧 신용이기 때문입니다. 신용 없는 인간은 결코 성공하지 못합니다. 우리 모두 약속을 성실하게 이행하는 사람이 되도록 노력합시다.

지금까지 '약속의 이행'에 대해 말씀드렸습니다.

어머니의 교훈

지금부터 '어머니의 교훈'에 대해 말씀드리겠습니다.

　1781년, 앤드루 잭슨은 열네 살 어린 나이에 군대에 들어갔습니다. 그러나 얼마 되지 않아 그는 적군에 잡혀 감옥에 갇히게 됩니다. 그곳에서 천연두에 걸리게 되자 어머니의 간청으로 풀려납니다.

　그가 건강을 회복한 후, 급히 간호사를 필요로 한다는 소식을 들은 그의 어머니는 환자들을 돕기 위해서 병원선을 탔다가 간호 도중 죽고 맙니다. 어머니는 집을 떠나기 전, 앤드루에게 다음과 같이 말했습니다.

　"얘야, 내가 너를 다시 못 볼 수도 있으니 이제 내가 살면서 배워온 것들을 알려주고 싶구나. 세상은 네가 개척해나가야 한단다. 그러기 위해서는 좋은 친구를 사귀어야 한다. 친구는 솔직하고 진실하게 사귀고, 불변의 태도로 우정을 지켜나가야 해. 또 친구의 가치는 오랜 사귐 속에서 나타나는 것이며, 그가 너에게 준만큼 너도 그에게 베풀어야 한단다.

의무나 책임을 잊는 것과 불친절한 것은 그저 실수나 무관심일 뿐만 아니라 기본적인 범죄가 된단다. 인간의 죄는 언젠가 심판받기 마련이다. 그리고 사람은 항상 공손해야 한다. 그러나 아첨을 해서는 안 된다. 그렇지 않으면 아무도 너를 존경하지 않을 것이다.

또 너에게 피해가 없는 이상 분쟁은 피해라. 그러나 남자다운 인격은 항상 지켜야 한다. 폭행이나 명예훼손죄는 절대로 짓지 마라. 법에 의한 처벌이 있다 해도 피해자의 격분은 가라앉지 않을 것이다. 결코 다른 사람의 감정을 상하게 하지 말고, 또 네 마음속에 화의 근원이 자라도록 내버려 두지 마라. 만약 네가 너의 정당성을 밝히거나 명예를 지키려고 한다면 조용히 그 일을 처리해라. 그리고 분노가 일어날 때에는 먼저 마음을 진정시키고 난 후에 다음 행동을 하도록 해라."

앤드류 잭슨은 소년 시절 들은 어머니의 교훈을 평생의 지침으로 삼아 마침내 미국 7, 8대 대통령이 되었습니다.

여러분! 여자는 약하나 어머니는 강하다고 했습니다. 어머니는 항상 자식을 위해서라면 죽을 각오를 하고 있습니다. 자식을 위한 어머니의 마음은 아름답고 숭고합니다. 모든 사랑은 어머니로부터 시작됩니다. 우리 모두 어머니의 교훈을 생각해봅시다. 그리고 실천합시다!

지금까지 '어머니의 교훈'에 대해 말씀드렸습니다.

어머니의 사랑과 희생

지금부터 '어머니의 사랑과 희생'에 대해 말씀드리겠습니다.

프랑스의 문호 빅토르 위고는 "여자는 약하나 어머니는 강하다"고 했으며, 독일의 철학자 헤르바르트는 "한 사람의 착하고 어진 어머니는 100명의 교사에 필적한다"고 했습니다.

나폴리의 한 공장에서 일하는 소년이 있었습니다. 그는 성악가가 되고 싶었고 소년의 어머니는 그가 열 살 때, 선생님에게 성악 레슨을 받게 했습니다. 그의 노래를 들어본 선생님은 다음과 같이 혹평했습니다.

"너는 노래를 할 수가 없단다. 좋은 목소리를 타고나지 못했어. 네 목소리는 마치 덧문에서 나는 바람소리 같구나."

그러나 소년의 어머니는 자기 아들의 재능에 대하여 깊은 통찰력을 갖고 있었습니다. 그녀는 아들이 노래에 재능이 있다고 굳게 믿었습니다.

너무도 가난해서 성악 공부를 제대로 할 수 없는 아들을 껴안고 그녀는 격려하며 말했습니다.

"아들아, 나는 네가 성악 공부를 할 수 있도록 어떠한 희생도 감수하겠다."

어머니의 격려와 희생으로 용기를 얻은 소년은 세계에서 가장 훌륭한 성악가로 성공했습니다. 그가 바로 엔리코 카루소입니다.

어디 그뿐입니까? 어느 추운 겨울날, 한 젊은 어머니가 사우스웨일즈의 구릉지를 가로질러 가고 있었습니다. 품 안에는 아기를 안고 있었는데 앞을 가리는 눈보라가 치기 시작했습니다. 눈보라 속을 헤매던 그녀는 얼어 죽었고 그녀의 시체는 탐색단에 의해 발견되었습니다.

탐색단은 그녀가 죽기 전에 겉옷을 모두 벗어 아기를 싸놓은 것을 발견했는데, 놀랍게도 아기는 살아 있었습니다. 그녀는 아기를 위해 자신의 생명을 버렸으며, 거룩한 모성애로 작은 생명을 구한 것입니다.

이 아기의 이름은 데이비드 로이드 조지. 그는 자라서 영국의 수상이 되었으며 영국에서 가장 위대한 정치가 중 하나로 불리고 있습니다.

여러분! 세상에 어머니 없는 자식은 없으며, 어머니의 사랑과 희생 없이 성공한 사람 또한 없습니다. 어머니의 사랑과 희생은 이 세상 그 무엇과도 바꿀 수 없는 고귀한 것입니다. 우리 모두 어머니의 은혜를 다시 한번 생각하고 보답하도록 노력합시다.

지금까지 '어머니의 사랑과 희생'에 대해 말씀드렸습니다.

언어의 마술

지금부터 '언어의 마술'에 대해 말씀드리겠습니다.

백화점의 와이셔츠 판매장 앞에 물끄러미 서 있는 남자가 있었습니다.

"오늘은 특별히 싸게 봉사합니다!"

"많은 분들이 사가고 계시네요!"

"제 남편도 이것을 입고 좋다고 합니다!"

점원은 오가는 손님에게 열심히 홍보를 하며 외쳤지만, 산더미처럼 쌓인 와이셔츠는 잘 팔리지 않았습니다. 이 장면을 보던 남자가 성큼 매장 안으로 들어섰습니다.

"내가 한번 팔아보겠소. 틀림없이 잘 팔릴 거요."

남자는 한 장의 와이셔츠를 들고 지나가는 부인을 불러 세웠습니다.

"보십시오. 단추가 튼튼하게 달려 있죠. 세탁기에 빨아도 안 떨어집니다."

그것은 바로 팔렸습니다. 한 장, 또 한 장, 그렇게 세네 장……. 같은 방식으로 팔아 와이셔츠의 매상은 부쩍 늘어갔습니다. 그날 밤, 와이셔츠는 한 장도 남지 않았습니다. 그 백화점의 특매 역사에 일찍이 없던 사건이었습니다.

그렇다면 이 남자는 도대체 누구일까요? 그의 이름은 엘머 휠러. 한 신문사의 광고 세일즈맨이었습니다. 그는 광고주의 매상 성적을 올리는 일에 언제나 열심이었습니다. 광고가 나간 후 매상이 좋지 않으면 더 많은 광고를 할 수 없기 때문입니다.

'어떻게 하면 매상을 올릴 수 있을까?' 궁리하던 그는 훌륭한 광고도 중요하지만, 매장에 있는 직원의 말이 판매를 좌우한다는 사실을 깨달았습니다. 그래서 자기가 직접 나가 볼티모어 제일의 백화점에서 와이셔츠가 '팔리게 하는 말'을 시도해보았던 것입니다.

이 실험에 성공한 휠러는 '사게 하는 말'을 연구해 마침내 11만5천 단어를 한 권에 집약시켜 〈실험실 소매점 판매법〉이란 책을 냈습니다. 여기에 실린 말은 2천3백만 명의 손님들에게 실제로 사용해 효과를 봤던 말이며, 이 책은 광고나 영업하는 사람들이 바이블처럼 읽는다고 합니다.

여러분! 십인십색이라고 하지만 인간은 모두 뿌리가 서로 통하는 성질을 갖고 있어, 그 근저에 호소하는 말에는 공통된 반응을 나타냅니다. 상품 자체가 팔리는 것이 아니라 말이 사게 만드는 것입니다. 상대의 마음을 움직일 수 있는 매력적인 말을 찾도록 노력합시다.

지금까지 '언어의 마술'에 대해 말씀드렸습니다.

언어 학습의 중요성

지금부터 '언어 학습의 중요성'에 대해 말씀드리겠습니다.

중국 역사상 유명한 스피커 소진(蘇秦)과 장의(張義). 그들은 일곱 나라가 서로 세력을 다투던 춘추전국시대에 살았는데, 귀곡(鬼谷)이라는 스승에게 함께 사사를 받은 동문 사이였다고 합니다.

소진은 언변이 뛰어나 제후에게 유세(遊說)를 하였으나 채용되지 못하자, 다시 1년 동안 열심히 공부해 계책을 세운 뒤 연나라의 문후에 채용되었습니다. 그가 세운 계책은 진나라를 두려워하는 산동의 여러 나라를 찾아다니며, 진나라에 연합으로 대항하자는 합종설(合縱說)이었는데, 이 계책이 성공해 그는 조, 제, 위, 한, 초, 연 여섯 나라의 재상을 겸해 15년 동안 진나라의 세력을 방비하고 부귀영화를 누리며 살았습니다.

그러나 그의 정책은 연횡책(連衡策)을 주장하고 득세한 장의에 의해 깨지고 맙니다. 소진에 비해서 장의는 출세가 늦었습니다. 하루는 장의가 초나라의 정승과 술을 마셨습니다. 그때 마침 정승이 아끼던 옥구슬이 없어졌습니다. 정승집 사람들의 혐의를 받은 장의는 수백 대의 태형을 받고 초죽음이 되어 집으로 돌아갔습니다. 장의의 몰골을 본 그의 아내가 말했습니다.

"당신이 유세를 하지 않았더라면 이런 욕을 당하지는 않았을 것 아닙니까?"

그러자 장의는 아내에게 물었습니다.

"여보! 내 혀를 살펴보게. 아직 있는가 없는가?" 아내가 기가 막혀 웃으며 있다고 하자 장의는 이렇게 선언을 했습니다. "그렇다면 됐어! 내 혀가 있는 한……."

그 후 그는 소진의 주선으로 진나라에 가서 벼슬살이를 하게 되어, 혜문왕의 재상까지 됩니다. 그는 소진이 성사시킨 여섯 나라의 동맹을 깨뜨리기 위해 위나라, 조나라, 한나라 등 동서를 잇닿는 여섯 나라를 순회하며 특유의 언변으로 설득해 진나라에 복종하도록 만들었습니다.

소진과 장의. 두 사람은 창칼의 무기가 아닌 단지 세 치밖에 안 되는 혀로 일곱 나라의 역사를 좌지우지시킨 본보기라고나 할까요?

여러분! 〈공자가어(孔子家語)〉에 "언변으로 자기의 뜻을 성공시키고 문장으로 자기의 말을 성공시킨다. 말을 하지 않으면 누가 그 사람의 뜻을 알 수 있으며 또 말을 한다고 해도 문장으로 기록하지 않으면 그 뜻이 멀리 갈 수 있느냐"고 하였습니다. 말과 글, 언어 학습이야 말로 자기의 뜻을 널리 펼 수 있는 지름길입니다. 언어 학습에 좀 더 박차를 가합시다.

지금까지 '언어 학습의 중요성'에 대해 말씀드렸습니다.

여자의 관심거리

지금부터 '여자의 관심거리'에 대해 말씀드리겠습니다.

여자의 마음은 도무지 알 수가 없다며 처음부터 손을 드는 남자들이 있습니다. 그러나 여자들의 관심사를 알면 여성을 이해하는 데 많은 도움이 될 것입니다. 여자들은 다음의 다섯 가지에 특히 관심이 많습니다.

첫째는 쇼핑입니다. 옛날에 비하면 많이 여성도 변했지만 전체적으로 보면 여성은 쇼핑의 전문가입니다. 여자들은 항상 '무언가 살 수 있었으면……' 하고 생각합니다. '어딘가 바겐세일을 하는 싼 물건은 없을까?' 라는 생각을 늘 하는 것 같습니다.

둘째는 패션입니다. 여자들은 몇 살이든 입는 것에 집착합니다. 50이든 60이든 마찬가집니다. 옷이나 포목을 눈앞에 펼치면 흥미를 나타내지 않는 여성은 거의 없습니다. 아직도 여성은 '선택당한다'는 생각 때문인지 아름답고 싶다는 소망이 강한 것 같습니다.

셋째는 요리입니다. 여자는 먹는 것에 대해 대단히 욕망이 강합니다. 자기가 먹는 것은 물론이고 가족에게도 요리를 해주고 싶은 마음 때문에 관심이 높습니다. 어린이를 기른다는 숙명을 가지고 있기 때문인지, 먹는다는 것에 대한 집념은 남성보다 여성 쪽이 강합니다. 먹는 것이나 요리 방법, 도구에 대해서 극히 강한 관심을 나타내는 존재입니다.

넷째는 결혼입니다. '현대는 미혼의 시대다', '도약하는 여성은 결혼하지 않는다'고도 하지만 역시 결혼이라는 것은 여자에게 인생 그 자체입니다. 결혼에 대해서는 미혼 여성은 물론이고 기혼 여성도 강한 관심을 나타냅니다.

다섯째는 어린이입니다. 여성이 아기를 좋아하는 것은 천성적인 것입니다. 어린이나 갓난아기에게 흥미와 관심을 나타내지 않는 여자는 이 세상에는 많지 않으리라 생각합니다. 남성은 남의 아이에게 관심을 나타내지 않지만 '어린이를 귀여워하는 남자는 착한 사람'이라고 여자들은 믿고 있습니다. '어린이는 천사'라고 믿는 여자도 수없이 존재합니다.

여러분! 사람의 마음을 알면 세상을 움직인다는 말처럼 여자의 마음을 알면 그들을 움직일 수 있습니다. 세상의 반은 여성이며 여성은 가정의 주역입니다. 우리 모두 여자의 관심사를 이해하도록 노력합시다.

지금까지 '여자의 관심거리'에 대해 말씀드렸습니다.

역경의 극복

지금부터 '역경의 극복'에 대해 말씀드리겠습니다.

고대 그리스의 신희극(新喜劇) 작가 메난드로스는 "역경은 희망으로 극복된다"고 했습니다.

미국의 한 연구 조사에 의하면 95%의 사람들은 현상에 안주하고, 4%의 사람들은 지도적인 위치에 도달하고, 단 1%의 사람만이 정상을 정복한다고 합니다.

지지리도 못생기고 우스꽝스러운 옷을 입은 한 소년이 있었습니다. 그는 학교 친구들로부터 괴로움을 당하기 일쑤였고, 비참함을 잊기 위해 책을 읽으며 어린 시절을 외톨이로 보냈습니다. 학교를 졸업하고 열여덟 살이 되었을 때 그는 벽돌을 쌓는 막노동자가 되었습니다.

그런 그가 오랜 세월이 흐른 뒤에는, 갈채와 존경을 받는 사람이 되어 엘리자베스 여왕으로부터 영예를 받았으며, 제임스 국왕으로부터 훈장을 수여받기에 이르렀습니다. 그는 영국에서 빛나는 극작가 중의 한 명이 되었는데, 그의 이름은 바로 벤 존슨입니다.

또 가난한 설교자에게 병약하나 감정이 풍부한 아들이 있었습니다. 그는 학교에서 가장 우둔하고 멍청한 학생으로 불렸는데, 그것을 입증이라도 하듯이 대학에서 최종 학점을 받았을 때 그의 성적은 최하위였습니다. 그로 인해 그는 목사직을 거절당했고 후에 법률가가 되려고 시도했지만 결과는 마찬가지였습니다. 그래서 이번에는 병원의 조수 시험을 치르기 위해 남의 옷을 빌려 입으면서까지 시도했으나 결국 떨어졌습니다. 그는 자기가 원하는 모든 일에 실패했고 다락방에서 초라하게 살았습니다.

마지막으로 단 한 가지, 그가 하고자 했던 것은 글을 쓰는 것이었는데 각고의 노력 끝에 마침내 작가가 되었습니다. 그리하여 그는 질병과 가난, 출신의 약점과 장애를 극복하고 위대한 작가로 손꼽히게 되었으니 그가 바로 영국의 올리버 골드스미스입니다.

여러분! 사람에게는 누구나 약점이 있고 인생의 길에는 역경이 있기 마련입니다. 그래서 대부분의 사람들이 약점과 역경에 한계를 느끼고 그럭저럭 살아갑니다. 그러나 성공한 5%의 사람들은 어떠한 역경에도 굴복하지 않고 목표를 향해 계속 노력한 사람들입니다. 불은 쇠를 단련하고 역경은 사람을 단련시킵니다. 우리 모두 역경에 굴하지 말고 목표를 향해 돌진합시다.

지금까지 '역경의 극복'에 대해 말씀드렸습니다.

연사의 유머

지금부터 '연사의 유머'에 대해 말씀드리겠습니다.

유머는 강력한 커뮤니케이션 도구입니다. 유머를 사용하면 청중의 관심을 끌 수 있고, 친밀한 관계를 형성할 수 있으며, 연설을 훨씬 쉽게 기억시킬 수 있습니다. 그래서 동서고금의 유명한 연사들은 유머를 적절히 사용해왔고 지금도 사용하고 있습니다.

미국의 로널드 레이건 대통령은 자신의 경험담을 이야기의 소재로 즐겨 사용했습니다. 다음은 그가 어느 모임에서 한 연설 중 하나입니다.

"캘리포니아 주지사 시절, 저는 미국 대표 자격으로 여러 차례 멕시코를 방문할 기회가 있었습니다. 언젠가 상당히 많은 청중을 대상으로 연설을 할 때였습니다.

연설이 끝나고 자리에 앉았는데 그다지 성의 없는 박수 소리가 여기저기서 간혹 들리다 마는 것이었습니다. 조금 당황이 되더군요. 사실 저는 자의식이 강한 사람이거든요. 그래서 내가 무슨 잘못을 했나 보다 싶었습니다.

그런데 다음 차례의 연사가 일어났을 때, 저는 더욱 당황했습니다. 그는 제가 알아듣지 못하는 스페인어로 연설을 했는데, 그 연사는 한마디 말이 끝날 때마다 열렬한 박수를 받았기 때문이었습니다.

그래서 저는 당황한 표정을 감추기 위해 다른 사람보다 먼저 박수를 치기로 작정하고, 더 열렬하게 오래 박수를 쳐댔습니다. 그런데 조금 있으니까 우리 나라 대사가 나한테 몸을 굽히더니 '내가 당신이라면 그렇게 박수를 치지 않을 겁니다. 저 사람은 지금 당신의 연설을 통역하고 있으니까요' 하고 말하는 것이었습니다."

여기까지 듣고 있던 청중들은 순간 박장대소를 했다고 합니다.

여러분! 사람들은 왜 이런 이야기를 좋아할까요? 그것은 한마디로 연사가 자신의 실패담을 웃음거리로 삼았기 때문입니다. 성공담은 자칫 자랑으로 들리기 쉽습니다만 실패담에는 진솔한 교훈이 담겨 있습니다. 연사라는 권위를 스스로 무너뜨리고 청중 속으로 파고들어 공감을 얻어내는 것이 명연설의 비결입니다. 우리도 자신의 유머를 개발하고 적절하게 사용할 줄 아는 연사가 됩시다.

지금까지 '연사의 유머'에 대해 말씀드렸습니다.

연습과 노력

지금부터 '연습과 노력'에 대해 말씀드렸습니다.

서양 격언에 '지식만으로는 반 예술가밖에 될 수 없다'는 말이 있습니다. 또 페스탈로치는 "무슨 일이든 연습을 하는 동안 발달하게 돼 있다"고 했습니다. 연습은 완성의 기초이기 때문입니다.

스위스의 피아니스트 지기스문트 탈베르크는 뛰어난 소질과 엄격한 훈련으로 세계적인 명연주자가 되었습니다. 어느 날, 대규모 음악회를 기획한 주최자가 탈베르크에게 출연을 의뢰해 왔습니다.

"음악회 날짜가 언제입니까?"

"다음 달 1일입니다."

탈베르크는 한마디로 거절했습니다.

"사양하겠습니다. 그날까지는 도저히 연습을 끝마칠 수 없습니다."

주최자는 놀란 표정으로 물었습니다.

"선생님께서 새삼스럽게 연습을 하시다니요? 도대체 무엇을 연습하신다는 겁니까?"

"이번 음악회에서는 신곡을 연주하고 싶습니다."

주최자는 반가운 표정으로 말했습니다.

"신곡이라도 4일 정도 연습하면 충분하지 않습니까? 저는 많은 음악가를 알고 있지만 1회 연주에 4일 이상 연습하는 사람은 못 봤습니다. 하물며 선생님 같은 대가가 그 이상 연습할 필요는 없지 않습니까?"

그러자 탈베르그는 단호한 어조로 다음과 같이 말했습니다.

"나는 신곡을 발표할 때 적어도 1,500번 이상 연습합니다. 하루에 50번씩 연습한다 해도 1개월은 걸립니다. 그때까지 기다려주겠다면 기꺼이 수락하겠지만 그럴 여유가 없다면 거절할 수밖에 없습니다."

여러분! 명성은 결코 하루아침에 얻어지는 것이 아닙니다. 세상에는 천재적인 소질을 가진 사람도 있지만, 대부분의 성공자들은 피눈물 나는 노력으로 대가가 된 것입니다. 어느 분야에 종사하든 대가가 되기 위해서는 남다른 연습과 노력을 계속해야 합니다. 실제 연습은 완성의 기초이며, 연습에 의해 일류 예술가가 된다는 사실을 명심하고 철저하게 연습합시다.

지금까지 '연습과 노력'에 대해 말씀드렸습니다.

연습의 법칙

지금부터 '연습의 법칙'에 대해 말씀드리겠습니다.

어느 분야든 성공하려는 사람들은 실력을 쌓기 위해 노력합니다. 그런데 몇 몇 사람은 대성공자가 되고 대부분의 사람은 성공하지 못합니다. 사람들은 그 이유를 '타고난 천재성' 때문이라고 믿어왔습니다.

그런데 원인은 천재성이 아니라 '연습의 양(量)'이라는 사실이 밝혀졌습니다.

플로리다 주립대학의 심리학 교수 안데르스 에릭슨이 1990년대 발표한 〈재능논쟁의 사례 A〉라는 연구 결과가 있습니다. 그는 바이올린을 배우는 베를린 음악아카데미 학생들을 세 그룹으로 나눴습니다.

첫번째 그룹은 엘리트로 장래에 세계적인 솔로 주자가 될 수 있는 학생들 이고, 두번째 그룹은 그냥 잘한다는 평가를 받는 학생들이고, 세번째 그룹은 프로급 연주를 해본 적이 없는 공립학교 음악교사가 꿈인 학생들이었습니다.

그리고 그들 모두에게 질문을 했습니다.

"언제부터 바이올린을 배웠으며 지금까지 얼마나 많은 연습을 해왔는가?"

세 그룹 모두 다섯 살쯤 바이올린을 시작했고, 대개 일주일에 두세 시간씩 연습했습니다. 하지만 여덟 살 때부터 차이가 벌어져 스무 살까지 연습한 시간을 합산해보니, 첫번째 그룹은 1만 시간, 두번째 그룹은 8천 시간, 세번째 그룹은 4천 시간이었습니다.

에릭손은 학생들 중에서 타고난 천재, 다시 말해 별로 노력하지 않았는데 정상급 수준으로 올라선 학생은 한 명도 없었으며, 누구보다 열심히 연습하는데도 정상에 오르지 못한 학생도 발견하지 못했다고 합니다.

이 연구 결과는 일정한 수준 이상의 재능을 가진 사람이라면, 실력은 결국 그 사람의 연습량에 달려 있다는 것을 말해줍니다.

또 미국의 신경과학자인 다니엘 레빈틴은 '어느 분야건 세계 수준의 전문가가 되려면 1만 시간의 연습 시간이 필요하다'는 연구 결과를 내놓았습니다. 그는 작곡가, 야구선수, 소설가, 피아니스트 등 다양한 직업군을 조사했는데, 어느 분야에서든 1만 시간보다 적은 시간을 연습해서 세계 수준의 전문가가 된 경우는 찾아볼 수 없었다고 합니다.

여러분! 그렇습니다. 어느 분야든 진정한 숙련자의 경지에 도달할 때까지 필요한 시간은 1만 시간이며, 우리도 자신의 분야에서 1만 시간 이상 연습을 한다면 탁월한 전문가가 될 수 있습니다. 좀 더 열심히 연습합시다.

지금까지 '연습의 법칙'에 대해 말씀드렸습니다.

열등감

지금부터 '열등감'에 대해 말씀드리겠습니다.

여러분 가운데 미국의 여배우 마릴린 먼로를 모르는 사람은 없을 것입니다. 아름다운 몸매와 명성을 가졌고 엄청난 부를 누렸으며, 아직까지도 남성들의 영원한 연인인 불멸의 대스타입니다.

그러나 그녀의 사생활에 대해 아는 사람은 드문 것 같습니다. 그녀는 1928년, 사생아로 태어나 소녀 시절을 고아원에서 보내고 자그마치 열두 집이나 양부모를 찾아서 전전했으며, 열여섯 살에 공원(工員)과 결혼했지만 스무 살에 이혼하는 등 불운을 연속적으로 겪었습니다.

배고픔을 견디기 위해 누드모델까지 했던 그녀가 세계적인 대스타가 된 것은 1953년, 그녀의 나이 스물다섯 살 때 〈나이아가라〉의 주연을 맡으면서였습니다. 그 후 〈신사는 금발을 좋아해〉, 〈백만장자와 결혼하는 법〉 등 그녀가 출연하는 영화마다 빅히트를 해 그녀는 섹스심벌로 수백만 명의 팬들을 사로잡았습니다.

이런 그녀는 연애와 결혼 경력이 많습니다. 그러나 전 세계의 어떤 미술품에도 뒤지지 않는 곡선미와 관능적인 몸놀림에 혼을 빼앗긴 뭇 남성들이 자기를 섹스심벌로밖에 봐주지 않는 점에 그녀는 깊은 상처를 받았습니다.

그래서 유명한 야구선수 조 디마지오와 결혼했습니다. 성실한 인품의 야구선수는 먼로의 인격을 충분히 존중해주었지만 지성이 부족했습니다. 육체파를 탈피하고 지성파 여배우가 되고 싶었던 그녀는 다시 유명한 극작가 아서 밀러와 결혼하지만, 성적인 만족을 얻지 못해서 또 이혼을 합니다.

최후의 남성은 미국의 대통령 케네디였습니다. 젊고 핸섬하며 최고의 권력자인 케네디는 그녀가 더 이상 바랄 것 없는 상대였습니다. 그러나 바람둥이 케네디가 그녀에게 바랐던 것 역시 육체 이외에 아무것도 아니었습니다.

육체를 무기로 삼으면서도 그 육체에 휘둘려 자존심과 열등감에 번민하던 그녀는 서른여섯 살에 다량의 약을 먹고 자살하고 말았습니다.

여러분! 인간은 누구나 열등감을 갖고 있습니다. 수백만 명의 남성들이 먼로의 육체에 매력을 느꼈지만, 그녀 자신은 그 육체적 매력을 열등감으로 느꼈던 것처럼 당신이 지금 열등하게 생각하고 있는 것이 남의 눈에는 장점으로 보일 수도 있습니다. 열등감의 노예가 되지 말고 열등감까지 사랑하는 사람이 됩시다!

지금까지 '열등감'에 대해 말씀드렸습니다.

열등감 극복

지금부터 '열등감 극복'에 대해 말씀드리겠습니다.

교사 소병량 씨는 최다 자격증 소지자로 한국 기네스북에 오르고, 서울교육청으로부터 신지식인으로 선정된 입지전적 인물입니다. 그러나 그의 가슴에는 항상 기를 죽이는 열등감이 있었습니다.

그는 고등학교를 졸업하고 막일을 해서 번 돈으로 전문대학에 들어갔고, 졸업 후 전공을 살려 당시 있었던 실기교사 제도로 학교에 취직했습니다. 그러나 정교사가 아니었던 그는 동료들의 쟁쟁한 학벌에 눌려 열등감이 생겼습니다. 이를 극복하기 위해 개방대학을 졸업하고, 교육대학원까지 나와 정교사 자격증을 받았지만, 여전히 학력의 열등감에서 벗어나지 못했습니다. 그때부터 자격증을 따기 시작했습니다. 학력은 지나간 과거일 뿐 현재의 자신을 말해주는 성적표는 아니라고 생각했던 것입니다.

학생들에게 능력 있는 선생님이 되고 싶어 처음에는 수업을 하는 데 도움이 되는 전기, 전자 분야의 자격증을 땄습니다. 자격증도 시대에 따라 인기를 끄는 분야가 다르다는 흐름을 간파한 셈이지요. 생각이 바뀌니 자연히 관심의 폭도 넓어졌고 과감히 낯선 분야에도 도전할 수 있었습니다. 앞으로는 학력 위주의 사회가 아닌 능력 위주의 사회가 되기를 바라면서 계속 도전해 나갔습니다.

1985년에 딴 공인중개사 자격증을 시작으로, 통신 관련 기능장을 비롯해 도장기술, 승강기, 자동차, 소방 등 40여 개의 국가자격증과 침술, 응급처치 등 민간자격증을 포함해 총 54개의 자격증을 따게 되었습니다. 첫 자격증을 딴 것은 22년 전이지만 본격적인 도전을 시작한 것은 1993년부터라니, 실패한 것을 제쳐두고도 한 해에 평균 서너 가지 새로운 공부를 해낸 셈이지요.

여러분! 흔히 안정된 직업이라 일컫는 고등학교 기술과목 교사인데, 뭐가 답답해서 끊임없이 자격증 공부를 하느냐고 묻겠지만, 그의 대답은 '자격증이 바로 열등감을 극복하는 수단'이었다는 것입니다. 이 정도면 됐다 싶은 생각이 들었을 법한데도, 그는 새로운 분야에 대한 관심과 공부를 멈추지 않습니다.

사람은 누구나 정도의 차이가 있을 뿐 열등감이 있습니다. 우리는 어떤 열등감을 갖고 살아가고 있습니까? 열등감을 자기 완성의 촉진제로 삼읍시다.

지금까지 '열등감 극복'에 대해 말씀드렸습니다.

열망과 끈기

지금부터 '열망과 끈기'에 대해 말씀드리겠습니다.

미국의 백화점왕 존 워너 메이커는 "최후의 승리는 출발점에서의 도약이 아니라 결승점에 이르기까지의 끈기와 노력이다"라고 했으며, 도스토예프스키는 "철저한 끈기만 있으면 사람은 누구나 다 성공자가 될 수 있다"고 했습니다.

성공한 사람들의 두드러진 한 가지 특징은 실패를 두려워하지 않는 용기를 갖고 열망과 끈기로 노력한다는 점입니다. 브라이언 테일러는 아홉 살짜리 소년으로 100마일 이상의 자전거 주행 기록을 가지고 있으며, 미국암협회를 위해 모금 운동을 벌이기도 했습니다. 이러한 공적만 들으면 그렇게 놀랄 것도 없지 않겠냐고 생각할지 모르겠지만 사실 그는 한쪽 다리가 없는 장애를 가지고 있습니다.

브라이언은 친구들의 자전거 타는 모습을 보고 집에 돌아와 어머니에게 졸라대기 시작했습니다.

"엄마! 저도 자전거를 배우고 싶어요."

그 말을 들은 어머니는 깜짝 놀랐습니다.

"뭐라고? 두 발이 다 성해도 배우다 넘어지기 일쑤인데, 넌 안 된다."

"하지만 엄마, 전 꼭 배우고 싶어요."

몇 날 며칠을 졸라 브라이언은 겨우 어머니의 승낙을 받았습니다. 그러나 한쪽 발이 없는 소년이 자전거를 타기란 결코 쉬운 일이 아니었습니다. 어머니는 브라이언이 다칠까 봐 조마조마하면서도, 어린 아들의 배우고자 하는 열망에 탄복해 적극적으로 도와주었습니다. 브라이언은 새 자전거를 두 대나 망가뜨려 가며 자전거 타기를 연습했습니다.

마침내 그는 자전거 페달을 더 빨리 밟기 위해 자신의 발을 페달 위에 묶었습니다. 그렇게 연습을 거듭한 그는 프로 선수처럼 자전거를 탈 수 있게 되었습니다. 그리고 100마일 이상의 주행에 도전해 성공했습니다.

여러분! 열망과 끈기를 가지고 노력하면 안 되는 일이 없습니다. 노력한다는 것은 곧 실패의 위험을 진다는 뜻이기도 합니다. 실패를 피하는 길은 딱 한 가지, 아무것도 하지 않는 것입니다. 한쪽 발이 없는 아홉 살짜리 어린 소년이 해냈다면 당신도 분명 해낼 수 있습니다. 어떠한 악조건 속에서도 열망과 끈기로 노력하면 분명히 당신은 정상에 선 자신을 만나게 될 것입니다.

지금까지 '열망과 끈기'에 대해 말씀드렸습니다.

열정의 안배

지금부터 '열정의 안배'에 대해 말씀드리겠습니다.

고대 로마의 시인 호라티우스는 "당신의 열정을 지배하십시오. 그렇지 않으면 열정이 당신을 지배합니다"라고 했습니다.

동국대학교에 백성욱 박사가 총장이던 시절, 혈기왕성한 한 학생이 학내의 부조리를 지적하며 학생들을 선동해 파업을 일으켰습니다. 주동자를 조사해보니 뜻밖에도 특별장학생으로 법학과에 들어온 '신상두'라는 1학년생이었습니다. 그래서 백성욱 총장은 신상두 학생을 총장실로 불러 씩씩거리며 들어온 그에게 물었습니다.

"자네가 신상두인가? 특별장학생으로 선발된 걸 보니 수재로구먼."

벼락이라도 떨어질 것을 각오하고 단단히 무장한 학생은 자기를 수재로 인정해주는 총장의 말에 다소 누그러진 표정이었습니다. 총장은 자애로운 표정을 머금고 질문했습니다.

"플라타너스나 소나무는 여름철에는 다 싱싱하다네. 그러나 겨울이 되면 플라타너스는 앙상한 가지만 남는데 왜 그런지 아나?"

"소나무는 소나무의 기질이 있고 플라타너스에는 플라타너스의 기질이 있기 때문이지요."

꽤 영리하게 대답했다는 학생의 표정에 의미 있는 웃음을 머금은 총장은 다음과 같이 말했습니다.

"자네 말에도 일리가 있군. 그러나 좀 더 철학적으로 생각해보게. 세상의 모든 생물에는 남다른 재능과 열정이 있지만 한계가 있다네. 열정을 어떻게 관리하느냐가 중요하지. 소나무는 자기의 열정을 낭비하지 않고 사계절을 적절히 안배하기 때문에 사시사철 푸르른 것이고, 플라타너스는 여름철에 지나치게 열정을 소비했기 때문에 겨울이 되면 앙상한 가지만 남는 거라네. 신상두 학생! 자네의 열정을 사소한 일에 낭비하지 말고 좀 더 큰일을 위해서 적절히 안배하게. 나는 자네의 재능과 열정에 큰 기대를 걸고 있네."

총장의 말에 감복한 학생은 그 후 한눈팔지 않고 열심히 공부해 사법고시에 합격했고, 검사장을 거쳐 감사원의 수석감사위원, 원장직무대리로 국가에 공헌을 하고 변호사 개업까지 했습니다.

여러분! 인간의 능력이나 재물에는 반드시 한계가 있습니다. 주어진 능력이나 재물을 전성기 때 어떻게 관리하느냐에 따라서, 인생의 성공과 실패가 좌우됩니다. 우리 모두 열정을 낭비하지 말고 적절히 사용하도록 합시다.

지금까지 '열정의 안배'에 대해 말씀드렸습니다.

영업인의 얼굴

지금부터 '영업인의 얼굴'에 대해 말씀드리겠습니다.

돈을 받고 상품을 주는 일은 자동판매기가 적당하고, 상품을 갖다 주고 돈을 받아오는 일은 배달원이면 됩니다. 또 상품 값을 계산해 돈을 받고 건네주는 일은 카운터가 적합합니다.

그렇다면 영업인, 통칭 세일즈맨의 역할은 무엇이 다를까요? 상품을 판다는 외형적 행위는 같지만 먼저 손님의 호감을 얻고 구매 욕구를 창출해 신뢰감으로 고객을 만족시킨다는 점이 다릅니다. 이런 관점에서 볼 때 영업인의 호감도는 테크닉 못지않게 중요합니다.

그럼 남에게 호감을 얻는 비결은 무엇일까요? 그것은 한마디로 에티켓을 지키는 일에서 비롯됩니다. 호감가는 언행으로 손님을 깍듯이 대하는 영업인이야 말로 고객 만족의 출발 아닐까요? 특히 밝은 표정, 음성, 내용의 언행은 비즈니스맨의 필수 조건입니다.

100만 불짜리 미소와 최고의 보험 계약으로 유명한 일본의 하라이치 히로. 그는 원래 찡그린 얼굴의 소유자로 메이지 생명에 들어오고자 했을 때, "그런 인상으로는 영업을 못하니까 안 된다"고 입사를 거절당했습니다. 그래도 한 번 해보겠다고 간청을 해 보험 영업을 시작했지만 번번이 실패의 연속이었습니다. 그러던 어느 날, 지쳐서 집으로 돌아오는 길에 문득 쇼윈도에 비친 추한 자기의 얼굴을 보면서 나쁜 인상에 충격을 받았습니다.

그 후부터 그는 틈만 나면 웃는 얼굴을 연습했습니다. 한밤중에 일어나 아내의 거울을 꺼내보면서 생긋 웃자, 아내가 정색을 하며 무슨 일이냐고 물을 정도였습니다.

나중에 업계 제일의 세일즈맨이 되고 나서도 하라이치 히로는 항상 가방 속에 거울을 넣고 다녔으며, 고객을 만나기 전에 거울을 보고 가장 좋은 표정이 되었을 때, 비로소 고객과 상담을 했다고 합니다.

여러분! 웃는 얼굴에 복이 온다고 했던가요? 웃는 얼굴에는 '나는 당신을 뵙게 되어 기쁩니다', '당신은 저를 즐겁게 하는군요', '나는 당신을 좋아합니다'라는 환영의 뜻이 담겨 있습니다. 우리 모두 웃으며 일합시다!

지금까지 '영업인의 얼굴'에 대해 말씀드렸습니다.

얘기할 거리의 중요성

지금부터 '얘기할 거리의 중요성'에 대해 말씀드리겠습니다.

독일의 토마스 홀트베른트가 쓴 책 〈웃음의 힘〉에 나오는 이야기입니다.

'일곱 개의 별'이라는 이름의 오래된 여관이 있었습니다. 여관 주인은 실내를 안락하게 꾸미고 친절한 서비스를 제공하며 값도 적당하게 받는 등 손님 유치를 위해서 온갖 노력을 했지만 효과가 없었습니다. 절망에 빠진 주인은 현자를 찾아가 조언을 구했습니다. 주인의 이야기를 들은 현자는 다음과 같이 해결책을 알려주었습니다.

"방법은 아주 간단하네. 여관 이름을 바꿔보게."

그 말을 들은 여관 주인은 깜짝 놀라 대답했습니다.

"여관 이름을 바꾸라니요? 그럴 수는 없습니다! 일곱 개의 별은 몇 세대를 거쳐 전해진 이름이며, 게다가 이 이름은 전국적으로 잘 알려져 있는걸요."

이 말을 들은 현자가 다시 말했습니다.

"그래도 이름을 바꿔야 하네. 여관 이름을 '다섯 개의 종'으로 하고 입구에 종을 여섯 개 매달아 놓도록 하게."

"정말 어처구니가 없군요. 그렇게 해서 무슨 효과가 있겠습니까?"

현자가 미소를 지으며 말했습니다.

"일단 해보고 한번 지켜보게나."

여관 주인은 미심쩍어 하면서도 현자가 시키는 대로 이름을 바꾸고 종을 매달았습니다. 그런데 놀라운 일이 벌어졌습니다. 여관 앞을 지나던 여행객들이 너나 할 것 없이 주인의 실수를 일러주려고 들어왔던 것입니다.

여관에 들어온 사람들은 내부의 안락함과 친절한 서비스에 감동을 받아 음료수를 주문하고 방이 있는지 물어보았습니다. 현자의 말대로 여관의 이름을 바꾸고 약간은 엉뚱해 보이는 시도를 한 것이, 여관 주인이 그토록 오랫동안 고심한 손님 문제를 간단히 해결했던 것입니다.

여러분! 그렇다면 무엇이 손님이 모이게 만들었을까요? 다섯 개의 종이라는 이름과 실제로 매달린 여섯 개의 종이 수치상으로 다르기 때문에 사람들에게 얘기할 거리, 이야기할 수 있는 여지를 제공해주었던 것입니다.

완벽한 인간은 매력이 없다고 합니다. 우리도 약간의 허점을 드러내 이야기할 거리, 이야기할 수 있는 여지를 만들어봅시다.

지금까지 '얘기할 거리의 중요성'에 대해 말씀드렸습니다.

오해와 진실

지금부터 '오해와 진실'에 대해 말씀드리겠습니다.

프랑스의 우화작가 라퐁텐은 "인간은 진실에 대해서는 얼음같이 차지만 허위에 대해서는 불처럼 뜨거워진다"고 했습니다.

교회에 열심히 다니던 한 여인이 어느 날부터 집에서 꼼짝도 않고 두문불출하며 지내고 있었습니다. 그녀는 언제나 혼자 지내며 아무도 만나지 않았고 잠자리 날개 같은 천으로 된 잠옷을 걸치고 비싼 향수를 뿌리고, 늘 손에는 술잔이 있었으며 일주일에 한 번씩 외간 남자가 자가용을 타고 와 안으로 들어가 한 시간쯤 머물다 떠나고는 했습니다.

발 없는 말이 천 리를 간다고 여인의 행실은 곧 사람들의 입에 오르내렸고 그녀가 다니던 교회의 목사에게까지 전해졌습니다. 그러던 어느 날 그녀의 남편이 목사를 찾아와 장례식을 인도해달라고 부탁하며, 아내를 잃은 설움에 하염없이 눈물을 흘렸습니다. 목사는 그녀의 남편을 위로하기 위해 그녀의 행실을 가르쳐주었습니다.

"그녀는 늘 술에 취해서 하늘거리는 잠옷을 입고 향수를 진하게 뿌렸으며, 외간 남자까지 집으로 불러들여 못된 짓을 한 나쁜 여자였으니 너무 상심하지 말고 잊어버리세요."

남편은 깜짝 놀라며 목사의 말을 부정했습니다.

"아내는 결코 행실이 나쁜 여자가 아닙니다. 불치병으로 뼈를 깎는 진통을 견디며 오랫동안 외롭게 투병 생활을 하다 갔습니다."

그리고는 이어서 사람들이 오해하고 있는 그녀의 행실에 대해 설명했습니다.

"아내가 잠자리 날개 같은 옷을 입었던 것은 몸이 너무도 허약해 무게를 덜기 위해 얇은 천으로 옷을 만들었던 것입니다. 그리고 몸에서 나는 지독한 냄새를 없애기 위해 향수를 뿌렸으며, 술을 달고 산 이유는 뼈를 깎는 고통을 견디지 못해 진통제를 마셨던 것이고, 외간 남자라는 사람은 일주일에 한 번씩 다녀간 주치의입니다."

여러분! 이 얼마나 안타까운 사연입니까? 의심은 오해를 낳고 오해는 진실을 왜곡시킵니다. 남의 일이라고 확인되지 않은 것을 함부로 떠벌리는 것은 죄악입니다. 세상에는 오해에서 비롯된 유언비어가 많습니다. 우리 모두 말조심하고 진실만을 말하도록 합시다.

지금까지 '오해와 진실'에 대해 말씀드렸습니다.

온정 어린 친절

지금부터 '온정 어린 친절'에 대해 말씀드리겠습니다.

서울 용산의 삼각지 뒷골목에는 1970년대 모습이 그대로 보존된 옛날 맛을 지키는 음식점들이 많습니다. 그 가운데 '옛집'이라는 간판이 걸린 허름한 국수집이 있습니다. 탁자 네 개가 놓인 이 좁은 가게의 주인 할머니는 25년을 한결같이 멸치와 다시마, 양파를 넣고 연탄불로 끓여낸 국수만큼이나 따뜻한 사연으로도 유명합니다. 10년이 넘게 국수 값은 2천 원에 묶어놓고도 면은 얼마든지 달라는 대로 더 줍니다.

이 집이 SBS TV에 소개된 뒤 중년의 한 남자가 담당 PD에게 전화를 걸어 다짜고짜 "감사합니다"를 연발했다고 합니다. 사연인즉 남자는 15년 전 사기를 당해 재산을 몽땅 날리고 아내까지 그의 곁을 떠났다고 합니다. 하루아침에 알거지가 된 그는 용산역 근처를 배회하다가 배가 고파 식당을 찾아다니며 한 끼를 구걸했습니다. 그러나 꾀죄죄한 그를 받아주는 집은 한 곳도 없었습니다. 가는 곳마다 문전박대를 당하다보니 독이 잔뜩 올랐고 휘발유를 뿌려 불을 지르고 싶은 충동까지 느꼈습니다.

발길 닿는 대로 걷다가 좁은 골목 안에 있는 할머니네 국수집까지 가게 된 남자는 자리에 앉았습니다. 주인 할머니는 남자를 환하게 맞이하면서 따끈한 국수 한 그릇을 말아주었습니다. 게 눈 감추듯 국수 한 그릇을 허겁지겁 먹어치우자, 할머니가 빈 그릇을 가져가더니 국수와 국물을 한가득 다시 내줬습니다.

땡전 한 푼 없이 두 그릇을 순식간에 먹은 그는 할머니가 국수 삶는 틈을 타서 냅다 도망쳤습니다. 할머니가 쫓아 나오면서 뒤에 대고 소리쳤습니다.

"그냥 가! 뛰지 말고! 다쳐!"

그 한마디에 남자는 세상에 품었던 증오심을 버렸습니다. 그 후 남자는 파라과이로 이민을 가서 장사를 해 크게 성공했다고 합니다.

여러분! 단 한 사람이 베푼, 작다면 작은 온정이 막다른 골목에 서 있던 누군가를 구한 것입니다. 친절은 돈으로 살 수 없는 선물입니다. 친절은 상대의 심중을 헤아려 기분 좋게 돕는 것입니다. 돕는 데는 따뜻한 마음씨, 온정이 없어서는 안 됩니다. 친절에 앞서 온정을 가집시다.

지금까지 '온정 어린 친절'에 대해 말씀드렸습니다.

외견상 꼴불견

지금부터 '외견상 꼴불견'에 대해 말씀드리겠습니다.

주위에는 실력만 있으면 되지 그까짓 형식이 뭐 그렇게 중요하냐면서 외모를 가꾸지 않고 자기 편한 대로 다니는 꼴불견이 있습니다. 그러나 세상 사람들이 사람을 평가할 때는 우선 그 사람의 차림새를 보고 추측합니다.

차림새가 깔끔하고 세련돼 보이면 호감이 가고 일도 잘할 것이라고 믿으며, 차림새가 너절하고 어색하면 호감이 안 가고 맡은 일도 제대로 할 것 같지 않다는 부정적인 선입관을 갖게 됩니다.

차림새에 관한 실화 하나를 소개하겠습니다.

대학 시절 클래스메이트였던 김 군과 박 군은 친구였습니다. 김 군은 사교적인 성격의 스포츠맨으로 차림새에 항상 신경을 쓰는 타입이고, 박 군은 말수가 적은 학구파로 약간 뚱뚱하고 외양에는 전혀 신경을 쓰지 않는 타입입니다. 두 사람은 대학에서 회계학을 전공하고 졸업한 후, 몇 군데 큰 회계사무소에서 면접을 보았습니다. 김 군은 대부분의 사무소에서 채용 통지를 받았고 그 중에 마음에 드는 한 곳을 골라 취직을 했습니다.

한편 박 군도 김 군과 마찬가지로 몇 군데의 큰 회계사무소의 면접을 봤습니다. 두 사람의 학업 성적은 거의 비슷하나 박 군이 약간 앞서는 정도였습니다. 박 군은 시험 결과에 자신이 있었음에도 불구하고 어느 한 곳에서도 채용 통지가 오지 않았습니다. 쇼크를 받은 박 군은 그 이유를 확인할 수 있을 만한 몇몇 면접관을 만나 자신이 면접 시험에 실패한 이유를 물어보았습니다. 그랬더니 면접관 중 한 사람이 다음과 같이 말했습니다.

"박 군, 우리는 자네가 회계 업무를 잘해줄 것이라는 데는 조금도 의심치 않았네. 그러나 자네가 우리 사무소의 까다로운 손님에게 좋은 이미지를 줄 것 같지 않아 자네를 고용할 수 없었다네."

여러분! 실력이 있으면서도 차림새가 나빠 인정을 못 받고 실업자로 전전긍긍한다면 이 얼마나 안타까운 일입니까? 사람들의 주의를 끄는 것은 우선 그 사람의 외견입니다. 차림새가 꼴불견이면 주위 사람에게 폐를 끼칠 뿐만 아니라, 자기 자신도 대단히 손해를 보게 됩니다. 우리 모두 꼴불견이 되지 말고 차림새에 신경을 씁시다.

지금까지 '외견상 꼴불견'에 대해 말씀드렸습니다.

욕설

지금부터 '욕설'에 대해 말씀드리겠습니다.

세계적으로 유명한 도자기회사 웨지우드의 설립자인 조시아 웨지우드가 어느 날 한 귀족에게 공장을 구경시켜줄 때의 이야기입니다. 종업원인 한 소년이 그들과 동행했는데 귀족은 상스럽고 저속한 말을 마구 내뱉었습니다.

처음에 소년은 귀족의 상스러운 말에 충격을 받았지만 이내 그의 저속한 농담에 끌리는지 웃음을 지었습니다. 웨지우드는 그런 광경을 보자 고민스러웠습니다. 견학이 끝날 때쯤 그는 독특한 디자인의 꽃병을 귀족에게 보여주었습니다. 귀족은 꽃병의 우아한 모양과 보기 드문 아름다움에 매혹되었습니다. 그가 꽃병을 만지려 하자 웨지우드는 그것을 마루에 던져버렸습니다. 귀족은 화가 나서 욕설을 퍼부었습니다.

"당신 미쳤소? 나는 저 꽃병을 살 생각이었소. 그런데 그 귀한 걸 깨뜨리다니⋯⋯."

웨지우드는 이렇게 대답했습니다.

"선생, 아무리 꽃병이 귀하다 해도 사람보다 더 귀하겠습니까? 선생은 방금 나간 소년에게 그의 부모가 수년 동안 그에게 가르쳤던 신성한 것에 대한 경외심을 망가뜨렸습니다. 당신은 30분도 채 안 되는 시간에 그들의 노력을 수포로 돌아가게 했단 말이오!"

그런가 하면 〈그랜트 장군과의 종군〉에 보면 호레이스 포터 장군은 새로운 세대를 위해 다음과 같이 말했습니다.

"어느 날 저녁, 나는 캠프파이어에 참석한 그랜트 장군에게 말을 걸었습니다.

'장군님, 당신은 아주 불규칙하게 옮겨 다니는 군대 생활과 변방 근무를 하셨는데 전혀 욕설을 하지 않으시니 이상하게 생각됩니다. 나는 한번도 당신이 욕설을 하거나 저속한 말을 하는 것을 들은 적이 없습니다.'

그러자 그랜트 장군은 이렇게 말하더군요.

'글쎄요, 나는 욕하는 것을 배운 적이 없어요. 성인이 되었을 때, 나는 욕설이 인간의 분노를 자극시킨다는 것을 알았습니다. 그리고 상대가 화를 냈을 때, 항상 냉정을 유지하는 사람이 상대를 이깁니다'라고."

여러분! 그렇습니다. 욕을 듣고 좋아할 사람이 어디 있겠습니까? 욕이야말로 한꺼번에 세 사람에게 상처를 준다고 합니다. 욕을 먹는 사람, 욕을 전하는 사람, 그리고 가장 심하게 상처를 입는 자는 욕을 퍼붓는 사람입니다. 우리 모두 고운 말을 사용합시다.

지금까지 '욕설'에 대해 말씀드렸습니다.

용기 회복

지금부터 '용기 회복'에 대해 말씀드리겠습니다.

겁이 많은 어느 기사가 마법사를 찾아가 도룡술(屠龍術)을 배우기로 작정했습니다. 기사는 첫날, 마법사에게 자기가 간이 아주 작다는 것을 고백하고 그래서 용을 죽일 수 없을 거라고 말했습니다.

마법사는 그에게 어떤 용이든 다 죽일 수 있는 마술의 검을 줄 테니 너무 걱정 말라고 안심시켰습니다. 이 검을 가진 자는 아무리 강한 적이 나타나도 걱정할 것이 없다고 했습니다. 기사는 마법사가 뒷심이 되어주어 기뻤습니다. 이 마술의 검만 있으면 어떤 용이든 죽일 수 있다고 생각하니 든든했습니다.

겁쟁이 기사는 그 검으로 한 마리, 또 한 마리 용을 죽이고 용의 손아귀에 잡힌 소녀들을 구해내는 상상을 했습니다. 마법사는 겁쟁이 기사를 데리고 야외로 나가 용을 죽이는 수련을 시켰습니다. 갇혀 있는 소녀들을 구하기 위해 재빠르게 동굴 입구로 들어가는 연습도 했습니다.

마침내 동굴에 도착하니 입을 떡 벌린 용이 불을 뿜으며 덮쳐 왔습니다. 광기를 부리는 용을 죽이려고 젊은 기사가 검을 빼들었습니다. 바로 용을 향해 칼을 휘두르는 순간 가지고 온 칼이 마술의 검이 아니라 보통의 검이라는 것을 알게 되었습니다. 그러나 멈추기에는 너무 늦어버린 상황이었습니다. 막다른 골목에 이른 그는 이미 훈련에 익숙한 두 팔에 힘을 다해 칼을 휘둘렀습니다. 뜻밖에도 용의 대가리는 너무나 쉽게 뚝 하고 떨어져 나갔습니다.

기사는 용의 대가리를 허리춤에 차고 손에는 그 보통의 검을 쥐고 돌아왔습니다. 그는 마법사에게 자신의 소심함과 두려움에 대해 자세히 말하며 감사의 인사를 전했습니다. 기사의 이야기를 다 듣고 난 마법사는 웃으면서 말했습니다.

"자넨 이제 이 세상에 마술의 검이란 없다는 것을 알았을걸세. 유일한 마법 즉, 용기 회복은 믿음에 있다는 것을 알아야 한다네."

여러분! 마법사의 말대로 두려움과 망설임은 용기의 적입니다. 하면 된다는 믿음을 가지고 최선을 다하는 일, 이것만이 용기 회복의 지름길 아니겠습니까? 자기 자신을 믿고 자기가 하는 일에 최선을 다합시다.

지금까지 '용기 회복'에 대해 말씀드렸습니다.

욕망을 불태우자

지금부터 '욕망을 불태우자'에 대해 말씀드리겠습니다.

1869년, 낙원을 찾아 대서양을 건넌 이탈리아 난민 중에 캘리포니아를 목표로 미국 횡단철도에 올라탄 젊은 부부가 있었습니다. 이들은 바로 '가난한 사람과 농민이 장사의 대상'이라는 이념으로, '뱅크 오브 아메리카'를 창립한 아마디오 피터 잔니니의 부모입니다.

잔니니는 어릴 때부터 아버지의 일을 도와 매일 아침부터 저녁 어둑어둑할 때까지 마차에 짐을 싣고 항구에 나르는 힘든 나날을 보냈습니다. 그러다 샌프란시스코 근처의 작은 마을에 토지를 사고 생활에 안정이 되는가 싶던 일곱 살 때, 아버지는 같은 이탈리아인에게 빌려준 단돈 1달러와 관련된 분쟁 끝에 총살을 당했습니다.

잔니니는 큰 충격을 받았지만 다부진 어머니와 함께 재출발해 '오전 0시 후의 장사 천재'라고 불릴 정도로 중개인으로서 큰 재능을 발휘했습니다. 그는 당시 새로운 과일이던 그레이프후르츠에 재빨리 주목해 전 미국의 식탁을 점령하다시피 했습니다.

여기까지는 미국 제일의 은행을 창설할 어떤 경력도 조짐도 없었습니다. 그렇지만 잔니니는 중개업을 하면서도 항상 잠재의식 속에 '가난한 동포를 도와주고 싶다', '농민을 원조하고 싶다'는 마음이 크게 작용하고 있었습니다. 그 마음의 작용은 실로 큰 꿈이었습니다. 가난한 농민들이 농기구를 사기 위해서 농토를 담보로 비싼 이자를 지불하는 것을 보고 잔니니는 마음이 아팠습니다.

그래서 '다음 시즌의 수확을 담보로 무이자로 농민들에게 돈을 빌려주는 방법은 없을까?' 골똘히 생각했습니다. 이때가 잔니니의 나이 열아홉 살 때였습니다. 그 후 서른두 살에 서민을 위한 은행 '피플스 뱅크'의 설립을 시작으로, 미국 제일의 은행인 뱅크 오브 아메리카를 설립해 은행왕이 됩니다.

여러분! 성공의 제1보는 불타는 의욕입니다. 의욕 중에서도 불타는 욕망이야말로 모든 행동의 추진력입니다. 단순히 노력하는 것만으로는 한정된 성과밖에 얻지 못합니다. 마음에 그린 인생의 꿈에 진지한 욕망의 불을 붙입시다. 가슴에 새긴 원대한 포부에 뜨거운 욕망을 불태웁시다!

지금까지 '욕망을 불태우자'에 대해 말씀드렸습니다.

용서의 아름다움

지금부터 '용서의 아름다움'에 대해 말씀드리겠습니다.

금슬이 좋지 않은 부부가 살고 있었습니다. 남편은 늘 술과 노름, 여자에 둘러싸여 가족은 돌보지 않고 자신의 즐거움만 위해 세월을 보냈습니다. 아내는 화가 났고 남편이 미웠습니다. 처음에는 싸움도 곧잘 했습니다. 그러나 소용이 없자 아내는 마음을 굳게 먹었습니다.

'늙어서 보자. 그때 내 복수는 시작될 것이다.'

세월은 흘렀습니다. 부부는 세월에 따라 어쩔 수 없이 늙어갔습니다. 할아버지와 할머니가 된 것이지요. 젊어서 몸을 함부로 굴린 할아버지는 건강이 나빠졌습니다. 반신불수가 되어 대소변을 받아내는 처지가 되자, 주변의 여자들은 모두 달아나고 할 수 없이 본처에게 몸을 맡길 수밖에 없었습니다. 할머니는 복수의 기회를 잡았다 싶어, 매일매일 할아버지에게 밥을 떠먹여 주고는 군밤한 대 쥐어박고, 냄새나는 대변을 치우면서 궁둥이를 꼬집어 뜯었습니다.

할아버지는 그래도 할머니에게 의지할 수밖에 없었습니다. 할머니 말고는 할아버지의 시중을 들어줄 사람이 없었기 때문입니다. 하루는 할아버지가 할머니를 쳐다보며 "나 물 좀 줘!" 했습니다. 할머니는 눈을 한 번 흘기고는 부엌으로 들어가 물을 한 그릇 떠왔습니다. 할머니는 할아버지에게 곧바로 물을 주지 않았습니다. 물을 손이 닿을락 말락 한 곳에 놓고, 할아버지가 하는 꼴을 조롱이라도 하듯 내려다보고 서 있었습니다. 할아버지는 몸을 뒤틀어 가까스로 물그릇을 잡으려 했습니다. 그러자 할머니는 할아버지가 잡은 물그릇을 빼앗아 조금 더 뒤로 물려놨습니다.

그때부터 할아버지는 눈을 감고 식음을 전폐했습니다. 할아버지는 무슨 생각을 했을까요? '내가 죽일 놈이지. 얼마나 속을 썩였으면 저렇게 한이 풀리지 않을까?' 하고 반성했을까요, 아니면 '저렇게 악질이니까 내가 나가 돌아다녔지'라고 생각했을까요. 아마도 후자였을 것입니다.

여러분! 할머니가 할아버지에게 지극 정성으로 간호해드렸다면, 할아버지는 속죄를 하며 할머니에게 감사하는 아름다운 마음을 내게 되었을 것입니다. 진정한 용서는 아름다움을 낳습니다.

지금부터 '용서의 아름다움'에 대해 말씀드렸습니다.

우문현답

지금부터 '우문현답'에 대해 말씀드리겠습니다.

진나라의 승상 감무(甘茂)는 갖가지 학문에 정통했을 뿐 아니라 매사에 공정해서 많은 이들의 존경을 받았습니다. 그러나 늘 직간(直諫)을 한 탓에 왕은 감무를 별로 좋아하지 않았습니다. 어느 날 왕은 일부러 어려운 명령을 내렸습니다.

"사흘 동안 '수탉이 낳은 알' 세 개를 찾아오지 못하면 벌을 주겠다."

감무는 왕이 일부러 허물을 씌우려는 것을 알았지만 명령을 어길 수 없었습니다. 자칫하면 목이 베어질 수도 있기 때문에 밥맛을 잃은 채 골머리를 앓았습니다. 그러자 어린 손자인 감라(甘羅)가 할아버지의 근심을 알고 자기가 대신 왕을 만나겠다고 했습니다. 감무가 손자에게 말했습니다.

"이건 장난이 아니다. 자칫하면 목숨을 잃을 수도 있는데 어린 네가 갈 수는 없다!"

"제가 가지 않는다 해도 할아버지께서도 별다른 대책이 없잖아요?"

감무는 어쩔 수 없이 손자에게 왕을 만나보도록 했습니다. 이튿날 감라는 혼자 왕에게 가 말했습니다.

"저는 승상의 손자로 감라라고 부릅니다."

어린아이를 보자 왕이 물었습니다.

"너희 할아버지는 왜 오지 않는 거냐?"

"할아버지는 지금 집에서 애를 낳고 계십니다."

그러자 왕이 버럭 성을 냈습니다.

"무슨 허튼소리냐! 남자가 어찌 애를 낳는단 말이냐?"

기다렸다는 듯 감라가 태연히 말을 받았습니다.

"남자가 아이를 낳지 못한다면 수탉이 어찌 알을 낳을 수 있단 말입니까?"

왕은 말문이 막혀 수탉의 알을 찾는 일은 그만두게 했습니다.

여러분! 세상에는 어리석은 우문으로 억지를 부리는 사람이 있습니다. 때문에 억지를 부리는 사람에게 현명하게 대처하지 못하면 큰 낭패를 보게 됩니다. 우문에도 현답을 할 수 있도록 수사법을 배우고 연구합시다. 수사법은 상대를 설득하는 기술입니다.

지금까지 '우문현답'에 대해 말씀드렸습니다.

우승 신화

지금부터 '우승 신화'에 대해 말씀드리겠습니다.

미국 PGA^{Professional Golfers Association}에 한국인 최초로 우승 신화를 이룩한 최경주. PGA에 대한 그의 도전은 처음에는 무모해 보였습니다. 그도 그럴 것이 세계적인 실력을 가진 골퍼들이 득실거리는 무대에서 성공하기란 결코 쉽지 않기 때문입니다.

그렇지만 최경주는 자신의 별명 '탱크'처럼 이 무모한 도전을 시도했습니다. 5년이라는 기간을 설정하고 그 안에 PGA에 입성하지 못하면 깨끗이 포기할 생각이었습니다. 영어도 공부하고 양식에 익숙해지기 위해 계란을 넣은 샌드위치나 소시지 등을 먹으며 골프를 열심히 쳤습니다.

그러나 1998년, PGA로 가는 관문인 큐스쿨의 첫번째 도전은 실패로 끝났습니다. 다음해 다시 도전, 이번에는 '조건부 출전권'을 따냈습니다. 조건부 출전권이란 결원이 생겼을 때만 출전할 수 있는 것입니다. 하지만 이것은 시작일 뿐 고생의 연속이었습니다. 낯선 필드에 적응하기가 어려웠고 경기는 뜻대로 풀리지 않았습니다. 결원이 없으면 출전하지 못한 채 집으로 돌아오는 날도 한두 번이 아니었습니다.

말이 안 통하고 지리를 잘 몰라 대회가 열리는 골프장에 지각하기 일쑤였고, 모텔에서 새우잠을 자며 미국 전역을 오가는 유랑 생활을 계속해야 했습니다. 이름 없는 동양 선수에 대한 차별도 견뎌야 했습니다. 하지만 그는 결코 좌절하지 않고 세계적인 프로 골퍼의 꿈을 키워나갔습니다.

그러다 마침내 2002년 5월, PGA 우승컵을 거머쥐면서 신화를 만들어냈습니다. 그의 도전은 미국 사람들에게 매우 충격적인 사건이었습니다. 골프장 하나 없는 동네에서 오로지 교본만 보며 연습했다는 것이 도무지 믿기지 않았습니다. 그런 식으로 연습한 사람이 어떻게 PGA 우승을 할 수 있느냐, 그건 불가능한 일이라는 것이었습니다.

여러분! 우승 신화는 거저 만들어지는 것이 아닙니다. 열악한 조건에서 우승 신화를 창조한 최경주의 비결은 무엇일까요? 불가능이란 말을 믿지 않고 '나도 할 수 있다'는 가능성을 믿고 끈질기게 도전했다는 데 있습니다. 위대한 성공자들의 공통점은 '가능사고자'라는 사실입니다. 우리도 자신의 가능성을 믿고 보다 큰 꿈에 도전합시다.

지금까지 '우승 신화'에 대해 말씀드렸습니다.

운명의 개척

지금부터 '운명의 개척'에 대해 말씀드리겠습니다.

중국 송나라 때 '월여범'이라는 사람이 있었습니다. 젊은 시절 그의 꿈은 과거를 봐 벼슬을 하는 것이었지만, 집이 가난해 공부를 하지 못하고 침술로 그날그날 생계를 이어가고 있었습니다.

그러던 어느 날 거리에서 한 노파를 만났습니다. 노파는 월여범의 얼굴을 자세히 보더니 다음과 같이 말했습니다.

"자네는 관록을 먹을 상이네. 지금 하는 일은 집어치우고 공부를 하게나. 공부를 해 과거에 응시하면 틀림없이 급제할 것이네. 단, 벼슬은 하지만 자식을 얻을 수 없으며 쉰다섯 살에 죽음을 맞이할 것이네. 그래도 좋다면 어서 돌아가 공부를 하게."

월여범은 너무도 기뻐서 그날부터 열심히 공부해 벼슬길에 올랐습니다. 그리고 어느 덧 세월이 흘러 쉰세 살이 되었습니다. 노파의 말대로 자식이 없었고 2년 후에 죽을 생각을 하며 허탈한 나날을 보내고 있었습니다.

그러던 어느 날 일을 마치고 술잔을 기울이다 집으로 돌아오던 중 길거리에서 깜빡 잠이 들었습니다. 차가운 밤공기에 문득 정신을 차리고 보니 갈 곳이 마땅치 않아 절에서 하룻밤 묵게 되었습니다. 월여범은 스님에게 사정을 이야기하면서 2년 후인 죽을 날만 기다리고 있노라고 했습니다. 그러자 스님이 몹시 화가 난 듯 소리쳤습니다.

"이럴 수가 있나? 절망의 눈을 보고 해탈의 눈으로 착각을 하다니, 내 눈을 빼 개에게나 줘야겠다. 예끼, 이 사람아! 당신 같은 사람이 위정자니까 나라가 이 모양이지."

스님의 말에 깨달은 바가 있어 월여범은 다음 날부터 어차피 죽을 운명이라면 즐겁게 살자고 마음을 고쳐먹었습니다. 그리고 첩을 들였더니 아들을 다섯이나 낳았고 승진을 거듭해 높은 벼슬을 했으며, 여든일곱 살까지 장수하다 죽었습니다.

여러분! 예언처럼 불확실한 것도 없습니다. 인생은 항상 가변적이며 운명은 선택에 따라 달라지는 것입니다. 인류 역사상 수많은 성공자들을 보십시오! 그들은 모두 자기의 인생을 스스로의 힘과 노력으로 개척한 사람들입니다. 우리도 운명은 스스로 만든다는 생각으로 인생 승리자가 됩시다.

지금까지 '운명의 개척'에 대해 말씀드렸습니다.

운명의 완수

지금부터 '운명의 완수'에 대해 말씀드리겠습니다.

고대 그리스의 스토아학파 철학자 클레안테스는 "운명은 받아들이는 사람은 이끌어주고 받아들이지 않는 사람은 끌어당긴다"고 했습니다.

만인의 사랑을 받았던 희극왕 채플린의 어린 시절은 불행했습니다. 런던의 만담가로 출발했던 아버지는 술주정뱅이였고, 심한 술주정으로 양친은 이혼까지 했습니다. 뿐만 아니라 지독한 가난을 이기지 못한 어머니는 정신이상자가 되어 자주 발광을 했고, 비참한 가정을 비관한 배다른 형은 집을 뛰쳐나가 버렸습니다.

남은 건 어린 채플린과 병든 어머니. 채플린은 너무나 배가 고파서 시장에 버려진 빵 부스러기를 주워다 어머니와 끼니를 때우고는 했습니다.

어린 것이 너무 가엾어서 제정신이 돌아오면 어머니는 말했습니다.

"하느님은 네가 운명을 완수하기를 바라신단다."

이 말은 '미래에 희망이 있으니 기운을 내서 살라'는 말이 아니라 스스로 목숨을 버리라는 뜻이었습니다. 그러나 채플린은 현실에 절망하지 않았습니다. 열두 살에 무대를 밟은 것을 시작으로 서커스, 뮤지컬 등에서 촌극이나 콩트를 하며 수업을 해, 열아홉 살 때는 런던의 스타코미디언으로 성장했으며, 스물한 살에 뉴욕으로 진출하게 됩니다.

그리고 그 후에는 영화에서 대성공을 거두고, 전쟁에 대한 분노와 함께 소년 시절의 고생이 농도 짙게 반영된 〈가로등〉, 〈모던 타임즈〉, 〈황금광 시대〉, 〈라임 라이트〉, 〈뉴욕의 왕〉이라는 명작을 만들어냈고, 말년에는 스위스의 레만 호 부근의 대저택에서 유유자적한 생활을 보냈습니다.

소년 시절은 빈곤의 밑바닥을 헤맸지만 여든여덟 살 나이로 생애를 마쳤을 때 그의 재산은 자그마치 1억 달러가 넘었습니다. 그는 가난했기 때문에 자살하지 않으면 안 될 상황 속에서, 어머니가 말씀하신 의미와는 반대로 자신의 운명을 완수했던 것입니다.

여러분! 운명은 용기 있는 자를 사랑합니다. 운명은 스스로 만들어가는 것입니다. 이 세상 누구도 허락 없이 내 운명을 바꿀 수는 없습니다. 우리 앞날의 영광과 환희를 위해서 어제보다는 오늘, 오늘보다는 내일을 향해 한발 한발 착실하게 전진합시다.

지금까지 '운명의 완수'에 대하 말씀드렸습니다.

위기의 극복

지금부터 '위기의 극복'에 대해 말씀드리겠습니다.

"채무 변제를 현금으로 할까요? 아니면 스탠더드 오일의 주식으로 할까요?"

타협 불가능을 전제로 쳐들어온 채권자들과 당당하게 맞서 위기를 극복했던 록펠러의 일화는 전설적인 성공의 메시지가 되었습니다.

동서고금의 성공 스토리를 보면 위기를 잘 극복한 사람이 성공자가 되고, 위기 극복의 노하우는 한마디로 '강한 신념'입니다.

1945년, 제2차 세계대전이 끝나고 만주에서 있던 사건입니다. 팔로군(八路軍)과 더불어 자기 세상을 만난 듯 활개 치던 과격파 노동자들에게 비누 공장을 경영하던 한 기업주가 붙잡혀 인민재판을 받게 되었습니다. 바로 어제까지만 해도 한 회사의 가족이었던 노동자들은 "악덕 기업주를 처단하라!"고 기세등등하게 소리치고 있었습니다. 어느 한 사람도 기업주를 변호해주는 이가 없었고 또 변호해줄 수도 없는 절체절명의 위기였습니다.

포승으로 결박당한 채 수백 명의 종업원 앞에 무릎을 꿇고 앉아 있던 기업주는 최후 진술을 허락받고 자리에서 일어섰습니다.

"여러분! 저는 이 회사를 10년 동안 오직 모두의 배부름을 위해 운영해왔습니다. 여러분 중에서 어느 누구라도 나 혼자 잘살기 위해 여러분을 착취했다고 믿는 분은 서슴지 말고 돌을 던지십시오."

기업주는 말을 마치고 조용히 눈을 감았습니다. 조금 전까지만 해도 온갖 욕설과 구호로 떠들썩했던 장내가 찬물을 끼얹은 듯 조용해졌습니다.

아무리 선량한 사람이라도 흥분한 군중들 앞에 던져지면 제단에 오른 희생양이 되던 상황이었습니다. 그런데도 살려달라고 용서를 구하기보다 당당하게 죽음을 받아들이겠다는 기업주의 태도에 노동자들은 큰 감명을 받았습니다. 결국 기업주는 아무런 피해도 입지 않고 풀려났습니다.

오히려 그들에 의해서 중국군의 감시망을 뚫고 자신의 고국인 한국으로 무사히 귀환할 수 있었습니다. 이 이야기 속의 주인공은 한국유리의 최태섭 회장입니다.

여러분! 위기는 계획도 예고도 없이 찾아오는 불청객입니다. 대부분의 사람들은 인생에 있어서 몇 번씩 위기를 맞게 되며, 그 위기를 어떻게 대처하느냐에 따라서 성공자가 되기도 하고 실패자가 되기도 합니다. 성공은 위기 극복의 결과입니다.

지금까지 '위기의 극복'에 대해 말씀드렸습니다.

Today's
speech

212

위대한 걸작

지금부터 '위대한 걸작'에 대해 말씀드리겠습니다.

1741년 추운 겨울 저녁, 한 사나이가 어깨를 움츠린 채 어두운 런던 거리를 느릿느릿 걷고 있었습니다. 그의 이름은 조지 프레드릭 헨델. 나이는 56세로 영광의 추억과 미래 사이에서 방황하던 중이었습니다. 지난 15년 동안 영국궁정악사, 왕립음악아카데미 회장으로 지내면서 영국왕실의 총애를 받으며 화려한 생활을 했으나, 시민사회가 형성되자 하루아침에 가난뱅이로 전락한 것입니다.

힘없이 메마른 거리를 방황하고 돌아온 헨델은 방 안 테이블 위에 놓인 커다란 봉투를 보았습니다. 그 안에는 음악 작곡에 대한 〈신에게 바쳐진 오라토리오〉라는 텍스트가 써 있었습니다. 이류 시인 찰스 제니스가 보낸 그 메모에는 성가극의 작업을 즉시 착수할 수 있는지 묻는 말이 적혀 있었고, 추신에는 "하나님이 그 말씀을 주셨다"고 적혀 있었습니다. 헨델은 별 관심 없이 대충 훑어보다 갑자기 한 대목에 끌렸습니다.

"그는 사람에게 거절당했고 비난당했다. 그는 자신을 불쌍히 여기는 누군가를 찾고 있었다. 그러나 아무도 없었다. 누구도 그를 편안히 해주지 않았다." 자기의 처지와 같은 글에 동류의식을 느낀 헨델은 계속 읽어나갔습니다. "그는 신을 믿었다······. 신은 그의 영혼을 지옥에 놓아두지 않았다······. 그는 당신에게 안식을 줄 것이다."

순간 절망의 나락에서 헤매던 헨델의 의식은 깨어나기 시작했으며, 놀라운 멜로디가 불꽃처럼 솟아올랐습니다. 그는 즉시 펜을 들어 작곡을 시작했습니다. 마치 며칠 남지 않은 인생에 자기의 전부를 거는 사람처럼 식사도 거른 채 23일 동안 작곡에 몰두했으며, 때때로 큰 걸음으로 왔다 갔다 하며 두 팔을 번쩍 들어 올렸습니다. 마침내 클라이맥스인 〈할렐루야 합창〉을 끝냈을 때는 눈물이 볼을 타고 흘러내렸습니다. 그리고 열일곱 시간 동안 깊은 잠에 빠져들었습니다. 그가 식음을 전폐하고 작곡한 동서고금의 가장 위대한 오라토리오 〈메시아〉는 이렇게 탄생했습니다.

여러분! 위대한 걸작은 저절로 탄생되는 것이 아닙니다. 절박한 상황에서 혼신의 힘을 다 바친 뒤에 비로소 탄생하는 것 아닐까요? 우리가 어떤 직업으로 무슨 일을 하든 위대한 걸작 하나는 남기고야 말겠다는 각오로 전력투구합시다. 걸작은 전력투구의 산물입니다.

지금까지 '위대한 걸작'에 대해 말씀드렸습니다.

213

위대한 사람

지금부터 '위대한 사람'에 대해 말씀드리겠습니다.

어느 소년이 집을 떠나 아주 먼 길을 여행했습니다. 소년에게는 '위대한 사람'을 만나고 싶다는 꿈이 있었습니다. 그래서 소년은 깊은 숲과 계곡을 헤매고 사막까지 돌아다녔지만 위대한 사람은 만날 수 없었습니다.

지칠 대로 지친 소년은 숲에 도달해 풀썩 주저앉았습니다. 그때였습니다. 웬 노인이 소년의 앞에 나타났습니다. 노인은 흰 수염과 맑은 눈동자를 지니고 있었습니다. 소년은 '저분이 내가 찾던 사람인가?' 생각했습니다. 그때 노인이 소년에게 물었습니다.

"얘야, 어딜 그렇게 헤매고 돌아다니느냐?"

소년이 대답했습니다.

"저는 위대한 사람을 만나고 싶어 이렇게 돌아다닙니다."

노인은 소년을 보고 빙그레 웃으며 말했습니다.

"내가 그 사람이 어디 있는지 가르쳐주마."

소년은 너무 기뻐 소리를 질렀습니다.

"고맙습니다. 어서 가르쳐주세요!"

"곧장 너희 집으로 돌아가거라. 그리하면 너희 집에서 신발도 신지 않고 한 사람이 뛰어나올 것이다. 그 사람이 바로 네가 찾는 위대한 사람이니라."

노인은 그렇게 말하고 안개 속으로 사라졌습니다. 소년은 그 자리에서 벌떡 일어나 자기 집을 향해 마구 달렸습니다. 숨이 턱에 찼지만 쉬지 않고 달렸습니다. 마침내 소년은 자기 집에 당도했습니다. 꼭 5년 만에 돌아온 것이었습니다. 소년은 위대한 사람을 얼른 만나고 싶어 자기 집 문을 마구 두드렸습니다.

"위대한 사람이여! 어서 나오세요"

그러자 누군가 안에서 후다닥 밖으로 뛰어나왔습니다. 신발도 신지 않은 맨발이었습니다. 그 위대한 사람은 바로 소년의 어머니였습니다.

여러분! 여자는 약하나 어머니는 강합니다. 어머니는 새 생명의 잉태자요, 자녀를 양육하며 목숨을 바쳐가며 보호하는 세상의 그 어떤 영웅보다 위대합니다. 어머니의 위대함에 경의를 표합시다.

지금까지 '위대한 사람'에 대해 말씀드렸습니다.

유머 스피치

지금부터 '유머 스피치'에 대해 말씀드리겠습니다.

소련의 수상 니키타 흐루쇼프는 대중 집회에서 다음과 같이 말해 일동을 폭소시킨 일이 있습니다.

"어느 러시아인이 '흐루쇼프는 바보다! 흐루쇼프는 바보다!' 하고 소리치며 크렘린 앞을 지나다 체포되었습니다. 그 남자는 23년 금고형을 받았습니다. 무슨 죄로 그렇게 무서운 형벌을 받았느냐고요? 3년은 당서기 모욕죄에 대한 것이며 20년은 국가기밀누설죄에 대한 것이었습니다."

미국의 비행기발명가 라이트 형제가 시험 비행에 처음으로 성공했을 때, 축하연이 벌어졌고 어김없이 테이블 스피치가 시작되었습니다. 형 윌버는 조용히 일어나 다음과 같이 말했습니다.

"여러분! 새 중에 가장 잘 지껄이는 앵무새는 날기가 퍽 서툽니다. 잘 나는 새는 말이 없지요. 그러므로 저의 스피치도 이것으로 마칠까 합니다."

순간 폭소와 함께 박수가 터졌습니다.

리차드 닉슨 대통령이 워터게이트 사건으로 물러나고 그 후임으로 제럴드 포드가 대통령직을 승계했습니다. 대통령 취임식에서 포드는 다음과 같이 말해 청중을 웃겼습니다.

"여러분! 저는 포드지 링컨이 아닙니다."(포드는 대중차, 링컨은 고급차)

영화배우 출신 로널드 레이건 대통령에게 누군가 공개 발언을 했습니다.

"당신은 배우인데도 대통령직을 잘 수행하는군요."

레이건은 여유 있게 대답했습니다.

"그거야 당연하지 않소. 배우이기 때문에 잘할 수밖에 없지요."

장내에는 폭소가 터졌습니다.

일본의 정부고관 한 사람이 식사 후의 스피치에서 청중을 한 번도 웃기지 못하고 30분 이상 원고를 소리내 읽자, 미국인 기자가 다음과 같이 말했습니다.

"이건 소화에도 좋지 않다. 일종의 범죄행위다."

여러분! 세계화 시대를 맞은 우리의 스피치도 이제는 달라져야 합니다. 서양에서는 5분에 한 번씩 웃기지 못하면 범죄라고 할 정도로 유머가 스피치에 필요한 것으로 인식되고 있습니다. 우리 모두 유머를 연구해 보다 재미있고 보다 멋진 스피치를 하도록 노력합시다.

지금까지 '유머 스피치'에 대해 말씀드렸습니다.

유머 이야기

지금부터 '유머 이야기'에 대해 말씀드리겠습니다.

한 사나이가 두 손을 바지 주머니에 넣고 층계에서 내려와 큰길을 걷고 있었습니다. 이 궁리 저 궁리 오만가지 생각에 잠겼습니다. 이때 한 여인이 스쳐 지나갔습니다. 그는 멍하니 서서 그녀에게 가벼운 목례를 했습니다. 하지만 그녀는 사나이를 전혀 보지 못했는지, 아니면 인사하는 것을 못 보았는지 제 갈 길만 갔습니다.

'어디서 본 것 같은 여자인데…….' 생각을 더듬어봤지만 기억이 나지 않습니다. '아무튼 참 예쁜 여자야. 그녀와 같이 생활한다면 너무나 즐거울 거야.'

여기까지 생각한 사나이는 그녀의 뒤를 따르기 시작했습니다. 뒷모습 역시 눈에 익었습니다. 젊은 부인은 사거리에서 오른쪽으로 들어갔습니다. 사나이는 일정한 거리를 유지하고 그녀를 따르면서 속으로 생각합니다.

'이상하다. 우리 동네로 가는 것 같은데…….'

그리고 아무리 생각해봐도 무슨 귀신에 홀린 것 같이 분명히 어디선가 만났는데 도무지 기억이 나지를 않았습니다.

　그런데 이게 어인 일입니까? 그녀는 자기가 사는 아파트로 들어가 엘리베이터를 타는 것이었습니다. 사나이가 지켜보니 5층에서 멈췄습니다. 그도 5층에 사는지라 두근거리는 마음으로 한 번에 네 계단씩 뛰어 올랐습니다. 마침 그녀는 핸드백에서 열쇠를 꺼내 문을 열고 있었는데, 그 집이 바로 사나이의 집 아닙니까? '이건 틀림없이 예쁜 도둑이야.' 이렇게 생각한 사나이는 쏜살같이 다가가 앞을 막았습니다.

　"어머, 오늘은 일찍 돌아오셨네요."

　낯선 예쁜 여자가 하는 말이었습니다. 바로 그때 사나이는 이 예쁜 여자를 어디서 만났는지 생각이 났습니다. 다름 아닌 자기의 아내였습니다.

　여러분! '세상에 이렇게 멍청한 남자도 있을까?' 하고 생각하시겠지만 이것이 바로 장미색 유머입니다. 장미색 유머는 프랑스에서 생겼습니다. 왜냐하면 프랑스에서 장미색 시(詩)가 가장 먼저 생겼고 또 가장 뛰어났기 때문입니다. 장미색은 소녀의 발그레한 얼굴을 상기시키는 부드러움과 사랑의 상징입니다. 우리도 장미색 같이 사랑스러운 유머를 사용해봅시다.

　지금까지 '유머 이야기'에 대해 말씀드렸습니다.

유언비어

지금부터 '유언비어'에 대해 말씀드리겠습니다.

조선 초기의 명재상 황희 정승에 관한 일화입니다. 그는 김종서를 자기의 뒤를 이을 만한 인재라 여기고 특별히 총애했습니다. 그런데 뜻하지 않게 세간에서 김종서를 모략하는 나쁜 소문이 돌았습니다. 황 정승이 하루는 안방에서 부인에게 귓속말로 괴상한 이야기를 했습니다.

"사실 난 말이오. 얼마 전에 이상한 일을 당했다오. 글쎄 귓속에서 파랑새가 나와서 공중으로 날아가는 게 아니겠소?"

그 말을 한 후 한 달도 채 못 가 서울 장안에는 온통 그 이야기가 퍼지게 되었습니다. 아무도 모르게 부인에게만 살짝 말했던 것인데 말에 발이 달리고 꼬리가 붙어서 마구 퍼져나갔습니다.

'황 정승의 귀에서 파랑새가 나오더니 슬피 울면서 날아갔다'거나 '수십 마리의 새 떼가 앞을 다투어 나왔다'는 등 순식간에 눈덩이처럼 소문이 커졌습니다.

이런 소문은 돌고 돌다 나중에는 황 정승의 귀에까지 다시 들어오게 되었는데, 황 정승은 그 소문을 듣고도 일부러 시치미를 뚝 뗐습니다. 황 정승은 모른 체했지만 소문은 날로 퍼져 급기야 세종대왕의 귀에까지 들어가게 되었고, 어느 날 세종대왕이 황 정승에게 물었습니다.

"내 참 괴상한 소문을 들었소이다. 황 정승의 귓속에서 파랑새가 나왔다는 얘기가 세상에 널리 퍼졌는데 도대체 어찌 된 일이오?"

그러자 황 정승은 자초지종을 모두 이야기했습니다. 부인이 걱정한 나머지 딸에게 살짝 말했던 것이 그 남편에게 건너가고, 그 남편은 또 자기의 부모형제에게 말해 나중에는 여러 사람에게 소문이 퍼진 것이었습니다.

황 정승이 이런 거짓말을 일부러 퍼뜨린 것은 헛소문이 퍼져 그 소문이 왕의 귀에까지 들어가게 한 다음, 그 자초지종을 임금께 설명해 김종서의 억울한 누명을 벗겨주기 위한 것이었습니다. 이야기를 들은 세종은 마침내 황 정승의 뜻을 알아차리고 이렇게 말했습니다.

"소문이란 모두 다 그런 것이군요. 황 정승의 깊은 뜻을 잘 알았소이다."

여러분! 그렇습니다. 세상에 믿을 수 없는 말이 유언비어입니다. 발 없는 말이 천 리를 간다고 유언비어만큼 무서운 것도 없습니다. 확인되지 않은 헛소문에 속지도 말고 헛소문을 퍼트리지도 맙시다.

지금까지 '유언비어'에 대해 말씀드렸습니다.

유혹의 소리

지금부터 '유혹의 소리'에 대해 말씀드리겠습니다.

독일의 종교가 토마스 아켐피스는 "불은 쇠를 시험하고 유혹은 바른 사람을 시험한다"고 했고 〈팔만대장경〉에는 "유혹이란 구별 없이 달라붙는 벌레다"라는 말이 있습니다.

여러분은 그리스 신화에 나오는 바다의 요정 사이렌에 관한 이야기를 잘 아실 겁니다. 사이렌은 상반신은 여성이고 하반신은 새의 모습으로 마녀 키르케가 사는 섬 아이아이에Aiaie와 스킬라 바위 사이의 섬에 살고 있다고 합니다. 사이렌은 노래를 잘했는데 그 노랫소리가 너무 곱고 아름다워서 사람들을 매혹시키는 힘이 있기 때문에, 지나가는 많은 뱃사람들이 노래에 현혹돼 바다에 뛰어들어 죽어버렸다고 합니다.

그래서 사람들은 '매혹적인 죽음의 장송곡'이라고 하며 그 소리에 공포심을 갖고 있었습니다.

고대 그리스의 시인 호메로스가 쓴 대서사시 〈오디세이아〉에 보면 주인공 오디세우스는 사이렌이 사는 바다를 지날 때 대비책을 세웠습니다. 부하들에게 노래를 듣지 못하게 귀를 막도록 했고, 자신은 귀를 막지 않는 대신 단단한 밧줄로 돛대에 몸을 묶은 것입니다.

마침내 배가 사이렌이 사는 바다 가까이 왔을 때, 바다는 잔잔해지고 아름다운 노랫소리가 흘러나왔습니다. 황홀하고 매혹적인 노래를 들은 오디세우스는 묶인 돛대에서 빠져 나가려고 몸부림을 쳤으나 허사였고, 부하들은 노를 저어 전진함으로써 한 사람의 희생자도 없이 모두가 무사히 사이렌의 유혹에서 벗어났다고 합니다.

또 아르고 나우테스 일행이 이곳을 항해했을 때는 오르페우스가 사이렌의 노랫소리에 대항해 악기를 연주했기 때문에 그들 중 아무도 사이렌에게 현혹되지 않았다고 합니다.

여러분! 사이렌의 노랫소리는 신화에서 나오는 이야기지만 오늘날 우리가 사는 이 세상에도 사람들을 감미롭게 유혹하며 파멸시키는 사이렌의 노래와 같은 소리는 많습니다. '명예를 주겠다', '권력을 주겠다', '돈을 벌게 해주겠다', '성적인 쾌락을 맛보라' 등 헤아릴 수 없을 정도로 달콤한 유혹의 소리가 얼마나 많습니까? 그러나 성공하는 사람은 강철 같은 의지력으로 유혹을 뿌리치고 자기의 갈 길을 갑니다.

지금까지 '유혹의 소리'에 대해 말씀드렸습니다.

으뜸 정신

지금부터 '으뜸 정신'에 대해 말씀드리겠습니다.

사람은 누구나 출세를 원하고 출세하려고 노력합니다. 그러나 세상 사람들이 인정할 만큼 크게 출세한 사람은 그리 많지 않은 것 같습니다.

일본 역사상 가장 출세한 사람은 누구라고 생각하십니까? 바로 도요토미 히데요시입니다. 그는 빈농가의 아들로 태어나 떠돌이 생활을 하다 전국시대 영주인 오다 노부나가의 휘하로 들어갑니다.

그가 처음 맡은 일은 신발지기였습니다. 재능이 뛰어난 사람의 입장에서 보면 누구라도 할 수 있는 어처구니없는 일이었습니다. 그러나 히데요시는 이 하찮은 일을 소홀히 하지 않고 최선을 다했습니다.

'신발을 지키는 일은 누구라도 할 수 있다. 그러나 일본에서 제일가는 신발지기는 아무나 할 수 있는 게 아니야.'

이렇게 생각하고 제일가는 신발지기가 되려고 노력하던 중, 어느 추운 겨올날 영주인 노부나가의 신발을 품에 끼고 몸으로 덮어 녹여놓았습니다. 그 정성이 노부나가의 마을을 움직였습니다.

'이놈은 쓸 만한 하인이구나. 그렇다면 이번에는 말지기를 시켜보자.'

신발지기에서 말지기로 승진한 히데요시는 기쁜 마음으로 '아무나 할 수 없는 훌륭한 말지기가 돼야지'라고 생각하고 잠자리를 말과 함께했습니다.

"여봐라, 누구 없느냐? 말을 끌어내라!"

한밤중이라도 노부나가의 명령이 떨어지면 그는 즉시 달려 나왔습니다.

"네, 히데요시가 말을 대령했습니다."

말은 어디 하나 나무랄 데 없이 손질이 잘돼 있었고, 수족처럼 움직이는 히데요시가 노부나가의 마음을 사로잡은 것은 당연한 일이었습니다.

"좋다. 이번에는 회계책임자의 일을 맡아서 해보거라!"

이렇게 해 말단의 신발지기가 말지기, 회계책임자를 거쳐 마침내 일본전국을 통일하는 최고 통치자가 됩니다. 히데요시의 출세 비결은 으뜸 정신이었습니다.

여러분! 자기가 맡은 일을 하찮게 여기고 불평불만만 늘어놓는 사람이 성공한 예는 없습니다. 주어진 일이 무엇이든 최선을 다해 노력하는 사람만이 성공합니다. 우리 모두 으뜸 정신으로 제일가는 사람이 되도록 노력합시다!

지금까지 '으뜸 정신'에 대해 말씀드렸습니다.

은혜에 감사를

지금부터 '은혜에 감사를'에 대해 말씀드리겠습니다.

어느 마을에 몇 십년 만에 큰 가뭄이 들었습니다. 개울물이 마르고 논바닥은 갈라지고 밭에서는 먼지가 푸석푸석 올라오고, 산천초목은 모두 말라 죽어가고 있었습니다. 마실 물 한 모금 구하기조차 어려웠습니다.

마을 사람들은 우물을 파자며 이곳저곳을 파보았으나 물이 나올 기미는 전혀 보이지 않았습니다. 모두 포기하고 낙심해 하늘만 쳐다보고 있는데, 이 마을을 지나던 우직하게 생긴 한 사내가 우물을 파주겠다고 나섰습니다. 마을 사람들은 "우리도 할 만큼 해봤다. 이렇게 가문데 어디다 우물을 파겠다는 것이냐" 하고 비웃었습니다.

그러나 사내는 여기저기를 꼼꼼히 살펴보고 우물 자리를 잡았습니다. 그리고는 말 없이 우물을 파기 시작했습니다. 며칠을 팠으나 물은 보이지 않았고 마을 사람들은 미친 짓이라고 거들떠보지도 않았습니다.

지성이면 감천이라고, 우직한 사내의 지극 정성 덕분인지 까마득하게 깊숙이 파들어 간 우물 바닥에서 물기가 느껴지기 시작했습니다. 사내는 말 없이 계속해서 파들어 갔습니다. 마침내 물이 솟구쳐 올랐습니다.

마을 사람들은 "이제 살았다!"고 환호를 지르며 기뻐 날뛰었습니다. 우물을 파준 사내에게 당신이 아니면 우리는 다 죽었을 것이라며 사람들 모두 이구동성으로 감사의 말을 전했습니다. 우물물은 온 마을 사람들이 다 먹을 만큼 풍부했고, 우물을 파준 사내는 마을 사람들에게 따뜻한 정을 느껴 나그네 생활을 청산하고 그 마을에 정착했습니다.

어느덧 10여 년의 세월이 흘러 우물을 파준 사내에게 어려움이 닥쳤습니다. 그는 혼자 살았는데 병이 나서 몸져 눕게 되었습니다. 그에게는 마실 물 한 모금이 필요했고 누군가의 도움이 간절했습니다. 그러나 온 마을 사람의 생명을 구한 그였지만 사람들은 그에 대한 고마움을 싹 잊어버리고, 쑥덕거리며 물 한 동이 떠다주는 사람이 없었습니다. 나그네는 쓰디쓴 외로움에 눈물을 흘리며 세상 사람들의 칭송이 덧없음을 깨달았습니다.

여러분! 중국 속담에 '우물 파준 사람을 잊지 말라'는 말이 있습니다. 이 말은 은혜를 받은 사람은 그 은혜를 결코 잊어서는 안 된다는 뜻입니다. 우리는 세상에 살면서 많은 사람들에게 알게 모르게 참으로 많은 은혜를 입습니다. 우리 모두 자기가 받은 은혜를 생각해보고 감사하며 삽시다.

지금까지 '은혜에 감사를'에 대해 말씀드렸습니다.

Today's speech 220

은혜와 원수

지금부터 '은혜와 원수'에 대해 말씀드리겠습니다.

스웨덴과 덴마크 사이에 큰 전쟁이 났을 때의 이야기입니다. 날이 어두워지고 포성이 그치자 여기저기 병사들의 시체가 널려 있는 가운데 부상병들의 처절한 신음소리가 들려왔습니다. 한 덴마크 병사가 싸움에 지친 몸을 쉴 겸 물을 마시려고 수통에 입을 갖다 대는 순간, 웬 병사가 소리쳤습니다.

"여보시오. 미안하지만 죽어가는 이 몸에게 물 한 모금만 주시오."

소리친 사람은 스웨덴 병사였습니다. 상대가 적이든 아군이든 가릴 것 없이 우선 타들어 가는 목을 축이려고 덴마크 병사에게 다가간 것이었습니다.

"좋소. 비록 당신은 적군이지만 싸움도 거의 끝난 이 마당에 물 한 모금 못 나누어 먹을 건 없지. 드시구려."

덴마크 병사는 들었던 총을 내려놓고 어깨에 멨던 수통을 스웨덴 병사에게 건네주려 했습니다. 그때 스웨덴 병사는 번개같이 몸을 일으키더니, 허리춤에 차고 있던 총을 꺼내 덴마크 병사를 향해 방아쇠를 당겼습니다. 그러나 다행히 총알이 빗나가는 바람에 덴마크 병사의 어깨에는 가벼운 상처만 났을 뿐이었습니다. 덴마크 병사는 은혜를 모르는 스웨덴 병사를 향해 눈을 크게 부라리며 호통을 쳤습니다.

"이런 나쁜 놈! 나는 그래도 가엾어서 이 전쟁터에서 목숨보다 귀한 물을 주려고 했는데, 그 은혜도 모르고 도리어 나를 죽이려 드느냐?"

스웨덴 병사는 얼굴이 하얗게 질려 몸을 사시나무 떨듯했습니다. 덴마크 병사는 쾌씸하고 분한 마음이 풀리지 않았으나 그것을 억제하고 말했습니다.

"네놈 소행을 생각하면 백번 죽여도 용서가 안 되지만 물은 주겠다. 이 수통의 물을 모두 주려고 했지만, 네놈이 나를 죽이려 했던 벌로 반만 줄 테니 그리 알고 마시도록 해라."

덴마크 병사가 수통을 넘겨주자 스웨덴 병사는 떨리는 손으로 수통을 받아 쥐고는 단숨에 들이켰습니다. 덴마크 병사는 스웨덴 병사가 물을 마시고 수통을 되돌려주자 뒤도 돌아보지 않고 그 자리를 떴습니다.

여러분! 이 얼마나 멋진 관용의 미덕입니까? 세상에는 은혜를 원수로 갚는 사람도 있고 원수에게도 은혜를 베푸는 사람도 있습니다. 원수는 원수를 낳고 은혜는 은혜를 낳습니다. 우리 모두 관용을 베풀도록 노력합시다.

지금까지 '은혜와 원수'에 대해 말씀드렸습니다.

의욕적으로 일하면

지금부터 '의욕적으로 일하면'에 대해 말씀드리겠습니다.

옛말에 '욕력오중배 사력십중배(欲力伍重培 死力十重培)'라는 말이 있습니다. 이 말은 '의욕적으로 일을 하면 보통 때보다 다섯 배의 힘이 더 생기고, 죽기를 각오하고 일을 하면 열 배의 힘이 생긴다'는 뜻입니다.

어느 날 활 잘 쏘는 사람이 밤길을 가다 큰 호랑이를 만났습니다. 그는 재빨리 시위 줄을 당겨 활을 쏘았습니다. '꽉' 하고 꽂히는 소리에 정통으로 맞춘 줄 알았는데 어찌된 영문인지 화살을 맞은 호랑이는 꿈쩍도 하지 않았습니다. 다시 화살을 날려 정통으로 맞혔지만 호랑이는 움직이지 않았고, 다급해진 그는 다시 활시위를 당겨 모두 세 방을 정통으로 맞혔는데도 쓰러져야 할 호랑이가 그대로 버티고 서 있었습니다.

'참 이상하다'는 생각과 함께 주위를 둘러보니 사방은 칠흑같이 어두웠고 갑자기 무서운 생각이 들어 '걸음아 날 살려라' 하고 집으로 도망쳤습니다.

다음 날 동네 사람들을 이끌고 그곳에 가보니 마땅히 죽어 있어야 할 호랑이는 간 곳이 없고 호랑이를 닮은 바위만 그 자리에 있었습니다. 그리고 어젯밤 자기가 쏜 화살 세 개가 그 바위에 박혀 있는 것이었습니다.

'참 이상하다. 어제 저녁 바위를 호랑이로 본 것은 내가 잘못 보았다 치더라도, 어떻게 화살이 저기에 박혔을까? 내 힘이 저렇게 세단 말인가?'

그리고는 어제처럼 다시 화살을 힘껏 쏴보았습니다. 그러나 화살이 박히기는커녕 바위에 부딪치는 순간 화살촉만 부러졌습니다.

이 이야기는 '죽기 아니면 살기'라는 각오로 전력투구를 하면 어떤 일도 능히 해낼 수 있다는 성공의 교훈을 담고 있습니다.

그러나 우리의 일상생활에서 목숨을 걸 정도로 해야 할 일은 그리 많지 않습니다. 그렇다면 어떻게 해야 자기의 능력을 더 발휘할 수 있을까요? 일단 의욕을 기상시켜야 합니다. 개인의 성공이나 인류의 발전은 의욕이 만들어 갑니다.

여러분! 그렇습니다. 의욕이 있는 자만 성공할 수 있습니다. 의욕이란 무엇인가를 하고자 하는 마음입니다. 의욕이 없는 자는 만사를 귀찮게 생각해 어떤 일도 성공할 수 없습니다. 우리는 지금 어떤 의욕을 갖고 있습니까? 우리 모두 의욕을 기상시켜 성공자가 되도록 노력합시다.

지금까지 '의욕적으로 일하면'에 대해 말씀드렸습니다.

이기는 연습

지금부터 '이기는 연습'에 대해 말씀드리겠습니다.

고대 로마의 철학자 에픽토테스는 "먼저 작은 일을 연습하라. 그러고 나서 좀 더 큰일로 나아가라"고 했으며, 영국 격언에는 '연습으로 기술자가 된다'는 말이 있습니다. 문제는 어떤 연습을 하느냐 하는 것입니다.

1969년 7월 21일은 인류가 처음으로 달에 착륙한 역사적인 날입니다.

"아름답다. 그리고 마치 연습할 때와 꼭 같다."

미국 우주선 아폴로 호를 타고 달에 첫발을 디딘 닐 암스트롱이 휴스턴의 관제실로 보내온 말입니다. 그 후 달 탐색에서도 아폴로의 선장인 콘레드는 다음과 같이 말했습니다.

"마치 옛날의 보금자리로 돌아온 느낌이다. 이미 몇 번이나 이곳에 왔었던 기분이 든다. 결국 우리는 이 순간을 과거 4년 동안 계속 리허설해 왔다고 할 수 있으리라."

‘정말로 그럴까?’ 하고 의심하는 사람도 있을 것입니다. 그러나 그건 사실이었습니다. 우주비행사는 ‘이렇게 될 것이다’라는 가정의 명수들입니다.

아폴로의 승무원들은 출발 전부터 ‘곧 달에 도착합니다’라는 연습을 합니다. 바다에 떠 있는 고무보트 위에서 아래위로 뛰거나 구르면서 마치 우주 공간에 있는 것처럼 무중력 상태에 대응하는 연습을 합니다. 또 착륙에 성공한 것처럼 사막에 달착륙선을 만들어놓고 연습합니다.

NASA의 과학자들이 ‘이렇게 하면 무사히 착륙하고 돌아올 수 있다’고 가정해 만든 수백 가지의 중요한 연속 동작이 있습니다. 우주비행사들은 이 연속 동작을 오늘도 내일도 그리고 앞으로도 여러 달씩, 심지어는 몇 년씩이나 되풀이해 기억하고 반복적으로 연습합니다.

그 결과 실제의 상황에 부딪쳤을 때 그들은 당황하지 않고 익숙하게 대처해 성공하게 되는 것입니다. 이런 예행연습을 미국의 성공심리학자 데니스 웨이트리 박사는 “이기는 연습”이라고 하며, 우주비행사는 “승리하기 위한 자기 훈련의 모델”이라고 합니다.

여러분! 승자와 패자의 차이점이 무엇인지 아십니까? 한마디로 승자는 이기는 연습을 한 사람이고 패자는 지는 연습을 한 사람입니다. 우리 모두 성공자가 되기 위해서 이기는 연습을 합시다. ‘안 된다’는 생각을 버리고 ‘된다!’는 생각으로 몇 백번, 몇 천번이라도 될 때까지 노력합시다!

지금까지 ‘이기는 연습’에 대해 말씀드렸습니다.

이름과 이미지

지금부터 '이름과 이미지'에 대해 말씀드리겠습니다.

미국의 저술가이자 경영자인 로버트 슈크가 이름이 주는 이미지를 알아보기 위해 설문조사를 했습니다. 남자 대학생 20명을 대상으로 자기의 사무실에서 근무하는 '헤리엇 필켄스타인' 양과 미팅을 해보지 않겠냐고 물었습니다. 그녀는 매력적인 미인이었는데 남학생들에게는 실제 모습은 보여주지 않고, 이름만 가르쳐주며 미팅을 권했습니다. 그런데 그녀의 이름을 들은 남학생 중 18명이 미팅을 거절했습니다.

한 달 후 같은 남학생들에게 '필 코너스' 양과의 미팅을 제안했습니다. 그녀는 그다지 매력적인 여성이 아니었습니다. 그런데 단순히 이름만 듣고도 매력을 느낀 16명의 남학생이 미팅을 신청했으며, 그녀에 대해서 좀 더 알고 싶다고 했습니다. 호감형 미녀 필켄스타인은 이름이 주는 이미지 때문에 손해를 본 것입니다. 어딘가 남성처럼 억세 보이는 데다 '프랑켄슈타인'이라는 괴물 이미지가 느껴졌기 때문이었을까요?

　로버트 슈크는 또 다른 사례를 소개합니다. 컴퓨터 회사의 취직자리를 놓고 두 젊은이가 경합을 벌인 적이 있습니다. 두 사람은 나이도 같고 학력과 경력, 배경도 거의 비슷했는데 이때 두 사람의 이름이 나타내는 이미지가 결정적인 영향을 주게 되었습니다.

　'해리'라는 이름에서는 작은 키에 테가 굵은 안경을 쓴 모습이 연상돼 거부감이 느껴졌고, '마크'라는 이름은 키도 크고 호남형에 고객들에게 좋은 인상을 줄 것으로 상상이 되었습니다. 그 결과 마크가 채용되었습니다.

　또한 친구들로부터 '클레이'라고 불리는 클레이턴은 자기 이름 때문에 열등감에 사로잡혀 있었습니다. 클레이라는 말에는 흙 외에도 쓰레기, 무가치한 것이라는 의미가 있기 때문입니다. 그러나 이름 전문가에게 새로운 해석을 듣고 나서 클레이턴은 자신감을 얻습니다.

　"클레이는 단순한 진흙이 아니라, 토기장이의 손에 들어가면 아름답고 유용한 것이 될 수 있는 아주 중요한 물질이며 원자재라네."

　여러분! 사실 이름과 실제 용모와는 아무런 관계도 없습니다. 그러나 이름이 주는 이미지는 자신이나 상대에게 영향을 미칩니다. 그렇다면 당신의 이름이 주는 이미지는 어떠하며, 또 어떻게 해석하는 것이 좋을까요?

　지금까지 '이름과 이미지'에 대해 말씀드렸습니다.

이미지메이킹

지금부터 '이미지메이킹'에 대해 말씀드리겠습니다.

자기의 능력을 보다 높게 보이도록 하기 위해서, 혹은 어려운 기술을 요하는 일에 종사한다는 이미지를 주기 위해서는 카리스마 발휘를 능숙하게 해야 합니다. 수완가인 한 비즈니스맨은 해외에 출장을 갈 때 반드시 일류 호텔에 숙박을 한다고 합니다.

"그렇게 비싼 호텔에 묵는 것은 곤란해요."

경리부장으로부터 주의를 받지만, 차액은 자기가 지불하겠다며 그 자세를 견지하고 있습니다. 그 이유는 상담의 상대에게 신용을 얻기 위해서입니다. 싸구려 호텔에 투숙하면 숙박료는 절감되지만, 약점을 보이게 되어 비즈니스의 교섭에 큰 손해를 보기 때문입니다.

그렇다면 일류 호텔에 투숙하는 것만으로 이미지가 높아질까요? 결코 그렇지 않습니다. 시골에서 갓 올라온 촌뜨기 같은 사람이 일류 호텔에 숙박해

봐야 역시 촌뜨기일 뿐입니다. 제아무리 훌륭한 복장에 값비싼 보석으로 치장을 했더라도, 그 사람에게 어울리지 않으면 돋보이지 않습니다. 또 외관상으로는 돋보인다 해도 곧 그 본성이 드러나게 마련입니다.

어느 호텔의 성대한 파티에 귀티나는 한 부인이 주위 사람들의 시선을 끌었습니다. 나이는 35세 전후, 뛰어난 미모에 우아한 옷차림, 반짝이는 보석이 그녀를 더욱 돋보이게 만들었습니다.

'어느 댁의 귀부인일까?'

모두 호의의 눈초리로 궁금히 여기고 있는데 그녀의 다섯 살 난 아이가 장식해놓은 얼음 조각상을 밀쳤습니다. 조각상이 휘청하는 것을 보고 놀란 부인이 소리쳤습니다.

"이 새끼야, 대가리 깨지겠다!"

순간 모두 실망을 하고 말았습니다. 좋은 이미지는 하루아침에 몸에 배지 않는다는 좋은 본보기입니다. 어린 시절부터 그런 교육을 받아야만 비로소 좋은 이미지가 형성되는 것입니다.

골동품 가게의 주인은 진짜와 가짜를 분별하는 능력을 점원에게 길러주기 위해서, 처음에는 가능하면 진짜만 손대게 한다고 합니다. 그렇게 진짜만 보고 만지다 가짜를 보면 '이것은 가짜다'는 직감이 작용한다는 것입니다.

여러분! 고급 취미나 귀족적인 행동을 몸에 익히는 것은 임시변통으로는 결코 불가능한 일입니다. 어디까지나 돈을 투자하고 몸소 체험해야만 합니다. 당신은 자신의 이미지를 좋게 하기 위해 얼마만큼 노력하고 있습니까?

지금까지 '이미지메이킹'에 대해 말씀드렸습니다.

이미지 창출

지금부터 '이미지 창출'에 대해 말씀드리겠습니다.

1960년, 대통령 선거전에서 당시 민주당 대통령 후보였던 존 F. 케네디는 공화당 대통령 후보인 닉슨과 대결하게 되었습니다. 당시 집권당인 공화당과 현직 대통령인 아이젠하워는 닉슨 후보를 적극 지원했습니다. 게다가 현직 부통령인 닉슨 후보는 부통령으로 8년 동안 세계 각국을 순방하며 외교 활동을 많이 했기 때문에, 미국은 물론 전 세계적으로 널리 알려져 있었습니다.

이에 비해 케네디는 비록 명문 케네디 가의 대표 주자이기는 하나 일개 상원의원에 지나지 않았으며, 게다가 그에게는 가톨릭 신자라는 치명적인 약점이 있었습니다. 그때까지만 해도 미국 역사상 가톨릭 신자가 대통령이 된 전례가 없었기 때문입니다.

그런데 이러한 약점을 만회하고 선거전을 역전시킨 계기가 된 것은 텔레비전 프로를 통해서였습니다. 미국 대통령 선거사상 양당 후보가 텔레비전에 출전해 정책 대결을 벌인 것은 그때가 처음이었습니다.

닉슨 후보는 텔레비전 대결이 있기 바로 전날, 건강이 좋지 않아 일찍 집으로 돌아가 아내인 페트 여사의 간호를 받았지만, 케네디는 동생 로버트 케네디, 에드워드 케네디와 함께 호텔로 가서 문을 걸어 잠그고 텔레비전 출연에 대비했습니다.

케네디 후보는 연설할 때의 음성과 자세, 표정, 제스처, 내용 등에 대한 자연스럽고 논리적이며 호소력 있는 방법을 연구하고, 상대편의 예상 질문에 대한 답변까지 철저하게 연습했습니다.

마침내 텔레비전 출연의 순간이 왔습니다. 케네디는 밝고 환한 조명을 온몸에 받으며 처음부터 끝까지 기선을 잡고, 특유의 제스처와 순발력으로 논리적이고 명쾌해 보이는 자신감을 드러내며 토론을 리드해 나갔습니다. 반면 닉슨은 조명을 제대로 받지 못해 어둡고 침침해 보이는 데다 뭔가 자신이 없고 망설이며 주저하는 인상을 주었습니다. 그 결과 불과 10만 표 차이로 역전해 케네디가 대통령이 되었던 것입니다.

여러분! 좋은 이미지는 성공과 행복의 기초가 됩니다. 승리의 이미지를 만들기 위해서는 먼저 자기 개조부터 시작해야 합니다. 우리 모두 자기 개조를 위해 노력합시다.

지금까지 '이미지 창출'에 대해 말씀드렸습니다.

이색적인 직업

지금부터 '이색적인 직업'에 대해 말씀드리겠습니다.

도쿄에는 '이야기 룸'이라는 이색적인 간판을 내건 여 사장이 있어 화제가 된 적이 있습니다. 결혼 경력이 두 번, 아이를 넷이나 낳았으니 인생의 쓴맛 단맛을 다 본 여인이라고나 할까요? 그녀의 이름은 레이코. 사업가의 외동딸로 태어나 귀여움을 독차지하며 자랐고 명문 도쿄 여고를 졸업했으며, 아버지가 경영하는 호텔의 도쿄영업소의 소장이 되었습니다.

그런데 아버지가 갑자기 돌아가시자 엉뚱한 사람이 호텔 사업을 가로채 그녀는 빈손으로 내쫓기는 신세가 되었습니다. 너무도 억울하고 분해서 잠을 못 이루고, 이런저런 고민에 뜬눈으로 밤을 새기도 했습니다. 그러던 어느 날 문득 이런 생각이 들었습니다.

'이렇게 고민하는 사람이 나 혼자는 아닐 거야. 그렇다면 같은 처지에 있는 사람들을 오게 해서 이야기를 나눠보면 어떨까?'

다음 날, 그녀는 이야기 룸이라는 간판을 써 문밖에 붙였습니다. 그리고 '상대의 말을 밝게 들어주고 영감을 주는 산뜻한 조언을 해준다'는 뜻으로 '인스피레이셔널 어드바이저Inspirational Advisor'라는 이름을 쓰기로 했습니다. 상담료는 30분에 500엔. 그 정도면 주변 직장인들이 자주 가는 식당의 점심값과 비교해 부담스럽지 않은 액수라고 생각했습니다. 그렇다고 이야기 룸에서 점심 식사나 차 한잔을 제공하는 것은 아닙니다. 테이블과 의자가 두 개뿐인 사무실에 마주 앉아 이야기를 주고받는 것이 전부입니다.

그런데도 근처의 직장인들을 중심으로 손님의 발길이 끊이지 않습니다. 손님 중에는 40~50대 관리직이 많고 대기업의 사원들도 적지 않습니다.

이름 같은 것은 일체 묻지 않고 찾아온 손님에게 "오늘은 어떤 얘기죠?"라고 웃으며 친절하게 말을 걸면, 둑이 터지듯 얘기가 터져 나옵니다. 일 문제, 직장 동료나 상사와의 관계, 부부 관계, 자녀 문제 등.

레이코는 상대방의 입장이 되어 진지하게, 그러면서도 밝은 표정으로 이야기를 들어줍니다. 그리고 도움이 될 만한 조언을 해주는데 매우 성업 중이라고 합니다.

여러분! 세상에는 직업의 종류가 많습니다. 그 많은 직업 가운데 남들과 경쟁이 심한 직업을 선택해서 노심초사하기보다는 자기의 적성에 맞는 직업을 선택해보는 것도 좋지 않을까요?

지금까지 '이색적인 직업'에 대해 말씀드렸습니다.

인간관계의 본질

지금부터 '인간관계의 본질'에 대해 말씀드리겠습니다.

인간은 사회적 동물입니다. 아무리 똑똑하고 힘이 세며 잘생겼더라도 결코 혼자 살지는 못합니다. 남들과 더불어 생활해야만 합니다. 특히 직장 생활은 타인이 모여 협력해 공동의 목표를 실현시키며 자기 발전을 꾀하는 장소입니다. 따라서 직장 생활에서 성공하려면 인간관계가 좋아야 합니다.

그렇다면 인간관계의 본질은 무엇이며 어떻게 해야 성공할 수 있을까요? 언젠가 신문에서 재미있는 칼럼을 읽은 적이 있습니다. 그 내용은 다음과 같습니다.

사람은 물론 같은 개에게도 반응을 나타내지 않으며, 다가가면 맹렬히 짖으면서 위협하고 하루 종일 우리 안에 틀어박혀 밖으로 나오지 않는 개가 있었습니다. 너무나 완고해서 이름도 '완'이라고 붙였습니다.

완은 병원에서 사육하는 수캐로 어미 개에게서 일찍 떨어져 고독하게 자라 그런지 스무 마리나 되는 어떤 개와도 교제가 없었습니다. 자기만의 세계에 틀어박혀 나오려 하지 않는 자폐증임에 틀림없었습니다. 그래서 병원의 외과부장이 개를 무척 좋아하는 심리학자에게 완의 치료를 부탁했습니다.

"네, 한번 해보지요. 철이 났을 때부터 제 생활은 개와 함께였으니까요."

흔쾌히 대답을 한 심리학자가 우리 앞으로 다가가자 완은 몸을 웅크리며 적의가 담긴 시선을 보냈습니다.

"완! 너 참 영리하게 생겼구나."

심리학자는 부드러운 어조로 매일같이 시간을 내 완을 만나 말을 건넸습니다. 처음에는 반응이 없었던 완도 차츰 눈을 마주치게 되었습니다. 그렇지만 우리의 철책 안으로 손을 넣는 것은 결코 허락하지 않았습니다. 그러기를 2개월, 어느 날인가부터 "완" 하고 부르면 우리 앞으로 나오더니 마침내 이름을 부르자 꼬리를 흔들었습니다.

"오, 완에게도 꼬리가 있었구나."

이 무조건적인 애정에 완은 긴장을 풀기 시작했습니다. 완은 8개월 만에 태어나서 처음 밖으로 나와 다른 개들과 함께 어울려 달리기 시작했습니다.

여러분! 조건 없는 사랑이 완고하게 병든 개조차 새로운 삶을 살게 만든 본보기 아닐까요? 하물며 인간관계에 있어 사랑보다 더 소중한 것이 어디 있겠습니까? 사랑은 인간관계의 본질입니다. 우리 모두 서로 사랑합시다.

지금까지 '인간관계의 본질'에 대해 말씀드렸습니다.

인간 승리

지금부터 '인간 승리'에 대해 말씀드리겠습니다.

"우리는 태어났다. 승리하기 위해서! / 당신의 마음에는 거인이 잠잔다. / 우리는 태어났다. 승리하기 위해서!"

미국의 여가수 라이언 몰겐이 부른 〈Born To Win〉의 노랫말입니다.

세상 만물은 왜 존재할까요? 생물은 왜 살아 있을까요? 세상의 모든 인간은 왜 태어났을까요?

이 엄숙한, 존재를 향한 철학적 질문에 당신은 무언가 느끼는 것이 없습니까? 세상의 모든 만물은 다 그 역할이 있어서 존재하고, 인간은 위대한 것을 이루려는 사명을 갖고 이 세상에 태어났습니다.

여러분은 오스트리아의 심리학자 빅터 프랭클의 〈인간의 의미 탐구〉라는 책을 읽어보셨습니까?

프랭클 박사는 제2차 세계대전 중에 나치의 정치수용소에 갇혀 있던 인물입니다. 이 책에는 수용소 안에 있던 사람들과 함께한, 상상할 수 없이 무시무시한 시련 기간 동안에 일어난 한 과학자의 반응이 기록돼 있습니다. 나치수용소 안에서 수백만 명이 병들어 죽고 가스로 사형을 당하고 총살을 당했으며, 심지어는 생매장도 당했습니다. 그러나 이 책은 처절하게 죽어간 억울한 사람들의 슬픈 이야기만이 아닙니다. 죽음보다 고통스러운 시련을 견디고 살아남은 인간 승리에 초점을 맞춘 이야기입니다.

프랭클 박사는 역설합니다.

"죽은 사람들은 고통보다 편안한 죽음을 선택했고 살아난 사람은 죽음보다 고통스러운 삶을 선택했다. 왜 죽음보다 고통스러운 삶을 선택했는지 아는가? 그들은 아직 자기의 일을 끝내지 않았기 때문이었다. 만물의 영장인 인간으로 태어난 이상 무엇인가를 이룩하려는 사명을 다하지 못했기 때문에 그대로 죽을 수가 없었다. 그래서 그들은 편안한 죽음보다 고통스러운 아비규환 속에서도 살아남을 수밖에 없었다."

여러분! 시련은 반드시 극복할 수 있습니다. 시련이란 무엇입니까? '시'험하고 단'련'한다는 말 아닙니까? 하느님이 인간에게 시련의 고통을 줄 때에는 반드시 견딜 만한 고통을 줍니다. 그렇지 않으면 파멸시켜 버리고 말지요. 우리는 지금 경제 위기를 맞아 시련의 고통을 받고 있지만, 이 위기를 극복하고 나면 우리나라는 더 없이 튼튼한 나라, 경제 대국이 될 것입니다.

지금까지 '인간 승리'에 대해 말씀드렸습니다.

인간의 가치

지금부터 '인간의 가치'에 대해 말씀드리겠습니다.

예일 대학교의 생화학자인 해럴드 J. 모로위츠 교수는 딸로부터 다음과 같은 생일 카드를 받았습니다.

"아버지, 생화학자에 의하면 사람의 몸을 이루고 있는 물질은 겨우 98센트의 가치밖에 없대요."

그래서 그는 곧 인체의 값을 조사했는데 자그마치 600만 달러 이상의 가치를 지녔다는 사실을 밝혀냈습니다.

헤모글로빈은 그램당 285달러, 인슐린은 그램당 47.50달러, 효소 트립신은 36달러, 담즙색소 빌리루빈은 12달러, DNA 76달러, 콜라겐 15달러, 알부민 3달러였으며 덜 알려진 구성 물질들 즉, 효소를 활성화시키는 아세테이트 키나아제는 그램당 8,860달러, 알칼리 포스파타제 225달러, 히알루론산, 히알루론산 교착물질, 조직체 교착물질은 175달러, 브래디키닌(아미노산)은 12,200

달러나 되었습니다.

진짜 놀라운 것은 여포자극호르몬follicle stimulating hormone이 그램당 800만 달러라는 사실입니다. 이것은 누구에게나 생산된다고 합니다. 이것이 비싼 이유는 젖샘의 젖 생산을 자극하는 호르몬 프로클랙틴이 있기 때문인데, 그것은 그램당 175만 달러입니다.

인간의 몸을 구성하는 화학 물질 각각의 퍼센트를 계산했을 때, 모로위츠 교수는 인간의 체중 1그램이 평균 245.54달러의 가치를 지닌다는 결론에 도달했습니다.

그런 다음 자신의 몸무게를 재보았더니 168파운드 즉, 79,364그램이었습니다. 사람은 68%가 물이기 때문에 그 나머지만 계산해보면 24,436그램이 됩니다. 거기다 254.54달러를 곱하니까 6,219,939.44달러가 되었습니다.

모로위츠 교수는 잡지 〈호스피탈 프랙티스〉에 다음과 같이 썼습니다.

"나 자신의 가치를 98센트짜리에서 엄청나게 올려놓았다."

여러분! 인간의 가치가 어찌 600만 달러만 되겠습니까? 인체의 값만 600만 달러, 게다가 창조적인 활동의 가치까지 포함한다면 인간의 값은 무한합니다. 이렇듯 무한한 인간의 가치를 우리는 얼만큼 활용하고 있을까요? 우리 모두 인간다운 가치 창조를 위해 노력합시다!

지금까지 '인간의 가치'에 대해 말씀드렸습니다.

인간의 타입

지금부터 '인간의 타입'에 대해 말씀드리겠습니다.

십인십색이라고 사람은 저마다 남과 다른 특성이 있습니다. 그러나 조류학자가 야생의 새를 관찰하듯 사람들이 생활하는 모습을 가만히 보면 공통적인 몇 가지 타입을 발견할 수 있습니다.

술자리에 있는 사람들을 살펴보면 4단계의 유형이 나옵니다. 처음에는 예의를 갖춰 낮고 부드럽게 듣기 좋은 달콤한 말을 합니다. 제1단계 감언밀어(甘言蜜語)입니다. 술잔이 어느 정도 오가면 자기의 자랑을 의기양양하게 늘어놓습니다. 하늘의 별이라도 따올 수 있다고 큰소리를 칩니다. 제2단계 호언장담(豪言壯談)입니다. 그러다 술이 취하면 해서는 안 될 말을 함부로 지껄이거나 무슨 말인지도 모를 허튼소리를 마구 해댑니다. 제3단계 호언난발(胡言亂發)입니다. 이 단계가 지나 고주망태가 되면 코 고는 소리뿐 아무 말도 들리지 않게 됩니다. 제4단계 불언불어(不言不語)입니다. 이상은 술 먹는 4단계지만 인간의 타입에도 이 4단계가 적용됩니다.

언제 만나도 항상 예의를 갖추고 듣기 좋은 말을 하는 사람은 감언밀어형이고, 자기의 자랑을 늘어놓거나 허풍을 떠는 사람은 호언장담형이며, 무슨 말인지도 모를 뜬구름 잡듯이 횡설수설하는 사람은 호언난발형이고, 할 말도 안 하고 할 말도 없는 꿀 먹은 벙어리 같은 사람은 불언불어형입니다.

한 가지 예를 더 들어볼까요? 저는 매일 아침 뒷동산으로 애완견을 데리고 등산을 합니다. 흰색 몰티즈입니다. 그런데 이 강아지를 대하는 사람들의 타입이 여러 가지입니다.

"어머, 예쁘구나. 이리 와봐!" 하고 친해보려는 사람이 있고, 뉘 집 개가 지나가냐는 듯 쳐다보지도 않는 사람이 있으며, 무서워서 도망가는 사람도 있고, 겁을 주거나 때리려고 덤벼드는 사람도 있습니다.

개를 대하는 것을 보면 그 사람의 인간관계 타입도 알 수 있습니다. 친해보려는 사람은 사교형이고, 관심이 전혀 없는 사람은 무심형이며, 무서워하는 사람은 불안형이고, 때리려고 하는 사람은 공격형입니다.

여러분! 어떤 타입의 인간이 호감을 받고 어떤 타입의 인간이 미움을 받을까요? 또 여러분 각자는 어떤 타입에 속할까요? 우리 모두 자기의 현재 모습을 점검하고 호감받는 인간이 되도록 노력합시다.

지금까지 '인간의 타입'에 대해 말씀드렸습니다.

인격자

지금부터 '인격자'에 대해 말씀드리겠습니다.

고려의 명장 강감찬 장군이 귀주에서 거란군을 대파하고 돌아오자, 현종왕
이 친히 마중을 나가 얼싸안고 환영했습니다. 또한 왕궁으로 초청해 중신들
과 더불어 주연상을 성대하게 베풀었습니다.

한창 주흥이 무르익을 무렵, 강감찬 장군은 무엇인가를 골똘히 생각하다
가 소변을 보고 오겠다며 현종의 허락을 얻어 자리를 떴습니다. 나가면서 장
군은 살며시 내시를 보고 눈짓을 했습니다. 그러자 시중을 들던 내시가 그의
뒤를 따라 나섰습니다. 강 장군은 내시를 자기 곁으로 불러 나지막한 목소리
로 말했습니다.

"여보게, 내가 조금 전에 밥을 먹으려고 밥그릇을 열었더니 밥은 있지 않고
빈 그릇 뿐이더군. 도대체 어찌 된 일인가? 내가 짐작하건데 경황 중에 너희
들이 실수를 한 모양인데 이걸 어찌하면 좋은가?"

순간 내시는 얼굴이 새파랗게 질렸습니다. 이만저만한 실수가 아니었기 때문입니다. 오늘의 주빈이 강감찬 장군이고 보면 그 죄를 도저히 면할 길이 없었습니다. 내시는 땅바닥에 꿇어 엎드려 부들부들 떨기만 했습니다. 이때 강장군은 다음과 같이 말했습니다.

"성미가 급한 상감께서 이 일을 아시면 모두들 무사하지 못할 테니 이렇게 하는 것이 어떤가? 내가 소변보는 구실을 붙여 일부러 자리를 뜰 것이니, 내가 자리에 앉거든 곁으로 와서 '진지가 식은 듯하오니 다른 것으로 바꿔 드리겠습니다'라고 하면서 다른 것을 갖다놓는 것이 어떨까?"

내시는 너무도 고맙고 감격스러워 어찌할 바를 몰라 했습니다. 그와 같은 일이 있은 후, 강감찬 장군은 이 일에 대해 끝가지 함구했습니다. 그러나 은혜를 입은 내시는 그 사실을 동료에게 실토했으며, 이 이야기가 다시 현종의 귀에까지 들어가 훗날 현종은 강감찬 장군의 인간됨을 크게 치하해 모든 사람의 귀감으로 삼았다는 고사가 전해지고 있습니다.

여러분! 아무리 지위가 높고 능력이 뛰어나고 돈이 많다 하더라도, 인격이 갖춰지지 않은 사람은 존경받지 못합니다. 인간의 가치는 소유물에 있는 것이 아니라 그 인격에 있기 때문입니다. 그렇다면 우리들 각자의 인격은 어느 정도나 될까요? 인격을 갖추도록 노력합시다.

지금까지 '인격자'에 대해 말씀드렸습니다.

인기 관리

지금부터 '인기 관리'에 대해 말씀드리겠습니다.

연예인의 소망은 대중의 우상이자 스타가 되어 갈채를 받고 뜨거운 사랑 속에서 영원한 인기를 누리는 것입니다. 그러나 인기 스타는 결코 하루아침에 탄생하지 않습니다. 시대상에 따라 혜성처럼 나타난 스타가 없지는 않지만, 인기의 생명도 짧아 반짝 스타로 끝나기 십상입니다.

물씬한 고향 냄새가 나는 가수 현철, 불혹의 나이에 스타의 대열에 끼어든 그의 인기는 좀처럼 식지 않습니다. 뉴욕 한복판에서 노점상을 했다는 태진아, 그 역시 귀국한 후 대중의 마음을 계속 붙잡아 두고자 끊임없이 노력하고 있으며, 〈쨍하고 해뜰 날〉의 가수 송대관도 같은 케이스입니다. 또 인기 스타가 되고 눈물깨나 흘렸다는 김정수나 김국환.

여기에 열거한 가수들의 연령이 대부분 50대 이상이라는 점도 그렇지만, 모두가 20년 가까이 화려한 무대 뒤의 그늘에서 '쨍하고 해뜰 날'을 위해 각고의 노력을 바쳤다는 사실을 우리는 기억해야 합니다.

물거품과도 같다는 인기를 얻기 위해 그들이 바쳐온 긴 세월, 무명 가수의 설움을 딛고 일어서기까지 겪어야 했던 생활의 고통, 오늘의 갈채는 바로 그들의 이러한 아픔을 극복한 인간 승리를 향한 것이라 해도 틀리지 않을 것입니다.

그런가 하면 일찍 스타가 되어 오랫동안 대중의 뇌리에서 떠나지 않는 스타들도 있습니다. 한때는 여고생들의 손수건깨나 적셨던 향토색 짙은 가수 송창식이 그렇고, 작은 체구에서 다이내믹하게 터져 나오는 창법으로 무대를 압도하는 윤복희도 그 중 하나입니다. 두 사람은 타고난 자질과 연예인으로서의 자부심이 충만합니다. 인기가 있다고 마구잡이식으로 방송 출연을 하지 않는 점이 그렇고, 하루가 멀다 하고 신곡을 내놓지 않는 점도 그렇습니다. 가끔 잊힐 때쯤이면 갑자기 나타나 올드팬에게 향수를 불러일으키는 인기 관리로 스타의 자존심을 높이고 있습니다.

여러분! 인기는 연예인에게만 있는 것이 아니며 인기 관리는 연예인만 하는 것도 아닙니다. 우리도 세상을 살면서 주위 사람에게 인기를 얻어야 하고, 그 인기를 관리하기 위해서는 남다른 노력을 해야 합니다. 여러분의 인기는 어느 정도나 되며 인기 관리를 위해서 얼마나 노력하고 있습니까?

지금까지 '인기 관리'에 대해 말씀드렸습니다.

인내력

지금부터 '인내력'에 대해 말씀드리겠습니다.

고대 로마의 희극 작가 플라우트수는 "인내는 온갖 곤란과 고통에 대한 최상의 치료이다"라고 했으며, 〈플루타르크영웅전〉에는 "인내는 폭력보다 강하다. 단번에 꺾지 못할 것도 꾸준히 노력하면 정복할 수 있다. 인내는 최강의 정복자다"라는 말이 있습니다.

예부터 우리 민족은 은근과 끈기를 자랑하는 민족이었습니다. 그런데 언제부터인가 한국인은 인내력을 잃어버리고 조급증에 걸려 있는 것 같습니다. 그러나 인내는 최강의 정복자며 행운으로 연결되는 긴 파이프라는 사실을 아셔야 합니다.

여러분은 매미의 삶에 대해 생각해본 적이 있습니까? 여름날 나무에 앉아 마냥 즐거운 듯 열심히 노래를 부르는 매미의 수명은 겨우 한 달밖에 안 됩니다. 이 한 달을 멋지게 살기 위해 참매미는 굼벵이로 6년 동안 땅속에서 생활을 합니다.

그런데 미국의 '17년 매미Seventeen-year locust'는 이름 그대로 17년 동안 땅속에서 살아야 비로소 매미가 될 수 있다고 합니다. 이 매미의 유충인 굼벵이는 나무뿌리의 수액을 빨아 먹고 사는데 너무 많이 먹으면 나무가 말라 죽고 나무가 죽으면 굼벵이도 함께 굶어 죽게 됩니다. 그래서 나무가 죽지 않을 정도로 식사량을 줄여가면서 17년을 참고 기다린다는 것입니다. 한 달간의 영화로운 삶을 위해 기나긴 세월을 암흑과 굶주림으로 인내하고 또 인내합니다.

어디 매미뿐이겠습니까? 사막에는 '아스합ashap'이라는 풀이 있다고 합니다. 이 풀의 씨는 이글이글 타는 태양 밑의 열사에 파묻혀 10년이고 20년이고 비오는 날을 기다립니다. 그러다 비가 오면 모래 밑에서 활짝 솟아나 1주일 동안 싹트고 자라 꽃을 피우고 열매까지 맺어 씨를 뿌리고 쓰러진다고 합니다.

여러분! 삶의 목표가 1주일이든 한 달이든 자기의 꿈을 실현시키기 위해서 20년 가까이 인고의 생활을 감내하는 아스합이나 매미의 생활 태도에서 무엇을 느끼십니까? 자기 스스로 뜻을 세우고 선택한 목표 달성을 위해서 참고 기다리는 인내력을 기릅시다! 인내력이야 말로 자기 실현의 원동력입니다.

지금까지 '인내력'에 대해 말씀드렸습니다.

Today's
speech

234

인사의 중요성

지금부터 '인사의 중요성'에 대해 말씀드리겠습니다.

은행에 근무하는 김 대리는 서른다섯 살의 노총각입니다. 그가 화법 공부를 하기 위해 스피치 세미나에 처음 왔을 때, 첫인상은 어두운 느낌이었고 역시나 성격도 내성적인 청년이었습니다. 애인이나 친한 친구도 없이 혼자서 고독한 생활을 하고 있었습니다.

그런 사람이기에 이웃 사람들과 얼굴을 대해도 인사 한번 하는 일 없이 모른 체하고 지나쳤다고 합니다. 물론 옆집과의 교류도 전혀 없었습니다. 그래서 아침에 널어둔 세탁물이 소나기에 젖어도, 누구 하나 걷어줄 사람 없는 쓸쓸한 생활을 하며 지냈습니다.

김 대리가 스피치 세미나에서 인사의 중요성에 대해 강의를 듣고 깨달은 바가 있어, 반성을 한 후 재빨리 실행에 옮겼습니다. 천성이 성실한 사람이므로 일단 하려고 마음만 먹으면 철저히 합니다. 그래서 사람을 만나면 누구에게든 "안녕하십니까?" 하고 먼저 인사를 하게 되었습니다. 옆집 부인에게도 "안녕하십니까?" 맞은편 집 남자에게도 "안녕하십니까?" 가게 주인에게도 "안녕하십니까?"라고 밝고 큰 목소리로 열심히 인사를 했습니다.

그렇게 하기를 20여 일이 지났을 무렵, 낮부터 비가 내려 '아, 오늘도 빨래가 흠뻑 젖겠구나' 하고 우울한 기분으로 퇴근하고 집에 돌아왔더니 바깥에 널어두었던 세탁물이 보이지 않는 것이었습니다. 바람에 날아갔는지 도둑을 맞았는지 몰라 언짢은 기분이었는데 옆집 부인이 찾아와 "어머 돌아오셨군요. 비가 오기에 걷어서 들여놓았어요"라고 말하는 것 아닙니까?

살펴보니 와이셔츠와 손수건에 반듯하게 다리미질까지 되어 있었습니다. 김 대리는 죄송함과 감사의 마음에 눈물이 나올 정도로 기뻤습니다.

또 어느 날에는 앞집 부인이 와서 "아직 저녁 식사 전이지요. 우리 집 양반이 반찬 좀 갖다주라고 해서 가져왔으니 먹어보세요" 하면서 맛있는 반찬까지 갖다주는 것이었습니다.

여러분! 평소에 인사를 잘하고 있습니까? 인간관계는 인사로 시작해서 인사로 끝난다 해도 과언이 아닙니다. 인사성 하나만 밝아도 '사람 좋다'는 소리를 듣습니다. 우리 모두 밝고 큰 목소리로 내가 먼저 인사하는 사람이 됩시다.

지금까지 '인사의 중요성'에 대해 말씀드렸습니다.

인사의 효과

지금부터 '인사의 효과'에 대해 말씀드리겠습니다.

자그만 아파트에 단란한 가족이 이사를 왔습니다. 아이를 등에 업은 젊은 엄마와 아빠는 부지런히 짐을 날랐습니다. 저녁 무렵이 되어서야 짐을 다 들인 부부가 한시름 놓을 무렵, 젊은 엄마는 집에 들어가지 않고 아이를 업은 채 집집마다 초인종을 누르며 집주인에게 무언가 한참동안 이야기를 하는 것이었습니다. 이야기가 끝나면 집주인들은 고개를 끄덕이며 환하게 웃었습니다. 시장에 다녀오던 한 아주머니는 이 광경을 보고 이상하다는 듯 흘깃 쳐다보면 지나갔습니다. 잠시 후 그 아주머니의 집에도 어김없이 젊은 엄마가 찾아왔습니다.

"안녕하세요. 오늘 이사 온 사람입니다. 다름이 아니고 저희 아기가 이가 나기 시작하거든요. 그래서 밤이면 이가 가렵고 아픈지 막 울어댄답니다. 혹 아이의 울음소리 때문에 잠을 깨시더라도 이해해주세요. 얼마동안 만요."

이제야 알겠다는 표정을 지으며 아주머니는 말했습니다.

"그 얘기를 하려고 이 추운 날 집집마다 방문하고 다니는 거예요? 새댁도 참……."

젊은 엄마는 고맙다며 몇 번이나 인사를 하고 돌아갔습니다. 그날 깊은 밤, 자지러지는 아이의 울음소리가 아파트 단지 안에 울려 퍼졌습니다.

"웬 아이 울음소리지?"

남편이 부스럭거리며 잠에서 깨어나자 부인이 얼른 말했습니다.

"새로 이사 온 옆집 아기에요. 태어난 지 얼마 안 된 갓난아기인데 벌써 이가 난다지 뭐예요? 아기의 이가 다 날 때까지만 우리 참아요."

아기의 울음소리는 좀처럼 그치지 않았습니다. 그러나 어느 누구도 잠을 깨웠다며 아기 엄마의 집으로 쫓아와 항의를 하는 사람은 없었습니다.

여러분! 먼저 양해를 구하는 인사는 다소 불편하더라도 너그럽게 이해하는 마음을 갖게 하는 힘이 있습니다. 반대로 일이 터지고 양해를 구하면 감정이 상할 대로 상해, 얼굴을 찌푸리고 화를 참기 어려워집니다. 먼저 양해를 구하는 인사를 하는 사람에게는 화를 내지 못하는 법입니다. 이제부터라도 우리가 먼저 가족에게, 이웃에게, 동료에게, 상대에게 불편을 줄 일이 예상될 때는 양해를 구하는 인사를 하도록 합시다.

지금까지 '인사의 효과'에 대해 말씀드렸습니다.

인생의 목표

지금부터 '인생의 목표'에 대해 말씀드리겠습니다.

유명한 여행가이자 탐험가인 존 고다드는 60이 훨씬 넘은 나이에도 불구하고 산악 여행을 떠날 정도로 건강한 사람입니다. 카약 하나로 나일 강을 완주하기도 하고, 킬리만자로 봉우리에 우뚝 서는 등 인간 한계의 극복을 보여 준 그의 수많은 탐험 기록은 많은 젊은이들에게 적극적인 사고방식을 불어넣어 주었습니다. 또한 고다드는 여행가로서 뿐 아니라 인류학자로, 영화제작자로도 명성을 쌓았습니다.

자칫 다방면에 욕심이 많은 것처럼 보이지만, 고다드의 이러한 숨 가쁜 탐험과 갖가지 경험들은 그가 열다섯 살 때 이미 목표로 세워놓은 것이었습니다. 고다드는 수첩 하나를 소중히 간직하고 있는데 겉장에는 "내 인생의 목록"이라는 글자가 또렷이 박혀 있습니다. 수첩 안에는 나일 강·아마존 강 탐험하기, 에베레스트 산 오르기, 〈타잔〉 영화에 출연하기, 결혼해서 자식 갖기 등 숫자를 매긴 목표들이 127개나 적혀 있습니다. 그리고 그는 열여섯 살에 아버지와 함께 조지아 주 오커퍼노키 택지를 탐험하는 것으로 첫번째 목표를 달성한 후, 지금까지 모두 110개의 목표를 하나씩 이루어왔습니다. 그 과정에서 여러 번 죽을 고비를 넘긴 그는 그 순간을 회상하며 이렇게 말했습니다.

"이러한 경험을 통해 나는 행동하는 인간의 보람과 삶의 가치를 느낍니다. 사람들은 흔히 위대한 용기와 힘과 인내를 발휘한다는 것이 무엇인지도 모른 채 생을 마감하기도 합니다. 그러나 죽음이라는 극한 상황에서는 자신의 내부에 감춰진 엄청난 힘을 깨닫게 됩니다."

그리고 그는 목표 달성을 망설이는 사람들에게 충고합니다.

"지금까지 살아온 당신의 인생을 돌아보십시오. 그리고 '만일 내가 1년을 더 산다면 무엇을 할 것인가?'에 대해 생각해보십시오. 우리 모두는 마음속에 각자가 하고 싶은 일들이 있습니다. 미루지 말고 즉각 해보십시오."

고다드는 아직 달성해야 할 목표들이 많다고 생각하며, 그의 125번째 목표인 달나라 여행까지도 이룰 수 있다고 굳게 믿고 있습니다.

여러분! 우리도 자신이 해보고 싶고 이루고 싶은 것이 무엇이었는지 적어보고, 그 중 얼마나 이루었고 이루어야 할지 체크합시다. 자신의 능력을 믿고 이룰 수 있다는 신념을 버리지 않는다면, 분명 노력만큼의 성과는 물론 삶의 즐거움까지 얻을 것입니다.

지금까지 '인생의 목표'에 대해 말씀드렸습니다.

인생의 목표 설정

지금부터 '인생의 목표 설정'에 대해 말씀드리겠습니다.

스웨덴은 미국과 같이 고도의 산업사회로 높은 생활수준을 자랑하고 있습니다. 이 작은 나라는 미국이 그 사회 정책을 모범으로 삼을 정도입니다. 빈곤과 실업이 거의 없고 무료 의료 혜택이 모두에게 베풀어지며, 요람에서 무덤까지 정부의 연금이 지급됩니다. 뿐만 아니라 산모는 출생 1인당 상금과 연간 양육비를 받게 됩니다.

사회의 분위기도 자유롭습니다. 그래서 그런지 성적인 문란도 세계적으로 유명합니다. 미혼 젊은이의 80~90%가 혼전 성경험을 가질 정도입니다. 또한 세계에서 가장 높은 자살률을 기록하고 있습니다. 왜 이런 현상이 나타나는 것일까요? 물질적인 풍족함과 자유로운 환경은 국가 정책으로 보장되었지만, 국민 개개인의 인생 목표가 설정되지 않았기 때문입니다.

목표를 설정하고 산다는 것은 매우 중요한 일이며, 삶의 목표를 갖고 그 목표를 실현하기 위해 노력하는 데서 인생의 기쁨과 행복이 얻어지는 것 아닐까요? 그럼에도 불구하고 인생의 목표를 설정하지 않고 하루하루 살아가는 사람들이 많은 것 같습니다.

저는 사원 교육에서 "당신은 무엇을 위해 삽니까?"라고 물어봅니다. 그 결과 인생의 목적을 뚜렷하게 설정하고 있다고 답하는 사람은 적었습니다.

우리들 누구나 자기에게만 주어지고 아무에게도 나눠줄 수 없는 인생이 있습니다. 넓게는 조물주가, 좁게는 부모가 우리들 한 사람 한 사람에게 인생이라는 원석을 주었습니다. 이 원석을 갈고 닦아 광택을 내 가치 있는 것으로 만드는 작업은 우리 자신의 몫입니다.

그럼에도 불구하고 '이제부터'라고 하는 빛나는 미래를 가진 젊은이가, 귀중한 원석을 자기 손으로 부수고 자살하는 경우가 있습니다. 목적도 목표도 없이 몽유병자처럼 하루하루를 보내는 사람도 있습니다.

여러분! 인간이란 원석을 갈고 닦는 것이 인생의 중대한 과제입니다. 자기가 세운 목표 실현을 위해 혼신을 바쳐 노력하는 것이야말로 인생의 기쁨 아닐까요? 자기를 소중히 여기고 사회를 위해 전력투구하며 타인에게 도움이 되는 삶, 이것이 인생의 참된 보람 아닐까요? 우리 모두 목표를 설정하고 그 목표 실현을 위해 노력합시다!

지금까지 '인생의 목표 설정'에 대해 말씀드렸습니다.

일관성

지금부터 '일관성'에 대해 말씀드리겠습니다.

영국 역사상 가장 존경받는 인물로 손꼽히는 윈스턴 처칠, 그는 매우 호전적이고 공격적인 인물이었다고 합니다. 제2차 세계대전이 끝난 후, 국민적 영웅이 된 그는 영국을 완전히 통제하려는 구시대적인 욕망에 사로잡혔습니다. 그의 이러한 발상은 무정부 상태를 야기할 수도 있는 위험한 시도였지만, 그의 강인한 신념 때문에 영국 국민들은 그를 사랑하고 존경했습니다.

미국의 제33대 대통령을 역임한 해리 트루먼 역시 신랄한 언사와 불같은 성격으로 매스컴을 떠들썩하게 했지만, 그의 일관된 신념은 국민적 지지를 얻었습니다. 존 F. 케네디는 1960년 미국 대통령 선거에서 '뉴프론티어 정신'을 슬로건으로 내세우며 대통령 후보로 출마해 미국 역사상 최연소 대통령으로 당선되었습니다. 그는 대통령이 된 이후에도 일관된 가치를 주장하면서 자신의 정책을 훌륭하게 실천에 옮겼습니다.

미국 역사상 20세기 최고의 대통령으로 꼽히는 로널드 레이건 역시 일관성이 뛰어난 인물로 평가받고 있습니다. 그의 이러한 특징은 그가 저지른 몇몇 결정적인 과오까지도 국민들이 너그럽게 받아들이도록 만들기도 했습니다.

레이건 대통령은 6천 파운드의 폭탄을 리비아의 무하마드 알 카다피 대통령 거처에 공중 투하하도록 명령했는데, 미국인들은 바로 이런 점 때문에 레이건을 좋아했습니다. 일관성 있게 행동했기 때문이었습니다. 레이건은 국민에게 자신은 그런 사람이고 그런 이미지에 걸맞게 살겠다고 말했습니다.

반대로 국민과의 약속을 어기고 레바논의 인질 석방을 위해 이란인들과 협상했을 때 레이건의 인기는 추락했습니다. 이란 게이트 청문회를 열었던 미국 상원은 대통령의 잘못을 입증하지 못했습니다. 하지만 여론은 정반대였습니다. 레이건이 카다피를 암살해 미국의 힘을 과시하려 했을 때 국민들은 그를 지지했고, 평소의 주장과 달리 인질 석방을 위해 무기를 거래하려고 했을 때 국민들은 그를 비난했습니다.

여러분! 일관성은 신뢰의 척도입니다. 일관성 있는 행동은 신뢰를 얻고 일관성 없는 행동은 신뢰를 잃기 십상입니다. 특히 지도자의 일관성 없는 행동은 최악의 경우 의구심과 공포심까지 유발할 수 있습니다. 우리 모두 시종일관할 수 있는 사람이 되도록 노력합시다.

지금까지 '일관성'에 대해 말씀드렸습니다.

일류와 삼류의 차이

지금부터 '일류와 삼류의 차이'에 대해 말씀드리겠습니다.

영국의 런던브리지에서 일어난 실화입니다.

가난한 노인이 다리 위에서 지나가는 행인으로부터 동전 한두 푼을 받아내려고 낡은 바이올린으로 연주를 해도 누구 하나 그를 동정하는 사람이 없었습니다.

이때 외국인 한 사람이 지나가다 걸음을 멈추고 이 불쌍한 노인을 쳐다보면서 바이올린 켜는 소리를 들었습니다. 노인은 외국인의 얼굴을 빤히 보면서 사랑의 손길을 베풀어주지나 않을까 기대했습니다.

그러나 외국인은 노인에게 악기를 조율해보겠다며 바이올린을 달라고 했습니다. 노인이 바이올린을 넘겨주자 외국인은 약간의 조율을 마치고 낮은 곡조로 구슬픈 가락을 켜기 시작했습니다. 처음 지나가던 행인이 발을 멈추고 눈물을 금치 못하며 노인의 해진 모자에 6페니짜리 동전을 던졌습니다.

그리고 내내 자리를 뜨지 않고 머뭇거렸습니다. 또 다른 행인이 지나다가 발을 멈추고 동전 하나를 던졌습니다. 그 사람도 자리를 지키며 연주를 들었습니다. 이런 식으로 지나가던 사람들이 동전을 던지고 주위에 모여 바이올린 소리를 감상했습니다.

어느덧 노인의 모자에는 동전이 가득 차기 시작하더니 동전뿐 아니라 은화, 1파운드짜리 금화까지 수북이 쌓였고 다리 주위에는 수천 명의 인파가 붐볐습니다. 교통정리를 하러 달려왔던 경찰관마저도 '교통방해에요, 비키세요'라는 말 대신 눈물을 머금은 채 바이올린의 신비한 선율에 도취되었습니다. 그때 군중 속 누군가가 "파가니니다! 파가니니야!" 하며 외쳤고 이 소리는 삽시간에 이 귀에서 저 귀로 옮겨져 군중 모두가 알게 되었습니다. 마침내 우레와 같은 박수갈채가 터져 나왔습니다.

여러분! 듣기 싫은 소음에 가까웠던 노인의 낡은 바이올린이 세계 제일의 명연주가 파가니니의 손에 의해 켜지자, 수많은 군중을 감동의 도가니로 몰아넣었고, 거들떠보지도 않던 모자에는 돈이 수북 쌓이게 되었습니다.

그렇다면 그 차이는 어디에 있을까요? 바로 일류와 삼류의 차이입니다. 일류는 철저한 마음가짐으로 오랫동안 연습한 결과이며, 삼류는 조금 연습해 제멋대로 흉내만 내는 것입니다. 일류가 되기를 원하십니까? 그렇다면 철저한 마음가짐으로 지속적인 연습을 합시다. 관중 속에서 누군가 우리의 이름을 부르며 우리의 스피치에 감동받을 수 있을 때까지 공부합시다.

지금까지 '일류와 삼류의 차이'에 대해 말씀드렸습니다.

일에 전력투구한 사람

지금부터 '일에 전력투구한 사람'에 대해 말씀드리겠습니다.

세계 3위의 철강생산회사 포스코의 전신인 포항제철을 모르는 사람은 없을 것입니다. 황량한 모래사장을 찍은 사진 몇 장을 들고 해외 차관(借款)에 성공해 세계적인 제철소로 만든 박태준 회장의 신화적인 경영 수완은 널리 알려져 있습니다.

그러나 박 회장을 보필해 회사 발전을 위해 헌신한 많은 사람들의 이야기는 알려져 있지 않습니다. 그 가운데 김준영이라는 인물이 있습니다. 그가 포철에 입사한 것은 회사 창업 초기인 1970년 2월 1일, 공작정비공장에서 일하기 시작해 1980년 상무이사가 되기까지 투철한 사명감과 인간애를 바탕으로 포항제철에 일생을 바친 훌륭한 인물이었습니다.

그는 항상 아침 출근과 동시에 작업 지시를 내리고, 저녁에 아무리 늦더라도 현장 확인을 꼭 하고서야 퇴근했습니다. 그러자니 본인은 물론 주위 사람들까지 밤 아홉시나 열시가 되어서야 퇴근하는 것이 보통이었습니다.

그러나 누구 하나 불평하는 사람이 없었습니다. 왜냐하면 퇴근할 때는 같이 남아 있는 부하 직원을 먼저 자신의 승용차로 퇴근시키고, 맨 나중에 자기가 퇴근하였을 뿐 아니라, 쉴 때도 부하들은 앉아서 쉬게 하고 자신은 서서 쉬는 등 인간애가 있었기 때문입니다.

그러다가 1979년 12월 20일경, '약 2개월간의 요양이 필요하다'는 의사의 권유를 뿌리치고 계속 현장을 진두지휘하다가 결국 무리해 쓰러지고 말았습니다.

임종이 가까워져 말할 능력조차 없어지자 종이와 펜을 들고 공장의 각 설비를 그려 문제점을 일일이 적어두었습니다. 죽기 직전에도 그는 옷을 입혀 달라, 현장에 가봐야 한다고 졸랐습니다.

주위에서 옷을 입혀주는 시늉을 하면서 다 입혔다고 하자, 몽롱한 의식을 헤매던 그는 "나는 이제 포항으로 간다"고 하면서 다리를 들어 몇 번 걸어가는 시늉을 하다 그대로 숨졌습니다.

여러분! 죽는 순간까지 자기가 몸담고 있는 회사를 위해 몸과 마음을 다 바쳐 일해온 김준영 이사야말로 포항제철을 쌓아올린 실질적인 주역 아닐까요? 우리는 지금 어떤 자세로 일하고 있습니까?

지금까지 '일에 전력투구한 사람'에 대해 말씀드렸습니다.

일인자와 걸작

지금부터 '일인자와 걸작'에 대해 말씀드리겠습니다.

여러분 가운데 왕희지를 모르는 사람은 드물 것입니다. 그는 중국 동진(東晉)의 서예가로, 중국의 첫째가는 서성(書聖)으로 존경받고 있으며, 왕희지의 작품은 국보로 인정을 받았습니다.

그런데 그는 자기가 주고 싶은 사람에게는 글씨를 써주었지만, 금은보화를 주어도 글씨를 팔지 않았기 때문에, 그의 작품 한 점을 얻기란 그야말로 하늘의 별 따기였습니다.

한 서예애호가가 왕희지가 거위를 무척 좋아한다는 사실을 알고, 왕희지의 작품 한 점을 얻기 위해 수년 동안 수백 마리의 거위를 길러왔습니다. 그러던 어느 날, 왕희지가 큰 연못에서 거위들이 무리지어 노는 것을 보고 감탄하면서 옆사람에게 물었습니다.

"아! 저렇게 크고 멋진 거위는 처음 보는군. 저 거위들은 뉘 집 거요?"

이때, 기회를 놓칠세라 거위 주인은 왕희지에게 공손히 인사를 하면서 이렇게 말했습니다.

"소인의 것이올시다. 저 거위들이 세상에서 제일 멋지고 큰 거위라고 할지라도 어찌 서성님의 초서(草書) 한 점에 비길 수 있사오리까?"

그 말에 기분이 좋아진 왕희지가 흥정을 했습니다.

"그럼 내가 초서 한 점을 써줄 테니 저 큰 거위 한 마리를 내게 주겠소?"

그러자 주인은 자기가 수년간 거위를 길러온 사유를 말하면서, 수백 마리를 다 가져가셔도 좋다고 했습니다. 이에 감동한 왕희지는 그 자리에서 멋진 초서 한 점을 남겼는데 이때 쓴 글씨가 바로 '아지(鵝池)'입니다. 이런 연유로 아지는 정상 또는 최고의 경지에 도달한 사람이나 예술품은 그토록 얻기가 어렵다는 뜻으로 오늘날까지 전해오고 있습니다.

여러분! 동서고금을 막론하고 최고의 걸작이나 한 분야의 1인자에 대한 가치는 돈으로 환산할 수 없을 정도로 고귀한 대접을 받습니다. 그래서 사람들은 에이스나 챔피언이 되려고 노력하며, 최고의 걸작을 만들기 위해 골몰하는 것 아닐까요? 우리는 지금 어떤 솜씨로 어떤 작품을 만들고 있습니까? 또 그 값은 얼마나 될까요? 우리 모두 좀 더 노력해서 최고의 대접을 받도록 합시다!

지금까지 '일인자와 걸작'에 대해 말씀드렸습니다.

517

일하는 자세

지금부터 '일하는 자세'에 대해 말씀드리겠습니다.

세계 최대의 석유회사 엑슨Exxon은 300개가 넘는 자회사와 100개 이상의 나라에 판매처를 가진 기업입니다. 그 정도로 거대한 기업이라면 회장도 반드시 명문가 출신이라는 것이 상식입니다.

그러나 1975년, 그 거대한 엑슨의 최고경영자 자리에 앉은 사람은 상식 밖의 인물이었습니다. 그의 나이는 53세, 이름은 크리프톤 가빈으로 1942년에 입사해 33년 만에 회장 자리에 취임하게 된 사람이었습니다. 그의 취임에 업계와 매스컴은 '빛나는 별', '빛나는 인재'라고 찬사를 보냈습니다.

그러나 전 세계에 흩어진 십 수만 명의 존재 속에서 두각을 나타내 신화의 주인공이 된 가빈도 처음부터 주목받는 능력자는 아니었습니다. 청년 시절 조그만 사업을 하다 부도를 내고 이름 없는 과학기사로 입사했으며, 미국 각지의 공장을 전전하는 별 볼일 없는 사원이었습니다.

그러나 그에게는 '나는 반드시 성공한다'는 확고부동한 자기 확신과 자기가 맡은 일을 반드시 완수하는 책임감이 있었습니다. 그가 만약 좌천이다 싶은 새로운 부임지에 대해 좌절감을 갖고 자기의 재능에 의문을 가지거나 맡은 일을 아무렇게나 했다면 그는 결코 회장 자리에 오르지 못했을 것입니다.

자동차왕 헨리 포드 역시 처음부터 두각을 나타낸 사람이 아니었습니다. 자동차 공장의 직공으로 들어가 자기가 하는 일에 흥미를 가지고, 맡은 일을 열심히 하는 동안 한 계단씩 올라가 마침내 세계 제일의 자동차 회사 사장이 된 것입니다.

여러분! 동서고금을 막론하고 일하는 자세가 나쁜 사람이 성공한 사례는 없습니다. 성공의 지름길 첫째는 일을 사랑하는 것입니다. 일이 즐거우면 인생은 낙원이고 일이 의무면 인생은 지옥이라고 하지 않습니까? 자기가 하는 일을 사랑합시다. 그리고 자기가 맡은 일은 반드시 책임을 지도록 노력합시다. 위대한 성공자 중 책임을 다하지 않는 사람은 없습니다. 일에 대한 사랑과 책임이야말로 성공의 원동력입니다.

지금까지 '일하는 자세'에 대해 말씀드렸습니다.

일하는 타입

지금부터 '일하는 타입'에 대해 말씀드리겠습니다.

러시아 작가 고리키는 "일이 즐거우면 인생은 낙원이다. 일이 지겨우면 인생은 지옥이다"라고 했고, 독일의 정치가 비스마르크는 "일하라. 더욱 일하라. 끝까지 일하라"고 했으며, 프랑스의 작가 보들레르는 "즐거워서가 아니다. 절망에서도 일해야 한다"고 했습니다.

일본에서 '귀신판매부대'라는 신화를 남긴 남자가 있습니다. '가네코 신이치'라는 귀화한 재일교포입니다. 그의 저서 〈프로세일즈의 철칙〉에는 '쇠칼론'이라는 말이 나옵니다. 그 내용을 간략하게 소개하면 어느 회사를 가든 일하는 타입에는 세 가지가 있다고 합니다.

첫번째 타입은 쇠칼로 승부를 겨루듯 일하는 사람입니다. 쇠칼로 승부를 겨룬다는 것은 죽기 아니면 살기로 일한다는 것입니다. 누구일까요? 사주(社主) 즉, 사장입니다. 회사가 부도나면 사업체는 물론 가정이고 명예고 하루아침에 날아가 버립니다. 그래서 자기의 모든 것을 바쳐 전력투구합니다.

두번째 타입은 나무칼로 승부를 겨루듯 일하는 사람입니다. 나무칼로 싸우다 한 대를 맞으면 혹은 날지언정 죽지는 않습니다. 누구일까요? 간부들입니다. 회사가 도산이 되어도 간부의 집이 차압당하는 법은 없습니다. 그래서 나름대로 폼도 잡아가며 때로는 회사 판공비로 술도 마셔가며 적당히 일합니다.

세번째 타입은 종이칼로 승부를 겨루듯 일하는 사람입니다. 초등학교 체육대회에 가보면 아이들이 종이를 돌돌 말아 만든 종이칼로 싸웁니다. 맞아도 혹도 안 납니다. 누구일까요? 사원들입니다. 특히 신입 사원의 경우에는 놀이하듯 일하는 경우가 많습니다.

여러분! 오늘날 세계 속의 한국 기업, 그 중에서도 여러분이 다니는 회사는 호황입니까 불황입니까? 그리고 여러분은 지금 무슨 칼로 승부를 겨루고 있습니까? 경제가 호황일 때는 나무칼이나 종이칼로 싸워도 그런대로 견딜 수 있습니다. 어차피 돈바람이 불어오는 때니까요. 그러나 지금은 한 치 앞을 내다볼 수 없는 불확실성의 시대입니다. 사장은 물론 간부, 사원, 모두가 쇠칼을 들고 목숨 걸고 싸우지 않으면 살아남을 수 없습니다. 우리 다 같이 쇠칼을 들고 세계적인 경제 불황을 타개해 나갑시다.

지금까지 '일하는 타입'에 대해 말씀드렸습니다.

임기응변의 비결

지금부터 '임기응변의 비결'에 대해 말씀드리겠습니다.

영국 역사상 가장 위대했던 설교자, 스물두 살의 어린 나이에 매주 만 명 이상의 군중에게 설교하던 찰스 스펄전을 아십니까? 그가 젊었을 때, 싸움하기를 좋아하는 어떤 여성으로부터 도전을 받았습니다. 한 측근이 와서 그녀가 스펄전에게 욕설을 퍼부을 것이니 조심하라고 귀띔해 주었습니다.

"걱정하지 마십시오. 이것은 둘만 할 수 있는 게임이니까요."

그 후 얼마 되지 않아 한 여성이 스펄전을 찾아와 진짜로 심한 욕을 홍수처럼 퍼부었습니다. 스펄전은 예상했다는 듯 웃으면서 말했습니다.

"네. 고맙습니다. 저는 아주 건강합니다. 부인도 건강하시길 바랍니다."

그러자 그녀는 화가 치밀었던지 더욱 기승을 부리며, 강도 높은 욕설을 마구 퍼부었습니다. 그러나 스펄전은 여전히 웃으면서 능청스럽게 응수했습니다.

"꼭 비가 올 것 같군요. 비옷을 입는 게 좋겠어요."

그러자 그녀는 다음과 같이 말했습니다.

"제기랄, 우체통만큼이나 귀머거리로군. 폭풍우가 몰아쳐도 아무 소용이 없겠어."

이렇게 해서 욕설은 그쳤고 그녀는 다시는 스퍼전을 헐뜯지 않았습니다.

또 하나 예를 들어볼까요? 영국의 정치가 글래드스턴이 그의 정적인 디즈레일리를 유세장에서 신랄하게 비판하고 있었습니다. 그때 청중석에 앉아 있던 디즈레일리의 부인이 너무 심하게 자기 남편의 욕을 하는 데 화가 나서 소리쳤습니다.

"할 수만 있다면 당신을 독살하고 싶군요."

순간 연설은 중단되고 장내는 찬물을 끼얹은 듯 조용해졌습니다. 그러자 글래드스턴은 여유 있게 웃으며 다음과 같이 말했습니다.

"부인 같은 미인이 주는 거라면 독약도 영광이로소이다."

그러자 장내에 폭소가 터져 나왔으며 디즈레일리의 부인은 얼굴이 홍당무가 되고 말았습니다.

여러분! 이것이 바로 임기응변의 기술입니다. 상식이 통하지 않는 상대나 뜻밖의 복병에게는 마이동풍 격으로 대하거나 재치 있게 되받아치는 임기응변을 해야만 합니다. 임기응변의 기술을 연마해 돌발 사태에 대비합시다.

지금까지 '임기응변의 비결'에 대해 말씀드렸습니다.

임기응변의 지혜

지금부터 '임기응변의 지혜'에 대해 말씀드리겠습니다.

옛날 어느 산골에 '모란'이라는 빼어난 미모의 처녀가 있었습니다. 그녀의
애인은 일이 있어 잠시 타지에 갔는데 얼마 안 되어, 웬 사람이 달려와 애인
이 어느 마을에서 갑자기 병이 나 몸져누워 있다는 전갈을 주었습니다. 그곳
은 모란의 집에서 백리 길 멀리, 높은 산을 넘고 깊은 강을 건너야 갈 수 있
는 곳이었습니다.

그런데 강을 건널 때 배 위에서 다른 손님들이 술주정을 부렸습니다. 놈팡
이들은 예쁘게 생긴 모란을 보자 배를 으슥한 곳으로 몰고 가, 서로 자기가 그
녀를 희롱하겠다고 아귀다툼을 벌였습니다. 달아나기 틀렸다고 생각한 그녀
는 문득 묘한 꾀를 냈습니다. 그녀는 웃으면서 다음과 같이 말했습니다.

"여러분, 다투지 마세요. 옛말에 주량이 센 사람이 영웅호걸이라고 했습니
다. 어느 분이 주량이 센지 겨뤄보고 저는 그분을 따르겠어요."

그러자 놈팡이들은 좋은 생각이라며 기를 쓰고 술을 마셨습니다. 모두 고주망태가 되었을 때 그녀는 재빨리 배를 몰고 가 뛰어내린 후, 삿대로 배를 강 가운데로 밀어버렸습니다.

그녀가 달음박질해 어느 산골짜기에 이르렀을 때, 이번에는 험상궂게 생긴 강도 셋이 앞을 가로막는 것 아니겠습니까? 선녀처럼 아름다운 그녀를 본 강도들은 서로 자기의 아내로 삼겠다고 야단이었습니다.

이때도 그녀는 침착하게 말했습니다.

"장군 세 분은 서로 의리 상할 거 없잖아요. 세 분이 무예를 겨루어보세요. 어느 분의 무예가 출중한지 보고 가장 뛰어난 분을 따르겠습니다."

"무엇으로 겨룬단 말인가?"

강도들이 묻자 그녀는 이렇게 말했습니다.

"제가 화살 세 개를 쏘겠어요. 먼저 달려가 주어온 분이 이긴 것으로 하지요."

강도 셋은 그녀의 말대로 하자고 했습니다. 그녀는 동, 서, 남 세 곳으로 화살을 하나씩 쏘았습니다. 강도들은 세 곳으로 흩어져 죽어라 달렸습니다. 이 기회를 틈타 그녀는 걸음아 날 살려라 하고 북쪽으로 도망쳐 무사히 애인을 만났다고 합니다.

여러분! 옛말에 호랑이에게 물려 가도 정신만 차리면 살 수 있다고 했고, 하늘이 무너져도 솟아날 구멍이 있다고 했습니다. 뜻하지 않은 위기의 순간에 부딪쳤을 때는 좌절하지 말고 임기응변의 지혜를 발휘해야 합니다.

지금까지 '임기응변의 지혜'에 대해 말씀드렸습니다.

자기 만들기

지금부터 '자기 만들기'에 대해 말씀드리겠습니다.

세계의 유통왕으로 불리는 와다 가즈오는 '야오한 재팬'의 사장으로 세계 16개 나라에 진출한 성공한 일본인 중 한 명입니다.

최근에 그는 〈신념은 반드시 실현된다〉라는 책을 썼는데 책의 서두에는 누구나 실행할 수 있는 일 하나가 소개돼 있습니다.

"나는 소년 시절부터 매일 그날 일어난 일을 일기장에 쓰는 습관이 있습니다. 이 일기를 활용해서 밝은 성격이 되는 훈련을 하자고 결심했습니다. 일기에는 그날의 사건 중 반드시 좋은 일만 쓰기로 하고 마지막 줄에는 '그래서 좋았다'라고 쓰고 끝냅니다.

밝은 전망으로 모든 일을 받아들이는 습관을 들이자 신념에도 밝은 불이 켜졌습니다. 그리고 적극적인 밝은 말로 표현된 신념은 어떤 종류의 에너지를 갖기 시작합니다.

그러나 매일 그렇게 좋은 일만 있었던 것은 아닙니다. 때로는 '오늘은 정말 형편없었다' 또는 '그놈이 미워서 견딜 수 없다'는 생각이 들 때도 있었습니다. 그런 날은 그대로 쓰고 마지막에 반드시 '그래서 좋아진다'고 쓰고 끝냅니다. '때문에 좋았다', '그래서 좋아진다'고 계속해서 쓰고 믿으면 장애를 극복하고 불가능을 가능하게 하는 에너지가 솟아나 멋진 운명을 개척할 파워가 됩니다.

어떤 경우에도 밝은 전망이 있다고 믿고 염원하는 것은 생명력을 활성화시킨다고 믿기 때문입니다. 45년간 나는 그것을 몸소 체험해왔습니다."

여러분! 와다 가즈오 사장이 성공한 비결이 무엇이라고 생각하십니까? 일기라는 형식의 '자기 대화self-talk'가 바로 그 비밀이었습니다. 와다 가즈오도 처음부터 성공자는 아니었습니다. 그러나 자기의 원대한 꿈이 이루어지기를 바라며 매일 긍정적인 자기 대화를 했으며, 그것이 프로그램되어 세계의 유통왕으로까지 대성공을 하게 된 것입니다.

위대한 성공자는 모두 자기를 만드는 데 성공한 사람들입니다. 우리도 긍정적인 자기 대화로 위대한 자신을 만들도록 노력합시다.

지금까지 '자기 만들기'에 대해 말씀드렸습니다.

자기 개조

지금부터 '자기 개조'에 대해 말씀드리겠습니다.

자기 개조란 자신의 외모, 체력, 능력 등 자신에 관한 모든 것을 스스로 뜯어고쳐서 더 좋게 만드는 자기 계발의 하나입니다. 외모를 좋게 하기 위해 성형도 하고, 체력을 단련하기 위해 운동도 하며, 능력을 개발하기 위해 강좌를 듣거나 독서를 하기도 합니다. 인간은 자기 계발을 하기 때문에 만물의 영장이 되었습니다.

그런데 짐승들 가운데도 자기 개조를 잘하는 날짐승이 있습니다. 솔개와 관련된 우화 하나를 소개하겠습니다. 솔개는 최고 70세까지 사는데 70세까지 살려면 40세가 되었을 때 대단히 고통스럽고 중대한 결심을 해야 합니다. 솔개는 나이 40정도가 되면 발톱이 노화해 사냥감을 예전처럼 날쌔게 잡아챌 수 없습니다. 부리도 길게 구부러져 가슴에 닿을 정도가 되고, 깃털이 짙고 두껍게 자라나 날개가 매우 무거워 하늘로 날아오르기가 힘들어집니다.

이때가 되면 솔개는 두 가지 중 하나를 선택해야 합니다. 무기력한 채 그대로 죽을 날만 기다리든가, 아니면 매우 힘든 갱생의 과정을 수행해야 합니다. 그런데 그 수행 방법이 특이하고 대단히 고통스럽습니다.

솔개는 먼저 높고 외진 곳으로 은거해 부리로 바위를 쪼아 부리가 깨져서 빠지게 만들어야 합니다. 그러면 서서히 새로운 부리가 돋아납니다. 그 다음 새로 돋은 부리로 발톱을 하나씩 뽑아냅니다. 그리고 새로 발톱이 돋아나면 이번에는 날개의 깃털을 하나하나 뽑아냅니다. 이렇게 약 반년이 지나면 새 깃털이 돋아난 솔개는 완전히 새로운 모습으로 변신을 하게 됩니다. 젊음을 되찾은 솔개는 다시 힘차게 하늘로 날아올라 30년의 수명을 활기차게 더 누리는 것입니다.

여러분! 미물의 날짐승 솔개도 보다 나은 삶을 위해 각고의 고통을 감내하며 자기 개조를 하거늘, 하물며 만물의 영장이 자기 개조를 안 하고 나이만 먹어서 무기력하게 늙는다면 솔개만도 못한 인간 아닙니까? 아무리 고통스럽더라도 반년의 수행으로 30년을 활기차게 더 살 수 있다면 해볼 만한 도전이 아니겠습니까? 우리 모두 철저한 자기 개조로 청춘과 활력을 되찾읍시다.

지금까지 '자기 개조'에 대해 말씀드렸습니다.

자기소개의 중요성

지금부터 '자기소개의 중요성'에 대해 말씀드리겠습니다.

폭풍처럼 거세던 대학 분쟁도 가라앉은 1970년대 초, 영화를 좋아하는 젊은 이가 몇 명의 동료와 함께 정보지를 발행하는 비즈니스를 시작했습니다. 멤버 전원이 아직 대학생으로 요즘 말하는 학생 비즈니스의 선구자입니다.

정보지의 내용은 자신들이 알고 싶어 하는 영화나 연극, 음악 등의 공연장 안내를 나열한 정도의 것이었는데, 학생들 사이에서는 확실히 니즈가 있는 것 이라고 평가하고 시작했으나 그리 간단한 일이 아니었습니다.

우선 그들이 부딪힌 문제는 서점에서 자신들의 잡지를 가판대에 놔주지 않 는 것이었습니다. 그래서 한 젊은이가 계략을 고안해냈습니다. 서점 업계에 서는 모르는 사람이 없는 실력자의 소개로 서점의 친목 단체 회장을 소개받 는 데 성공했습니다. 젊은이는 긴장된 표정으로 샘플을 보였습니다. 샘플을 훑어본 상대에게서 나온 말은 뜻밖이었습니다.

"나쁜 말은 않겠네. 그러나 아마추어인 학생들이 해서 잘될 것이라고 생각하지는 않네."

그래도 젊은이는 자기가 만든 잡지에 대해 필사적으로 설명을 계속했습니다. 그러나 실력자는 힘이 돼주겠다고 말하지 않았습니다. 젊은이가 체념하고 돌아설 준비를 할 때 실력자는 젊은이에게 말했습니다.

"그런데 어느 서점에 놓고 싶은가?"

젊은이는 큰 서점만을 리스트로 작성해 다음 날 가지고 갔습니다. 얼마 후 실력자로부터 연락이 와서 방문했더니 봉투가 다발로 있었습니다. 봉투 안을 열어보니 한 통 한 통 자필로 정중하게 서명된, 인감도장까지 찍힌 소개장이었습니다.

"이것을 가지고 다시 한번 서점을 돌게나."

실력자의 말에 감격한 나머지 젊은이의 입에서는 인사조차 나오지 않았다고 합니다. 이 소개장 덕분에 그들이 만든 정보지는 서점에 놓이게 되었으며 그 후 젊은이들의 절대적인 지지를 얻는 잡지로 성장했습니다. 이 정보지란 1980년대 청년 문화의 바이블이라고까지 일컬어졌던 〈피아〉로 리더였던 젊은이가 바로 〈피아〉의 창업자였습니다.

여러분! 이미지의 선명하고 강렬함 여하가 당신 인생의 스타트 성패를 결정한다고 해도 과언이 아닙니다. 세상의 모든 장면은 만남의 연속이며 그 순간마다 당신의 인생이 시험받고 있는 것입니다. 기껏해야 자기소개라고 할지 모르지만 인간관계는 자기소개로부터 시작됩니다.

지금까지 '자기소개의 중요성'에 대해 말씀드렸습니다.

자기실현

지금부터 '자기실현'에 대해 말씀드리겠습니다.

우리나라의 속담에 '제 눈에 안경'이라는 말이 있는가 하면 '도포를 입고 논을 갈아도 제멋'이라는 말도 있습니다.

요즘 젊은이들은 자기 본위이며 자유분방한 사고방식을 갖고 있습니다. 1996년, MBC 신인 개그맨 선발 대회에서 노정열이란 스물다섯 살 젊은이가 합격했다고 각 신문에 떠들썩하게 보도된 것을 여러분도 보았을 것입니다. 그가 뉴스가 된 데는 그만한 이유가 있습니다.

그는 서울대학교 신문학과 4학년 재학 중이던 1994년, 행정고시에 합격하고 국무총리실에서 행정사무관 시보(試補)로 일하다, 하루아침에 넥타이를 벗어던지고 개그맨을 지망했기 때문입니다. 기성세대의 눈으로 볼 때 그는 어려운 행정고시에 합격해 탄탄대로인 출세 길을 박차고 개그맨을 하겠다고 하니, 참으로 한심하고 웃기는 일이 아닐 수 없었습니다. 그러나 노정열은 다음과 같이 말합니다.

"제 적성에 맞지 않았습니다. 성격이 자유분방하다보니 공무원 생활에 적응하기가 쉽지 않았어요. 그래서 재직 1년 만에 주저 없이 진로를 바꿨습니다."

적성이 안 맞으면 그만둔다는 사고방식은 노정열만이 아닌 신세대들의 공통점인 것 같습니다. 그래도 개그맨보다 고급공무원이 대접받고 국가를 위해 큰일을 할 수 있지 않느냐고 반문할 수도 있지만, 노정열은 이렇게 항변합니다.

"공무원보다 개그맨이 되어 국민을 즐겁게 하는 것도 뜻 깊은 일 아닙니까? 행정고시보다 개그맨 시험이 더 어렵고 경쟁률이 높았습니다."

상식을 뒤엎은 노정열의 직업 파괴는 세상 사람들에게 괴짜라는 인상을 주었지만, 당사자에게는 대학 시절 연극동아리에서 인정받았던 자기의 능력 발휘를 위한 현명한 진로 선택일 수도 있습니다. '열심히 연기에 전념해 30년 후쯤 우리나라에서 가장 유명한 토크쇼의 진행자가 되고 싶다'던 그에게 기대를 걸고 지켜보고 있습니다.

여러분! 현대는 자기실현의 시대입니다. 세상에서 가장 좋은 일은 자기가 하고 싶어서 하는 일이며, 그 일이 남들에게도 이익을 주는 일이라면 금상첨화 아닐까요? 여러분은 지금 어떤 일을 하고 있으며 또 어떤 일을 하고 싶습니까?

지금까지 '자기실현'에 대해 말씀드렸습니다.

자기의 주체성

지금부터 '자기의 주체성'에 대해 말씀드리겠습니다.

1845년 텍사스 공화국이 미국에 합병되었을 때, 멕시코와 텍사스 주의 국경이 어떻게 될지 아직 정해지지 않은 상태였습니다. 그래서 당시 미국 대통령 포크는 어떻게 하든 멕시코도 미국의 지배하에 두려고 계략을 짜고 있었습니다. 때마침 미국인이 멕시코 군인에게 습격을 당해 피살되었다는 사건이 일어나자 그는 기다렸다는 듯 사건을 극대화시켰습니다.

"텍사스 땅에서 처음으로 미국인의 피가 흘렀습니다. 우리 미국인은 국가의 위신을 걸고 이 사실을 용서할 수 없습니다."

이렇게 하면 미국이 멕시코에 군대를 보내는 명분이 성립되며 거액의 군사비도 변통할 수 있다고 생각했기 때문이었습니다. 이때 38세로 하원의원이었던 링컨은 포크가 멕시코와 전쟁을 일으켜 자신의 명성을 높이려는 속셈을 간파하고 다음과 같이 추궁했습니다.

"미국인이 처음으로 피를 흘린 곳은 과연 미국 영토였을까요? 사건이 일어난 곳은 국경이 아직 정해져 있지 않은 지역이며 그곳을 미국 영토라고 단언할 수는 없습니다. 멕시코 영내였을지도 모릅니다. 만약 멕시코 영토였다면 멕시코가 미국을 침략한 것이 아니고 미국이 멕시코를 침략한 것이 됩니다."

미국 국민의 감정이 포크에게 선동되어 침략 전쟁으로 기울어졌을 때, 이런 발언을 하면 다음 선거에서 링컨이 불리한 것은 누구나 알 수 있는 사실이었습니다. 그러나 링컨은 자기의 이익을 위해 국민을 오도하는 포크의 처사를 도저히 용납할 수가 없었습니다. 자기의 주체성을 관철한 것입니다.

그 결과 예상했던 대로 다음 해 선거에서 링컨은 낙선하고, 10년 동안 재야 생활을 해야만 했습니다. 그러나 세상은 용기와 정의에 불타는 인물을 외면하지 않았습니다. 그는 다시 국회에 등장하게 되었고 미국 국민은 그를 대통령으로 선출했습니다. 냉정을 되찾아 링컨이라는 인물을 평가했을 때, 미국 국민은 링컨이야말로 대통령의 자격에 걸맞는 인격을 갖춘, 자기 주체성 강한 인물이라고 깨달은 것입니다.

여러분! 외적인 야망은 꺾이기 쉽지만 내적인 강함은 어떤 고난이 있어도 인생을 승리로 이끌어갑니다. 자기 본위의 손익계산으로 살아가지 않고, 이 세상의 모든 사람들과 더불어 행복하게 살려는 주체성이야말로 진정한 인생의 가치관 아닐까요? 우리 모두 자기의 주체성을 확립합시다.

지금까지 '자기의 주체성'에 대해 말씀드렸습니다.

ㅈ

자기 점검

지금부터 '자기 점검'에 대해 말씀드리겠습니다.

사춘기의 두 딸을 둔 아버지가 있었습니다. 동생은 아름답고 매력적인 용모를 가진 반면 언니는 조금 못생겼습니다.

어느 날 그들이 학교에 갈 준비를 하고 있을 때였습니다. 예쁘게 생긴 소녀가 못생긴 언니의 얼굴 바로 옆에서, 거울을 자세히 들여다보며 미소를 지었습니다. 뾰루퉁해진 언니는 아버지에게 달려가 동생이 자신의 못난 얼굴을 거울에 비치게 하기 위해 일부러 저런다고 불평을 했습니다. 그러자 아버지는 두 딸을 불러 다음과 같이 충고했습니다.

"나는 너희 모두가 매일 거울을 보았으면 한단다. 예쁘게 생긴 너는 추한 행동으로 네 얼굴의 아름다움을 불명예스럽게 하지 말아야겠다고 생각하고, 덜 예쁜 너도 덕망 있고 아름다운 행위의 매력으로 너의 부족한 면을 가릴 수 있도록 노력해야겠다고 깨달았으면 한다."

그 후부터 두 딸은 서로 시기하지 않고 사이좋게 지냈다고 합니다.

또 이런 에피소드도 있습니다. 이름이 밝혀지지 않은 사람의 장례식을 발표한 목사님이 있었습니다. 마침내 누구의 장례식인지도 모른 채 장례식 날이 되었습니다. 목사님은 설교를 했고 입관 수속이 시작되자 여느 때처럼 울음소리가 여러 곳에서 들려왔습니다.

"이 관 속에 있는 사람이 그토록 죄를 많이 짓고 타락해서 지옥에 가게 된 것은 참으로 슬픈 일입니다."

목사님은 전에도 이와 같은 설교를 여러 번 했었지만, 사람들은 아무도 자신들이 지옥에 가리라고 생각하지 않았습니다.

"자, 이제 시체를 볼 시간입니다."

옆에 있는 꽃을 치우고 집사 두 명의 도움을 받아 관을 열었습니다.

사람들은 한 명씩 줄을 서서 관 속을 들여다볼 때마다 깜짝 놀랐습니다. 관 속에는 아무도 없었고 대신 바닥이 큰 거울로 가득 차 있었습니다. 그 안을 들여다본 사람들은 관 속에서 시체 대신 자신의 모습을 보았던 것입니다.

여러분! 현대를 사는 우리의 생활은 치열한 경쟁과 과욕으로 앞만 보고 달리는 경향이 있습니다. 그러나 자기의 모습이 타인에게 어떻게 비칠 것인가는 확인할 필요가 있습니다. 우리도 매일 거울을 보면서 자기 점검을 합시다.

지금까지 '자기 점검'에 대해 말씀드렸습니다.

자랑스러운 한국인

지금부터 '자랑스러운 한국인'에 대해 말씀드리겠습니다.

미국 캘리포니아 주 샌호제이 시를 중심으로 반경 30마일 지역에는 뉴테크놀로지 업체들이 줄지어 있습니다. 이곳의 명칭은 실리콘밸리. 그러나 더이상 지명이 아닙니다. 세계 최첨단 산업의 메카를 의미하는 고유명사가 된지 오래이기 때문입니다.

21세기를 이끌어갈 전 세계 미래 산업의 개척자들이 몰려드는 이 실리콘밸리에 창조의 혼을 불태우는 한국인이 있습니다. 매킨토시 호환기종 PC를 만들어 '실리콘밸리의 킹'이라는 닉네임을 얻은 파워컴퓨팅사 강신학(미국명 스티브 강) 사장이 바로 그 주인공입니다.

1994년도 다 저물어가던 어느 날, 창사 이래 제품 전량을 자체 생산으로 판매해오던 애플컴퓨터사는 갑자기 애플사 주력 기종인 매킨토시 컴퓨터의 호환 기종 생산판매업자로 파워컴퓨팅사를 지정·발표했습니다. 더욱 놀라운 것은 애플이 선정한 파워컴퓨팅사가 세워진 지 1년도 안 되는 소규모 업체라는 사실이었습니다. 이를 계기로 이 회사의 설립자인 무명의 스티브 강은 일약 실리콘밸리의 스타로 떠올랐습니다.

"애플사 운명의 열쇠를 거머쥔 스티브 강 – 〈월스트리트 저널〉"

"애플컴퓨터의 미래는 그의 손에 달렸다 – 〈USA 투데이〉"

1995년 새해 벽두부터 실려 나온 각종 신문 잡지의 헤드라인은 결코 과장된 것이 아니었습니다. 1995년 5~12월까지 7개월 동안 무려 5만여 대의 호환 기종을 팔아 1995년도 매출액이 1억 달러였으며, 4~5년 내에 자본금 10억 달러의 회사를 설립해 매킨토시 호환 기종 PC를 본격적으로 생산·판매할 계획을 가지고 있었기 때문입니다. 〈뉴스위크〉가 뽑은 '21세기를 이끌어갈 50대 인물' 중의 한 사람인 그는 하루 14시간씩 일하는 일벌레이자, 모험을 두려워하지 않는 집념의 사나이입니다.

여러분! 실리콘밸리의 킹인 그는 분명 자랑스러운 한국인입니다. 어떤 사람은 강신학 사장을 행운아라고 합니다. 그러나 그에게도 처음부터 행운이 찾아온 것은 아니었습니다. 남다른 아이디어로 훌륭한 제품을 개발하고서도 두 번이나 큰 실패를 했지만, 결코 좌절하지 않고 끈질긴 노력으로 도전했습니다. 승리는 집념을 갖고 도전하는 자의 몫입니다.

지금까지 '자랑스러운 한국인'에 대해 말씀드렸습니다.

자만은 최대의 적

지금부터 '자만은 최대의 적'에 대해 말씀드리겠습니다.

고대 그리스의 우화작가 이솝은 "자만은 자멸을 초래한다"고 했고, 노자는 "자기의 재능을 자만하는 사람은 그 재능을 사회에서 보존하지 못한다"고 했으며, 셰익스피어는 "자만심은 인간 최대의 적"이라고 했습니다.

여러분은 '갈색폭격기'라는 별명으로 잘 알려진 미국의 흑인 권투선수 조 루이스에 대해 알고 계십니까? 조 루이스는 1937년부터 13년간 복싱 세계헤비급 챔피언을 지낸 위대한 권투선수였습니다. 그는 13년간 60여 승을 하고 그 중 51회는 상대를 녹아웃시켜 이겼습니다.

그의 펀치는 대단히 강렬해 전 챔피언이었던 베아는 루이스의 맹렬한 펀치에 다운되어 패하고 말았습니다. 시합이 끝난 후 베아는 다음과 같이 말했습니다.

"다운이 되었을 때 일어날 수는 있었으나 만약 내가 일어났다면 그의 펀치에 죽었을지도 모른다."

그러나 이런 루이스도 전성기에 고배를 마신 적이 있었으니, 자기 실력을 너무 과신해 연습을 게을리했기 때문입니다. 독일 선수 슈멜링과의 대전에서 슈멜링이 루이스의 약점을 캐치했습니다. 루이스는 왼손으로 펀치를 먹인 다음 반드시 왼손을 내리는 버릇이 있었는데, 슈멜링이 그 틈을 타 루이스의 턱에 맹렬한 펀치를 휘둘렀습니다. 그 한 방에 루이스는 쓰러졌고 일어나자마자 또 한 방의 펀치를 맞아 결국 패하고 말았습니다.

그 후 루이스는 슈멜링과 다시 대전해 3회에 슈멜링을 녹아웃시켜 지난날의 패배를 설욕했지만 자기의 과신 때문에 패배한 쓰라린 경험은 일생동안 잊지 못했다고 합니다.

여러분! 그렇습니다. 자기의 실력을 과대평가하거나 자만심으로 연습을 게을리한다면 아무리 유능한 사람이라도 결국은 패할 수밖에 없습니다. 스피치를 연마하는 우리도 평소에 자기의 실력을 꾸준히 갈고 닦는 습관을 기르도록 노력합시다. 준비도 연습도 없이 연단에 서는 자만은 실패를 부릅니다.

지금까지 '자만은 최대의 적'에 대해 말씀드렸습니다.

ㅈ

자세의 초지일관

지금부터 '자세의 초지일관'에 대해 말씀드리겠습니다.

서화가 지촌(芝村) 허룡(許龍)은 1931년 충청남도 서산의 뼈대 있는 가문에서 장남으로 태어났습니다. 독립운동가인 부친이 왜경들의 고문으로 일찍 세상을 떠나자, 열네 살 허룡은 소년가장이 되었습니다. 다섯 살 때부터 부친에게 배운 서예와 한문 실력으로 한때 서기로 취직해 공직 생활을 하다 뜻한 바 있어 상경을 하게 됩니다.

그러나 낯설고 물 설은 타향, 그것도 경쟁이 치열한 서울에서 그가 할 일은 없었습니다. 당시 대부분의 젊은이들이 그랬듯 호구지책으로 닥치는 대로 잡일을 하다가, 자기의 주특기를 살려 서예 학원을 차렸습니다. 서예 학원은 그런대로 운영이 되었으나 이것만으로는 생계유지가 어려웠습니다.

그래서 글씨와 아울러 그림을 그리기 시작했습니다. '그림도 글씨와 마찬가지로 붓으로 그리는 건데 못할 게 어디 있겠냐'고 겁 없이 시작한 것입니다.

글씨는 어려서부터 부친에게 정통으로 배워 실력을 인정받고 있었지만, 그림은 마땅히 배움을 받아야 할 스승이 없어 독학으로 했습니다.

어느 분야든 한 분야의 정상에 오르고 일가를 이룬다는 것은 참으로 어렵습니다. 특히 학맥과 인맥이 판을 쳤던 지난날 한국 화단에서 독학으로 인정받기란 하늘의 별따기만큼이나 어려웠을 것은 가히 짐작하고도 남습니다.

이런 와중에서도 초지일관 뜻을 굽히지 않고, 일생일업의 정신으로 화가의 길을 묵묵히 정진해 오늘날 자타가 인정하는 훌륭한 화가가 되었으니, 이 얼마나 대견한 인간 승리입니까?

보수적인 한국미술협회에서 탁월한 실력을 인정하면서도 비국전파이기 때문에 제외시켰던 허룡을 대한민국미술대전의 심사위원으로 추대하지 않을 수 없었으며, 글씨하면 왕휘지요, 그림하면 제백석이라고 하는 중국에서도 그 작품성을 인정해 랴오닝 대학에서는 명예교수로 추대했고, 그 외의 명문 대학들은 앞다투어 허룡의 작품을 소장하고 있다고 합니다.

여러분! 누군가 '인생은 가시 있는 장미나무이며, 예술은 그 나무에 피는 장미꽃'이라고 했습니다. 열악한 환경 속에서도 심혈을 기울여 꽃피운 아름다운 예술 작품들은 영원히 남습니다. 인생의 목표가 정해졌다면 주어진 여건이 아무리 어렵더라도 초지일관하십시오. 계속은 힘입니다.

지금까지 '자세의 초지일관'에 대해 말씀드렸습니다.

자신감과 성공

지금부터 '자신감과 성공'에 대해 말씀드리겠습니다.

로마의 웅변가 키케로는 "자신감이란 마음이 확신하는 희망과 신뢰를 가지고 위대하고 영예스러운 길에 나서는 감정"이라고 했습니다.

유명 뮤지컬 배우인 이태원이 미국에서 유학하던 시절의 이야기입니다. 줄리어드 음악대학에 다니던 그녀는 다른 학생들보다 성적이 뒤떨어지는 것이 고민이었습니다. 전공과목인 클래식에 흥미를 잃었으니 학년이 올라갈수록 걱정이 태산이었습니다.

나중에는 주눅이 들어 남들 앞에서 노래 연습하는 것도 꺼리게 되었고, 연습을 하려고 해도 목소리가 편안하게 나오지 않고 성대에 자꾸만 힘이 들어갔습니다. 그러니 몇 번만 불러도 목이 쉬고 따끔거리며 아팠습니다. 목소리가 안 나올 때는 주먹으로 피아노를 내리치기도 했으며, 지기 싫어하는 성격 때문에 다른 사람의 노래는 듣지도 않게 되었습니다.

그럭저럭 줄리어드 음대를 졸업하고 피바디 음악대학원에 진학했습니다. 어느 날인가 그녀의 노래를 유심히 듣던 보이스코치가 물었습니다.

"이태원, 이 악보에 적힌 용어가 무슨 뜻인지 아니?"

그녀가 모른다고 대답하자 "용어의 뜻도 모르면서 이렇게 노래를 부르는 거라면 너는 천재로구나" 하고 뜻밖에도 교수들은 그녀의 목소리에 좋은 평가를 내렸습니다.

"너는 천성적으로 좋은 악기를 타고났어. 네 목소리가 얼마나 독특하고 특별한 줄 아니?"

이렇게 해서 자신감을 갖게 된 이태원은 열심히 노래를 불렀고 교수들의 추천으로 각종 콩쿠르에 참가했으며, 1995년에는 애나폴리스 오페라 경연대회에서 그랑프리를, 1996년 메트로폴리탄 오페라 경연대회에서는 전국우수상을 수상했습니다. 그 후 그녀는 〈명성황후〉의 주연으로 발탁되면서 국내에서도 크게 주목을 받게 되었고, 1998년에 한국뮤지컬대상 여우주연상까지 받았으며 뮤지컬 〈맘마미아〉, 〈사운드 오브 뮤직〉, 〈왕과 나〉, 영화 〈청풍명월〉 등에 출연하며 탄탄대로를 걷게 됩니다.

여러분! 자신감은 성공의 원동력입니다. 인간의 잠재 능력은 무한합니다. 자기의 무한한 잠재 능력을 믿고 열심히 노력하는 사람은 반드시 성공합니다. 우리 모두 자신을 믿고 잠재능력을 개발해 성공자가 됩시다.

지금까지 '자신감과 성공'에 대해 말씀드렸습니다.

자연과 더불어 사는 지혜

지금부터 '자연과 더불어 사는 지혜'에 대해 말씀드리겠습니다.

누군가 "신은 자연을 만들었고 인간은 도시를 만들었다"고 했습니다.

사람들 영혼의 문제를 해결하는 대영계연구소의 김세환 소장은 은행지점 장인 아버지와 착실한 불교신자인 어머니 사이에서 태어난 외아들입니다. 그의 어머니는 늘 부처님께 의지하며 살았습니다. 어머니의 영향을 받았는지 그도 불교에 심취해 생활하고 있습니다.

그는 일본에서 대학을 졸업했는데 유학 시절 사귄 일본 여성과 결혼을 해 귀국했고, 두 사람은 천생연분인 듯 한 쌍의 원앙처럼 잘 살아가고 있습니다. 그의 아내는 철저한 남편 지지자이고 그 또한 철저한 아내 신봉자입니다. 그는 평창군 용평면 이목정 골짜기에 낡은 농가 한 채를 사서 수리해 쉼터를 마련했습니다.

그런데 이 조용하고 아담한 농가에 밤만 되면 불청객이 들끓기 시작했습니다. 난데없던 쥐들이 밤마다 천장에서 쿠당탕거리며 난리굿을 하는 통에 잠을 잘 수가 없었습니다.

'이 일을 어쩌면 좋단 말인가?' 부부는 고민에 빠졌습니다. 착실한 불교신 자가 쥐약을 놓아 살생을 할 수도 없고, 고민을 하던 중 아내가 좋은 아이디 어를 냈습니다. 그래서 그들은 열심히 풍선을 불기 시작했습니다. 한 아름, 두 아름, 세 아름…… 풍선을 불어 천장을 가득 채웠습니다.

그동안 제 세상 만난 듯 뛰어다니던 쥐들은 그날 저녁으로 조용해졌습니 다. 신나게 뛰던 쥐들이 풍선을 잘못 건드려 펑펑 터지자 혼비백산을 해 달아 난 것입니다. 한 마리의 쥐도 죽이지 않고 밤마다 귀찮게 굴던 쥐들을 퇴치하 는 데 성공했으니 감탄할 일 아닙니까.

그들은 또 산짐승과도 친하게 지냅니다. 눈 덮인 겨울이 오면 산짐승들은 먹이를 구하지 못해 굶주려야 합니다. 그런데 이 부부는 집 가까이에 먹이를 놓아둡니다. 밤마다 그들이 먹이를 먹는 소리가 사각사각 들려온다며 천진 난만하게 기뻐하는 이들이야 말로, 자연과 더불어 살아가는 지혜롭고 아름 다운 사람 아닐까요?

여러분! 자연은 사람을 보호하고 사람은 자연을 보호해야 합니다. 우리 모 두 자연을 아끼고 사랑하며 더불어 살아갑시다.

지금까지 '자연과 더불어 사는 지혜'에 대해 말씀드렸습니다.

작은 것의 중요성

지금부터 '작은 것의 중요성'에 대해 말씀드리겠습니다.

미국 텍사스 주의 휴스턴에서 일어난 사건입니다. 제미니 7호는 1974년에 새로운 우주 항속시간 기록을 세웠으나 이어서 제미니 6호를 발사시킬 수가 없었습니다. 우주비행사인 프랭크 보먼과 짐 로벨은 14일 이상의 임무 주행 중 200시간의 기록을 통과했지만, 제미니 6호의 승무원들은 발사대를 떠나 우주에서 있을 미국 최초의 랑데부 시험 비행의 시도에서 두번째로 제지되고 말았습니다.

그 이유는 1달러도 채 안 되는 작은 플러그가 빠져 수십만 달러의 비용을 들인 우주선 발사를 지연시켰기 때문입니다. 우주국 관리들은 어떻게 플러그가 떨어졌는지 알 수 없다며 이런 일은 전에 없었던 일이었고 약 이틀 전에도 철저하게 조사를 했다고 말했습니다.

우주선이 발사대에서 6인치쯤 들어 올렸을 때 줨줄에 의해 어떠한 방해도 받지 않고 당겨진 것으로 추정되는 금속 플러그가 튕겨 떨어지자 그것이 계전기를 닫게 했던 것입니다. 예측 불허했던 이러한 현상은 프로그램 작성자를 매우 놀라게 했을 뿐 아니라, 이로 인해 우주선이 들려지지 않을 것은 분명했습니다. 그 결과 로켓발사관제소의 연속장치가 우주선이 점화되기 시작한 지 약 1.2초 후에 자동적으로 로켓의 모든 동력을 끄게 만들었던 것입니다.

어디 그뿐입니까? 작은 것 때문에 큰 것이 작동을 못한 예는 우리나라에도 많습니다. 그 좋은 예는 청와대에 처음으로 난방용 스팀을 설치했을 때 생긴 웃지 못할 사건입니다.

설계도면대로 스팀 시설을 다 해놓고 막상 가동을 해보니, 왠지 더워지지가 않는 것이었습니다. 그래서 시설 담당 기술자들이 문책을 당하고 미국인 기술자를 불러 진단해본 결과, 스팀의 공기를 빼는 밸브를 장치하지 않았던 것이었습니다.

여러분! 우리는 흔히 큰 것은 중요시하며 작은 것은 경시하는 풍조가 있습니다. 그러나 아무리 거대한 기계도 작은 나사못 하나가 빠지면 제 기능을 못하는 법이며 천릿길도 한 걸음부터 시작되는 것입니다. '악마는 디테일 즉, 세부 사항에 숨어 있다'고 했습니다. 우리 모두 작은 일, 작은 것을 소중히 여기는 습관을 들입시다.

지금까지 '작은 것의 중요성'에 대해 말씀드렸습니다.

작은 일부터

지금부터 '작은 일부터'에 대해 말씀드리겠습니다.

　가나안농군학교의 설립자로 잘 알려진 김용기 장로가 젊었을 때의 이야기입니다. 혈기왕성하고 기고만장했던 청년 김용기는 세계 지도를 펼쳐보다 너무 작고 힘없는 조국에 태어난 것이 못마땅해 넓은 땅에 가 포부를 펼치고 싶어 중국으로 건너갔습니다. 그가 도착한 곳은 랴오닝 성의 중심도시인 심양(沈陽)이었으며, 그곳에서 한국인 목사 한 분을 만나 자기가 중국에 온 사유를 말하고 도움을 청했습니다. 목사는 김용기를 음식점으로 데리고 들어가 전병을 시켜주면서 "이 떡을 가운데부터 먹어보게" 하고 말했습니다.

　"목사님, 이 둥글고 넓은 떡을 가장자리부터 먹어야지 어떻게 가운데부터 먹을 수 있습니까?"

　그러자 목사는 청천벽력과 같은 목소리로 꾸짖었습니다.

　"네 이놈! 떡도 가운데부터 먹지 못하는 놈이 어찌 세계의 중심지인 이곳에 발을 붙이려 하느냐? 당장 본국으로 돌아가 네가 할 수 있는 일을 찾아보거라!"

청년 김용기는 깨달은 바가 있어서 곧바로 고국으로 돌아와 힘없는 조국, 피폐한 농촌을 구하기 위해 자기가 할 수 있는 일이 무엇인지 찾았습니다. 그리고 농촌 생활 개선에 발 벗고 나섰습니다.

그러다 1954년, 경기도 광주군 동부면에 황무지 1만여 평을 개간해 가나안농장을 세웠고, 1962년에 가나안농군학교를 열어 '근면 검소', '솔선수범'을 교육 이념으로 온 가족이 교사가 되어 국민계몽운동을 펼쳐나갔습니다. 그 공로로 국제적인 '막사이사이상'을 수상하게 되었고, 이 사실이 알려지자 가나안농군학교는 유명해져 1973년에 강원도 원성군 신림면에 제2가나안농군학교가 설립되었고, 1977년에는 미국 로스앤젤레스에 가나안복민학교가 설립되었습니다. 지금은 고인이 되었지만 그가 설립한 가나안농군학교는 아들에게 이어져 여전히 국민 계몽에 크게 기여하고 있습니다.

여러분! 국가와 민족의 장래를 위해 웅대한 뜻을 품는 것은 좋은 일입니다. 그러나 실현 가능성이 희박한 큰 계획만 세우기보다는 지금 당장 실천할 수 있는 작은 일에 충실한 것이 자기 자신과 국가를 위해 절실히 필요하지 않을까요? 우리 모두 작은 일부터 실천합시다.

지금까지 '작은 일부터'에 대해 말씀드렸습니다.

Today's
speech

259

작은 출발

지금부터 '작은 출발'에 대해 말씀드리겠습니다.

여러분은 세쿼이아^{Sequoia} 나무를 아십니까? 이 나무는 세계에서 가장 크게 자라는 상록수인데 학자들은 중생대에 번성한 것으로 추정하고 있습니다. 현재는 미국 캘리포니아와 오리건 주의 해안 가까운 산지 위주로 자라고 있습니다. 세쿼이아는 두 종류가 있는데 하나는 '레드우드'로 높이 130m, 지름 6m에 수명은 1,000~1,400년까지고, 또 하나는 '빅트리'로 높이 90m, 지름 9m에 수명은 4,000~5,000년까지라고 합니다. 그런데 이 거대한 나무도 그 씨앗은 아주 작다고 합니다.

작게 시작해서 크게 성장하는 것이 어디 세쿼이아뿐이겠습니까? 사람도 마찬가집니다.

자동차왕 헨리 포드는 시계수리공이었고, 프랑스의 황제 나폴레옹은 서민의 집안에서 태어나 사관학교를 42등으로 졸업했으며, 미국의 위대한 교육자 부커 워싱턴은 노예로 태어났으며, 영국의 문호 셰익스피어는 나무꾼의 아들로 태어나 극장 앞에서 말지기 일을 했습니다. 폴란드의 천문학자 코페르니쿠스는 이발사였고, 프랑스의 금융왕 조지 차일드는 서점의 사환이었으며, 백화점왕 존 워너메이커는 벽돌공의 아들이었고, 철도왕 릴런드 스탠포드는 농부의 아들로 태어났습니다.

또 아메리카 대륙을 발견한 콜럼버스는 직조공의 아들로 태어나 공원일을 했으며, 세계적인 일본인 실업가 마쓰시타는 자전거포의 점원이었으며, 중국 최고지도자 마오쩌둥은 빈농의 아들로 태어났습니다. 이슬람교의 창시자 마호메트는 일찍이 고아가 되어 당나귀 마부 일을 했으며, 기독교의 창시자 예수는 목수의 아들로 마구간에서 태어났고, 러시아의 여황제 에카테리나는 농민의 딸로 태어나 고아가 되어 점원 생활을 했으며, 그리스의 대웅변가 데모스테네스는 말더듬이었습니다.

여러분! 새싹이 자라서 거목이 되고 강아지가 자라서 맹견이 되듯 위대한 인물도 한때는 풋내기였습니다. 성서에서도 "네 출발은 미미하나 그 결과는 장대하리라"고 하지 않습니까? 작은 출발이 위대한 꿈을 이루는 초석이 된다는 사실을 명심하십시오!

지금까지 '작은 출발'에 대해 말씀드렸습니다.

잘못된 평가

지금부터 '잘못된 평가'에 대해 말씀드리겠습니다.

교사나 상사, 부모 등 권위 있는 주위 사람이 자기 운명의 결정자가 아니라는 사실은 역사가 증명하고 있습니다.

발명왕 토머스 에디슨은 일곱 살 때 학교 선생님에게 "교육의 가능성이 없다"는 말을 듣고 학업을 포기하기를 권유받았습니다. 그 교사는 에디슨이 있는 앞에서 교육위원에게 이렇게 말했습니다.

"이 아이는 머리가 혼란하기 때문에 더 이상 학교에 와도 소용이 없습니다."

위대한 인물들이 무명 시절 잘못된 평가를 받는 경우는 너무도 많습니다. 교사나 주위 사람들이 함부로 내렸던 잘못된 평가를 좀 더 들어볼까요?

미국의 대통령 링컨이 어린 시절 교사로부터 받은 평가입니다.

"4개월 밖에 학교에 다니지 않은 것을 생각하면 학교 성적은 매우 우수함.

그러나 공상가로 자주 바보 같은 질문을 한다."

노벨 물리학상을 받은 과학자 알베르트 아인슈타인에 대한 평가입니다.

"그는 반에서도 특수한 존재. 열 살이 되었는데 겨우 간단한 읽기와 쓰기를 할 수 있게 되었다. 숙달된 모습은 볼 수 있으나 이 아이의 미래에 관해서는 그다지 좋은 성과를 바랄 수는 없다."

여성 파일럿의 선구자 아멜리아 에어하트의 교사는 어떻게 평했을까요?

"나는 아멜리아를 매우 염려하고 있다. 이 소녀는 똑똑하고 호기심에 가득 차 있지만 생각하는 것은 무모하고 관심은 오로지 곤충이나 마룻바닥을 기어다니는 벌레에게 향해 있다. 어떻게 하면 이 소녀의 호기심 대상을 여자다운 것에 돌릴 수 있을까 고민 중."

유명한 테너가수 엔리코 카루소는 교사로부터 "악성이라 가수로는 불가능"이라는 말을 들었고, 북극탐험가로 유명한 해군소장 출신의 리처드 버드는 "군대 근무에 부적합하다"는 말을 들었으며, 〈작은 아씨들〉, 〈푸른 화원〉 등의 가정소설로 유명한 작가 올컷은 편집자에게 "대중에게 인기 있는 베스트셀러는 결코 쓸 수 없을 것이다"라는 혹평을 들었습니다.

여러분! 운명의 결정자는 자기 자신입니다. 세상 사람들이 뭐라고 하든 잘못된 평가에 현혹되지 맙시다. 그리고 함부로 타인을 나쁘게 평가하지도 맙시다. 비록 지금 어려운 여건에 처해 있더라도 적극적인 자세로 노력한다면 반드시 성공할 수 있습니다.

지금까지 '잘못된 평가'에 대해 말씀드렸습니다.

잠재 능력의 가치

지금부터 '잠재 능력의 가치'에 대해 말씀드리겠습니다.

벤저민 프랭클린은 "재능을 감추지 마라. 재능은 사용되기 위해서 있는 것이다. 그늘에 있는 해시계가 무슨 소용이 있겠는가?"라고 했습니다.

미국 텍사스 주 보몬트의 외각에 한 농부가 살고 있었습니다. 그는 많은 농토를 소유하고 있었지만 몹시 가난했습니다. 몇 년째 계속되는 경기후퇴와 엎친 데 덮친 격으로 가뭄이 겹쳐 그의 생활은 파산 지경에 이르렀습니다. 그러던 어느 날 한 사나이가 찾아왔습니다.

"안녕하십니까? 좋은 소식을 갖고 왔습니다."

방문객은 석유 회사의 중역이었는데 다음과 같은 제안을 했습니다.

"제가 보기에 이 땅에는 석유가 매장돼 있을 것 같습니다. 땅을 뚫도록 허락해주시면 석유가 나오는 대로 로열티를 지불하겠습니다. 이 계약서를 읽어보시고 사인을 해주십시오."

농부는 밑져야 본전이고 만약 석유가 쏟아지면 큰 이익을 볼 수 있겠다는 생각에 기꺼이 승낙을 했습니다. 석유 회사에서는 여기저기 탐사한 끝에 시추(試錐)를 시작했습니다. 당시에는 수직으로 기둥을 세우고 밑동에 까치발 모양의 장치를 한 기중기를 세웠는데, 이것을 데릭이라고 불렀습니다. 몇 날, 몇 달이 지난 어느 날 이 데릭이 파괴되었습니다. 순간 작업하던 인부들은 환호했습니다. 데릭의 파괴는 곧 석유의 매장량을 측정하는 지표가 되었기 때문입니다.

땅속 깊이 묻혀 있던 석유가 밖으로 일시에 분출되면서 폭발적인 힘으로 쏟아져 나왔는데, 이것이 역사상 가장 유명한 유전의 발견이었습니다. 농부는 말할 것도 없이 하루아침에 백만장자가 되었습니다. 그런데 과연 하루아침에 벼락부자가 된 것일까요? 아닙니다. 농부가 땅을 소유한 때부터 그는 백만장자의 재산을 가지고 있었습니다. 그러나 석유를 발견해서 표면으로 끌어내기 전까지 그의 재산은 아무런 가치가 없었을 뿐입니다.

여러분! 사람들도 이와 마찬가집니다. 우리가 자신 속에 갇혀 있는 무한한 잠재 능력의 가치를 깨닫고 계발해 활용하지 않으면 쓸모없는 인간이 됩니다. 자기의 가치를 깨닫고 잠재 능력을 계발합시다.

지금까지 '잠재 능력의 가치'에 대해 말씀드렸습니다.

장님과 코끼리

지금부터 '장님과 코끼리'에 대해 말씀드리겠습니다.

여섯 명의 인도 사람들이 코끼리를 보러 갔습니다. 그들은 모두 장님이었지만 관찰을 해보면 알 수 있을 것 같았습니다. 첫번째로 코끼리에게 다가간 사람은 넓고 단단한 몸에 부딪쳐 쓰러졌습니다. 그러자 그는 즉시 큰 소리로 말했습니다.

"하느님 맙소사, 코끼리는 담벼락같이 생겼어."

두번째 사람은 뾰족한 상아를 만지고 소리쳤습니다.

"우와, 여기 있는 것은 매우 둥글고 부드러우며 날카로워. 코끼리는 아마 창과 비슷한 것일 거야."

세번째로 코끼리에게 다가간 사람은 꿈틀거리는 코를 만졌습니다. 그리고 자신 있게 말했습니다.

"난 알겠다. 코끼리는 뱀과 비슷하게 생겼어."

네번째 사람이 조심스럽게 손을 뻗었고 다리를 만졌습니다.

"이 거대한 동물은 평범하게 생긴 것 같아. 분명 나무기둥처럼 생겼어."

다섯번째 사람은 코끼리의 귀를 만졌습니다.

"아무리 장님이라 해도 이 동물이 어떻게 생겼는지 말할 수 있을 거야. 누구도 부인할 수 없어. 이 동물은 큰 부채처럼 생겼어."

여섯번째 사람이 코끼리에게 다가가 움직이는 꼬리를 만졌습니다. 그리고 이렇게 말했습니다.

"코끼리는 밧줄처럼 생겼어."

그리하여 여섯 명의 장님들은 각자 자기주장이 옳다고 오랫동안 큰소리로 싸웠습니다. 각각의 의견들이 모두 강력했으며 누구도 굽힐 줄 몰랐습니다. 이 광경을 목격한 현자가 그들에게 다음과 같이 설명을 해주었습니다.

"모두 다 일리가 있습니다. 하지만 각자의 말이 다른 것은 다른 부위를 만졌기 때문입니다. 코끼리는 여러분이 말한 모든 특성을 가지고 있습니다."

여러분! 부분은 전부가 아니며 사실과 추측은 다릅니다. 자기가 경험한 것이 틀림없는 사실이며, 그것이 전부라고 믿는 것처럼 위험한 일도 없습니다. 무식이 용감하다고 자기가 아는 것만 전부라고 우기는 어리석은 사람이 되지 맙시다. 부분보다는 전체를 파악할 줄 아는 사람이 되도록 노력합시다.

지금까지 '장님과 코끼리'에 대해 말씀드렸습니다.

장사의 요령

지금부터 '장사의 요령'에 대해 말씀드리겠습니다.

보통 사람들이 성공할 수 있는 방법은 흔히 '장사'라고 합니다. 장사를 하는 데는 권력이나 학위도 필요 없고, 명문가의 자식이든 평범한 집안 사람이든 미인이든 추녀든 누구나 할 수 있기 때문입니다. 그러나 장사를 한다고 다 돈을 버는 것은 아닙니다. 같은 장사를 하더라도 어떤 사람은 큰돈을 벌어 부자가 되고 어떤 사람은 본전도 못 찾고 망합니다. 그 원인은 장사의 요령이 없기 때문입니다. 그렇다면 실패하지 않고 돈을 벌 수 있는 장사의 네 가지 요령을 알아봅시다.

첫째, 나에게는 있고 다른 사람에게는 없는 상품을 팔아야 합니다. 민속촌이나 첨성대에 왜 외국인이 몰릴까요? 한국에만 있고 다른 나라에는 없는 장소이기 때문입니다. 중국에는 만리장성이 있고 스위스에는 알프스가 있으며 미국에는 나이아가라 폭포가 있습니다. 자기 나라에는 없기 때문에 외국인들이 관광하는 겁니다. 자기만의 상품을 파는 사람은 반드시 성공합니다.

둘째, 내가 있고 다른 사람에게도 있을 때는 내 상품의 질이 좋아야 합니다. '기왕이면 다홍치마'라고 값이 같을 때는 질 좋은 것이 팔리기 마련입니다. 질이 좋다는 것은 품질과 서비스가 좋다는 말입니다. 손님이 몰리는 음식점에 가보십시오. 맛도 좋고 서비스도 좋으며 값도 쌉니다.

셋째, 내 것도 좋고 다른 사람의 것도 좋을 때는 내 상품의 값을 싸게 팔아야 합니다. 세계에서 장사를 가장 잘한다는 일본인의 상술을 살펴봅시다. 신제품을 개발해 독점으로 장사를 잘하다 다른 나라에서도 같은 제품을 개발하면 좀 더 질이 좋은 제품으로 맞대응을 합니다. 그리고 다른 나라의 기술이 발전해 질 좋은 제품이 나오면 값을 확 내려 팝니다. 값을 내리는 데는 두 가지가 있습니다. 하나는 원가를 절감하는 것이고 또 하나는 경쟁자를 죽이기 위해서 이익을 포기하거나 출혈을 하는 것입니다.

넷째, 내가 값을 내리고 다른 사람들도 값을 내려 출혈이 심할 때는 그만둬야 합니다. '너 죽고 나 죽자'는 식의 덤핑 판매에서는 누구도 살아남을 수 없습니다. 그래서 장사를 잘하는 사람은 이 단계에서 새로운 업종으로 전환합니다.

여러분! 세상의 모든 일에는 원칙과 요령이 있듯 장사에도 원칙과 요령이 있습니다. 남이 하니까 나도 한다는 식으로는 결코 성공할 수 없습니다. 요령을 터득하고 장사합시다.

지금까지 '장사의 요령'에 대해 말씀드렸습니다.

장수의 비결

지금부터 '장수의 비결'에 대해 말씀드리겠습니다.

동그란 뿔테 안경과 입에 문 굵다란 시가, 단정한 옆가르마와 다소 고집스러운 얼굴, 국내 팬들에게도 낯익은 코믹스타 조지 번스의 100회 생일 때의 이야기입니다.

미국의 매스컴들은 '할리우드 최초의 100세 스타 탄생'을 기리기 위해 조지 번스에 관한 특집을 다루었습니다. 100세, 곧 한 세기를 살았다는 것은 보통 사람이라도 뉴스 거리인데, 그때까지 은퇴를 모르고 한길을 걸어오며 꾸준한 인기를 누린 할리우드 최고령 스타에게 경의와 찬사를 보내는 것은 당연지사 아니겠습니까?

1896년 태어난 조지 번스가 타고난 끼를 발휘해 처음 무대에 선 것은 1910년으로 그는 86년 동안 팬들에게 웃음을 안겨주며 라디오와 TV, 스크린을 동분서주했습니다.

그에게 최고의 단짝은 아내이자 동료였던 그레이시 앨런인데, 1992년에 결혼한 두 사람은 1950년 〈번스 앤 앨런 쇼〉로 브라운관을 평정했으며, 그레이시가 세상을 떠난 1964년 이후로 조지 번스는 아내의 사진을 지니고 다니며 더 왕성한 활동을 보였습니다. 1975년에는 영화 〈선샤인 보이〉로 남우조연상을 수상했고, 79세의 나이로 최고령 아카데미상 수상의 영예를 안았으며, 81세 때 출연한 〈오, 하나님〉 또한 대성공을 거뒀습니다.

번스는 1996년 세상을 떠나기 전 장수 비결로 "하루 15개비의 시가와 더블 마티니 두 잔"을 밝혔습니다. 남들이 뭐라든지 자신에게 맞는 규칙적인 생활이 젊음과 건강을 유지해준다는 것이 그의 충고입니다. 몇 살까지 살고 싶으냐는 질문에 번스는 엉뚱하게도 "내기에 이길 때까지"라고 대답했습니다. 이 내기란 몇 년 전 여덟 살 아래인 후배 보브 호프와 '누가 더 오래 사는지 두고 보자. 지는 사람이 이기는 사람에게 5만 달러를 내기로 하자'는 것이었는데, 번스는 이 내기에서 꼭 이기고 말겠다고 장담했습니다.

여러분! 장수에 대한 꿈은 누구에게나 있고 장수의 비결 또한 많은 것 같습니다. 그러나 번스의 경우를 보면 남에게 웃음을 선사하고 낙천적이면서도 의욕적으로 활동하는 것이야말로 장수의 비결 아닐까요?

지금까지 '장수의 비결'에 대해 말씀드렸습니다.

장점 발견

지금부터 '장점 발견'에 대해 말씀드리겠습니다.

벤저민 프랭클린은 "자기의 단점을 들여다보고 비관하기보다 자기의 장점을 키우기에 힘써야 한다. 땅속에 무진장의 금광이 들어 있듯 사람의 정신 속에도 파면 팔수록 빛나는 재능이 들어 있다"고 했습니다.

"어떤 것을 세 시간 동안 생각하고 자기의 결론이 옳다고 생각했으면, 3년 걸려 생각해도 그 결론은 같다"고 말한 사람은 미국 제32대 대통령 프랭클린 루스벨트입니다. 그는 대공황의 폭풍우가 불어 닥치는 상황에서 국가가 경제에 개입해 자본주의를 구제한다는 뉴딜정책을 명확하게 내세운 것을 비롯해, 제2차 세계대전에서는 처칠, 스탈린과 함께 파시즘 세력으로부터 세계를 지켜 미국 역사상 가장 위대한 대통령의 한 사람으로 불리고 있습니다.

루스벨트는 유복한 가정에서 자랐으며, 하버드 대학에 들어가 변호사 자격을 획득하고, 스물여덟 살에는 뉴욕 주 선거전에 민주당 후보로 입후보해 불리한 상황에서 예상을 뒤엎고 당선되는 등 순조로운 인생을 보냈습니다. 그러나 이런 루스벨트에게도 시련은 다가왔습니다. 1921년 서른아홉 살 때, 갑자기 소아마비라는 병마가 덮쳐 다리에서 등까지 심하게 마비되어 침대에 누워 있는 생활이 몇 개월이나 계속되었습니다. 그 결과 다리가 부자유스러워지는 후유증이 남아 한때는 정치계 은퇴를 하지 않을 수 없었습니다.

병마가 엄습해 오고 난 후 7년, 그의 아내 엘레나의 헌신적인 간병과 불굴의 투지로 루스벨트는 소아마비라는 큰 병을 극복했습니다. 루스벨트 본인은 아직 정계 복귀가 시기상조라고 생각했지만, 그의 의연한 모습을 본 주위 사람들이 루스벨트의 허락도 없이 그를 뉴욕 주지사 후보로 지명했습니다. 선거전은 치열했지만 그는 거기서 승리해 마침내 역사상 최초의 소아마비 대통령이 되었던 것입니다.

부자유스러운 다리, 지팡이에 의존하는 보행. 그러한 상황에 놓였을 때 '건강한 사람에 비해 빨리 걸을 수가 없다', '나는 이제 영영 달릴 수 없다'는 열등감에 사로잡혀 비관만 했다면 루스벨트의 앞날은 어떻게 되었을까요?

여러분! 열등감이나 콤플렉스는 가능성의 문을 닫아버리며 빛나는 미래를 빼앗아가 버립니다. 우리 모두 자신의 단점보다 장점을 발견하고 '나는 훌륭하다', '나는 할 수 있다'는 적극적인 생각으로 성공적인 미래를 창조합시다.

지금까지 '장점 발견'에 대해 말씀드렸습니다.

재미있고 즐겁게

지금부터 '재미있고 즐겁게'에 대해 말씀드리겠습니다.

'진수 테리'를 아십니까? 2005년, 미국 ABC TV의 '올해의 아시안 지도자 11인'에 선정되고 2001년, 미국을 대표하는 100대 여성기업인에 선정되고, 샌프란시스코가 '진수 테리의 날'을 선포하는 등 '펀 경영' 컨설턴트로 미국 사회에서 성공한 재미교포가 22년 만에 내한했습니다.

그녀는 1956년생으로 부산대학교 대학원까지 졸업했으나 취직이 안 돼 방황하던 끝에 '넓은 세상을 알아야겠다'고 어머니가 주신 쌈짓돈 80만 원을 들고 미국으로 건너갔습니다. 그곳에서 고생하던 끝에 한 회사에 취직해 7년 동안 열심히 일을 하던 어느 날 갑자기 해고되었습니다.

'매출을 세 배나 올리는 등 참으로 열심히 했는데 왜 내가 해고돼야 하지?'

너무 분하고 억울해서 부사장한테 전화를 했다가 뜻밖의 말을 들었습니다.

"진수 테리는 열심히 일하고 능력도 좋지만 인간관계를 이해하지 못한다.

한마디로 재미없는 사람이다."

당시 그녀는 미모도 볼품없고 돈도 없었으며 영어도 잘 못했습니다. 그저 이 땅에서 살아남아야겠다는 생각으로 일에 집착했기 때문에 얼굴에는 웃음이 없고 항상 긴장된 상태였습니다. 그러니 누가 일벌레 같은 그녀를 좋아했겠습니까? 팀워크에도 문제가 생겼겠지요.

처음에는 아시아인이라서 인종차별로 해고된 줄 알았는데 '재미없고 인간관계가 없었던 탓'이라는 사실을 알고 그녀는 변하기로 작정했습니다. 영어를 잘 못해도 부드러운 미소로 사람을 대하고, 상대의 말에 감탄사를 보내며 '당신이 최고'라고 인정하자, 주위에 사람이 모이기 시작했습니다. 볼품없고 밥맛없던 그녀가 재미있는 여자로 변신한 것입니다.

자신감을 얻은 그녀는 '자기 자신을 변화시킨 방법'을 다른 사람들을 변화시키는 기법으로 개조해 강의를 하기 시작했습니다. 펀 경영 컨설턴트가 된 것입니다. 최고경영자부터 웃어야 한다는 것을 강조하며 웃는 방법에서부터 웃는 얼굴을 만드는 방법 등을 강의하며 인기 있는 강사로 성공했습니다.

여러분! 성공의 제일 조건은 인간관계입니다. 아무리 머리가 좋고 기술이 뛰어나고 열심히 노력한다 해도 그것만으로는 부족합니다. 인간관계가 좋아야 합니다. 펀 경영도 인간관계를 좋게 하자는 것이고, 펀 경영의 기본은 웃음입니다. 우리 모두 재미있고 즐겁게 웃으면서 일합시다.

지금까지 '재미있고 즐겁게'에 대해 말씀드렸습니다.

저축하는 마음

지금부터 '저축하는 마음'에 대해 말씀드리겠습니다.

우리나라 속담에 '굳은 땅에 물이 괸다'고 했고, 영국 속담에는 '저금보다 나은 연금술은 없다'고 했습니다.

미국 클리블랜드에 있는 어떤 회사에서 한 점원이 같은 회사 직원의 것으로 보이는 금전출납부를 주웠습니다. 금전출납부에는 자세한 것까지 적혀 있었습니다. 펜촉 한 개, 빵 한 개, 심지어 성냥 한 개비 등 아주 작은 것까지 생활용품 모든 내역이 적혀 있었습니다.

"이것 좀 봐. 이 친구 되게 쩨쩨한 사람인가 봐. 이런 하찮은 것까지 일일이 적어놓다니…… 쯧쯧. 이래가지고 무슨 돈을 모을 수 있을까!"

그 금전출납부는 금방 회사 안에서 화제가 되었습니다. 모두들 돌려 보면서 껄껄 웃었습니다. 그리고 얼마 후 금전출납부 주인이 나타났는데 그는 회사 안에서 잔심부름을 하는 나이 어린 소년이었습니다.

"꼬마야, 이런 벼룩만 한 걸 뭐하러 기록했니?"

빈정대는 사람들에게 소년은 전혀 부끄러워하지 않고 단호하게 말했습니다.

"비록 작은 것이지만 이렇게 빼놓지 않고 기입하면 마음의 수양이 되고 또 절약하는 자세가 생기는걸요."

"그래, 여기 보니까 한 달에 3달러를 저축한 것으로 되어 있는데, 1년이면 36달러나 되는구나. 하하! 참 놀라운 돈일세."

사람들은 비웃으면서 소년의 곁을 떠났습니다. 1년 후, 한 캐나다 상인이 목재를 팔러 클리블랜드에 왔는데 급한 일로 나무를 아주 싸게 팔아야 했습니다. 그때 금전출납부를 쓰던 소년이 나타나 1년 동안 모은 36달러로 목재를 구입해 그것을 이리 뛰고 저리 뛰며 열심히 팔아 100달러의 이득을 보았습니다.

열심히 일하고 열심히 저축한 소년은 나중에 미국의 대부호가 되었습니다. 그가 바로 저 유명한 석유왕 록펠러입니다. 비록 하찮은 것이지만 아끼고 소중히 여겨 마음의 수양을 얻은 사람의 당연한 결과 아닐까요?

여러분! 모든 일은 사소한 것에서부터 시작됩니다. 한 알의 작은 씨앗이 하늘을 찌를 듯 큰 나무로 자라고, 작은 빗방울이 모여 바다가 되며, 흙 한줌이 모여 대지가 됩니다. 성공도 작은 일에서부터 시작된다는 것을 명심하십시오.

지금까지 '저축하는 마음'에 대해 말씀드렸습니다.

적과 동지

지금부터 '적과 동지'에 대해 말씀드리겠습니다.

고대 그리스 3대 비극시인의 한 사람이며 탁월한 식견을 가진 정치가 소포클레스는 "적도 언젠가는 벗이 될 수 있다고 생각하면서 미워하고, 벗도 적이 될지 모른다고 생각하면서 사랑해야 한다"고 했습니다.

옛날에 두 나라가 국경을 경계로 이웃하고 있었습니다. 두 나라는 평화로웠으며 국경선의 남부에 세워진 비석을 지키기 위해 각 나라에서 군인이 한 명씩 파견되어 있었습니다. 한 명은 노인이었고 또 한 명은 청년이었습니다. 두 사람은 서로가 적인지 아군인지 모를 어정쩡한 느낌이어서 처음에는 말 없이 지내다 곧 친해질 수밖에 없었습니다. 국경선은 여행하는 사람 하나 없는 쓸쓸한 곳이기에 그들에게는 말 상대가 필요했기 때문입니다.

마침 그곳에는 누가 심었는지 모를 한 그루의 들장미가 피어 있었습니다. 아침 일찍부터 꿀벌이 날아들어 상쾌한 날갯짓을 했습니다.

"어이, 이제 일어나야지! 벌써 해가 중천에 떴어."

노인의 말에 청년도 막사에서 나오며 말했습니다.

"안녕하세요? 눈부신 햇살이 따갑군요."

두 사람은 바위틈에서 나오는 맑은 물에 세수를 하고 여러 가지 이야기를 나눴습니다. 청년도 노인도 좋은 사람이었습니다. 둘 다 정직하고 친절했습니다.

여러 달 동안 두 사람은 친구처럼 지냈는데 갑자기 두 나라가 전쟁을 하게 됐습니다. 지금까지 사이좋게 지내던 두 사람은 하루아침에 적대 관계가 돼 버린 것입니다. 노인이 청년에게 말했습니다.

"자네와 나는 오늘부터 적이 되었네. 나는 늙었지만 소령이니 내 머리를 가지고 가면 출세할 수 있을걸세. 그러니 나를 죽이게나."

그러자 청년은 정색을 하며 다음과 같이 말했습니다.

"무슨 말씀이십니까? 어째서 우리가 적입니까? 이곳에는 나의 적이 없습니다. 전쟁은 북부 지방에서 벌어지고 있습니다. 저는 그곳으로 가 싸우겠습니다."

국경에는 단 한 사람 노인만 남아 있게 되었습니다. 청년이 없어진 날부터 노인은 멍청한 나날을 보냈으며 청년의 신상을 걱정했다고 합니다.

여러분! 우리는 무엇 때문에 싸울까요? 왜 적을 만듭니까? 적과 동지는 과연 다를까요? 서로가 마음만 통하면 적도 동지가 됩니다. 우리 모두 마음의 문을 활짝 열고 동지가 되도록 노력합시다.

지금까지 '적과 동지'에 대해 말씀드렸습니다.

적극적인 사고

지금부터 '적극적인 사고'에 대해 말씀드리겠습니다.

미국 보험업계의 전설적인 인물 가운데 메리 그로에라는 여성이 있습니다. 그녀는 1년에 100만 달러 이상의 매상고를 올린 우수한 세일즈맨으로 구성된 '100만 달러 원탁회'의 멤버가 되었습니다.

오하이오 주 가난한 광부의 여덟번째 딸로 태어난 메리는 어느 날 빨래를 하다, 사각모를 쓰고 여러 사람의 축하를 받으며 대학을 졸업하는 자기 모습을 마치 영상을 보듯 또렷하게 떠올렸습니다. 그러나 가족 중에는 한 명도 대학에 간 사람이 없었고, 진학할 수 있는 돈도 없어서 현실적으로 불가능한 일이었습니다. 그러나 그녀는 자기의 미래상을 명확하게 이미지화 했습니다. 그 후 얼마 되지 않아 그녀가 다니는 교회 목사가 메리를 찾아와 뜻밖에 이런 말을 했습니다.

"어떤 사람이 젊은이의 교육에 도움이 되었으면 좋겠다고 기부를 해주었다.

나는 그동안 너를 주목했는데 세인트 메리 대학에 입학하는 게 어떻겠니?"

이렇게 메리의 꿈, 대학에 입학하는 것이 정말로 실현된 것입니다. 세인트 메리 대학을 수석으로 졸업한 그녀는 보험회사에 취직하기를 희망했습니다. 그 이유는 가난한 사람도 생명보험에 가입해 있으면 만일의 사태가 있어도 최악의 상태에서 구제될 수 있다고 생각했기 때문입니다.

그래서 보험회사를 찾아가 입사하려고 했으나 인사담당자는 한마디로 거절했습니다. 몇 번이고 찾아갔으나 계속 거절을 당했습니다. 당시 여성 보험 세일즈는 드물었기 때문입니다. 보통 사람의 경우 몇 번씩 거절당하면 포기하는 것이 상식이지만 메리는 보험 세일즈로 성공한 자신의 모습을 그리며 계속 찾아갔습니다.

그러자 그녀의 열성에 못 이겨 인사담당자는 조건부 입사를 허락했습니다. 그 조건은 고정급과 경비도 줄 수 없으며 파는 대로 수당만 준다는 것이었습니다. 그런 악조건을 감수하고 보험업계에 진출한 그녀는 세일즈 챔피언으로 대성공을 했습니다.

여러분! 나약한 마음을 버리고 '할 수 있어', '하겠다'는 적극적인 사고를 하는 것이 인생을 변화시키는 에너지가 됩니다. 우리 모두 성공한 자기의 모습을 그리며 적극적으로 행동합시다.

지금까지 '적극적인 사고'에 대해 말씀드렸습니다.

적극적인 행동

지금부터 '적극적인 행동'에 대해 말씀드리겠습니다.

미국의 경영학자 피터 드러커는 "효율적으로 행동하는 것은 천성이 아니라 노력으로 몸에 배어야 할 습관이다. 정확하게 표현하면 그것은 습득할 수 있는 기법이다"라고 했습니다.

1906년 4월 18일, 샌프란시스코를 덮친 대지진은 큰 화재를 일으켜 시의 3분의 1이 몽땅 타버렸습니다. 집을 잃은 사람이 25만 명, 사망자가 500명 이상이었으며, 각지에서 폭동이 발생해 계엄령이 내려졌고 지진 발생 이튿날에는 은행폐쇄령도 내려졌습니다.

"빨리 은행 문을 열어라!"

"한시 바삐 재건 자금을 빌려달라!"

시민들의 아우성에도 불구하고 6개월 동안은 폐쇄할 수밖에 없다는 것이 대부분 은행 측의 생각이었습니다. 그러나 샌프란시스코의 재건을 위해서는 은행 문을 열어야 한다는 한 은행의 대표가 있었습니다.

"여러분! 이런 때 금고를 열지 않는다면 은행은 무엇을 위해 있는 겁니까? 샌프란시스코는 그동안 여섯 번이나 불탔지만 여섯 번 다 재건해왔습니다. 6개월 동안이나 폐쇄한다는 것은 잘못입니다. 큰 은행의 훌륭한 분들이 도저히 열 수 없다고 하면 저 혼자라도 열겠습니다."

이렇게 말한 사람은 잔니니였습니다. 높은 이자로 농민을 괴롭히는 은행에 반발해 인민을 위한 은행을 만들고자, 서민 한 사람이 1주의 주주가 되게 해 '뱅크 오브 이태리'를 창설한 은행장이었습니다. 이튿날 잔니니는 신문에 오픈 광고를 내고 나무궤짝 돈통 두 개와 판자 한 장으로 노천 은행을 개설했습니다. 그리고 자기 은행의 통장이 없어도 다른 은행의 통장소유자도 신용만으로 대출을 해주었습니다. 그 결과 잔니니는 시민들로부터 절대적인 신뢰를 얻어 나중에는 미국에서 제일 큰 '아메리카 은행'을 창설하게 되었습니다.

여러분! 재해의 혼란이 한창일 때 잘못하다가는 은행이 파산할지도 모르는 위급한 상황에서도, 충분치 않은 시설과 자금으로 고객의 편의에 목숨을 건 잔니니의 적극적인 행동이야말로 성공의 기폭제 아닐까요?

지금까지 '적극적인 행동'에 대해 말씀드렸습니다.

전력투구

지금부터 '전력투구'에 대해 말씀드리겠습니다.

1998년 8월, 강남 압구정동의 어느 사우나 휴게실에서 한 사나이가 팬티 바람으로 벌거숭이 손님들에게 열변을 토하고 있었습니다. 사나이의 이름은 임영우. 대기업들도 개발에 손을 댔다 포기한 '리튬 전지'를 개발해보겠다고 애니셀이라는 회사를 설립했으나 자금난에 봉착해 진퇴양난에 처한 것입니다. 그는 자금 융통을 위해 지인을 찾아갔다가 자기에게는 그런 큰돈이 없고 큰돈은 큰손에게 나오는데 큰손들이 잘 모이는 사우나가 있으니, 그곳에 가보라는 농담조의 권유를 받았습니다.

그는 지체하지 않고 바로 그 사우나로 달려가 목숨을 담보로 한 채 벌거숭이 손님들을 상대로 즉석 사업설명회를 열었습니다. 그런데 놀랍게도 그곳에서 20억 원이라는 거금을 유치하게 된 것입니다. 불굴의 신념, 논리 정연한 설득력에 감동한 벌거벗은 손님들이 임영우라는 인간과 사업 전망을 보고 투자를 해주었던 것입니다.

이 자금으로 그는 미국, 일본에 이어 세계에서 세번째로 개발에 성공해 그 시제품을 코엑스에서 열린 '한국전자전'에 출품했으며, 중소기업부문 최고기술로 선정되는 영광을 안았습니다. 그리고 SK글로벌과 공급 계약을 맺으면서 임 사장의 사업은 순풍에 돛을 단 배와 같았습니다.

이 소식이 전해지자 미국계 투자회사인 코리아펀드로부터 210만 달러, 유럽계 로스차일드의 SCI 아시아벤처로부터 220만 달러를 각각 유치하는 등 외자 440만 달러가 모였습니다. 임영우 사장은 이에 대해 다음과 같이 말했습니다.

"외국의 선진 기업들이 기술 이전을 꺼리는 리튬 전지를 150여 억 원을 투자해 1년 6개월 만에 개발에 성공한 데 대해, 지금도 일본, 미국 등 외국 업체들이 반신반의하고 있습니다. 최소 5년간 500억 원 이상을 투자해야 개발이 가능하다는 것이 그들의 생각이죠. 그러나 우리는 최소의 비용으로 최단 기간에 해냈습니다. 목숨을 담보로 도전하니 안 될 것이 없더군요."

여러분! 그렇습니다. 목숨을 걸고 전력투구하면 세상에 무슨 일인들 못하겠습니까? 그런데도 대다수의 사람들이 힘 안 들이고 적당히 일하면서 성공하기를 바랍니다. 우리 모두 자기가 하는 일에 전력투구합시다.

지금까지 '전력투구'에 대해 말씀드렸습니다.

전문 지식의 습득

지금부터 '전문 지식의 습득'에 대해 말씀드리겠습니다.

영국의 소설가 새뮤얼 버틀러는 "전문가란 아주 조금밖에 알려지지 않은 것을 보다 많이 알고 있는 자"라고 했습니다.

미국의 대실업가로 성공한 존 그라인. 그는 열여덟 살에 철기를 취급하는 회사에 잡역부로 취직했습니다. 보수는 주급 2달러였습니다. 그가 입사 후 몇 주일 동안 주의 깊게 관찰해보니, 상품 대부분이 외국에서 수입한 것이었으며 취급하는 어음도 독일어나 프랑스어로 기재되어 있는 것이 많았습니다. 될성부른 나무는 떡잎부터 다르다 했던가요?

'이런 업무를 잘하기 위해서는 기술을 배우는 것도 중요하지만 외국어나 어음에 관한 공부를 해두는 것도 도움이 될 것이다.'

이렇게 생각한 그라인은 바쁜 업무의 짬짬이 근무가 끝난 밤늦게까지 열심히 외국어나 어음에 관한 공부를 했습니다. 그로부터 몇 개월 후 대량의 상품이 수입되어 회사는 눈코 뜰 새 없이 바빴으며, 특히 담당 사무원은 식사 시간도 없을 정도였습니다.

"제가 좀 도와드릴까요?"

그라인의 말에 담당 사무원은 어림없는 소리 말라는 듯 말했습니다.

"이 업무는 어음에 관한 전문 지식과 프랑스어, 독일어를 모르면 할 수 없는 일이야."

"짬짬이 외국어와 어음에 관해서 공부를 했습니다."

담당자는 반신반의 하면서도 워낙 바쁘니까 몇 가지 일을 시켜보았습니다. 그런데 마치 몇 년 동안의 경험이라도 있는 것처럼 그라인은 그 일을 척척 처리하는 것 아닙니까? 이 소문이 퍼지자 사장은 그라인을 불러 말했습니다.

"내가 오랫동안 사원들을 봐왔지만 자네처럼 노력하고 기회를 살리는 인물은 만나본 적이 없네. 지금부터 자네를 책임자의 한 사람으로 임명하겠네."

이리하여 주급 2달러가 단번에 다섯 배인 10달러로, 입사 5년 만에 연 수입 1,800달러에 달했으며 독일, 프랑스 등 외국으로 상품을 매입하는 책임자로 승진하게 되었습니다. 후에 그라인은 미국의 대실업가로 큰 성공을 거둡니다.

여러분! 목표를 향한 전문 지식의 습득이야말로 성공자가 갖춰야 할 필수 조건입니다. 우리 모두 전문 지식을 갖추도록 노력합시다!

지금까지 '전문 지식의 습득'에 대해 말씀드렸습니다.

전심전력

지금부터 '전심전력'에 대해 말씀드리겠습니다.

당나라의 시인 이백(李白)은 각지의 명승지를 유람하면서 다양한 품격의 시를 남겼습니다. 그는 자유분방하고 술을 좋아하는 성격 탓에 많은 일화가 있습니다. 술기운을 못 이겨 토한 뒤 현종 황제의 용포에 입을 닦기도 했고, 당시 세력이 막강한 환관 고역사에게 자기의 신발을 벗기게 하기도 했습니다. 그런가 하면 시를 쓰는 동안 양귀비에게 연적을 들고 있게 하는 등 보통 사람이 상상할 수도 없는 일을 서슴없이 저지르고는 했습니다.

이백은 어렸을 때 시 공부보다는 놀기를 좋아하는 말썽꾸러기였습니다. 그리고 어려운 일은 피하고 무슨 일이든 끈기를 가지고 노력하지 않았습니다. 부모가 서당에 보내면 공부하는 것이 노는 것보다 힘들고 어려워, 며칠 다니다 그만두고는 다시 친구들과 어울렸습니다. 그는 고리타분하게 책이나 읽으면서 살기를 바라지 않았습니다.

그러던 어느 날 이백은 밖에 놀러 나갔다 길에서 머리가 하얗게 세고 얼굴이 주름투성이인 노파가 앉아 있는 것을 보았습니다. 그런데 이상하게도 노파는 손에 굵고 둥근 쇠공이를 들고, 머리를 숙인 채 허리를 굽혀 열심히 땅 위 돌에다 그것을 갈고 있었습니다. 이를 지켜보던 이백은 호기심이 일어 노파에게 물었습니다.

"아니 할머니, 쇠공이를 갈아 무엇에 쓰시려는 겁니까?"

이백의 질문에 노파가 고개를 들고 대답했습니다.

"응, 이걸로 바늘을 만들려고 하네."

이 말에 이백은 어처구니가 없다는 듯 말했습니다.

"뭐라고요? 이렇게 굵은 쇠공이를 갈아 바늘을 만든다고요?"

그러자 노파는 다시 쇠공이를 갈면서 중얼거리듯 대답했습니다.

"그게 뭐 그리 어려운 일인가? 열심히 하기만 하면 되지. 쇠공이가 언제 바늘이 될지 무슨 걱정인가."

노파의 말을 들은 이백은 크게 깨달은 바가 있어 그때부터 뜻을 세우고 공부에 전심전력해 중국 문학사상 가장 뛰어난 시인이 되었다고 합니다.

여러분! 그렇습니다. 뜻을 세우고 전심전력하면 세상에는 안 되는 일은 없습니다. 안 된다고 포기하는 사람이 있을 뿐입니다. 수련 과정이 길다고 포기하지 말고, 좀 더 노력해 우리 모두 명스피커가 됩시다.

지금까지 '전심전력'에 대해 말씀드렸습니다.

전화위복

지금부터 '전화위복'에 대해 말씀드리겠습니다.

인생의 앞날은 어떻게 변할지 예측하기 어려워 얼핏 보기에는 실패한 것이 성공의 전환점이 되는 경우도 있습니다.

여러분은 왕정치라는 이름을 들어보셨습니까? 야구에 관심이 있는 사람은 홈런왕 왕정치를 대부분 알고 있을 것입니다. 왕정치의 아버지는 그의 형은 의사로, 왕정치는 전기기사로 키워서 중국으로 데리고 돌아가 나라의 일꾼으로 삼을 생각이었습니다. 그래서 동생인 왕정치는 중학교를 졸업하고 아버지가 바라는 대로 공업고등학교에 응시했습니다만 애석하게 낙방하고 말았습니다.

이때까지만 해도 왕정치는 야구선수가 될 생각이 없었습니다. 실의에 빠져 있던 그에게 온즈의 한 야구선수가 야구를 권했습니다. 그래서 와세다 실업 고교에 들어가서 야구를 시작하게 되었고, 그 후 898이라는 홈런 세계 신기

582

록을 세운 홈런왕이 되었던 것입니다.

그런데 재미있는 사실은 나중에 조사해보니, 그가 전기기사가 되기 위해서 응시했던 고등학교의 시험 성적이 합격점에서 1점 부족했을 뿐이었다는 것이었습니다. 만일 왕정치가 1점만 더 점수를 얻었더라면 그는 한낱 전기기사가 되어 무명의 인생을 마쳤을지도 모릅니다. 그가 원하던 고등학교 입학시험의 불합격이 전화위복이 되어 그에게 행운을 안겨준 셈입니다.

전화위복이 어찌 왕정치 선수만의 이야기겠습니까? 우리 주위에도 흔히 일어나는 일입니다.

중소기업의 박 사장은 큰 거래의 계약에 전력을 기울였으나 역부족으로 경쟁사에게 일을 빼앗기고 말았습니다. 박 사장은 실의에 빠져 자기의 무능함을 자책하고 있었습니다. 그런데 이게 웬일입니까? 계약을 맺으려던 회사가 갑자기 파산해버렸습니다. 그 결과 계약을 맺었던 경쟁사는 막대한 손해를 입었으며 계약을 맺지 못한 박 사장은 피해를 모면했습니다.

여러분! 세상을 살다보면 역경에 부딪칠 경우도 있고 때로는 실패를 할 때도 있습니다. 그러나 실망하거나 좌절할 필요는 없습니다. 긴 인생의 과정에서 본다면 성공과 행운의 찬스가 될 수도 있습니다.

지금까지 '전화위복'에 대해 말씀드렸습니다.

젊은 세대

지금부터 '젊은 세대'에 대해 말씀드리겠습니다.

공자가 마차를 타고 여러 나라를 순회할 때 흙으로 성곽을 쌓아 그 안에 앉아 있는 한 소년을 보았습니다.

"애야, 넌 마차가 앞에 온 것을 보고도 왜 길을 내지 않는 거냐?"

공자가 이렇게 말하자 소년은 눈을 깜박이더니 이렇게 대답했습니다.

"들자옵건대 선생께서는 위로 천문, 아래로 지리, 그리고 중간으로 인정세태에 막힘이 없다던데요. 그런데 오늘 보니 소문과는 차이가 있는 듯합니다. 예로부터 수레가 성을 돌아간다는 말은 들었지만 성이 수레를 피한다는 말은 들어보지 못했습니다."

공자는 속으로 흠칫 놀랐지만 자기의 체면을 세워볼 심산으로 어려운 문제를 내 소년의 말문을 궁하게 만들려고 했습니다.

"너 입이 꽤 여물었구나. 그럼 너한테 물어보자. 어떤 산에 돌이 없고 어떤 물속에 고기가 없으며 어떤 문에 빗장이 없느냐? 어떤 소가 새끼를 낳지 못하고 어떤 말이 새끼를 낳지 못하며 어떤 칼에 고리가 없느냐? 또 어느 불에서 연기가 나지 않고 어떤 남자에게 아내가 없으며 어떤 여자에게 남편이 없느냐? 어느 날이 제일 짧고 어떤 날이 제일 기냐? 어떤 나무에 가지가 없고 어떤 성에 관원이 없으며 어떤 사람에게 별명이 없느냐?"

소년은 잠깐 생각하다 대답했습니다.

"흙산에 돌이 없고 우물에 고기가 없어요. 문짝이 없는 문에 빗장이 있을 수 없고 흙으로 빚어 만든 소가 송아지를 낳지 못하며 목마가 망아지를 낳지 못해요. 나무 찍는 칼에 고리가 없으며 반딧불에서 연기가 날 리 만무하고 신선한테 아내가 있을 수 없으며, 선녀에게 남편이 있을 수 없어요. 겨울날이 제일 짧고 여름날이 제일 길어요. 말라 죽은 나무에 가지가 없고 빈 성에 관원이 없으며 아기에게는 별명이 없어요. 아니 그렇습니까?"

거침없이 말하는 소년의 지혜에 감탄한 공자는 "참으로 젊은 세대가 무섭도다. 무서워" 하면서 흙으로 쌓은 성을 돌아서 갔다고 합니다.

여러분! 역사는 젊은 세대에 의해 발전하고 계속되는 것입니다. 시대는 혈기왕성한 젊은이들에 의해 발전됩니다. 우리의 미래는 젊은 세대에게 달려 있습니다. 우리 모두 젊은이를 이해하고 도와주도록 노력합시다.

지금까지 '젊은 세대'에 대해 말씀드렸습니다.

585

정도

지금부터 '정도(正道)'에 대해 말씀드리겠습니다.

사람의 일이란 예측을 불허할 정도로 변화무쌍합니다.

1993년 대우증권에 신입 사원으로 입사해 평사원 중 영업 실적이 최고여서 주목받았던 김기현이란 젊은이가 있습니다. 1994년 봄, 그는 더 큰 정보를 얻을 겸 작전세력과 친해지기 위해 일류 호텔 사우나와 룸살롱을 드나들었습니다. 그때 사귄 펀드매니저와 증권사 직원들로부터 얻은 정보로 작전종목의 주식을 사들였고, 처음 몇 번은 재미를 톡톡히 보았습니다. 돈맛을 본 그는 왕창 벌고 싶어 과욕을 부렸습니다.

그러나 증시가 하락세로 돌아서고 증권감독원이 작전종목 집중 단속에 나서자, 그가 사 모았던 주식은 순식간에 휴지에 가까워졌습니다. 자기를 믿었던 고객들에게 큰 손해를 끼친 것은 물론이고, 부모의 재산 8억 원을 탕진하고 7억 원의 빚까지 지게 되었습니다. 결국 동대문 포목상이었던 부모님은 거리로 쫓겨났고 그도 회사에 사표를 내고 지방으로 도망을 쳤습니다.

그 후 그의 생활은 말로 다 표현할 수 없을 만큼 비참했습니다. 우여곡절 끝에 증권사에 다시 복직을 했지만 월급이 몽땅 압류되었고, 부업으로 밤에 무허가 운전기사 노릇을 해야 했으며 이혼까지 당했습니다. 현실을 비관한 그는 자살을 하려고 아파트 베란다에서 뛰어내렸지만 미수에 그쳤습니다.

죽음의 문턱까지 갔던 그는 기업홍보회사에 발을 들였고, 거기서 벤처기업에 관한 정보를 얻었습니다. 이 정보를 바탕으로 1999년 봄 재기의 꿈을 안고 옛 동료들과 함께 '큐더스'라는 회사를 공동으로 창업했고, 회사가 유명해지자 부업처럼 자회사로 증권정보 사이트인 '이큐더스'를 만들어 대표가 되었습니다. 이큐더스는 문을 연지 불과 3개월여 만에 하루 5만 명 이상의 접속자를 기록하면서, 회사 설립 1년 만에 30억 원 이상의 수익을 냈습니다. 인생 하한가의 쓴맛을 보고 재기에 성공한 그는 다음과 같이 말합니다.

"지극히 평범한 말이지만 정도를 걷는 것보다 더 좋은 방법은 없습니다."

여러분! 그렇습니다. 때로는 사도(邪道)나 잔꾀가 유리한 경우도 있겠지만 역시 정도보다 더 좋은 성공의 방법은 없습니다. 우리 모두 일확천금의 과욕을 부리지 말고 성실하게 올바른 방법으로 정도를 걸읍시다.

지금까지 '정도'에 대해 말씀드렸습니다.

정상에 오른 사람

지금부터 '정상에 오른 사람'에 대해 말씀드리겠습니다.

남종화의 대가 남농(南農) 허건(許楗)은 30대 때 아주 가난한 생활을 했습니다. 화실이 없었기 때문에 전셋집의 차디찬 마루에서 그림을 그렸습니다. 겨울에도 마루에 앉아 그림을 그렸지만 그림에 몰두하느라 추운 것도 잊었습니다. 너무 오래 꿇어앉아 있어 다리가 저리고 아팠지만 그림을 그리는 즐거움 때문에 고통을 참아낼 수 있었습니다.

도 닦는 사람처럼 그렇게 3년 동안 열중해서 그림을 그렸는데 서른여섯 살 나던 해 겨울, 왼쪽 다리가 썩어가는 병에 걸리게 되었고 동상까지 겹쳐 더이상 그대로 버틸 수가 없습니다. 생명을 건지는 유일한 방법은 다리를 절단하는 길 밖에 없었습니다.

서른여덟 살인 1944년, 허건은 세브란스 병원에서 다리 절단 수술을 받았습니다. 수술은 성공적이었지만 왼쪽 다리는 잃었습니다. 40일간의 입원 생활을 끝내고 목포로 돌아온 허건은 손수 나무를 깎아 의족을 만들었습니다. 수술비와 입원비로 많은 돈을 지불한 그는 알거지가 되다시피 했습니다.

"한쪽 다리를 잃었다고 이대로 주저앉을 수는 없어,"

마음을 다잡고 그는 다시 그림 그리는 일에 몰두했습니다. 그림을 팔아 생계유지를 하기 위해서도 그랬지만, 왼쪽 다리를 잃은 뒤의 정신적 고통과 절망감을 이겨내기 위해서는 그림 그리는 일에 몰두할 수밖에 없었던 것입니다. 이처럼 가난과 부자유한 몸을 부둥켜안고 그림 그리기에 몰두한 허건은 1950년에 들어서 비로소 생활의 안정을 되찾게 됩니다.

허건은 아침 여섯시에 일어나 하루에 두세 점씩 그림을 그린 뒤, 밤 열시가 넘어서야 잠자리에 들었고, 평생 한번도 낮잠을 잔 적이 없다고 합니다.

중견화가가 된 그는 1955년부터 국전(國展)의 초대 작가에 추대되었고 그 이후 1978년 노년으로 접어들기까지, 단 한 번도 거르지 않고 국전에 참가하는 열의를 보였으며 수많은 작품을 남기고 1987년에 타계했습니다.

여러분! '불광불급(不狂不及)'이라는 말이 있습니다. '미치지 않으면 이르지 못한다'는 뜻입니다. 한 분야의 정상에 오른 사람들의 공통점은 남다른 집념과 끈기의 소유자이며 전심전력으로 노력한 사람들입니다. 우리도 자기 분야의 정상에 오르기 위해 전력투구합시다.

지금까지 '정상에 오른 사람'에 대해 말씀드렸습니다.

정열은 성공의 원동력

지금부터 '정열은 성공의 원동력'에 대해 말씀드리겠습니다.

인간은 누구나 행복해지고 무한한 부를 축적할 권리가 있습니다. 그렇다면 왜 이 세상에는 빈부의 차이가 있고, 운이 강한 사람과 불운한 사람이 있을까요? 그 차이는 어떤 일을 이룩하려는 정열을 갖고 전력투구를 하느냐 안하느냐에 있습니다.

발명왕 에디슨은 전등에 쓰일 필라멘트를 발명하기 위한 첫번째 노력이 실패했을 때 결코 포기하지 않았습니다. 그는 수많은 종류의 재료로 수없이 실험을 거듭했고 실패할 때마다 창문 너머로 그것을 던져버렸습니다. 그 쓰레기더미가 자그마치 2층집 높이나 되었다고 합니다.

그는 또 중국, 일본, 남미, 자메이카, 버마 등에도 사람을 보내 연구에 쓰일 섬유질과 유리 기구를 찾아오게 했습니다. 실패에 실패를 거듭한 끝에 연구를 시작한 지 13개월이 지난 1879년 10월 21일, 마침내 그는 전류의 흐름에 견딜 수 있는 필라멘트를 발명하는 데 성공했습니다.

마지막 실험에 성공하기까지 그의 노력과 정열은 대단했습니다. 우연히 등불의 검댕을 모아 타르와 섞어 얇은 실 모양으로 만들어보았습니다.

'바로 이거구나. 왜 탄소를 입힌 면섬유로는 실험을 안 했을까?'

힌트를 얻은 에디슨은 다섯 시간의 작업 끝에 마침내 한 가닥의 섬유를 완성했지만, 그것은 움직이기도 전에 끊어져 버렸습니다. 다시 만들었지만 또 끊어지고 말았습니다.

그러나 그는 패배를 자인하지 않았습니다. 에디슨은 밤잠도 안 자고 꼬박 이틀간 밤낮으로 일했습니다. 그리고는 마침내 한 가닥의 탄소 실을 진공 처리된 전구 속에 밀어 넣는 데 성공했습니다.

여러분! 정열 없이 이루어지는 위대한 것은 없습니다. 정열적으로 열중하면 모든 것이 성취됩니다. 아무리 실패를 반복해도 정열을 갖고 노력하면 반드시 성공할 수 있습니다. 우선 열중하고 성취할 때까지 정열을 지속합시다.

지금까지 '정열은 성공의 원동력'에 대해 말씀드렸습니다.

279

제일의 정신

지금부터 '제일의 정신'에 대해 말씀드리겠습니다.

강철왕 앤드루 카네기의 집안은 어렸을 때 너무도 가난했습니다. 그래서 그는 열두 살 때 방직공장에 취직을 했습니다. 아무런 기술도 없었기 때문에 실 감는 일을 받아 했습니다. 제일 천하고 쉬운 일이었기 때문입니다. 그러나 그것도 만족스럽게 생각하며 열심히 맡은 바 책임을 다했습니다. 1년이 지나자 사장은 어린 카네기에게 이런 말을 했습니다.

"카네기야, 이제는 좀 나은 일을 맡아야겠다. 궂은일을 마다 않고 열심히 해줘서 고맙구나."

그러자 카네기가 말했습니다.

"저에게는 높은 일, 낮은 일이 없습니다. 실 감는 일을 1년 하고 나니 이제 자신이 생기는데요. 저는 세계에서 제일가는 실 감는 직공이 되렵니다."

이렇게 말한 카네기는 높은 직분을 거절하고 실 감는 제일의 기술자가 되었습니다. 사장은 90여 명의 직공들을 모아놓고 다음과 같이 말했습니다.

"여러분! 나는 카네기를 통해 큰 진리와 높은 사람이 되는 방법을 배웠습니다. 그것은 다름이 아니라 자신이 맡은 분야의 직분을 다해 그 분야 제일의 기술자가 되는 것입니다. 카네기는 비록 나이도 어리고 제일 천한 직분을 맡았지만, 그 직분에 충실해 제일가는 실 감는 기술자가 되었습니다. 오늘 나는 공포합니다. 월급은 직책의 높고 낮은 데 있지 않고 기술에 있으니, 카네기도 오늘부터 일급 기술자로 대우해 높은 월급을 주겠습니다."

실 감는 기술자로 최고의 월급을 받은 카네기는 그 후 경험을 넓히기 위해 우편배달부가 됩니다. 우편배달부 역시 천한 직업이었습니다. 그러나 카네기는 조금도 부끄러워하지 않았습니다. 그리고 역시 '제일가는 우편배달부가 되겠다'고 결심하고 제일가는 우편배달부가 되었습니다.

그 다음 카네기는 전신기술로 전직을 합니다. 여기서도 그는 제일가는 전신기술자가 되겠다고 결심을 하고, 몇 년 후에는 제일가는 전신기술자가 되었습니다. 카네기는 이런 식으로 자기가 맡은 일에 성심성의껏 노력해 마침내 세계적인 실업가로 성공했습니다.

여러분! 꿈을 이루느냐 못 이루느냐는 그 사람의 노력 여하에 달려 있습니다. 자기가 맡은 분야에서 제일가는 사람이 되려는 자세야말로 성공의 비결 아닐까요? 우리 모두 자기 분야에서 제일가는 사람이 됩시다.

지금까지 '제일의 정신'에 대해 말씀드렸습니다.

280

존경심

지금부터 '존경심'에 대해 말씀드리겠습니다.

옛말에 '곁에서 본 영웅 없고 데리고 사는 미녀 없다'는 말이 있습니다. 이 말은 아무리 훌륭한 인물, 아름다운 여자라 할지라도 가까이에서 보면 약점이 발견된다는 뜻입니다.

신앙심이 깊은 한 신도가 어느 큰스님을 존경한 나머지 그분을 모시고 싶어 찾아뵙고 간청을 했습니다.

"큰스님, 제가 꼭 큰스님을 모시고자 합니다. 아담한 암자도 하나 마련하겠사오니 부디 제 청을 거절하지 말아주십시오."

"그렇습니까? 정성이 그토록 지극하니 어디 한번 가보도록 합시다."

큰스님의 허락을 얻은 신도는 크게 기뻐하며 스님에게 아늑한 암자를 지어드리고 좋은 가사, 장삼과 탕약 등을 부족함 없이 지성으로 공양하리라 다짐했습니다. 그런데 얼마쯤 가다 개울을 만났는데 앞서 가던 스님께서 방정

맞게도 징검다리를 깡충깡충 뛰어 건너가는 것 아닙니까? 순간 그 모습을 본 신도는 존경심이 사라졌습니다.

'내가 괜히 스님을 모시고 가는 게 아닐까? 절까지 지어드릴 것은 없겠군.'

얼마 후 또 개울을 건너게 되었는데 이번에도 마찬가지였습니다.

'절에 계실 때는 위엄도 있고 법문도 그럴듯했는데 암만해도 내가 잘못 본 것 같군. 가사, 장삼도 해드릴 것 없겠다.'

얼마를 가다 또 도랑을 만났는데 역시 마찬가지였습니다. 여기에서 또 탕약 한 재가 날아가 버렸습니다. 그리고 마지막 도랑을 만났습니다. 그런데 어쩐 일인지 스님께서는 지팡이를 짚고 위엄을 갖춰 건넜습니다. 의아하게 생각한 신도에게 스님께서는 다음과 같이 말했습니다.

"한 번 건너뛰니 토굴(절)이 날아갔고, 두번째 건너뛰자 가사, 장삼이 날아갔으며, 세번째 건너뛰자 약 한재가 날아갔으니, 이번마저 건너뛴다면 밥 한 술도 못 얻어먹고 쫓겨나지 않겠소?"

여러분! 존경심이란 상대를 받들어서 공손히 모시는 마음입니다. 그렇다면 우리는 상대의 무엇을 보고 존경할까요? 그것은 상대가 지닌 우수한 장점입니다. 그런데 상대의 약점을 발견했다고 존경심을 버린다면 얼마나 어리석은 행동입니까? 우리 모두 존경심을 잃지 않도록 노력합시다.

지금까지 '존경심'에 대해 말씀드렸습니다.

좌우명

지금부터 '좌우명'에 대해 말씀드리겠습니다.

세상에서 가장 힘 있는 말은 '할 수 있다'는 말입니다. 이 말을 좌우명으로 삼아 미국에서 대성공을 한 재미교포 여성이 있습니다. 그녀의 이름은 김태연, 한국계 미국인 백만장자입니다. 그녀는 현재 여섯 개 회사의 회장이며 연간 매출액 1천500억 원이 넘는 라이트하우스를 일으켜, 1995년 〈월스트리트저널〉이 선정한 '미국 100대 우량기업'에 오르기도 했습니다.

또한 미국 서부에서 가장 큰 태권도 도장인 '정수원 아카데미'를 열고 있으며, 1994년 12월에는 세계무술마스터협회에서 '그랜드마스터' 인증서를 받은 공인8단입니다. 뿐만 아니라 다양한 사회 활동을 펼쳐 수잔 앤소니상, 성공한 여성인상, 올해의 최고기업인상 등을 받기도 했으며, 미국 200개 도시에서 방송되는 토크쇼 〈태연김 쇼〉의 진행자이기도 합니다.

그렇다면 그녀의 성공 비결은 무엇일까요? 먼저 그녀가 자란 가정환경을 살펴보겠습니다. 그녀는 경북 김천에서 1946년에 출생했으며 그녀의 아버지는 술만 마시면 가족들을 때렸습니다. 이를 견디다 못한 남동생은 아버지를 폭행한 뒤 음독자살을 했고 그 사건으로 김씨 가족은 1968년 그녀의 나이 스물네 살 때 도망치듯 고향을 떠나 미국으로 건너갔습니다. 일곱 살부터 태권도를 배운 김태연은 고등학교에 가서 태권도를 가르치겠다고 제의해 기회를 얻었고, 꾸준한 노력으로 미국 태권도계의 주목할 만한 인물로 활약합니다.

그것을 밑천으로 1982년에 처음으로 사업을 시작했습니다. 사업에 전력투구 하기 위해 자기가 살고 있던 집을 팔아 6만 달러를 투자했는데, 경험 부족으로 6개월 만에 모두 날려버렸습니다. 그리고 1985년, 실리콘밸리에서 작은 사무실 하나와 컴퓨터 한 대로 시작한 사업이 성공의 길에 들어서게 됩니다. 이 과정에서 그녀는 수제빗국으로 연명하며 버티던 시절도 있었습니다.

그러나 그녀에게는 성공하고야 말겠다는 강한 의지가 있었습니다. 그녀는 '그도 할 수 있고 그녀도 할 수 있는데 나라고 왜 못해'라는 말을 좌우명으로 삼고, 적극적으로 행동해 마침내 성공자 대열에 들어서게 된 것입니다.

여러분! 좌우명이 그 사람을 만듭니다. 그렇다면 여러분은 어떤 좌우명을 갖고 있습니까? 우리도 멋진 좌우명을 만듭시다. 그리고 자기의 목표를 향해 끈기 있게 도전해 좌우명대로 성공합시다.

지금까지 '좌우명'에 대해 말씀드렸습니다.

ㅈ

주민 행정의 본보기

지금부터 '주민 행정의 본보기'에 대해 말씀드리겠습니다.

강원도 평창군 용평면 용전리에는 별장이 하나 있습니다. 별장이라고 하면 으레 호화 주택을 연상하겠지만 이 별장은 그런 것과는 거리가 멉니다. 사방이 병풍처럼 산으로 둘러싸이고 맑은 시냇물이 졸졸 흐르는 산속에 목조로 지은 조촐한 외딴집입니다. 바람소리, 물소리, 새소리만 들릴 뿐 온종일 훼방꾼 하나 없어 휴양은 물론 집필하기에도 더없이 좋은 별천지입니다.

그런데 평창군의 지도를 보면 이 집이 있는 골짜기의 이름이 '소도둑 골'입니다. 마을 사람들은 '쇠뚝골'이라고도 합니다. 옛날에 마을의 한 농가에서 소를 잃어버렸는데 끝내 찾지 못했습니다. 그런데 누군가가 그 소를 훔쳐 이 집이 있는 골짜기 깊은 곳에서 잡아먹은 흔적이 나중에 발견되었다는 것입니다. 그때부터 이 골짜기의 이름이 소도둑 골로 내려왔다고 합니다.

별장의 주인은 지명도 그렇고 유래도 별로 기분이 좋지 않아 면장을 만나

건의했습니다. 지명의 이름이 너무 혐오감을 주고 그곳에 사는 사람이 마치 소도둑 같으니, 골짜기의 이름을 바꿀 수는 없겠냐고 했지만 속으로는 쉽게 고쳐지겠냐고 생각했답니다.

그런데 뜻밖의 일이 벌어졌습니다. 별장 주인이 집들이를 하던 날, 마을 사람들 100여 명이 참석해 환영과 축하를 해주고, 집주인의 말을 귀담아 들었던 김용수 면장이 면민들에게 '소도둑 골 개명'을 공론화했습니다.

"이 고을에는 유명한 박사님들이 와서 사시니 '박사골'이라고 하는 것이 어떻겠습니까?" 하고 제안했는데 만장일치로 통과가 되었고, 고을 이름이 개명되었습니다. 그 후 면장은 거인의 얼굴처럼 크고 잘생긴 큰 바위를 구해서 '박사골'이라고 글씨를 새겨 집 입구에다 세워주었습니다.

감격한 별장 주인은 활동 무대가 서울이어서 주말만 그곳을 찾는데도, 가족 모두의 주민등록을 평창으로 옮겨 평창군민이 되었다고 합니다.

여러분! 이 얼마나 귀감이 되는 이야기입니까? '주민 행정', '주민을 위한 복지'는 말만으로 이루어지는 것이 아닙니다. 주민 한사람, 한사람의 편의를 위해 봉사하는 공무원이 있을 때 비로소 이루어지는 것입니다.

지금까지 '주민 행정의 본보기'에 대해 말씀드렸습니다.

주제 파악

지금부터 '주제 파악'에 대해 말씀드리겠습니다.

언젠가 세종문화회관 대회의실에서 전국 인성교육지도자 심포지엄이 있었습니다. 각 학교의 선생님과 기업의 교육담당자, 사회교육전문가 등 전국의 이름 있는 지도자들이 300명가량 모였습니다.

사회자의 개회 선언과 함께 국기에 대한 경례, 애국가 합창, 순국선열에 대한 묵념에 이어 축사할 차례가 되었습니다. 먼저 교육부장관의 축사가 시작되었습니다. 전직 서울대학교 교수 출신의 인텔리인데 어인 일인지 들릴 듯 말 듯한 작은 목소리로 축사를 읽기 시작했습니다. 5분쯤 지나자 목소리는 좀 커졌지만 스피치는 아직도 제 페이스에 접어들지 못했습니다. 그러다 10분쯤 지나니 원고는 팽개치고 교육개혁에 대한 강의가 시작되었습니다. 하버드 대학을 들먹이면서 미국의 일류 대학에 들어가는 학생은 우리나라처럼 몇 학점을 받아야 하는 것이 아니라는 등, 축사의 주제와는 거리가 멀게 횡설수설하는 것이었습니다.

　그러자 청중과 내빈석에 앉아 있던 사람들의 표정이 일그러지기 시작했습니다. 소리내 말은 안 하지만 속으로는 '저런 사람이 어떻게 교수가 되었고 교육부장관까지 되었을까?' 하는 분위기였습니다. 장장 40분이 지나서야 장관의 축사 아닌 강의가 끝났고, 이어서 97세인 초대 문교부장관이었던 안호상 박사가 등단했습니다. 까랑까랑한 목소리로 축사가 시작되었는데 이 분 역시 주제를 벗어나 배달민족의 우월성을 20분이나 강의했습니다.

　거기까지는 그렇다 치고 주제 강연을 맡은 모 대학의 총장이 자리에서 일어났습니다. 사연인즉 주제 강연을 마치고 주례를 서기로 했는데 축사 시간이 길어져 남의 결혼식을 망칠 수 없으니, 주례부터 서고 와 나중에 강연을 하겠다는 것이었습니다.

　여러분! 우리나라 지도자들의 가장 취약점 중 하나는 대중 앞에서 조리 있게 말하는 능력이 부족하다는 것입니다. 게다가 화술이 서툴면 짧게라도 해야 하는데 서툰 화술을 길게 하는 데 더욱 문제가 있는 것 같습니다. 쓸데없는 말을 길게 하는 것은 청중을 무시하는 태도일 뿐 아니라, 청중의 시간을 빼앗는 것입니다. 우리 모두 주제 파악을 해서 일목요연하게 말합시다.

　지금까지 '주제 파악'에 대해 말씀드리겠습니다.

준법정신

지금부터 '준법정신'에 대해 말씀드리겠습니다.

옛날 로크리얀스라는 나라가 있었는데 백성들의 풍기가 날로 문란해져 갔습니다. 생각다 못한 왕 자로가크는 다음과 같이 엄명을 내렸습니다.

"누구를 막론하고 풍기를 어지럽히는 자는 두 눈을 빼버릴 것을 법으로 선포하노라. 조심하기를 바라노라."

그 후로 백성들은 풍기를 문란하게 하는 행동을 삼갔습니다. 그러던 어느 날 왕이 신하들 앞에서 노발대발하며 소리를 질렀습니다.

"뭐라고? 왕자가 국법을 어겼다고? 아무리 내가 사랑하는 왕자라 할지라도 법대로 하겠으니 당장 잡아오도록 하라!"

왕자는 국왕 앞에 무릎을 꿇었고 신하들은 과연 왕이 자기가 사랑하는 왕자의 눈을 빼버릴 것인가 하는 의심스러운 마음으로 지켜보고 있었습니다.

"국법을 어긴 이상 마땅히 형벌을 받아야 한다. 어서 왕자의 눈을 빼라!"

국왕의 명령에 신하들이 어쩔 줄 몰라 쩔쩔매고 있는데 한 신하가 왕 앞에 엎드려 간청을 했습니다.

"아니 되옵니다. 아무리 국법이 엄하다 할지라도 장차 이 나라의 왕이 될 왕자에게 그런 가혹한 벌을 내린다는 것은 큰 손실입니다. 이번만큼은 용서해주시길 바랍니다."

그러나 왕은 고개를 저으며 엄숙하게 명령했습니다.

"왕자라고 해서 특별히 용서할 수는 없다. 법 앞에서는 예외가 없다. 집행관은 어서 왕자의 눈을 빼거라!"

집행관은 어쩔 수 없이 왕자의 한쪽 눈을 뺐으며 다시 한쪽 눈마저 빼려고 칼을 치켜드는 순간 왕이 손을 저으며 말했습니다.

"잠깐! 왕자의 형벌은 한쪽 눈을 뺀 것으로 족하다. 두 눈을 다 빼는 것은 아비된 자로서 가슴 아픈 일이다. 그러나 법은 반드시 지켜야 하니 한쪽은 내 눈을 빼라."

신하들이 깜짝 놀라서 모두 엎드려 만류하자 왕은 자기 손으로 한쪽 눈을 빼 버렸습니다. 그 후 백성들은 누구 한 사람 국법을 어기지 않았다고 합니다.

여러분! 법은 엄격해야 실효성이 있습니다. 법은 반드시 지켜져야 하며 자유는 법 테두리 안에서 유지되는 것입니다. 우리들은 준법정신을 얼마나 실천하고 있을까요? 우리 모두 준법정신으로 살아갑시다.

지금까지 '준법정신'에 대해 말씀드렸습니다.

중도의 정신

지금부터 '중도(中道)의 정신'에 대해 말씀드리겠습니다.

불교의 설화 가운데 '가야금의 가르침'이라는 것이 있습니다.

석가모니의 제자로 '소나'라는 아주 착실한 수행승이 있었습니다. 소나는 착실한 만큼 수행도 가혹하게 했습니다. 그러나 가혹하게 수행하는데도 전혀 깨달음의 경지에 도달할 수 없어 안타까웠습니다. 그것을 본 석가모니는 어느 날 소나에게 물었습니다.

"소나야, 너의 가야금 치는 솜씨가 훌륭하다고 들었는데 사실이냐?"

"네, 가야금을 조금 즐기는 정도입니다만……."

석가모니가 다시 물었습니다.

"그러면 현을 부드럽게 느슨히 치면 어찌 되느냐?"

"스승님, 그것은 긴장감이 너무 없어 좋은 소리가 나오지 않습니다."

"그렇다면 어떻게 해야 가장 좋은 소리를 낼 수 있느냐?"

"스승님, 좋은 소리가 나게 하려면 너무 강하지도 않고 너무 약하지 않게 적당히 쳐야 합니다."

석가모니는 빙그레 웃으며 소나에게 말했습니다.

"소나야! 수행도 가야금을 치는 것과 같단다. 가야금의 현을 너무 세게 잡아당기면 현이 끊어져버리듯 수행도 너무 열중하면 오히려 참수행이 되지 않는 것이야."

석가모니의 가르침을 받은 소나는 크게 깨우쳤다고 합니다.

실생활의 예를 하나 더 들어볼까요? 컵에 물을 받으려고 수도꼭지를 틉니다. 이때 확 틀면 물이 너무 세게 나와 좀처럼 컵에 가득 차지 않고 넘치기만 합니다. 그러나 수도꼭지를 반쯤 열면 컵 안에 물을 가득 채울 수 있습니다. 가스 화로도 마찬가지로 밸브를 너무 세게 틀면 오히려 화력이 약해집니다.

여러분! 그렇습니다. 세상에 지나쳐서 좋은 일은 하나도 없습니다. 모자라서도 역시 안 되겠지요. 그렇다면 가장 이상적인 것은 무엇일까요? 그것은 너무 강하지도 않고 약하지도 않은 적당한 것 즉, 중도의 정신이 가장 좋습니다. 지금까지 어떤 자세로 일에 임해왔습니까? 우리 모두 중도의 정신을 갖도록 노력합시다.

지금까지 '중도의 정신'에 대해 말씀드렸습니다.

중생의 은혜

지금부터 '중생(衆生)의 은혜'에 대해 말씀드리겠습니다.

중생의 은혜는 곧 '타인의 은혜'라 불러도 좋습니다. 인간은 결코 혼자의 힘으로는 살 수 없습니다. 더불어 살아갑니다. 그래서 인간을 사회적 동물이라고 하지 않습니까?

지금 우리 몸에 지니고 있는 것, 집 안에 있는 것을 하나씩 살펴봅시다. 양복, 와이셔츠, 속옷, 양말, 시계, 휴대폰 등에서부터 컴퓨터, TV, 책상, 의자, 장롱, 찻잔……. 어느 것 하나 자기가 만든 것이 있습니까? 하나도 없습니다. 머리끝에서 발끝까지 하나에서 열까지 전부 남의 힘을 빌려 생활하고 있습니다. 그런데도 어떤 사람은 말합니다.

'나는 누구의 신세도 지고 있지 않다. 나는 내 힘만으로 살 수 있다.'

이것은 터무니없이 잘못된 생각입니다. 이렇게 말하면 '전부 내가 번 돈으로 산 것이다. 그러니까 내 힘으로 살고 있는 것 아니냐'고 반문하는 사람도 있습니다.

그렇다면 무인도에 가보십시오. 천만 원을 갖고 있더라도 단돈 4,500원짜리 자장면 한 그릇 먹을 수 있습니까? 추위를 막을 수도 없습니다. 아무리 많은 돈을 가졌다 해도 무인도에서는 무용지물입니다. 사람들은 돈 돈 하지만 세상에는 돈을 갖고도 안 되는 일이 많습니다.

우리나라 어느 재벌이 병이 들어 죽게 되었습니다. 임종하기 전에 그는 젊은 의사를 붙잡고 흥정을 했습니다.

"여보게, 나 좀 살려주게. 그럼 내 재산의 반을 주겠네."

그러나 그는 그날 죽고 말았습니다. 수천 억의 돈이 있었지만 생명 연장에는 아무 소용이 없었습니다. 그래서 인명은 재천이라고 하지 않던가요.

사원교육에서 "당신은 무엇을 위해 일합니까?"하고 물어보면 "먹고살기 위해 일한다", "돈을 벌기 위해 일한다"는 대답이 제일 많이 나온다고 합니다. 단순히 먹고살기 위해 일한다면 너무 비참하지 않습니까? 먹고살기 위해서라면 개나 고양이, 소나 돼지도 먹고는 삽니다.

여러분! 돈을 벌기 위해서 일하는 사람은 한계가 있습니다. 시키는 것 밖에는 하지 않습니다. 이런 사람은 결코 성공을 할 수 없고 행복을 누릴 수도 없습니다. 그렇다면 어떻게 사는 것이 바람직할까요? 중생의 은혜에 감사하며 보답하는 것, 이것이 인간으로서 삶의 기본입니다.

지금까지 '중생의 은혜'에 대해 말씀드렸습니다.

즉흥 연설

지금부터 '즉흥 연설'에 대해 말씀드리겠습니다.

일본의 오사카에는 즉흥극장이 있습니다. 즉흥극이란 구경온 손님들로부터 희망하는 제목을 지정받고, 그 자리에서 즉흥적으로 연극을 해 보이는 것입니다. 그러나 즉흥극이라도 너무 엉뚱한 제목을 지정하면 무대 장치가 불가능하기 때문에 연극이 안 됩니다.

그래서 극장 측에서 준비한 스무 가지 정도의 제목을 손님에게 나눠준 후 결정된 제목으로 실연하고 있습니다. 가령 손님이 "새벽에 안개 길" 하고 외치면 "네. 곧 상연하겠습니다" 하고 눈 깜짝할 사이에 무대 장치를 꾸미고 연극이 시작되는 그 진행이 참으로 볼만합니다.

"저 멋진 대사가 정말로 즉흥인가요?" 하고 관계자에게 물었더니 "그렇지는 않습니다. 즉흥적이라고 내세우고는 있지만 즉흥극일수록 해야 할 말은 다 일정하게 약속이 되어 있지요"라고 대답했습니다. 만약에 그 약속을 어기고 한 사람이 제멋대로 지껄인다면, 그 말을 받아야 할 상대가 대사에 혼란을 일으켜 연극을 망치기 쉽습니다. 따라서 배역을 맡은 배우들이 몇 달씩 연습하고 또 연습을 해 잠꼬대까지 할 정도로 숙달이 되었을 때, 마침내 진정한 의미의 즉흥대사를 주고받게 된다는 것입니다.

노래나 말의 경우도 마찬가지입니다. 우리 주위에는 모임에서 갑자기 지명을 받아도 조금의 주저함이나 두려움 없이 일어나 노래를 부르거나 스피치를 멋지게 해 갈채를 받는 사람이 있습니다. 이런 사람을 가리켜 '저 사람은 천재야', '역시 소질이 있어야 해' 하면서 부러워합니다.

그러나 과연 그들이 천재이거나 소질이 있어서 잘하는 것일까요? 그렇지 않습니다. 사실 그들의 비결도 남다른 노력입니다. 노래 잘하는 사람을 보면 신곡이 발표될 경우 가사를 적고 열심히 노래 연습을 하지 않습니까? 자기의 애창곡이나 많은 레퍼토리를 가진 것이 노래에서 중요한 것처럼, 스피치도 평소에 화젯거리를 모으고 여러 사람 앞에서 말할 기회를 자주 갖는 것이 중요합니다.

여러분! 처음부터 잘하는 사람도 없고 노력하지 않고 성공하는 비결 역시 없습니다. 즉흥 연설에서 성공하려면 평소에 남다른 준비와 훈련이 필요합니다. 당신도 노력하면 명스피커가 될 수 있습니다.

지금까지 '즉흥 연설'에 대해 말씀드렸습니다.

즐거운 마음으로

지금부터 '즐거운 마음으로'에 대해 말씀드리겠습니다.

유방이 창건한 중국 고대 제국 한나라는 건국 이래 200년 가까이 정치가 어지럽다가 결국은 멸망하고 말았습니다. 그러자 국내는 다시 군웅할거(群雄割據)의 양상을 보였습니다. 이때 혼란을 급속히 진정시키고 한나라의 왕실을 다시 일으킨 사람이 바로 후한의 광무제(光武帝)입니다.

광무제는 군사에 출중했음은 물론 이른바 '부드러움으로 강압을 제압한다'는 생각으로 내정에 있어서도 탁월한 지도력을 보였다고 합니다. 그는 아침 일찍부터 해질 무렵까지 정무에 몰두하고, 밤늦도록 가신들과 공부나 토론 등으로 시간을 보내고는 했습니다. 그래서 건강을 걱정한 황태자가 적당히 일하시라고 진언을 하자, 광무제는 다음과 같이 대답했다고 합니다.

"걱정하지 마라. 나는 즐거운 마음으로 일하기 때문에 아무리 해도 지치지 않는다."

발명왕 에디슨에게도 누군가 물었습니다.

"힘들지 않습니까? 밤낮으로 일에 몰두하면서 그 많은 발명품을 만들다니 지칠 것 같습니다."

그러자 에디슨의 대답이 걸작이었습니다.

"지치다니요? 내가 좋아서 하는 일인데 힘이 좀 들면 어떻습니까? 나는 발명하는 일이 즐겁기만 합니다."

일본의 마쓰시타 전기산업의 창업자 마쓰시타 고노스케가 자기의 수행 비서에게 다음과 같이 말했다고 합니다.

"여보게, 자네에게 반드시 중역이 될 수 있는 방법을 가르쳐주겠네. 입사 첫날 회사에서 돌아와 가족들에게 어떻게 말했느냐에 달려 있네. 이 회사는 대단히 좋은 회사라고 생각되므로 여기에서 한번 열심히 일해보고 싶다고 말할 수 있는지 아닌지가 성공의 제일 관문이라네."

여러분! '좋아하는 것이야 말로 사물의 우선'이라는 속담은 만고불변의 진리인 것 같습니다. 좋아서 하는 일은 지겹지 않고 지치지도 않는 법입니다. 일에 재미를 찾아내 즐거운 마음으로 일하는 사람은 반드시 성공합니다. 우리 모두 자기가 하는 일에 즐거운 마음으로 임하도록 노력합시다.

지금까지 '즐거운 마음으로'에 대해 말씀드렸습니다.

ㅈ

즐겁게 사는 법

지금부터 '즐겁게 사는 법'에 대해 말씀드리겠습니다.

오스트레일리아의 작은 섬에서 농사를 지으며 세상을 살아가는 지혜를 묶어 여러 권의 책으로 낸 마이클 로즈. 그가 두 살배기 손녀를 데리고 놀이터에 가게 되었습니다. 마이클은 성큼성큼 걸어 빨리 놀이터에 가려 했으나 아이는 아주 천천히 뒤뚱거리며 따라왔습니다.

조바심이 난 그는 손녀의 이름을 부르며 빨리 오라고 소리쳤으나 아이는 화단에 핀 꽃 앞에서 움직일 줄 몰랐습니다. 손녀는 고사리 같은 손으로 꽃송이를 하나씩 어루만지며 예뻐하고 있었습니다. 마이클이 아이의 손을 잡아끌며 가려고 하는데, 이번에는 어느 집 앞의 동물 모양 조각에 빠져 움직이지 않았습니다. 하는 수 없이 마이클은 한참을 기다려야 했습니다.

그러다가 마이클과 손녀는 놀이터에 도착했습니다. 손녀는 그네 타기를 좋아했습니다. 그는 손녀의 그네를 힘껏 밀어주었습니다. 손녀는 까르르 웃으며 즐거워 어쩔 줄 몰라 했습니다. 마이클은 그네를 밀며 아이들과 함께 온 어른들의 표정을 보았습니다. 그런데 그들은 한결같이 지루한 표정으로 아이들이 빨리 놀이에 흥미를 잃고 집으로 가기를 바라는 눈치였습니다. 그러나 아이들은 웃고 떠들며 신나게 뛰어다녔습니다. 어른들과 아이들의 상반된 모습을 살피면서 마이클은 한 가지 깨달음을 얻었습니다.

'아이들은 순간을 살고 있구나. 이 순간을 사랑하면서……. 그러나 어른들은 머릿속 어딘가에 살고 있구나. 몸은 놀이터에 있으나 자기 자신은 다른 곳에 있는 것이다. 그러니 어른들은 지금 이 순간이 즐거울 수 없는 것이다. 즐거움이란 바로 그 순간의 삶과 함께하는 것을 어른들은 잊고 있기 때문이다.'

그 순간부터 마이클은 손녀와 즐거운 시간을 함께했습니다. 손녀의 그네를 밀면서 아이처럼 웃고 즐거워했으며, 집으로 돌아오는 길에는 손녀와 함께 천천히 걸으면서 예쁜 꽃도 감상했고 뭉게구름이 둥둥 떠 있는 하늘도 오랫동안 쳐다보았습니다.

여러분! 별것 아닌 일에 감사하고 즐거워하며 활기차게 살아가는 사람도 있고, 아무리 좋은 일이 있어도 무표정한 사람도 있습니다. 모든 것은 마음먹기에 달렸습니다. 즐겁게 산다는 것은 삶의 원천이며 힘이 됩니다. 우리도 순간순간을 즐기며 살아가는 방법을 익힙시다.

지금까지 '즐겁게 사는 법'에 대해 말씀드렸습니다.

지식보다는 터득

지금부터 '지식보다는 터득'에 대해 말씀드리겠습니다.

도둑질을 직업으로 삼는 사람이 있었습니다. 그는 아들에게 자기의 솜씨를 모두 가르쳐주었습니다. 아들은 자기의 재능을 과신하며 아비보다 훨씬 낫다고 생각했습니다. 그래서 하루는 아비에게 자랑 삼아 말했습니다.

"내가 아버지의 솜씨에 비해 조금도 손색이 없고 억센 힘은 오히려 나으니 이대로 나간다면 무엇을 못하겠습니까?"

어느 날 밤, 아비 도둑은 아들을 데리고 부잣집으로 들어갔습니다. 아들이 보물을 챙기느라 정신이 없을 때, 아비 도둑은 창고 문을 밖에서 닫고 자물쇠를 채운 다음 자물통을 흔들어 주인이 듣게 했습니다. 주인이 와 보니 자물쇠가 잠긴 채라 그냥 방으로 되돌아갔습니다.

창고 속에 갇힌 아들 도둑은 궁리 끝에 손톱으로 쥐가 문짝을 박박 긁는 소리를 냈습니다. 주인이 소리를 듣고 등불을 들어 자물쇠를 여는 순간 아들 도둑이 쏜살같이 달아났습니다. 이에 집안 식구들이 모두 뛰어나왔습니다. 다급해진 아들 도둑은 연못가로 달아나다 큰 돌을 들어 못으로 던졌습니다.

"도둑이 물속으로 뛰어들었다!"

뒤쫓던 사람들이 못가에 빙 둘러서 찾을 동안 아들 도둑은 몰래 현장을 빠져나갔습니다. 구사일생으로 도망쳐 나온 아들 도둑이 집으로 돌아와 아비를 원망하자 아비 도둑은 다음과 같이 말했습니다.

"남에게 배운 기술은 한계가 있지만 스스로 터득한 것은 그 응용이 무궁한 법이다. 더구나 곤궁하고 어려운 일은 사람의 심지를 굳게 하고 솜씨를 원숙하게 만든다. 내가 너를 궁지로 몬 것은 너를 안전하게 하자는 것이고 너를 위험에 빠뜨린 것은 너를 건져주기 위한 것이다. 네가 창고에 갇히고 다급하게 쫓기는 일을 당하지 아니했던들 어떻게 쥐가 긁는 시늉과 돌을 던지는 기발한 꾀를 냈겠느냐. 너는 곤경을 겪으면서 지혜가 성숙해졌고 다급한 일을 당하면서 기발한 꾀를 냈다. 이제 지혜의 샘이 한번 트였으니 다시는 실수하지 않을 것이다. 너는 천하의 독보적인 존재가 될 것이다."

그 후 아들 도둑은 아비의 말대로 독보적인 존재가 되었다고 합니다.

여러분! 세상에 지식을 가진 사람이나 지식을 배우려는 사람은 많습니다. 그러나 지식을 바탕으로 지혜를 스스로 터득하려는 사람은 적습니다. 세상에 일가를 이룬 성공자들은 모두 지식의 추종자가 아니라 스스로 터득한 사람들입니다. 스스로 깨우치도록 노력합시다.

지금까지 '지식보다는 터득'에 대해 말씀드렸습니다.

지혜로운 사람

지금부터 '지혜로운 사람'에 대해 말씀드리겠습니다.

'인류 최고의 천재'로 불리는 이탈리아의 화가 겸 조각가인 레오나르도 다 빈치는 "지혜는 경험의 딸이다"라고 했습니다.

러시아의 제2도시인 레닌그라드(현재 상트페테르부르크). 이 도시는 발트 해의 핀란드 만으로부터 흘러드는 네바 강가 삼각주에 건설되었습니다. 18세기 초 레닌그라드에 신도시 설계가 시작되었을 때만 하더라도 빙하와 함께 묻혀 들어온 여러 개의 커다란 바위들이 있었습니다. 특히 대로변에 놓인 거대한 화강암은 도시 미관을 해치는 커다란 장애물이었습니다.

그래서 정부에서는 이 보기 싫은 바위들을 제거하기로 결정하고, 용역업자들에게 바위들을 제거하는 데 드는 비용이 얼마나 되는지 물었습니다. 용역업자들은 전문 지식을 동원해 치밀하게 계산하더니 엄청난 비용이 든다고 했습니다.

그도 그럴 수밖에 없는 것이 당시에는 바위를 제거하는 데 필요한 기계적 수단 즉, 암석을 깨거나 뚫을 수 있는 특수 강철이 없었고, 성능 좋은 폭약도 없었기 때문입니다.

그런데 한 평범한 농부가 나타나 다른 용역업자가 제안한 비용보다 훨씬 적은 액수로 암석을 치워버리겠다고 제안하는 것 아니겠습니까. 정부는 크게 손해볼 것도 없었기 때문에 밑져야 본전이라는 생각으로 농부에게 일을 맡겼습니다.

그러자 농부는 삽과 통나무를 가진 농부들을 규합해 바위 옆에 넓고 깊은 구멍을 파기 시작했습니다. 구멍을 파는 작업을 하는 동안에는 바위가 구멍에 빠지지 않도록 버팀목으로 지탱시켰습니다. 구멍이 충분히 깊게 파지자 버팀목을 제거해 바위가 자연스럽게 구멍 속으로 들어가게 했습니다. 그리고 그 위에 흙을 덮었습니다. 그 바위들은 오늘날까지도 땅속에 그대로 묻혀 있다고 합니다.

여러분! 어떤 일을 하든 '안다는 것'은 중요합니다. 그래서 '아는 것은 힘'이라고 하지 않습니까? 특히 전문 지식은 일을 성사시키는 데 필수적입니다. 그러나 요즘에는 엉터리 전문가도 많은 것 같습니다. 일도 제대로 처리하지 못하면서 시간이나 끌고 터무니없이 비싼 비용만 청구하는 사이비 전문가들이 얼마나 많습니까? 어설픈 지식인보다 지혜로운 사람이 됩시다!

지금까지 '지혜로운 사람'에 대해 말씀드렸습니다.

지혜로운 임금

지금부터 '지혜로운 임금'에 대해 말씀드리겠습니다.

조선의 임금 효종 때, 경상도 어느 고장에 한 쌍의 경사스러운 혼사가 있었습니다. 그런데 어찌 된 일인지 첫날밤을 지낸 신랑이 심술이 나서 자기 집으로 돌아가 오지 않는 겁니다. 신부는 얼굴이 새파랗게 질렸고 어머니는 어찌할 바를 모르고 쩔쩔맸으며, 아버지는 애꿎은 장죽만 두들기며 벙어리 냉가슴을 앓았습니다. 참다못한 신부의 아버지가 신랑의 집에 찾아가 연유를 묻자 신랑이 뜻밖의 대답을 하는 것이었습니다.

"말씀드리기 거북하오나 도무지 규중처녀 같지 않기에……."

이 말을 들은 신부의 아버지는 청천벽력을 맞은 듯했습니다. 예법이 있는 선비의 딸로 규중의 옥같이 자라난 몸에 억지를 부려도 유분수지, 그러나 하는 수가 없었습니다. 일이 이쯤 되자 무슨 방도로든지 그 의심을 풀게 해야겠다고 고을의 원님에게 청원을 담은 소지를 올려 흑백을 가려달라고 했습니다.

고을 원님도 난감한 문제라 감영에 올렸고 감영에서도 처리를 못해 조정에 아뢰었습니다. 이 소지를 받은 효종은 내시에게 신부 집의 도면을 자세히 그려 오라고 했습니다. 도면을 자세히 훑어보던 효종은 내시에게 물었습니다.

"여봐라, 그 집 안의 꾸밈새가 예사 집과 다른 점이 없더냐?"

"별다른 것은 없었습니다만 한 가지 괴이한 점은 높은 다락이 하나 있사온데, 그 다락을 오르내리기 위해 큰 사다리가 걸려 있었습니다."

이 말을 들은 효종은 알았다는 듯 만족스럽게 웃었습니다. 그리고 신랑을 불러 글 한 귀를 써주었습니다.

"가을 들에 주렁주렁 밤송이는 벌이 쏘지 않아도 스스로 벌어지고, 봄에 산의 푸른 풀잎은 비를 맞지 않아도 자라난다."

신랑이 무슨 뜻인지 몰라 어리둥절하자 효종은 다음과 같이 설명했습니다.

"신부 집의 도면이 있으니 보아라. 그 집에 높은 다락이 있고 그 다락을 출입하는 사다리가 있지 아니하냐? 그 처녀는 어려서부터 심부름을 하느라 사다리를 오르내렸으니 자연히 음막이 없을 수밖에. 의심하지 말라."

신랑은 의심이 풀렸고 이들 부부는 금실 좋게 잘 살았다고 합니다.

여러분! 어설픈 지식이나 일반 상식만으로 복잡다단한 세상을 살아나가기는 어렵습니다. 세상을 밝게 보고 행복한 삶을 살기 위해서는 지혜로워야 합니다. 우리 모두 부화뇌동하지 말고 지혜로운 사람이 되도록 노력합시다.

지금까지 '지혜로운 임금'에 대해 말씀드렸습니다.

직장인의 예절

지금부터 '직장인의 예절'에 대해 말씀드리겠습니다.

18세기 파리 베르사이유 궁전에 아름다운 화원이 있었습니다. 너무나도 아름다운 탓인지 사람들이 많이 드나들자 화원이 황폐해져 "화원에 들어가지 말 것!"이라고 적힌 팻말을 세웠습니다. 이 표지는 '에티켓'이라고 불렸는데 이내 '마음의 화원을 황폐하게 하지 말라'는 의미로 사용하게 되었다고 합니다.

오늘날 에티켓은 예의범절을 의미하는 말이 되었고, 한국에서도 국어사전에서 한 항목을 차지하게 되었습니다. 에티켓과 같은 의미로 '매너'라는 말도 있습니다. 그 차이를 간단하게 말하면 에티켓은 '약속된 것'이며 매너는 그것을 지키기 위한 '방법'이라 하겠습니다.

에티켓이나 매너, 예절이라고 하면 요즘 젊은이들은 고리타분하고 보수적인 말처럼 생각할지도 모릅니다. 그러나 예절은 우리 선인들이 지켜온 생활의 지혜로 대인관계의 기본이며 호감받는 자기표현입니다. 특히 남남이 모여서 공동의 목표를 위해 협력해야 하는 직장인에게 있어 예절은 자기 컨트롤의 능력입니다. 직장인이 지켜야 할 예절은 많지만 그 전제로 세 가지 몸차림이 있습니다.

첫째는 단정한 복장입니다. 자유분방한 옷차림을 하고 싶더라도 그 직장의 분위기에 알맞은 단정한 복장을 해야 합니다. 사무직은 사무직다운 정장이어야 하고 근로직은 근로직답게 작업복을 입어야 합니다.

둘째는 청결한 몸가짐입니다. 몸가짐은 자세나 동작도 중요하지만 머리나 손톱, 수염이나 입냄새로 남에게 불쾌감이나 혐오감을 줘서는 안 됩니다.

셋째는 건강의 표현인 화장입니다. 요즘은 남성도 좋은 이미지를 주기 위해서 성형수술도 하고 화장도 합니다. 하물며 여성에게 있어서 화장은 필수입니다. 어떤 사람은 자연스러운 것이 좋다고 화장을 안 한 맨 얼굴로 직장에 나오기도 합니다만 화장을 하는 것은 직장 여성의 기본 예절입니다. '기왕이면 다홍치마'라고 생긴 대로의 얼굴보다는 곱게 가다듬은 얼굴이 좋지 않겠습니까?

여러분! 사람은 결코 혼자서는 살 수 없습니다. 더불어 사는 공동체 속에 일원으로서 보다 호감받는 사람이 되기 위해서는 예절을 지키도록 합시다. 예절은 대인 관계의 기본이며 자기표현술입니다.

지금까지 '직장인의 예절'에 대해 말씀드렸습니다.

진정한 선행

지금부터 '진정한 선행'에 대해 말씀드리겠습니다.

달나라에 토끼가 있다고 하지요? 왜 토끼가 거기 있는지 아십니까? 아주 멀고 먼 옛날의 일입니다. 한 노인이 산속에서 길을 잃고 3일 동안 헤매고 있었습니다. 기진맥진해 쓰러져 죽어갈 때 멀리 모닥불이 보였습니다. '아아, 누군가 있겠구나. 이제 살았다' 하면서 노인은 죽을힘을 다해 모닥불 곁으로 갔습니다. 그곳에서는 토끼와 너구리와 여우가 불을 쬐고 있었습니다.

"춥고 배고픈 늙은이입니다. 모닥불을 쬐게 해주십시오."

노인이 부탁하자 너구리가 "어머나! 할아버지, 몹시 추워 보이네요. 밤이슬에 옷이 다 젖어 있네요" 하면서 마을로 달려가 농가에서 옷 한 벌을 훔쳐다 노인에게 입혔습니다.

"참 친절한 너구리 씨, 정말 고맙습니다."

노인이 감사의 말을 하자 이번에는 여우가 말했습니다.

"할아버지, 시장하시지요? 매우 배가 고파 보이네요."

"네. 사흘 동안 아무것도 먹지 못해서 배가 고파 죽을 지경이에요."

그 소리를 들은 여우가 농가에서 주먹밥을 훔쳐다 노인에게 주었습니다.

"친절한 여우님, 고맙습니다. 이것으로 허기는 면할 수 있겠습니다."

노인이 또 감사의 말을 하자 이번에는 토끼가 말했습니다.

"할아버지, 전 할아버지에게 드릴 것이 아무것도 없습니다. 그렇다고 해서 도둑질을 할 수도 없습니다. 제 양심상 도둑질은 못합니다. 그러니까 전 몸을 드리겠습니다. 이 모닥불 속에 뛰어들 테니까 제 몸을 구워 드십시오."

그리고는 모닥불 속으로 훌쩍 뛰어들었습니다.

그 순간 노인은 부처님의 모습으로 변했고 빙그레 웃으면서 토끼를 안아 공중으로 휙 던졌습니다. 토끼는 기쁜 얼굴을 하고 날아가 달에까지 다다랐습니다. 그래서 지금까지 달에 토끼가 살고 있다는 것입니다.

여러분! 이 이야기는 진정한 선행이란 어떤 것인가를 일깨우는 우화입니다. 우리 주위에는 도움의 손길을 기다리는 어려운 이웃이 많습니다. 어떤 이는 여유가 있어서 돕고 어떤 이는 여유가 없어 못 돕는다고 합니다. 그러나 선행은 여유의 유무에 있지 않고 어려운 사람을 돕겠다는 마음에 있으며, 자기희생이 따릅니다. 우리 모두 선행을 실천합시다.

지금까지 '진정한 선행'에 대해 말씀드렸습니다.

진정한 지도자

지금부터 '진정한 지도자'에 대해 말씀드리겠습니다.

한때 우리나라는 '촛불문화제'라는 미명 아래 시위 집회가 온 나라를 떠들 썩하게 했던 적이 있습니다. 미국으로부터의 쇠고기 수입 협상의 반발로 시작된 촛불시위는 이명박 정부의 불신으로까지 이어져, 온 나라를 태울 것 같은 기세에 국민들은 국가의 장래까지 염려했습니다. 이구동성으로 '지도자의 리더십 부재'라고 이야기합니다.

그런데 솔선수범으로 국민들에게 희망과 용기를 주는 진정한 지도자가 화제가 된 바 있습니다. 중국의 쓰촨성 지진 피해 현장, 아비규환의 상황 속에서 구조 작업을 지휘한 원자바오 총리입니다. 이재민과 함께 고통을 나누는 총리의 언행은 실의에 빠진 중국인들에게 희망을 전해주었습니다. 구호의 손길을 기다리던 한 여성이 원자바오 총리가 나타나자 울음을 터뜨립니다. 덩달아 아기도 울자 원 총리의 눈에 눈물이 맺힙니다.

"아가야, 조그만 기다려라. 과자도 주고 우유도 줄게." 졸지에 부모를 잃고 고아가 된 어린아이를 달래는 예순일곱 살의 원 총리, 그는 울먹이는 목소리로 이어 말합니다.

"부모가 있는 것처럼 우리가 돌봐줄게. 아가야, 울지 마라. 울지 마." 지진 발생 후 두 시간 뒤, 재난 지역으로 곧장 달려간 원 총리는 상처받은 민심을 다독이고 구조 작업을 진두지휘했습니다.

"사람만 살아 있으면 집은 다시 지을 수 있습니다. 조금만 버티십시오. 우리가 구조할 방법을 찾고 있습니다." 위험하기 때문에 현장 접근을 꺼리는 관리들에게 호통을 치며 구조 작업에 적극 나설 것을 독려합니다.

"실낱 같은 희망이라도 보이면 100배의 노력으로 구해내야만 합니다."

잠도 제대로 자지 않고 몸소 위험한 현장을 누비는 원자바오 총리의 땀과 눈물은 대재난으로 어지러운 중국인의 마음을 하나로 묶어주었습니다.

여러분! 이것이 바로 진정한 지도자의 참모습 아닐까요? 사람들이 불행한 일을 당했을 때, 사면초가의 위기에 처했을 때, 그들을 위로하고 희망과 용기를 주는 지도자가 진정한 지도자입니다.

지금까지 '진정한 지도자'에 대해 말씀드렸습니다.

진정한 친구

지금부터 '진정한 친구'에 대해 말씀드리겠습니다.

〈요한복음〉에서는 "벗을 위해 제 목숨을 바치는 것보다 더 큰 사랑은 없다"고 했으며, 로마의 웅변가 키케로는 "친구는 또 하나의 나다"라고 했습니다.

만나면 기쁘고 헤어지면 외로운 사이를 흔히 친구라고 합니다만 과연 어떤 친구가 진정한 친구일까요?

영국의 한 출판사에서 '친구'라는 단어에 대해 가장 좋은 정의를 내린 사람에게 상금을 걸었습니다. 수천 명이 응모했는데 그 중에서 다음과 같은 것들이 채택되었습니다.

"친구란 기쁨은 곱해주고 고통은 나눠주는 사람이다."

"친구란 우리의 침묵을 이해하는 사람이다."

"친구란 언제나 정확한 시간을 가리키고 절대로 멈추지 않는 시계이다."

그러나 1등으로 당선된 정의는 다음과 같습니다.

"친구란 온 세상 사람들이 다 내 곁을 떠났을 때 나를 찾아오는 사람이다."

또 하나의 예를 들어볼까요?

일본 도쿄에서 있었던 실화입니다. 올림픽 개최를 위해서 스타디움을 확장하게 되었습니다. 인부들이 지붕을 벗기던 중 꼬리 쪽에 못이 박힌 채 벽에서 움직이지 못하는 도마뱀 한 마리를 발견했습니다. 무슨 연유인가 싶어 알아봤더니 3년 전에 그 건물을 지을 때 실수로 그렇게 된 것 같다는 것이었습니다.

'그렇다면 이 도마뱀은 3년 동안 못에 박힌 채 죽지도 않고 살아 있었다는 말인가?'

기적 같은 놀라운 사실에 모두들 혀를 내둘렀습니다. 그리고 인부들은 공사를 중단하고 도마뱀을 지켜보았습니다. 그랬더니 다른 도마뱀 한 마리가 나타나 먹이를 물어다주는 것 아니겠습니까? 그 도마뱀은 하루에도 몇 번씩이나 못에 박혀 꼼짝 못하는 친구를 위해 먹이를 주기를 3년이라는 긴 세월 동안 계속했던 것입니다.

여러분! 세상에 친구라고 부를 사람은 많지만 참다운 우정을 나눌 수 있는 진정한 친구는 드문 것 같습니다. 진정한 친구란 즐거울 때나 행복할 때는 물론 괴롭고 불행할 때마저도 항상 곁에서 보살피는 희생정신이 있어야 합니다. 여러분은 친구를 위해 얼마나 희생하고 있습니까?

지금까지 '진정한 친구'에 대해 말씀드렸습니다.

진짜를 고르는 안목

지금부터 '진짜를 고르는 안목'에 대해 말씀드리겠습니다.

여러분은 20세기 영화계를 대표하는 찰리 채플린을 잘 아실 것입니다. 영국의 희극배우 겸 감독, 제작자였던 그는 런던에서 출생해 1910년 미국으로 건너가 유명해졌습니다. 콧수염과 모닝코트에 지팡이를 든 독특한 분장과 팬터마임으로 서민들의 비애와 정의감에 입각한 풍자희극을 보여주었던 희극의 왕자 채플린. 그는 상상만 해도 웃음이 나올 정도로 위대한 존재였습니다.

그가 한창 전성기였을 때, 휴가를 얻어 한적한 시골로 여행을 갔는데 그곳에서 흥미 있는 유인물을 보게 되었습니다. 다름 아닌 '채플린 흉내내기 대회'가 열린다는 것이었습니다. 한편으로는 반갑고 또 한편으로는 겸연쩍은 마음이 들었지만, 호기심을 느낀 채플린은 대회에 신청서를 냈습니다.

대회장에는 수많은 구경꾼과 여러 명의 흉내쟁이들이 참가했는데 흉내쟁이들의 연기는 그야말로 일품이었으며, 관객들은 배꼽을 쥐었습니다. 마침내 진짜 채플린의 차례가 되어, 무대에 등장한 채플린은 그 어느 때보다도 더욱 진지하게 자기의 모든 것을 보여주었습니다. 그리고 주의 깊게 심사 결과를 기다렸습니다.

당연히 진짜 채플린이 1등으로 뽑힐 것은 상식이지만 그날의 심사 결과 엉뚱한 사람이 1등을 차지했습니다. 더욱 놀란 것은 1등으로 뽑힌 가짜 채플린은 진짜 채플린의 연기를 한번도 보지 못한 시골 청년이었다는 사실입니다.

이런 경우가 어디 채플린만의 이야기일까요? 우리 주위에도 진짜와 가짜를 구별 못하는 일은 도처에 있습니다.

식도락가들이 잘 가는 곳 가운데 장충동 족발집이 있습니다. 그곳에는 족발집이 여러 군데가 있는데 간판을 보면 '원조', '진짜 원조', '시조' 등 어느 집이 진짜이고 가짜인지 분간할 수가 없습니다.

여러분! 얼마나 가짜가 판을 치면 이런 현상이 벌어질까요? '악화가 양화를 구축한다'는 말이 있듯 진짜가 제대로 평가받지 못하는 세상에 우리는 살고 있습니다. 우리 모두 가짜를 추방하고 진짜를 고르는 안목을 기릅시다.

지금까지 '진짜를 고르는 안목'에 대해 말씀드렸습니다.

질서와 인정

지금부터 '질서와 인정'에 대해 말씀드리겠습니다.

프랑스의 모랄리스트^{moralist} 보브나르그는 "인정이 없으면 정의로운 사람이 될 수 없다"고 했고, 아리스토텔레스는 "질서는 숭고함과 함께 아름다움의 한 요소를 이룬다"고 했으며, 톨스토이는 "활동의 제일 조건은 질서"라고 했습니다.

여러분 가운데 공과금을 자기 손으로 은행에 납부해보신 분이 계실 것입니다. 공과금 납부 마감일은 어느 은행이나 붐비게 마련입니다. 심한 경우에는 은행문 밖에까지 길게 줄을 서서 기다려야 합니다.

한 은행에서 목격한 사건입니다. 마감 시간이 임박할 즈음 길게 늘어선 사람들을 헤치고 고령의 할머니 한 분이 몸도 제대로 가누지 못하면서 창구 앞으로 다가왔습니다. 손에는 고지서와 돈을 들고 있었습니다. 할머니는 앞에 선 청년에게 부탁했습니다.

"이봐요, 미안하지만 내 것도 대신 좀 내주구려. 몸이 아파 오래 기다릴 수가 없어서 그래요."

부탁을 받은 청년은 난처했습니다. 할머니의 딱한 사정을 봐드리고 싶지만 뒤에 서 있는 수십 명의 눈초리와 비난이 두려웠기 때문입니다. 그렇다고 자기의 자리를 양보하고 맨 뒤로 가서 줄을 다시 섰다가는 마감 시간을 놓칠지도 모르고, 또한 몹시 바쁜 상황이었습니다.

딱 잘라 거절하자니 몰인정한 사람이 되겠고, 양보하자니 자기가 낭패를 당할 진퇴양난의 상황에 처한 청년이 머뭇거리고 있을 때였습니다. 청년 뒤에서 이 장면을 지켜보던 중년의 신사가 줄에서 나와 할머니의 팔을 높이 쳐들고 뒤에 서 있는 사람들을 향해 이렇게 말했습니다.

"여러분! 보시다시피 이렇게 몸이 불편하신 할머님이 계십니다. 여러분께서 양해하신다면 이 할머님께서 먼저 공과금을 내도록 하고 싶은데 의견이 어떻습니까? 만약 한 분이라도 반대하신다면 제 자리를 양보하고 줄 맨 뒤에 서겠습니다. 어떠세요?"

신사의 말에 사람들은 웅성거렸지만 누구 하나 반대하는 사람은 없었습니다.

여러분! 사정이 딱한 할머니의 편의도 봐주고 다른 사람들의 기분도 상하지 않게 한 지혜로운 신사의 용기와 마음가짐을 높이 평가해야 하지 않을까요? 사소한 규칙 때문에 인정까지도 메마르지 맙시다!

지금까지 '질서와 인정'에 대해 말씀드렸습니다.

질투심

지금부터 '질투심'에 대해 말씀드리겠습니다.

아테네의 정치가 히피아스는 "질투하는 자는 다른 사람에 비해 이중으로 나쁘다. 그들은 자기의 불운에 분노할 뿐 아니라 다른 사람의 행복에도 감정을 해친다"고 했습니다.

한 어린이가 학교에서 100점을 받았습니다. 아이는 너무나 기뻐서 집으로 돌아오면서 소리쳤습니다.

"난 100점을 받았어요, 100점!"

이 소리를 들은 이웃집 아주머니가 창문을 열고 축하를 보냅니다.

"100점을 받았다고? 축하해."

이렇게 말한다면 열린 마음을 가진 사람입니다. 열린 마음의 소유자는 타인의 기쁨을 자기의 기쁨처럼 느끼며 좋아합니다. 그러나 닫힌 마음을 가진 사람은 어떤 반응을 보일까요?

"100점을 받았다고? 그까짓 것 가지고 뭘 그리 까불어. 100점 못 받아본 사람 서러워서 살겠니?"

닫힌 마음의 소유자는 질투 심리 때문에 남들이 좋아하는 꼴을 못 봅니다. 흔히 대범한 사람들은 열린 마음을 갖고 소인배들은 닫힌 마음을 갖는다고 합니다만, 질투는 영웅호걸이라고 없는 것은 아닌 것 같습니다.

그리스 신화 속 명장(名匠) 다이달로스에게는 조카뻘 되는 제자인 '탈로스'라는 소년이 있었습니다. 탈로스는 재주가 뛰어나 나이 열두 살에 벌써 다이달로스 못지않은 실력을 발휘했습니다. 그는 생선뼈에서 힌트를 얻어 톱을 발명했고 캔버스도 발명해 시민의 칭찬이 자자했습니다.

여기에 시기와 불안을 느낀 스승 다이달로스는 제자를 높은 지붕 꼭대기로 데리고 올라가, 먼 경치를 가리키는 체하다 밀어 떨어뜨려 죽였습니다. 그리고 시체를 자루에 넣어 몰래 파묻으려다 발각되어 살인죄로 추방당하고 말았습니다.

여러분! 세상에 질투보다 무서운 것은 없을 것입니다. 질투심이 많은 사람은 남을 깔보고 남이 잘되는 것을 눈꼴사납게 보며, 심지어 시기하다 못해 모함에 살인까지 합니다. 우리 모두 자기와 남을 파멸로 이끄는 질투심을 버리고, 남의 장점을 인정해주는 열린 마음을 갖도록 노력합시다.

지금까지 '질투심'에 대해 말씀드렸습니다.

질투심 많은 아내

지금부터 '질투심 많은 아내'에 대해 말씀드리겠습니다.

옛날 재상들은 어전에서 아뢸 말을 집에서 미리 연습했습니다. 조선 효종 때의 학자 홍만종이 쓴 〈명엽지해(冥葉志諧)〉에는 다음과 같은 이야기가 나옵니다.

어느 고관의 사위가 높은 벼슬에 있었습니다. 그는 임금에게 상소할 일이 있을 때는 반드시 하루 전에 의관을 바로 하고 향불을 피우고 꿇어 앉아, 아뢸 말씀을 연습하고 입궐하는 버릇이 있었습니다. 그래서 그의 조리 있는 상소는 거의 받아들여졌습니다.

그러나 이 재상에게는 큰 고민이 있었습니다. 아내의 질투가 너무 심한 것이었습니다. 어느 날 연회에 참석하고 집으로 돌아왔을 때, 그의 아내는 남편이 기생과 희롱을 했다는 소문을 듣고 예외 없이 강짜를 부렸습니다.

그러자 재상은 엄숙한 표정으로 "내일 아침에 입궐해 아뢸 일이 있소" 하더니 관복 차림을 하고 향불을 피우고 "누구든 내 말을 엿듣는 자는 목숨을 유지하지 못하렸다" 하고 집안사람들에게 명령했습니다. 위풍이 늠름하고 명령이 추상같은데 이전에는 엿듣지 말라고 이른 적이 없는지라 이를 이상스럽게 여긴 아내가 벽에 붙어 귀를 기울였습니다.

"소신의 벼슬이 재상이오나 어리석은 탓에 간악한 아내의 질투를 금기시키지 못하는 바, 아내도 다스리지 못하는 주제에 어찌 중차대한 나라의 정치에 간여하오리까. 청컨대 아내와 헤어지도록 재가하여 주시기바랍니다."

이와 같이 연습을 하고 잠자리에 들었습니다. 이 광경을 목격한 아내가 허겁지겁 친정아버지에게 달려가 자초지종을 아뢰고 부탁했습니다.

"만일 그대로 된다면 소녀 어찌 목숨을 부지하겠습니까? 아버님께서 중지토록 말씀을 잘해주시기 바랍니다."

딸의 간악한 행실을 아는 친정아버지는 이미 상주(上奏) 연습까지 마쳤으니 말릴 수 없다며 직접 지아비에게 용서를 비는 방법밖에 없다고 시치미를 뗐습니다. 그 길로 돌아온 아내는 남편 앞에 백배사죄를 했습니다.

"앞으로 질투하는 일이 있으면 내 벌도 달게 받겠습니다. 제발 상주만 말아주십시오."

그 후 그녀의 질투는 다시는 발작되지 않았다고 합니다.

여러분! 질투처럼 부부 관계를 해치는 것도 없습니다. 질투는 무지한 자의 소행이며 백해무익한 것입니다. 우리 모두 질투심을 버립시다.

지금까지 '질투심 많은 아내'에 대해 말씀드렸습니다.

집념의 승리

지금부터 '집념의 승리'에 대해 말씀드리겠습니다.

미국의 존 워너메이커는 "최후의 승리는 끈기와 노력"이라 했으며, 영국의 로드차일드는 "한 가지 길로 굳게 나간다면 반드시 대성할 수 있다"고 했습니다.

여러분은 나운규 씨를 아십니까? 스물세 살의 젊은 나이로 영화계에 투신해 우리나라 영화의 초창기에 엄청난 역할을 했던 인물입니다. 그가 배우가 되기로 결심하고 일본인이 운영하는 '조선키네마' 회사를 찾아갔을 때의 일입니다.

수많은 연기자 지망생들이 모인 자리에서 한 사람씩 불려 나가 실기 시험을 치르게 되었습니다. 나운규의 차례가 되어 테스트를 받았는데 시험관인 윤백남 감독이 물었습니다.

"자네는 배우가 될 수 있다고 생각하나?"

"네. 누구 못지않은 연기를 할 것입니다."

"자네 모습을 보니 미안하지만 안 되겠어."

"제 모습이 어때서요? 왜 배우가 될 수 없는지 말해주십시오!"

그러자 윤 감독은 다음과 같이 말했습니다.

"자네는 우선 체격부터 배우로서 적합하지 못해. 키가 보통 사람보다 작은 데다 안짱다리 아닌가? 게다가 얼굴이 잘생긴 것도 아닌데 어떻게 배우가 되겠다는 건가?"

"하지만 연기는 잘할 수 있습니다."

"이 사람아, 요즘은 연기만 가지고 배우가 될 수 없어. 적어도 배우가 되려면 우선 남보다 인물이 돋보여야 해. 자네는 불합격이야."

청천벽력 같은 감독의 소리에 눈앞이 아찔했지만 그는 애원했습니다.

"그렇게도 배우가 되고 싶은가?"

"네. 죽었다 살아나도 저는 배우가 될 것입니다."

"좋아. 그럼 이곳에서 잔심부름부터 하게."

이렇게 영화계에 발을 디딘 나운규는 〈운영전〉에 단역으로 출연했고, 이어서 〈심청전〉의 주연으로 발탁돼 영화배우로 대성했을 뿐만 아니라, 그 유명한 〈아리랑〉을 구상해 연기의 특색을 발휘했습니다.

여러분! 한 목숨 다 바쳐서라도 꼭 이루고야 말겠다는 불타는 집념과 끈기만 있다면 이 세상에 안 되는 일은 없습니다. 다만 안 된다고 포기하는 사람이 있을 뿐입니다. 여러분은 지금 무엇에 집념을 불태우고 있습니까?

지금까지 '집념의 승리'에 대해 말씀드렸습니다.

집을 나가는 여자

지금부터 '집을 나가는 여자'에 대해 말씀드리겠습니다.

　노르웨이의 작은 항구도시에서 상인의 자식으로 태어난 헨리크 입센은 근대극의 선구자로 많은 걸작을 쓰고 세계적인 명성을 얻었습니다. 그의 대표작 〈인형의 집〉을 요약하면 다음과 같습니다.

　변호사 헬미의 아내 노라는 결혼한 지 8년 된 세 아이의 어머니입니다. 남편에게 작은 새처럼 사랑받고 자신 또한 남편을 사랑하고 믿고 있었지만 노라에게는 비밀이 있었습니다.

　신혼 무렵 남편이 병을 앓아 전지요양을 하고 있을 때, 이미 세상을 떠난 부친의 서명을 위조해 구로구스타라는 고리대금업자로부터 돈을 빌려 남편을 살렸습니다. 그 사실을 감추고 남편 몰래 부업을 해가며 조금씩 갚으면서, 자기만의 즐거운 비밀로 여기며 생활해왔습니다.

　그런 사실을 모르는 남편은 은행장에 취임해 같은 은행에 근무하는 악질

고리대금업자 구로구스타를 해임하려 하자, 그는 위조 사건을 내세워 헬미를 실각시키겠다고 노라를 위협합니다.

이 사실을 알게 된 남편은 사회적으로 매장당할 것을 두려워해 사랑하는 아내에게 배신을 당했다며 마구 비난을 퍼붓습니다.

"무슨 일을 저지른 거야! 8년 동안 나의 기쁨이고 자랑이었던 여자가……위선자, 거짓말쟁이, 게다가 더 나쁜 범죄자라니!"

사건이 해결되자 남편은 다시 노라의 자상한 보호자가 되려고 합니다.

"안절부절못하고 있군, 나의 귀여운 작은 새. 이젠 안심하고 푹 쉬어. 나의 넓은 날개 밑에 감춰줄 테니까."

그러자 자기의 삶이 인형으로 취급돼 귀여움을 받은 데 불과하다고 자각한 노라는 아내이기 이전에 한 인간으로 살기 위해 집을 나갑니다.

이 작품이 세상에 나오자 당시 떠들썩한 평판(評判)이 있었습니다. 하나는 세 명의 자식을 남겨두고 가출한 노라는 상종 못할 인간이라는 비난이었으며, 또 하나는 노라야말로 새로운 여성의 전형이라는 찬미였습니다.

여러분! 노라의 행위는 과연 현명한 처사였을까요? 자기의 존재 가치도 살리고 가정도 살리는 보다 나은 방법은 없었을까요? 요즘 우리나라에도 가정을 버리고 집을 나가는 여성이 많다고 합니다. 심각한 문제가 아닐 수 없습니다. 우리 모두 가정에 충실합시다!

지금까지 '집을 나가는 여자'에 대해 말씀드렸습니다.

참다운 성공자

지금부터 '참다운 성공자'에 대해 말씀드리겠습니다.

가난한 이민자의 아들로 태어나 수많은 곤란과 역경을 극복하고 철강왕이 된 앤드루 카네기. 그가 역사적인 성공자로 추앙받는 이유는 돈을 많이 번 데도 있지만 번 돈을 잘 썼기 때문입니다. 그는 말년에 이상주의자의 길을 추구하며 '부(富)의 복음' 전도와 부의 사회 환원에 정열을 불태웠습니다. 60 평생 축적한 막대한 재산을 후반 20년에는 나눠주는 일에 전념했습니다.

그 일은 1901년, 세계 제일의 철강회사를 금융왕 모건에게 매각했을 때부터 시작됩니다. 카네기의 나이 66세 때였습니다.

뉴욕에 있는 15층 건물 음악당 '카네기홀'은 그 대표적인 것으로, 그의 재산 사회 환원은 여기에만 머물지 않았습니다. 6천만 달러 이상의 자금을 2,811개의 공공도서관과 미술관에 기증하고, 자기 회사의 부상자와 노령자의 원조를 위한 구제 기금도 제정했습니다. 그리고 교육개량재단, 카네기연구소, 국제평

화기금 등도 설립했습니다.

부의 환원은 미국에만 국한하지 않았습니다. 스코틀랜드 대학, 독일의 코흐 연구소, 프랑스의 퀴리부인 기금 등에도 기부했습니다. 그는 경제, 사회, 역사, 자연, 인문학 등 다방면에 걸쳐서 기부했으며, 1911년에는 미국 최초의 대형 민간재단인 '카네기재단'도 창설했습니다.

1919년, 사랑하는 딸과 아내의 병구완을 받으며 생애를 마감하기까지 그가 자선 사업에 투입한 금액은 당시의 돈 가치로는 상상도 못할 엄청난 숫자인 3억5천만 달러가 넘는 것이었습니다.

여러분! 성공이란 무엇이며 성공하려는 목적은 어디에 있을까요? 부와 명성을 획득하는 것이 성공이라고 말하는 사람도 있습니다. 그렇다면 부와 명성을 얻어서 어떻게 하겠다는 겁니까? 아무리 재산이 많고 훌륭한 명성을 얻었다 해도 죽어버리면 아무 소용이 없습니다. 진정한 삶의 가치란 창조적인 프로젝트에 도전하는 것에서 생기는 것이며, 부의 가치는 좋은 일에 쓰는 데서 생기는 것입니다. 우리 모두 참다운 성공자가 됩시다.

지금까지 '참다운 성공자'에 대해 말씀드렸습니다.

ㅊ

Today's
speech

304

참된 교육

지금부터 '참된 교육'에 대해 말씀드리겠습니다.

우리나라가 이만큼 잘살게 된 이유 가운데 하나는 '내 자식을 훌륭하게 키워보겠다'는 부모의 교육열에 있습니다. 그러나 그 교육열이 지나쳐 요즘은 광적인 현상까지 나타나고 있습니다.

대입검정고시에 열네 살 어린 소녀가 최연소로 합격해 화제가 된 적이 있습니다. 화제의 주인공은 김금임. 다섯 살 때 엄마가 집을 나간 후 5남매를 키울 수 없는 아버지가 부산에 있는 '미타사'라는 절에 맡겼고, 그곳에서 초등학교를 졸업하게 됩니다. 그래서 주위 사람들은 금임이를 '절집 아이'라고도 불렀습니다. 금임이는 어려서부터 몸이 허약해 한 달에 20일 그것도 어떤 날은 오전 수업만 하고 조퇴를 했습니다.

그런 금임이가 불과 1년 4개월 만에 중고등학교 과정을 공부해 대입검정고시에 합격을 한 것입니다. 그런 영광이 있기까지는 두 사람의 영향이 컸다고 합니다. 한 사람은 부산 신평초등학교 6학년 담임으로 금임이에게 지속적인 관심과 사랑을 보여준 정명수 선생님이었고, 또 한 사람은 그녀를 엄마처럼 보살피고 길러준 미타사의 주지 보원 스님이었습니다.

정명수 선생님은 금임이에게 독학으로 대학까지 갈 수 있다고 희망과 방법을 알려주었고, 보원 스님은 건강과 심성 교육을 해주었던 것입니다. 양부모 밑에서 정상적으로 6년 동안 배워야 할 공부를 절에서 고아 둘을 돌보면서도 1년 4개월 만에 해낸 비결은 무엇일까요?

하루에 공부를 얼마나 했기에 단기간에 합격할 수 있었느냐는 질문에 금임이는 다음과 같이 말했습니다.

"집에서 두 시간, 검정고시 학원에서 네 시간씩 했어요. 다른 아이들은 학원에 등록해 놓고도 수업에 빠지는 때가 많았지만 저는 한 번도 빠지지 않았어요. 그리고 선생님이 중요하다고 하는 것을 복습한 것뿐이에요."

금임이의 합격 비결은 한마디로 꾸준한 노력과 철저한 복습이었습니다. 불우한 환경에서 고액 과외를 안 받고도 남보다 우수한 성적을 올린 금임이가 화제가 되는 것은 당연한 일 아닐까요?

여러분! 평범함 속에 진리가 있듯 변칙 과외 수업을 안 하고도 얼마든지 참된 교육을 시킬 수 있습니다. 우리 모두 자녀 교육을 재점검해 봅시다.

지금까지 '참된 교육'에 대해 말씀드렸습니다.

창조적인 시간 활용

지금부터 '창조적인 시간 활용'에 대해 말씀드리겠습니다.

시간은 모든 인간에게 평등하게 주어진 멋진 자산이며 풍요로운 인생이라는 열매를 키우기 위한 대지와도 같습니다. 누구에게나 똑같이 주어진 이 시간을 어떻게 활용하느냐에 따라서, 그 사람의 인생은 성공할 수도 실패할 수도 있습니다.

그렇다면 창조적인 시간 활용을 위해서는 어떻게 해야 할까요? 먼저 자기의 라이프스타일을 알아볼 필요가 있습니다.

인간은 '종다리형'과 '올빼미형' 크게 두 가지 스타일로 나눌 수 있습니다. 아침에 일찍 일어나고 눈을 뜨자마자 바로 활동할 수 있는 사람은 종다리형입니다. 이 타입은 밤에는 약합니다. 초저녁잠이 많아 밤 열시까지도 견디기 어렵습니다. 그래서 종다리형은 오전 다섯시에 기상해 일곱시까지 두 시간 동안 공부를 하거나 계획을 세우거나 운동을 하며, 두뇌를 필요로 하는 작업은 머리가 상쾌한 오전 중에 하고, 오후 시간에는 단순 작업을 하며, 밤 아홉 시에는 가까스로 종합 뉴스를 보고 취침하는 것이 좋습니다.

반대로 아침 일찍 일어나지 못하고 이불 속에서 뭉그적거리는 사람은 올빼미형입니다. 이 타입은 지각상습범일 가능성이 많은데 밤이 되면 눈이 반짝반짝 빛나고 활발하게 움직입니다. 밤 열시는 아직 초저녁이라고 말합니다. 올빼미형은 오전 일곱시에 기상, 억지로라도 일어나 간단한 체조를 하는 것이 좋습니다. 오전 중에는 두뇌 활동이 활발하지 못하기 때문에 단순한 작업을 하고, 두뇌가 필요한 작업은 오후에 하는 것이 능률적입니다.

특히 중요한 것은 남의 흉내를 내지 말고 자기에게 맞는 시간 활용을 하는 것입니다. 종다리형인데 야간에 공부를 하거나 창조적인 작업을 한다면 어떻게 될까요? 또 올빼미형인데 아침 일찍 공부를 하거나 창조적인 작업을 한다면 어떻게 될까요? 그 결과, 노력에 비해 능률은 떨어지고 몸이 견디지 못합니다.

여러분! 흔히 '시간은 금'이라고 합니다. 그러나 사용 여하에 따라 금이 될 수도 동이 될 수도 있습니다. 시간에 가치가 있는 것이 아니라 시간을 사용하는 사람에게 가치가 있습니다. 우리 모두 자기는 어떤 형인가 점검하고 나에게 맞는 황금의 시간대를 활용합시다.

지금까지 '창조적인 시간 활용'에 대해 말씀드렸습니다.

책 속에 해답

지금부터 '책 속에 해답'에 대해 말씀드리겠습니다.

미국 종합보험회사의 창시자인 클레멘스 스톤 사장실에 한 여성이 전화를 걸었습니다. 린다라는 여비서가 전화를 받았습니다.

"당신 사장이 쓴 책을 읽었지만 아무런 소득이 없었어요. 남편은 아직 일자리를 못 구했고 은행 계좌에는 돈 한 푼 없어요. 난 하루 열일곱 시간이나 서서 일하고요. 싸구려 식당의 웨이트리스니까요. 변한 거라고는 아무것도 없잖아요!"

화가 난 그녀는 '마음에 두고 믿는 일은 반드시 실현할 수 있다'는 스톤 사장의 책 중 한 구절을 인용하면서 따졌습니다. 여비서가 물었습니다.

"그러면 스톤 사장의 책을 읽어보고 난 후에 어떤 실천을 하셨나요?"

"그냥 기다리고 있었지요."

여비서 린다는 스톤 사장이 평소에 말하던 조언을 이야기했습니다.

646

"아무리 좋은 책이라도 독자가 그것을 읽은 다음에 무엇인가 느끼고 실행하지 않으면 아무 소용이 없습니다. 다시 그 책을 읽고 마법의 주문이 아니라 실제로 해볼 수 있는, 자기에게 적합한 생각이나 일을 찾아보십시오. 지식이라든가 기술을 익히는 것도 좋지 않을까요? 그렇게 되면 당신이 말한 것처럼 싸구려 식당의 웨이트리스보다는 수입도 좋고 일할 보람도 있는 직업을 찾게 될지도 모르잖아요."

몇 개월 후, 그녀는 다시 전화를 했는데 다행히 린다가 또 받았습니다.

"내가 스톤 사장의 책을 읽었다고 했더니 기다리지만 말고 무엇이든 실행하라고 했잖아요? 내가 그 후 어떻게 했는지 꼭 말해야겠어요."

린다가 말한 대로 그녀는 책을 다시 읽었고 남편에게도 읽게 한 결과, 남편은 실업 중이기는 하나 열심히 일을 찾고 있으며, 그녀는 틈을 내 속기와 타자를 배우기 시작했다는 것입니다. 졸업이 얼마 안 남았는데 일자리를 주겠다는 회사가 세 군데나 되고, 수입은 전에 있던 식당의 갑절이라며 이렇게 말했습니다.

"책 속에는 분명 해답이 있었습니다."

여러분! 그렇습니다. 책 속에는 반드시 길이 있고 문제의 해답이 있습니다. 우리 모두 어려운 여건만 탓하지 말고 좋은 책을 많이 읽고 지혜를 얻어 실천에 옮기도록 합시다!

지금까지 '책 속에 해답'에 대해 말씀드렸습니다.

책임과 의무

지금부터 '책임과 의무'에 대해 말씀드리겠습니다.

1962년, 미국의 고성능 첩보 비행기가 소련 상공에서 격추된 사건이 있었습니다. 기장인 프란시스 게리 파워 공군소령은 낙하산으로 탈출해 불행 중 다행으로 목숨은 건졌지만, 소련군에게 체포되어 재판을 받게 되었습니다.

"당신은 그 많은 조종사 가운데 왜 하필이면 가장 위험한 첩보 비행기의 조종사를 택하게 됐습니까?"

법정의 재판장이 묻자 파워 소령은 다음과 같이 대답했습니다.

"U-2기의 조종사는 위험수당을 포함해 봉급을 두 배로 주기 때문에 자원했습니다."

그러자 재판장이 의아한 표정으로 물었습니다.

"다른 이유는 없고 오직 돈 때문에 자원했단 말이오?"

"그렇습니다." 그러자 재판장이 다시 물었습니다.

"그렇다면 비행 임무만 수행하면 됐지, 지상 포화에 격추될 정도로 위험스럽게 저공비행을 감행한 이유가 뭐요?"

파워 소령은 담담하게 대답했습니다.

"내 봉급이 다른 사람의 두 배가 되는 것은 그 의무 또한 두 배이기 때문입니다. 나는 내 의무를 다하기 위해서는 모험을 하지 않을 수가 없었소."

봉급을 의무와 연결시킨다는 것은 너무 각박한 것 같지만 미국인들의 책임감은 대단한 것 같습니다.

제2차 세계대전 당시 독일 진지를 정찰하던 미국 정찰기 한 대가 임무를 마치고 돌아가던 중 대공포화를 맞았습니다. 정찰원은 즉사하고 조종사는 중상을 입은 채 돌아왔는데, 그 조종사도 정찰 보고를 마치고는 죽은 정찰원의 카메라를 가리키며 숨을 거두었습니다. 조종사와 정찰원은 죽었지만 그들이 목숨을 걸고 전달한 정찰 자료를 토대로 큰 전과를 세웠다고 합니다.

여러분! 의무 없는 권리가 없듯 어떠한 자유와 특권에도 반드시 책임이 따르기 마련입니다. 자기가 맡은 일에 목숨을 걸고 완수하는 책임감이야말로 한 개인과 국가의 역사를 발전시키는 원동력입니다. 우리 모두 자기의 책임과 의무에 대해서 생각해봅시다.

지금까지 '책임과 의무'에 대해 말씀드렸습니다.

처세술

지금부터 '처세술'에 대해 말씀드리겠습니다.

조선 말기의 설화적 인물 정만서는 갖가지 재미있는 장난도 많이 쳤지만 남들과 별로 시비를 일으킨 적은 없었다고 합니다. 어느 날 그에게 한 젊은이가 헐레벌떡 찾아와 소란을 피웠습니다.

"선달님, 큰일났습니다. 오늘 아침에 그만 남산이 무너졌다지 뭡니까?"

이 말을 들은 정만서는 조금의 동요도 없이 태연하게 대답했습니다.

"그럴 만도 하지. 수백 년 동안 비바람에 시달렸으니 무너질 만도 해."

그러자 이 말을 듣고 있던 다른 젊은이가 끼어들었습니다.

"수백 년 동안 비바람을 맞았다 해도 그 큰 산이 무너졌을 리가 없지요."

그것도 그럴 듯한 말이라고 생각되었는지 정만서는 이렇게 말했습니다.

"그렇군. 자네 말도 옳은데? 산이라는 것은 위가 좁고 밑이 넓을 뿐 아니라 튼튼한 바윗돌까지 엉겨 있을 텐데 그렇게 쉽게 무너질 리 있나."

정만서는 산이 무너졌다고 말하는 젊은이와 그럴 리 없다고 하는 젊은이 사이에서 둘 다 옳다고 옹호했습니다. 그때 또 다른 젊은이 하나가 나타나 진지한 얼굴로 말했습니다.

"선달님, 이상한 일도 다 있습니다. 글쎄 커다란 소 한 마리가 쥐구멍으로 들어가지 않겠습니까? 곧이듣지 않으실지 모르지만 제 눈으로 똑똑히 보았습니다."

그 말을 들은 정만서는 역시 태연하게 대답했습니다.

"원래 소란 놈이 미련하고 어수룩해서 쥐구멍이라도 아무 생각 없이 들어갔을 거야."

"그게 무슨 말씀이십니까? 지금까지 하시는 말씀이 모두 이래도 좋고 저래도 좋다는 식인데 하나도 중심이 없군요? 도대체 그런 대답이 어디 있습니까?"

모두 항의를 하자 정만서는 허허 웃으면서 이렇게 말하는 것이었습니다.

"자네들 말이 옳기는 하군. 하지만 내가 이런 식으로 지내오지 않았다면 이 말 많은 세상에서 어찌 이렇게 별 탈 없이 살아올 수 있었겠나?"

여러분! 그렇습니다. '모난 돌이 정 맞는다'고 자기 주장이 너무 강하면 세상 사람들의 미움을 받기 십상입니다. 자기 주장도 중요하지만 상대의 주장을 있는 그대로 인정해주는 것도 세상을 지혜롭게 살아가는 처세술입니다.

지금까지 '처세술'에 대해 말씀드렸습니다.

첫번째 일의 중요성

지금부터 '첫번째 일의 중요성'에 대해 말씀드리겠습니다.

고대 그리스의 시인 에우리피데스는 "처음이 나쁘면 끝도 나쁘다"고 했고, 철학자 플라톤은 "일은 최초가 가장 중요하다"고 했습니다.

한 남자가 파티에 참석했습니다. 파티가 한창 무르익었을 때 그는 마술 솜씨를 보여주겠다며, 준비해온 도구를 손님들 앞에서 펼쳤습니다. 그리고 능숙한 솜씨로 빈 보자기 속에서 예쁜 파랑새 한 마리를 꺼내보였고, 계속해서 카드와 접시를 이용한 몇 가지 재주를 더 보여 손님들을 즐겁게 했습니다. 그의 멋진 마술 시범이 끝났을 때 사람들은 열렬한 박수로 보답했습니다.

이때 한 부인이 그에게 다가와 다음 주에 있을 자신의 파티에도 참석해줄 수 있느냐고 물었고, 그는 기꺼이 응하겠다고 했습니다. 그리고 1주일 후 그 파티에 참석했습니다. 상견례가 끝나고 흥겹게 파티가 무르익자 그는 여주인에게 바이올린을 연주하겠다고 했습니다.

"당신은 마술이 전문 아닌가요?"

"예. 하지만 바이올린도 조금 할 줄 압니다."

이렇게 대답하며 그는 가져온 바이올린을 꺼내 연주를 시작했습니다. 그런데 그의 연주 솜씨는 참으로 놀랄 만했고 신기에 가까워 사람들의 마음을 사로잡았습니다. 연주가 끝나자 모든 참석자들은 기립박수를 보냈습니다.

이날 바이올린을 연주했던 사람은 20세기를 대표하는 바이올리니스트의 거장 프리츠 크라이슬러였습니다. 무슨 비결로 그렇게 여러 가지 재주를 가졌느냐는 질문에 그는 이렇게 대답했습니다.

"어떤 일도 원리는 같습니다. 끝없는 관심, 지속적인 노력, 이루고자 하는 열망만 있으면 됩니다. 이렇게 해서 첫번째 일이 성취되면 자신감을 얻습니다. 그러면 두번째 일부터는 그 경험까지 살려 전보다 더 쉽게 이뤄집니다. 보기에 전혀 달라 보이는 두 개의 일도 사실은 반드시 서로 깊은 관계가 있습니다. 문제는 첫번째 일을 완벽하게 처리하는 것이죠."

여러분! 그렇습니다. 무슨 일이든 첫번째가 대단히 중요합니다. 첫번째 일을 성공하면 성공자가 됩니다. 성공자가 다시 하는 일은 성공작이 됩니다. 어렵고 힘들더라도 첫번째 일을 성공하도록 최선의 노력을 합시다.

지금까지 '첫번째 일의 중요성'에 대해 말씀드렸습니다.

최초의 승리감

지금부터 '최초의 승리감'에 대해 말씀드리겠습니다.

1918년 봄, 피로에 지칠 대로 지친 프랑스군은 미국의 원군을 애타게 기다리며, 독일군의 공격에 간신히 대항하며 전선을 지탱하고 있었습니다. 미군의 합세가 곧 있을 것이라는 정보는 독일군도 알고 있었으므로, 원군이 도착하기 전에 맹공격을 퍼부을 것은 뻔한 일이었습니다.

그러나 프랑스군은 전선의 전역을 철통같이 지킬 능력이 없었습니다. 이러한 위기감이 팽팽한 그때, 마침 프랑스군은 적의 참모본부가 전선사령부로 타전한 무선암호를 잡아냈습니다. 암호문은 즉시 가장 우수한 해독자들에게 회부되었지만, 암호가 새로 바뀌어 해독이 도저히 불가능했습니다.

이때 부대 안에는 학교를 갓 졸업하고 입대한 신병 조르시 팡방이라는 암호해독자가 있었습니다. 그는 조국의 존망이 풍전등화와 같은 위기에 놓였음을 깨닫고, 노련한 선임들이 포기한 암호해독에 단신으로 도전했습니다. 이틀 동안 낮과 밤을 한잠도 자지 않고 암호문과 씨름했습니다. 1주일도 채 지나기 전에 체중이 15킬로그램이나 줄었습니다.

마침내 조르시 팡방은 암호문을 해독해 사령관에게 전했습니다. 팡방의 필사적인 노력으로 불과 이틀 후에 시작된 적의 침공에 대비해 프랑스군은 한 곳을 집중 방어하며 독일군의 총공격을 타파할 수 있었습니다.

전쟁이 끝난 후 팡방은 제대해 민간인이 되었습니다. 그는 암호문 해독을 해내기 전에는 직장에 취직해서 평범한 사무직 정도의 일자리를 기대하고 있었습니다. 그러나 자기의 예기치 못한 능력을 새로이 인식한 그는 군에서의 성공을 발판으로 실업계에 투신해 큰 성공을 거두게 됩니다.

금융업과 화학공업으로 성공을 거듭한 끝에 파리상공회의소 회장과 프랑스 최대의 화학종합회사를 경영하는 대사업가로 군림했습니다. 그는 말년에 자기의 성공 비결을 다음과 같이 말했습니다.

"남들이 다 포기한 암호를 해독하고 인생에서 처음 거둔 승리감이 모든 것에 자신감을 갖게 했습니다."

여러분! 성공에는 재생 법칙이 있습니다. 처음 것을 성공하면 다음 것도 성공하게 됩니다. 그것은 최초의 승리감이 자신을 갖게 하기 때문입니다. 어떤 일에 도전하든 처음 것에 전력투구하십시오. 첫 승리가 새로운 성공의 발판이 됩니다.

지금까지 '최초의 승리감'에 대해 말씀드렸습니다.

311

추도사의 요령

지금부터 '추도사의 요령'에 대해 말씀드리겠습니다.

다음은 1962년 마릴린 먼로가 자살했을 때, 그의 죽음을 애도하는 비엔나 오페라단의 거장 로버트 스톨츠가 한 추도사의 일부분입니다.

"마릴린 먼로의 특별한 매력 중 하나는 순수함이었습니다. 그것은 육체적으로 깨끗하다는 순수함이 아니라, 어릴 때부터 힘든 삶을 살아야 했던 여자가 사람들과 인생을 대할 때 거짓이 없었다는 순수함입니다.

이것은 그녀를 매력적으로 만들고 좋아하게 만드는 이유였습니다. 아무리 신사라고 할지라도 그녀를 만나면 누구나 육체적인 매력을 느낄 뿐 아니라, 그녀를 보호해주고 싶은 감정을 느꼈을 것입니다. 왜냐하면 그녀는 예쁜 것보다 가냘픈 느낌이 더 많이 들기 때문입니다. 불쌍한 마릴린, 유감스럽게도 그녀 인생에 끼어든 대부분의 남자들은 별로 예의 바른 편이 아니었습니다. 나는 마릴린 먼로가 시적 감성을 가지고 있었다고 생각합니다. 그것은 그녀의 괜찮은 영화 몇 편에서 자신의 가냘픔과 외로움이 섞여 있는 배역을 통해 알 수 있습니다."

다음은 존 F. 케네디 대통령이 암살된 지 20년이 지난 1987년의 추도식에서 그의 동생 에드워드 케네디 상원의원이 연설한 추도사의 요지입니다.

"우리는 그를 잃은 슬픔을 잊을 수 없습니다. 케이프코드의 밝은 여름 햇살 아래에서 이렇게 따뜻한 계절이 다가올 때는, 활기차던 그의 모습이 여전히 떠올라 이렇게 말하고는 합니다.

'우리는 형이 그리워. 존, 언제까지나 그리울 거야.'

그러나 어둠 속에서도 별을 볼 수 있듯, 우리는 지금 그를 볼 수 있습니다. 우리는 여러 나라에 사는 이 시대 위대한 인물들을 많이 알고 있습니다. 그러나 그에게는 특별히 짧은 생애로도 꺼지지 않는 불꽃이 있습니다. 그는 우리가 미국인인 것을 자랑스럽게 만들었고 그의 불꽃은 언제까지나 이 세상을 비출 것입니다."

여러분! 추도사는 고인의 업적과 명복을 비는 스피치입니다. 추도사만큼 단 몇 분 동안 편안함과 감동을 주는 스피치도 없을 것입니다. 추도사의 요령으로는 첫째, 남아 있는 가족이나 친구들을 위로하고, 둘째 청중이 사랑했던 고인의 좋은 점과 그들이 함께 나누었던 행복한 추억들을 회상하도록 하며 셋째, 감동을 주는 말로 끝맺으면 훌륭한 추도사가 됩니다.

지금까지 '추도사의 요령'에 대해 말씀드렸습니다.

친절과 배려

지금부터 '친절과 배려'에 대해 말씀드리겠습니다.

영국의 경제학자 애덤 스미스는 "친절한 태도로 사람에게 끼친 유쾌함은 다시 돌아오며 가끔 이자까지 붙어서 되돌아온다"고 했습니다.

필라델피아의 어느 외딴 마을에 조그마한 호텔 하나가 있었습니다. 비가 억척같이 쏟아지는 밤 열두시가 다 되었을 무렵 노부부가 문을 열고 들어섰습니다. 온몸이 비에 젖어 말이 아니었습니다. 호텔 종업원은 걱정스런 표정으로 말했습니다.

"비를 많이 맞으셨군요. 그런데 어쩌면 좋지요? 지금 호텔에 빈방이 없는데……."

비에 젖은 노부부는 난처한 듯 서로 쳐다보다 현관문 쪽으로 한두 걸음 떼기 시작했습니다.

"손님! 이 마을에는 여기 말고 변변한 호텔이나 모델이 없습니다. 비도 많이 오고 바람도 부는데, 혹시 제가 쓸 방이라도 괜찮으시다면 쉬도록 하세요. 저는 밤에도 근무를 해야 하니까요. 누추하긴 합니다만……."

노부부는 고마워하며 청년이 안내하는 방에 가서 하룻밤을 묵고 이튿날 아침, 호텔 종업원에게 이렇게 말하고 떠났습니다.

"당신이 손님에게 친절을 베풀며 일하기에는 너무나 작은 호텔이군요. 당신을 위해서 큰 호텔을 하나 짓고 싶습니다."

그로부터 2년 후, 이 호텔 종업원에게는 초청장과 비행기 표가 하나 더불어 날아왔습니다. 종업원이 초청을 받고 참석한 곳은 '애스토리아 호텔 개업식'이었고 성대한 개업식에 인사를 하러 나온 호텔 주인은 2년 전 종업원의 방에서 자고 간 노부부였으며, 그 노인은 2년 전에 친절을 베풀어준 청년을 위해 이 호텔을 지었노라고, 개업식 인사말을 하며 호텔의 경영권을 청년에게 주었습니다.

조그마한 친절, 따뜻한 배려가 인생을 정리할 노부부를 감동시켰고 더 큰 친절과 배려가 되어 되돌아온 것입니다.

여러분! 친절은 베푸는 사람에게 조금 불편할지라도 받는 사람을 기쁘게 합니다. 친절의 제일 조건은 배려심입니다. 상대를 위해 불편함이 없이 도와주려는 마음이 배려심이며, 배려심의 언행 표현이 곧 친절입니다. 우리 모두 친절한 사람이 됩시다.

지금까지 '친절과 배려'에 대해 말씀드렸습니다.

친절과 봉사

지금부터 '친절과 봉사'에 대해 말씀드리겠습니다.

친절한 시내버스 운전기사 이성욱 씨를 아십니까? 그는 항상 운전대 바로 옆에 마이크를 놓고 운전합니다. 그리고 버스가 정류장에 멈춰 설 때마다 한 손에 마이크를 잡고 구수한 목소리로 안내 방송을 합니다.

"남학생은 밀고 여학생은 졸졸 따라 들어가세요."

"이번 정류장은 가게 앞입니다. 왜 가게 앞이냐 하면 몇 년 전까지 이 앞에 커다란 가게가 있었거든요."

복잡한 버스 안은 운전기사의 구수한 입담 한마디로 분위기가 바뀝니다.

이성욱 씨가 처음 버스 안에서 마이크를 잡게 된 것은 15년 전이었습니다. 어느 날, 밤늦도록 버스를 운전하던 그는 무거운 가방을 어깨에 메고 잔뜩 피곤에 지친 표정으로 버스에 오르는 한 학생을 태웠습니다. 학생은 자리에 앉자마자 바로 고개를 숙이더니 졸기 시작했습니다. 그런데 종점에 도착해 버스에서 내리려고 버스 안을 둘러볼 때였습니다. 그때까지 버스 맨 뒷자리의 아까 그 학생이 아무것도 모른 채 자고 있는 것 아닙니까? 그는 조심스레 학생을 깨웠습니다. 부스스 눈을 비비며 학생이 일어났습니다. 버스도 끊긴 늦은 시각에 어떻게 집으로 돌려보내야 할지 걱정이었습니다. 그는 당황해하는 학생을 보고 그냥 지나칠 수 없어, 그 늦은 시간에 다시 버스를 몰아 학생이 내릴 곳까지 데려다주었습니다.

그 뒤부터 그는 직접 마이크를 잡고 안내 방송을 하기 시작했습니다. 초행길 승객들이 헷갈리기 쉬운 정류장이 나오면 재미있는 이야기를 섞어가며 세세한 설명을 덧붙였고, 몸이 불편한 장애인이나 노인이 버스에 타면 직접 부축해 태워주었습니다. '봉사하는 마음으로 살자'는 자세로 늘 마이크를 옆에 두고 운전하는 이성욱 씨. 그는 지금도 서울 거리를 누비면서 많은 승객들에게 친절과 웃음을 한 아름씩 나눠주고 있습니다.

여러분! 우리는 타인에게 얼마나 친절과 봉사를 하며 살고 있을까요? '나 살기도 바쁜데'라는 핑계로 남 생각은 하지 않고 무심하게 살고 있지는 않은지요. 봉사는 꼭 물질적인 것만이 아닙니다. 남에게 웃음을 주거나 일을 거들어 주는 작은 노동, 내 것을 조금 덜어주는 나눔 등이 봉사입니다. 우리 모두 가족과 친구, 이웃에게 친절하게 봉사하는 생활을 합시다.

지금까지 '친절과 봉사'에 대해 말씀드렸습니다.

친절의 대가

지금부터 '친절의 대가'에 대해 말씀드리겠습니다.

일본 도쿄의 번화가 신주쿠에 '상아이(三愛)'라는 회사의 건물이 있습니다. 그 자리에 이 건물이 들어서게 된 데는 재미있는 에피소드가 있습니다.

1945년 2차 대전에 패망한 일본, 폐허가 된 벌판에서 한 사업가가 '도쿄의 재건은 이곳에서 시작될 것이다'라고 외치며 목 좋은 네거리에 사옥을 짓고 싶어 땅주인을 찾아갔습니다. 땅주인은 전쟁미망인 노파였는데 완고한 사람이라 일언지하에 거절했습니다. 그래도 그 땅을 꼭 사야겠다는 일념으로 몇 번이고 방문해 사정을 했습니다.

그러자 노파는 며칠간의 여유를 주면 팔든 안 팔든 확답을 하겠다고 했습니다. 엄청나게 눈이 많이 내린 다음 날, 노파는 땅을 사겠다는 사장을 찾아 나섰습니다. 빙판이 된 눈길을 몇 번이고 넘어지면서 상거지 꼴이 되어 회사에 당도했습니다.

"어서 오십시오, 할머니."

문 앞에 앉아 있던 여직원이 얼굴에 웃음을 머금고 반가이 맞이했습니다.

"사장님을 좀 뵐까 하고 왔는데⋯⋯."

"사장님이요. 3층에 계신데 올라가시지요."

여직원은 손녀가 할머니를 부축하듯 자기의 슬리퍼를 벗어주며 친절하게 사장실로 안내하는 것이었습니다.

"어서 오십시오. 회답하실 줄 알았더라면 제가 찾아뵈었을 텐데요. 그래 땅은 파시기로 작정하셨습니까?"

"아니오. 곰곰이 생각해봤지만 조상 대대로 내려온 땅을 내가 팔아치운다면 죽어서도 조상을 뵐 면목이 없을 것 같아 거절하려고 온 거요."

그동안의 노력이 수포로 돌아가 버린 사장은 맥 빠진 소리로 말했습니다.

"다시 생각해주십시오. 회사의 사옥을 짓는 데 그 땅이 꼭 필요합니다."

"그래요? 조금 아까 그 여직원 참 친절합디다. 이렇게 친절한 여직원을 부하로 거느린 사장의 인격은 얼마나 더 훌륭하겠습니까. 그런 사람이라면 이 나라를 위해서 큰일을 할 것 같소. 그럼 그 땅을 양도하겠소."

여러분! 친절한 응대는 회사의 사운까지 좌우하는 힘이 있습니다. 그렇다면 친절은 어디서 나올까요? 친절은 사랑하는 마음에서 나옵니다. 사람을 사랑하고 업무를 사랑하며 나라를 사랑하는 친절한 사람이 됩시다.

지금까지 '친절의 대가'에 대해 말씀드렸습니다.

Today's
speech

315

친절의 생활화

지금부터 '친절의 생활화'에 대해 말씀드리겠습니다.

철학자 아리스토텔레스는 "그릇이 큰 사람은 남에게 호의와 친절을 베푸는 것을 자기의 기쁨으로 깨닫는다"고 했고, 프랑스의 수학자이자 철학자 파스칼은 "슬기로운 사람은 이해관계를 떠나 누구에게나 친절하고 어진 마음으로 대한다"고 했으며, 유태 격언에는 '똑똑하기보다 친절한 편이 낫다'고 했습니다.

미국 제25대 대통령 윌리엄 매킨리는 진퇴양난에 빠졌습니다.

'두 사람 다 유능하긴 한데 누구를 선택해야 좋을까?'

둘 다 오랜 친구이고 유능한 사람인데 그중에서 한 명을 선택해 고위 외교관으로 임명해야 했기 때문이었습니다. 한동안 고민하던 그는 결정하는 데 도움을 줄 옛날의 한 사건을 떠올렸습니다.

폭풍이 휘몰아치는 어느 저녁이었습니다. 젊은 매킨리는 친구들과 전차를 탔고, 친구들은 문 가까이에 자리를 잡았지만 그는 맨 뒤쪽의 하나밖에 안 남은 자리에 앉았습니다. 그때 나이 많은 부인이 빨랫감이 가득 든 무거운 바구니를 이고 힘겹게 전차에 올랐습니다. 나이 많고 초라한 외모의 부인에게 아무도 자리를 양보하지 않자, 그녀는 난간에 기댄 채 바구니를 이고 서 있었습니다.

매킨리의 두 친구 중 나이 어린 한 명이 그녀와 가까운 곳에 앉아 있었습니다. 그런데 이 친구는 그녀를 못 본 체하며 자리를 양보하지 않았습니다. 보다 못한 매킨리가 난간으로 가서 바구니를 들어 옮기며 부인에게 자리를 양보해주었습니다. 그러나 이 친구는 여전히 이 광경을 못 본 체하고 신문만 들여다보고 있었습니다.

'그래. 자기밖에 모르는 이기주의자라면 아무리 유능하다 해도 외교관으로는 적합하지 않아.'

젊은 시절의 사소한 이기적 행동이 훗날 그 친구가 그토록 원했던 외교관의 자리를 얻지 못하게 되는 계기가 될 줄은 꿈에도 몰랐을 것입니다.

여러분! 될 성싶은 나무는 떡잎부터 알아본다고 했습니다. 젊은 시절에 불친절한 사람이 성인이 되었다고 친절한 사람으로 바뀌지는 않습니다. 하나를 보면 열을 안다고 평소에 불친절한 사람이 외교관이 된들 친절하겠습니까? 친절은 마음에서 우러나와야 하는 습관입니다. 친절을 생활화합시다.

지금까지 '친절의 생활화'에 대해 말씀드렸습니다.

665

칭찬의 마력

지금부터 '칭찬의 마력'에 대해 말씀드리겠습니다.

영국 격언에 '바보도 칭찬을 해주면 천재로 만들 수 있다'는 말이 있습니다.

덴마크의 동화작가 한스 안데르센은 어려서 글을 잘 쓰지 못했다고 합니다. 다만 글쓰기에 약간의 흥미를 느끼고 있을 뿐이었습니다. 안데르센이 열한 살 때, 처음 제대로 된 작문을 완성하자 그는 기뻐서 이 사람 저 사람에게 자기가 쓴 글을 보여주었습니다. 그러나 아무도 그 글에 관심을 가지지 않았습니다. 안데르센은 평소 친하게 지내던 이웃 아주머니에게 가 큰 소리로 자기가 지은 글을 읽어주었습니다.

"아주머니, 제 글 어때요?"

그러나 아주머니 역시 다른 사람들처럼 냉담하게 말했습니다.

"애야, 괜한 시간 낭비를 했구나. 네 얘기를 듣느니 차라리 다른 일을 할 것을 그랬구나."

몹시 실망한 안데르센은 작문 노트를 들고 울기 시작했습니다. 이 모습을 본 안데르센의 어머니가 어린 아들의 작은 손을 잡으며 갖가지 예쁜 꽃이 핀 화단으로 데리고 갔습니다.

"얘야, 이 꽃 참 예쁘지? 그러나 이 꽃 옆엔 아직 봉오리를 맺지 못한 잎사귀가 있구나. 이 잎사귀는 아직 자라려면 멀었다. 하지만 보렴. 얼마나 싱싱하고 푸른가. 분명히 이 잎사귀는 자라서 아주 예쁜 꽃을 피울 거야. 한스야, 넌 이 어린 잎사귀와 똑같단다. 그러니 언젠가는 훌륭하게 피어나 사람들을 기쁘게 해줄 수 있을 거야. 자! 힘내라, 한스."

어머니는 안데르센의 흙 묻은 엉덩이를 툭툭 두들겨주었습니다. 그 후에도 안데르센의 글솜씨는 사람들에게 인정받지 못했습니다. 그러나 유독 그의 어머니만은 안데르센이 글을 잘 썼다고 항상 칭찬해주었습니다. 어머니의 격려는 어려울 때마다 안데르센에게 큰 힘이 되었고 이를 바탕으로 그는 65세까지 156편의 동화를 발표하며 세계적인 동화작가로 성공했던 것입니다.

여러분! 인간의 재능은 칭찬하는 쪽으로 개발됩니다. 그렇다면 여러분은 자녀들에게 또 동료나 부하에게 얼마나 많은 칭찬의 말을 하고 계십니까? 칭찬에는 사람을 분발시키는 마력이 있습니다. 칭찬하고 또 칭찬합시다.

지금까지 '칭찬의 마력'에 대해 말씀드렸습니다.

칭찬의 효과

지금부터 '칭찬의 효과'에 대해 말씀드리겠습니다.

어느 신문의 독자 투고란에 다음과 같은 글이 실려 있었습니다.

"우리 집 장남은 체육을 싫어하고 노력하기를 싫어한다. 말만 잘하는 이론 가로 어느 쪽인가 하면 반의 문제아였다. 그러다 5학년이 된 어느 날, 체육선 생님이 무심코 던져준 한마디가 아들을 크게 변화시켰다.

'오, 너는 열심히 노력하는 타입이구나.'

그날부터 아들은 매일 저녁이 되면 마라톤을 하러 밖으로 나갔다. 비 오는 밤, 좀체 돌아오지 않아서 찾으러 나가니 학교 정문 앞에서 비를 맞으며 제자 리걸음을 하고 있는 게 아닌가? 격려해주신 선생님이 귀가하는 것을 기다리 고 있었던 것이다. 자기 모습을 보여주고 싶어서. 그로부터 3년이 지나 중 2 가 된 아들은 체육이나 그 밖의 과목까지 믿기 어려울 정도로 성적이 향상됐 고, 모두가 싫어하는 학생회의 간부까지 떠맡았다. 마법을 쓰신 선생님은 자신의 한마디는 아마도 잊었을 것이다."

교사의 대수롭지 않은 한마디가 학생을 완전히 바꿔놓았다는 이야기입니다.

다음은 잡지에 게재된 어느 여대생의 수기입니다.

"고교 시절, 나는 테니스 반에 들어갔으나 가혹한 연습이 싫어서 게으름만 피우고 있었다. 그런데도 뜻밖에 1학년 여름 합숙 훈련을 할 때 시합 정규선수로 뽑혔다. '이렇게 게으름만 피우는 내가 왜?'라며 놀란 가슴을 달래고 있자니 등 뒤에서 3학년 선배가 말을 걸어왔다.

'인원수가 부족하다는 점도 있지만 더욱 연습하면 가능성이 크기 때문에 너를 정규선수에 넣은 거야. 성격도 강하니까 선배 팀에 들어와도 견뎌낼 테고. 너라면 해낼 수 있다고 생각해. 정신차리고 잘해 봐.'

순간 나는 가슴이 뭉클해지는 느낌이 들었다. 놀고만 있었는데 꾸중 한마디 없이 이렇게도 신뢰하고 기대해주고 있다니. 다음 날부터 매일 연습에 진지하게 몰두하고 휴일에도 코트에 나갔다. 선배가 은퇴하고 나는 부장을 맡았다. 고교 시절은 늘 테니스와 함께였고 테니스에 의해 삶이 달라지고 변해갔다. 그것은 선배의 말에서 시작되었다. 그 말이 없었다면 지금의 나는 없을 것이다."

여러분! 말에는 힘이 있습니다. 특히 플러스 말은 인간을 분발시키는 힘이 있습니다. 칭찬하고 인정하며 격려하는 플러스 말을 사용하도록 노력합시다.

지금까지 '칭찬의 효과'에 대해 말씀드렸습니다.

ㅊ

칭찬의 힘

지금부터 '칭찬의 힘'에 대해 말씀드리겠습니다.

　어느 초등학교 4학년 교실, 담임선생님이 결근을 해서 다른 여선생님이 대신 수업을 맡았습니다. 선생님은 자습 대신 음악수업을 진행하겠다고 한 후 "이 반에서 노래 잘하는 학생이 누구니?"라고 물었습니다. 그러자 아이들은 일제히 "김병철"이라고 외쳤습니다. 김병철의 노래를 끝까지 들은 선생님의 표정은 밝지 않았습니다.

　"또 다른 학생은 없니?"

　"조순학이요."

　조순학은 김병철 다음으로 노래를 잘하는 학생으로 알려졌기 때문입니다. 조순학이 나가서 노래를 불렀지만 선생님은 여전히 불만스러운 표정이었습니다. 출석부를 뒤적이던 선생님이 갑자기 소리쳤습니다.

　"이 반의 반장 나와봐."

반장은 차웅달이었는데 체격도 좋고 공부도 잘하는 학생이었지만 '노래는 아니올시다'였습니다. 차웅달은 노래가 다 끝나기도 전에 중도에서 포기하고 말았습니다.

그러자 선생님은 "부반장 일어서!" 하고 말했습니다. 부반장은 청천벽력 같은 그 소리에 가슴이 고동치기 시작했습니다. '드디어 기회가 왔구나'라는 생각보다 너무나 갑작스러운 일이라서 어쩔 줄 몰라 했습니다. 그렇지만 선생님이 시키는 대로 일어나 〈달맞이 가세〉를 불렀습니다. 이 노래가 그 학생의 인생을 바꾼 계기가 될 줄은 아무도 몰랐습니다. 노래가 끝나자 아이들은 물론 선생님까지 모두 우레와 같은 박수를 쳤습니다. 성량도 컸고 음질도 좋았으며 음정이나 박자가 완벽했기 때문에 모두 감탄한 것입니다.

그 후 이 학생은 자기 반의 대표뿐 아니라 학교를 대표하는 '노래꾼'이 되었으며, 성인이 된 후 한국예술종합학교의 총장이 되었습니다. 그의 이름은 이강숙. 초등학교 때 우연히 노래로 칭찬을 받고 음악인이 된 케이스입니다.

여러분! 사람은 누구나 칭찬을 받고 싶어 합니다. 칭찬은 우리에게 새로운 에너지와 생명력을 부여해주며 기적을 일으키는 힘까지 지니고 있습니다. 우리 모두 칭찬하고 칭찬받는 사람이 됩시다!

지금까지 '칭찬의 힘'에 대해 말씀드렸습니다.

671

칭찬과 비평의 차이

지금부터 '칭찬과 비평의 차이'에 대해 말씀드리겠습니다.

어려서부터 음악 천재라는 별명이 붙은 소녀가 있었습니다. 그녀는 음악경연대회에서 입상도 했고, 천부적인 재능을 가진 장래가 촉망되는 소녀였습니다. 자라면서 교회나 학교, 그 밖의 많은 단체에서 노래를 불러달라는 요청을 자주 받게 되었습니다.

그녀의 부모는 딸을 훌륭한 음악가로 키우기 위해 유명한 선생님에게 보냈습니다. 그 선생님은 그녀가 노래를 하다 한 곳이라도 틀리면 일일이 지적을 하고 야단을 치며 완벽을 강조했습니다. 선생은 그녀에 비해 나이가 많고 엄했지만, 그녀는 선생님을 사랑하게 되었고 마침내 결혼을 했습니다.

그러나 행복해야 할 신혼은 어디 가고 그녀는 점점 수척해졌고 얼굴에 수심이 가득했습니다. 결국 그녀는 노래를 잃어버린 카나리아가 되었고 설상가상으로 남편까지 일찍 세상을 떠나고 말았습니다.

그러던 어느 날, 모임에서 만난 한 청년이 그녀에게 청혼을 했습니다. 그는 뛰어난 영업사원으로 항상 웃는 얼굴을 하며 사람들을 즐겁게 하는 사람이었기 때문에, 그녀는 조심스럽게 그 청년과 교제를 시작했습니다. 그에게 점점 사랑을 느낄 무렵 그녀에게 작은 변화가 나타났습니다. 잃어버렸던 고운 노래가 목청을 타고 다시 흘러나온 것입니다. 그녀가 무의식중에 콧노래라도 흥얼거리면 그는 이렇게 말했습니다.

"큰 소리로 부르세요. 당신은 세상에서 가장 아름다운 목소리를 가졌어요."

신이 난 그녀는 더 열심히 노래를 불렀습니다. 여러 곳에서 다시 노래를 불러달라는 요청이 들어오기 시작했고 그녀의 마음도 차츰 밝아져 갔습니다. 얼마 후 그녀는 예전의 명랑했던 모습으로 돌아갈 수 있었고, 마침내 그 청년과 결혼해 행복한 인생을 살았습니다.

여러분! 칭찬 한마디가 꿈을 이루는 자양분이 되기도 하고 인생의 방향을 바꿀 수 있는 행복의 나침반이 되기도 합니다. 그런데도 칭찬에 인색한 사람이 많습니다. 칭찬보다는 질책이 더 빠른 효과가 있을 것이라는 착각 때문이지요. 그러나 칭찬은 무한한 가능성을 현실로 만드는 힘을 갖고 있으며 행복한 삶을 살아가게 하는 밑거름이 되기도 합니다. 우리 모두 주위 사람에게 먼저 칭찬의 말을 할 줄 아는 기분 좋은 사람이 됩시다.

지금까지 '칭찬과 비평의 차이'에 대해 말씀드렸습니다.

Today's
speech

320

커뮤니케이션의 왜곡

지금부터 '커뮤니케이션의 왜곡'에 대해 말씀드리겠습니다.

개인이든 조직이든 상호 간에 커뮤니케이션이 제대로 되지 않고는 어떤 일도 성공할 수 없습니다. 그럼에도 불구하고 커뮤니케이션의 70%정도가 오해의 소지를 남기거나 왜곡되고, 또 싫증을 느끼게 한다고 합니다.

우리에게 잘 알려진 에피소드 하나를 예로 들어봅시다.

로키 산맥을 지나는 기차 속에 군인 두 명과 여자 두 명이 마주보고 앉아 있었습니다. 한 사람은 젊은 사병이었고 다른 한 사람은 그 사병의 부대장인 중령이었습니다.

맞은편에는 아름다운 여인이 자기 할머니와 같이 앉아 있었습니다. 기차가 긴 터널을 지날 때, 캄캄한 가운데 두 가지 소리가 들렸습니다. 하나는 키스하는 소리고 또 하나는 따귀를 때리는 소리였습니다. 기차가 터널을 벗어나자 네 사람은 각자 다음과 같이 생각습니다.

674

할머니는 '젊은 군인 녀석이 내 손녀에게 키스를 했구나. 저 녀석, 한 대쯤 맞아도 싸지. 그래도 그렇게 세게 때릴 것까지는 없었는데……' 했고, 손녀는 '보이지 않아서 누군지 확실히 몰라도 저 사병이 나한테 키스를 하려다 할머니에게 잘못한 모양이군. 그렇더라도 할머니께서 그렇게 세게 때리시다니……' 했습니다.

중령은 '이 녀석이 젊은 여자에게 키스를 했군. 여자는 싫었던 모양인데 어두워서 잘못 알고 엉뚱하게 내 뺨을 때린 모양이야. 아무리 그래도 저런 가냘픈 여자가 이렇게 아프게 때리다니……' 했으며, 사병은 '아! 얼마나 통쾌한 일인가? 사병이 제 손등에 키스를 하고 부대장의 따귀를 때리고도 욕 한마디 듣지 않을 수 있다니……' 하고 있었습니다.

여러분! 이 에피소드는 같은 사건이라도 그 느낌은 사람마다 제각기 다르며, 바로 이런 점이 커뮤니케이션의 가장 큰 저해 요인이라는 것을 알려줍니다. 어디 그뿐인가요? 선입관으로 인한 오류와 자기 입장에서만 생각하는 편견은 또 얼마나 많습니까? 인간은 십인십색이며 천차만별이고 또 시시각각 변하기 때문에 커뮤니케이션이 어려운 것입니다. 그래서 커뮤니케이션은 단순한 의사 전달이 아니라 서로 주고받는 의사소통이라야 합니다. 먼저 상대의 입장을 생각하고 자기 의사를 전달하도록 노력합시다.

지금까지 '커뮤니케이션의 왜곡'에 대해 말씀드렸습니다.

커뮤니케이션의 중요성

지금부터 '커뮤니케이션의 중요성'에 대해 말씀드리겠습니다.

커뮤니케이션이란 일반적으로 사회생활을 하는 인간 사이에 행해지는 사상의 교환이나 전달을 의미합니다만, 자기 자신과의 내적 커뮤니케이션도 있습니다. 이 내적 커뮤니케이션은 신경과 직접적인 관계가 있습니다.

1억 년 전쯤 지구를 지배하고 있던 파충류는 공룡이었습니다. 그러나 이 공룡은 어떤 이유에서인지 갑자기 지구에서 그 모습을 감추고 말았습니다. 공룡의 멸망에 대해서는 여러 가지 설이 있지만 빙하시대에 돌입한 지구가 냉각화되자 살아남을 수 없었다는 설이 유력합니다.

그런데 또 하나의 유력한 설이 있습니다. 공룡의 뇌는 사과 크기 정도였고 몸의 길이가 30m 안팎이며 신경이 아주 둔했다고 합니다. 그래서 꼬리에서 뇌에까지 신호가 전달되는 데는 편도로 30초 이상이나 걸렸다는 것입니다. 그래서 공룡이 멸종된 것이라고 합니다.

공룡시대가 끝날 무렵, 체구는 작지만 재빠르고 온혈이며 머리 좋은 포유류가 발생했습니다. 신경이 둔한 공룡은 이 재빠른 동물들과의 생존 경쟁에서 졌다는 주장입니다. 날쌘 동물이 공룡의 꼬리를 물어뜯어도 아프다는 신호가 뇌에 전달되기까지는 30초가 걸리고, 위험하니 꼬리를 흔들라고 하는 신호가 다시 꼬리에 도달하는 데 30초가 걸려 행동을 취하기까지 자그마치 1분이란 시간이 소요된다는 것입니다.

아무리 힘이 세고 덩치가 큰 공룡이라도 스피드 감각이 없기 때문에 싸움에서 지고 또 덩치가 크기 때문에 많이 먹어야 하는데, 먹이마저 날쌘 동물들이 다 먹어치우는 바람에 굶어서 멸망할 수밖에 없었다는 것입니다.

경제학자 중에는 공룡이 멸망한 이유를 기업의 멸망에 비유하는 사람도 있습니다. 공룡은 큰 조직을 가진 대기업이라 할 수 있고 신경은 조직 내의 커뮤니케이션에 비유할 수 있습니다. 다시 말해 조직이 크고 냉혈이며 커뮤니케이션이 잘되지 않는 대기업은 요즘 같은 대변혁의 불황 시대를 맞으면 살기 힘들다는 것입니다.

여러분! 조직 내의 커뮤니케이션이란 이렇게 중요한 것입니다. 아무리 규모가 작은 중소기업이라 하더라도 커뮤니케이션이 잘되면 대기업의 꼬리를 물고 싸워 이길 수 있습니다. 우리 모두 스피드 감각을 기르고 커뮤니케이션이 잘되도록 노력합시다.

지금까지 '커뮤니케이션의 중요성'에 대해 말씀드렸습니다.

큰 목소리의 중요성

지금부터 '큰 목소리의 중요성'에 대해 말씀드리겠습니다.

태곳적부터 인간이 가진 큰 목소리는 집단에 경고를 알리는 중요한 역할을 해왔으며 리더십의 근원이었습니다. 그러던 것이 문명이 발달하고 커뮤니케이션 수단이 개발되어, 지금은 일상생활에서 큰 목소리가 그다지 필요하지 않아 퇴화 일로를 걷고 있습니다. 그러나 일단 긴급한 사태를 맞거나 대중을 향해서 질타 격려를 하고 설득을 해야 할 상황에서는 기백이 넘치는 큰 목소리가 사람들을 움직이게 합니다.

일본의 저명한 산업훈련전문가 우지케 코지는 도산 직전의 1,900여 기업에 불을 붙여 성공시킨 장본인입니다. 그의 연수 프로그램 중 대표적인 것은 'D2P^{Dynamic Power-up Program} 훈련'인데 그 내용 가운데 '큰 목소리 내기 훈련'이 있습니다. 이 훈련에는 '맹렬하게 울부짖음, 부름, 외침'의 세 가지가 있는데, 그는 이 세 가지 큰 목소리가 일체가 되어 인간의 마음을 움직인다고 합니다.

큰 목소리 내기 훈련의 효과를 이해하고 사내에서 적극적으로 활용하고 있는 기업은 구르시마도크 그룹을 비롯해 도쿄블라우스, 다이쇼 식품, 다이요 그룹, 고조 센터 등 이루 헤아릴 수 없을 정도로 많습니다.

다이쇼 식품은 일본에서 양념장으로 유명한 회사인데, 이 회사에서는 본사의 옥상에서 큰 목소리 내기 훈련이 일과로 돼 있습니다. 또 도쿄블라우스는 본사 앞 큰 개천의 제방 위에 서서 큰 목소리 내기 훈련을 하고 있습니다. 큰 소리 내기는 정신적으로 의기소침한 사원들에게 기백을 넣어주고 스트레스를 해소시킬 뿐 아니라 육체적으로는 뱃속에서 있는 힘을 다해 소리치는 것이 자극이 되어, 신체의 세포조직 말단에까지 활성화가 미쳐 활기차게 일할수 있게 해준다고 합니다.

그래서 그런지 최근에는 산업훈련뿐 아니라 이벤트로서도 '큰 목소리 내기 경연대회'가 일본 대도시의 한복판에서 개최되어, 평소의 울분을 토해내는 좋은 기회로 많은 젊은이들에게 인기를 얻고 있습니다.

여러분! 모기 소리만 한 작은 목소리는 자신을 의기소침하게 만들며 사람들에게 나약한 사람으로 평가받기 쉽습니다. 그러나 큰 목소리는 자기에게 자신감을 갖게 할 뿐 아니라 많은 사람을 움직이게 하는 데 탁월한 효과가 있습니다. 스피치 파워는 보이스 파워가 좌우합니다.

지금까지 '큰 목소리의 중요성'에 대해 말씀드렸습니다.

ㅋ

타인의 힘

지금부터 '타인의 힘'에 대해 말씀드리겠습니다.

어떤 사나이가 말을 팔려고 장에 갔는데 사흘이 지나도 누구 하나 거들떠 보지 않았습니다. 그래서 사나이는 말을 잘 보기로 유명한 사람을 찾아가 부탁했습니다.

"시장에 오셔서 내 말 주위를 한 바퀴 돌고 돌아가실 때는 다시 한 번만 뒤돌아봐 주십시오. 사례는 충분히 하겠습니다."

말 잘 보는 사람이 그대로 해주자 말은 열 배나 비싼 값에 팔렸습니다. 이 이야기는 전국시대의 책략가 소대(蘇代)가 제나라의 유력한 고문 격인 순우곤(淳于髡)에게 자기를 왕에게 추천해달라는 부탁을 하면서 사용한 비유였습니다.

또 한고조의 태자 효혜(孝惠)의 이야기도 있습니다. 효혜가 태자로 결정되고 생모가 나이 들어 쇠약해지자 고조의 애정은 측실인 척 부인에게 옮겨갔습니다. 척 부인은 베개 밑 총애를 기회로 자기 아들을 황태자로 봉해달라고 졸랐습니다. 황태자 효혜의 운명은 그야말로 바람 앞의 촛불이 되었습니다.

그런 어느 날 궁중에서 술잔치가 베풀어지고 그 자리에 참석한 고조는 깜짝 놀랐습니다. 태자의 뒤에 단정한 옷차림의 네 노인이 배속하고 있는 것 아닙니까? 이 노인들은 당대에 이름난 현자로 일찍이 고조가 출사를 청했어도 초야에 은거해 있던 인물들이었습니다. 네 노인의 배석은 지략가 장양(張良)이 효혜를 돕기 위해 연출한 것이었습니다. 고조는 '이와 같이 강력한 후원자가 생긴 이상 태자를 바꿀 수 없겠구나' 하는 생각이 들어 척 부인에게 다음과 같이 말했습니다.

"나는 네가 낳은 여의를 태자로 앉히려 했는데 황태자에게 이미 날개가 생겨 나의 힘으로 어쩔 수가 없구나. 단념해다오."

여러분! 이 두 일화는 후광효과를 멋지게 활용해 성공한 케이스입니다. 후광효과란 성상(聖像)의 몸 뒤로부터 비치는 광명을 말하는데 심리학 용어로는 어떤 강력한 것에 눈을 빼앗기게 되면, 다른 것의 특성을 못 보게 되는 현상을 가리킵니다. 다른 사람의 강한 권위를 빌리면 실제 이상으로 자기 이미지를 높일 수 있습니다. 여러분은 힘든 일을 혼자서만 하려고 애쓰지는 않습니까? 자기 힘만으로 안 될 때는 후광효과를 활용해봅시다.

지금까지 '타인의 힘'에 대해 말씀드렸습니다.

Today's speech 324

탐욕

지금부터 '탐욕'에 대해 말씀드리겠습니다.

프랑스의 실존주의 철학자 사르트르는 "인간은 욕망의 크기만큼 성장한다"고 했지만 지나치면 탐욕이 되어 인간을 파멸시키고 맙니다. 주위 사람들을 한번 둘러보십시오. 탐욕 때문에 패가망신하고 건강마저 잃어 불행해진 사람들이 얼마나 많습니까?

탐욕의 근원을 살펴보면 모두 '하고 싶다', '먹고 싶다', '갖고 싶다' 등의 '싶다'에서 출발합니다. 인간의 욕심은 많지만 그 중에서도 현대인은 특히 식욕과 색욕을 참지 못하는 것 같습니다.

사냥꾼이 여우 사냥을 어떻게 하는지 아십니까? 여우가 제일 좋아하는 것은 살구 기름입니다. 그래서 사냥꾼은 이 살구 기름에 독약을 섞어 여우가 잘 다니는 곳에 놓습니다. 그러나 꾀 많은 여우는 쉽게 속지 않습니다.

'이야! 내가 좋아하는 살구 기름. 그렇지만 먹지 말아야지. 틀림없이 독약

이 들었을 거야. 부모님과 형제를 꾀어 죽게 만든 살구 기름! 난 절대로 사냥꾼에게 속지 않을 거야.'

굳은 결심을 하지만 너무나 먹고 싶은 살구 기름이기에 돌아보고 또 돌아보며 생각합니다.

'절대로 먹지 말자. 그러나 보고 냄새를 맡는 것쯤이야 어떠랴.'

살구 기름을 끝내 못 잊어 돌아와 냄새를 맡아보니 더욱 먹고 싶어지는 것이었습니다.

'먹지는 말고 살짝 혀끝으로 맛만 보자.'

일단 맛을 본 여우는 그 맛에 반했습니다.

'조금은 먹어도 괜찮겠지.'

조금 먹어보니 죽지 않았고 더욱 먹고 싶어졌습니다.

'아, 맛있다. 조금만 더, 조금만 더 먹자.'

먹으면 더욱 먹고 싶어지는 살구 기름에 넋이 나간 여우는 이성을 잃고 맙니다.

'아휴, 벌써 반 이상을 먹었네. 그런데도 아무렇지도 않잖아. 에라 모르겠다. 죽든지 말든지 실컷 먹고보자.'

맛있는 살구 기름을 다 먹은 여우는 마침내 피를 토하고 죽는다고 합니다.

여러분! 이 이야기가 어찌 여우에게만 해당되겠니까? 우리 인간도 탐욕에 이성이 마비되어 자기 자신을 망치는 경우가 얼마나 많습니까? 지나친 탐욕은 자기 자신을 망치고 패가망신한다는 사실을 명심하고 욕심을 조절하며 삽시다.

지금까지 '탐욕'에 대해 말씀드렸습니다.

투자와 배당금

지금부터 '투자와 배당금'에 대해 말씀드리겠습니다.

네덜란드의 인문학자 에라스무스는 "새로운 친구를 사귀어도 오래된 친구를 잊지 말라"고 했고, 고대 페르시아의 왕 다리우스는 "가장 귀중한 재산은 사려 깊고 헌신적인 친구"라 했습니다.

여러분은 유럽 제1의 금융재벌 로스차일드를 알고 계실 것입니다. 로스차일드 하우스^{Rothschild House}의 옛 설립자 가운데 한 사람이 젊은 시절 사업을 시작하려고 친구에게 돈을 빌려달라고 했습니다. 그러자 친구는 지불 보장도 없이 선뜻 돈을 빌려주었습니다. 돈을 빌린 젊은이는 독일로 가서 반세기 동안 세계적인 재벌이 되었는데 그의 옛 은인은 그 사실을 전혀 몰랐습니다.

그러던 중 그 은인은 늙고 병들어 재산마저 잃게 되어 큰 고통을 받게 되었습니다. 그때 로스차일드 하우스로부터 편지 한 통이 날아왔습니다.

그 내용은 중대한 상담이 있으니 은행으로 오라는 것이었습니다. 그래서 그 위대한 은행가의 개인 사무실로 찾아갔는데 뜻밖에도 소식이 끊겼던 옛 친구 로스차일드가 반가이 맞이하는 것이었습니다.

"어서 오게나. 참 오래간만이군."

옛 친구는 그에게 10만 달러 상당의 큰 수표를 건네며 말했습니다.

"50년 간 내 은행에 신탁한 주식의 배당금을 지불하네."

가난해진 친구는 깜짝 놀라면서 자기는 그렇게 많은 돈은 받을 수 없다고 거절했습니다. 그러자 은행가인 로스차일드는 친구의 손에 수표를 쥐어주며 다음과 같이 설명했습니다.

"여보게, 이건 선물이 아니고 자네가 준 돈에 대한 실질적인 이익일 뿐이네. 나는 자네가 빌려준 돈을 여러 번 굴렸고 이제 이 정도의 이자가 쌓이게 된걸세. 그동안 소식을 전하지 못해 미안하네."

여러분! 이 얼마나 아름다운 이야기입니까? 친구가 어려울 때 조건 없이 돈을 빌려줄 수 있는 마음의 여유, 그리고 그 돈을 몇 천배로 되갚은 우정이야말로 세상에서 보기 드문 값진 선물 아닐까요? 여러분은 지금 누구에게 어떤 투자를 하고 있습니까?

지금까지 '투자와 배당금'에 대해 말씀드렸습니다.

판단력의 중요성

지금부터 '판단력의 중요성'에 대해 말씀드리겠습니다.

독일의 철학자 쇼펜하우어는 "추리하는 능력은 모두 갖고 있지만 판단하는 능력은 소수의 사람만 갖고 있다"고 했으며, 중국 제나라 시조 강태공은 "장수된 자는 하늘의 법칙을 알고 땅의 상태를 알아야 하며 그 가운데 있는 사람의 일을 알아야 한다"고 했습니다.

공자가 제자들을 데리고 여러 나라를 순회하던 중, 진나라와 초나라 사이에서 오해를 받고 도망을 다니던 일주일 동안, 밥 한술 얻어먹을 수가 없었을 때의 일입니다.

허기진 배를 움켜쥐고 공자가 낮잠을 자다 깨보니 수제자 안회(顔回)가 어디서 쌀을 얻어 왔는지 죽을 끓이고 있었습니다. 죽이 다 끓었을 무렵 안회는 한 움큼의 죽을 뜨더니 자기 입으로 집어넣는 것 아닙니까? 그것을 본 공자는 속으로 은근히 화가 났지만 아무 말도 안하고 어떻게 하는지 지켜보고 있었습니다. 마침내 죽이 다 되었는지 안회는 죽 한 대접을 퍼 먼저 공자에게 들고 왔습니다.

"스승님, 이것으로 요기라도 하시지요."

그러자 공자는 다음과 같이 말했습니다.

"방금 꿈에서 돌아가신 아버님을 뵈었으니 먼저 아버님께 바친 다음 먹겠다."

그러자 안회는 당황한 표정으로 말했습니다.

"그건 아니 되옵니다. 본래 제물은 깨끗해야 하는데 이건 그렇지가 못합니다. 아까 죽을 끓이다보니 냄비 속에 불순물이 빠져 있어 제가 손으로 건져내다 그만 손에 죽이 묻어버렸습니다. 그냥 씻어 버리기가 아까워서 그 죽을 제가 먹었습니다. 그런데 어떻게 깨끗하지 못한 죽을 제물로 바칠 수 있겠습니까?"

그 말을 들은 공자는 자신의 경솔함을 깨닫고 크게 뉘우쳤다고 합니다.

여러분! 사람을 올바르게 안다는 것은 이처럼 어려운 일입니다. 당신이 만약 지도자라면 자신의 경솔한 판단으로 좋은 인재를 놓치지 않도록 신중하십시오! 지도자의 첫째 조건은 판단력입니다.

지금까지 '판단력의 중요성'에 대해 말씀드렸습니다.

페어플레이

지금부터 '페어플레이'에 대해 말씀드리겠습니다.

약육강식의 동물 세계에도 생존의 법칙과 승부의 기준이 있습니다. 동물이 싸움을 할 때는 배가 고플 때와 수놈이 승부를 가릴 때입니다. 후자의 경우에는 두 가지 이유가 있습니다. 하나는 암컷을 차지하기 위한 것이고, 또 하나는 무리의 리더가 되기 위한 싸움입니다. 싸움에서 이긴 수컷은 종족 유지를 위해 암컷에게 온갖 애정을 쏟고, 또 리더가 된 수컷은 생명의 위험을 무릅쓰고 무리를 지킵니다.

절대로 불필요한 싸움은 하지 않고, 싸울 때는 반드시 지켜야 할 룰이 있습니다. 예를 들면 영양은 뿔과 뿔을 맞대고 싸웁니다. 뿔로 다른 곳을 찌르는 일은 없습니다. 뿔과 뿔을 맞대고 격렬하게 치고받다 보면 저절로 실력이 판가름나며 진 놈은 시선을 떨어뜨리고 상대방에게 등을 돌립니다. 그것으로 승부는 끝입니다. 동물은 죽도록 싸우는 어리석은 짓은 하지 않습니다.

이리는 이빨과 이빨을 맞부딪치며 싸웁니다. 예리한 이빨로 같은 이리를 무는 일은 없습니다. 기린도 뿔을 무기로 싸우는데 뿔로 받아도 찢어지지 않는 딱딱한 곳 외에는 절대로 공격하지 않습니다.

그렇다면 원숭이는 어떻게 싸울까요? 유명한 심리학자 에드워드 리 손다이크 박사는 국제적인 분쟁과 원숭이들의 싸움을 다음과 같이 비교했습니다.

"원숭이들도 인간처럼 무리지어 그들의 영토에 산다. 다른 원숭이 무리가 영역을 침범하면 그들은 곧 맹렬히 울부짖는 소리를 낸다. 침입자들도 울부짖음으로 대항한다. 신사다운 방어에 의한 이 경쟁은 울부짖기에 지친 쪽이 퇴각할 때까지 계속된다. 피 한 방울 흘리지 않고 양식이나 은신처 어느 것 하나도 파괴하지 않는다. 그 결과는 다수가 소수를 이기고 호전적인 자들이 평화주의자들을 이기며, 또 무력이 이성을 이기는 인간들보다 확실히 더 좋은 것이다."

여러분! 세상에서 가장 잔인하고 비겁한 짓을 하는 동물은 인간일지도 모릅니다. 재산을 빼앗기 위해 살인을 하고 순간의 쾌락을 위해 강간을 하며 자기만의 이익을 위해 동료를 배반하는 등 못된 것은 짐승만도 못하지 않습니까? 생존 경쟁의 사회에서 승부는 불가피하지만 우리는 꼭 지켜야 할 것은 지키고 정정당당하게 싸우는 페어플레이를 해야 합니다.

지금까지 '페어플레이'에 대해 말씀드렸습니다.

Today's
speech

328

편견

지금부터 '편견'에 대해 말씀드리겠습니다.

작가 이문열이 청년 시절 처음 서울에 도착해 무허가 여인숙에서 하룻밤 묵게 되었습니다. 당시 하룻밤 자는 데 방값이 독방을 쓰면 300원, 합숙을 하면 1인당 200원이었는데 그는 합숙을 택했습니다. 그의 전 재산은 달랑 500원뿐이었기 때문입니다.

그가 번역물을 훑어보며 일을 하고 있을 때 합숙할 소년이 방으로 들어왔습니다. 팔다 만 신문 뭉치를 든 소년의 행색은 더럽고 초라했습니다. 그 소년을 본 순간 그는 갑자기 불량소년들의 나쁜 소행이 떠올라 자신이 가진 것을 점검했습니다. 돈 300원과 아끼는 몇 권의 책이 전부였습니다.

소년이 세수를 하러 나가자 그는 돈 300원을 꼬깃꼬깃 접어 셔츠 주머니에 감추고, 책 몇 권은 수건으로 말아 베개 대신 뺐습니다. 그러자 소년이 들어와 이불 위에 돈을 쏟아놓고 계산을 하는데 어림으로 천 원은 돼 보였습니다. 돈 세기를 마친 소년은 돈을 속옷 주머니에 넣고 그 옷을 머리맡에 두고 이불 속으로 들어가 잠을 자는 것이었습니다. 그러자 그는 소년을 흔들어 깨웠습니다.

"얘야, 그 많은 돈을 그렇게 아무렇게나 놓고 자면 어떡하니?"

그는 '누가 훔쳐가기라도 하면 어쩌느냐?'는 뜻으로 소년에게 물었습니다.

"누가 가져간다고요? 이 방엔 아저씨와 저뿐이잖아요?"

소년의 말에 말문이 막힌 그는 다시 작업을 시작했지만 일이 손에 잡히지 않았습니다. 부끄러움 때문이었습니다. 그는 소년을 깨워 사과를 했습니다.

"얘야, 미안하구나. 난 네가 의심스러워서 이 얼마 안 되는 돈을 감추고 책은 이렇게 베개를 삼았단다. 나를 용서해주겠니?"

소년은 얼굴에 미소를 띠며 말했습니다.

"아저씨가 저를 의심하는 것은 당연해요. 그러나 제가 아저씨를 의심하는 건 잘못이지요."

여러분! 그렇습니다. 인상이 나쁘다고 가정환경이 안 좋다고 몸이 불편하다고, 겉모습이 초라하다고 사람을 편견으로 대하는 것은 잘못입니다. 그 사람의 됨됨이나 인격, 능력으로 사람을 평가해야 올바른 판단을 할 수 있지 않겠습니까? 선입관의 편견을 버립시다.

지금까지 '편견'에 대해 말씀드렸습니다.

평등사상

지금부터 '평등사상'에 대해 말씀드리겠습니다.

미국의 사상가 에머슨은 "인간은 교회 앞에서 평등하고 국가 앞에서 평등한 것처럼 모든 인간 앞에서 평등하다"고 했으며, 프랑스의 법사상가 몽테스키외는 "인간은 평등하게 태어났지만 평등하게 성장하지는 못한다"고 했습니다. 그런가 하면 프로이드는 "인간은 원래 불평등하게 태어났다. 따라서 평등하게 다루려고 해도 무익하다"고 했습니다.

그렇다면 인간 사회에 있어서 이상적으로 생각하는 완전한 평등이란 과연 실현할 수 없는 것일까요?

흥미로운 사회적 실험 한 가지를 소개하겠습니다.

1945년 제2차 세계대전이 끝난 직후 체코슬로바키아에서 실제로 있었던 일입니다. 전쟁의 와중에 암거래상과 점령군에 협력한 매국노들이 크게 돈을 벌었고, 조국을 위해 피 흘리며 싸운 애국자들은 빈털터리가 되었습니다.

독일군이 패퇴하고 복귀한 망명정부는 이들 배신자들이 정직한 애국자를 깔고 앉아 폭리를 취한다는 사실을 알고, 갑자기 모든 은행의 잔고를 무효화시키고 새로운 통화를 발행했습니다. 그리고 국민 한 사람 한 사람에게 새로 발행한 통화를 똑같이 분배해주었습니다. 이 이상 평등하고 나무랄 데 없는 상태가 또 어디 있겠습니까? 완전한 경제적 평등! 남녀노소, 빈부귀천이 없이 평등하게 재산을 준 것입니다.

그런데 이게 어인 일입니까? 얼마 못 가서 큰돈을 뿌리는 자와 푼돈을 모으는 자가 나타났습니다. 몇 달이 지난 후에는 또 다시 새로운 백만장자와 가난뱅이가 속출했습니다. 사람들은 완전한 평등을 주장하지만 완전한 평등 실현은 역시 꿈에 지나지 않았던 것입니다.

여러분! 경제적 평등을 실현하려 했던 체코 정부의 노력은 왜 실패하고 말았을까요? 그것은 한마디로 완전 평등은 이 세상에 존재하지 않기 때문입니다. 인간 사회는 경쟁입니다. 남들보다 더 잘살고 싶고 남들보다 더 강해지기를 바라는 것이 인간의 본능입니다. 그렇다면 방법은 단 한 가지, 남들보다 나아지기 위해 더 노력하는 길뿐입니다. 당신은 지금 얼마만큼 노력하고 있습니까?

지금까지 '평등사상'에 대해 말씀드렸습니다.

품격을 높이는 방법

지금부터 '품격을 높이는 방법'에 대해 말씀드리겠습니다.

영국 시인이며 극작가인 셰익스피어는 "꽃에 향기가 있듯 사람에게도 품격이란 것이 있다. 마음이 맑지 못하면 자신의 품격을 보존하기 어렵다"고 했습니다.

영어에 댄디즘^{dandyism}이란 말이 있습니다. 얼핏 들으면 근사하게 치장하는 것쯤이라고 생각하기 쉽습니다만 문학에서는 정신적인 귀족주의를 추구하는 것으로 사용됩니다. 진정한 댄디즘은 물심양면에 걸쳐 일류 철학을 갖고 있으며 진짜주의를 추구한다는 뜻입니다.

소지품 하나를 보더라도 어색한 부분이 없고 행동에도 품격이 있으며, 취미도 다분히 귀족적인 사람을 가리켜 '댄디즘의 소유자'라고 합니다. 예를 들면 꽃은 조화여서는 안 되고 음식은 인스턴트 식품이어서는 안 됩니다. 책도 페이퍼백은 사지 않으며 영화나 연극은 TV로 보지 않는다는 생활 방식입니다. 오케스트라나 오페라 역시 진짜를 보지 않으면 안 됩니다.

여하튼 여러 가지 불필요한 장식은 되도록 배제하고 싼 것이나 모조품으로 때우지 않는 것이 댄디즘의 철칙입니다. 댄디즘은 물질에만 국한되는 것이 아니라 삶의 방식에도 반영되고 있습니다.

영국의 수상 윈스턴 처칠이 제2차 세계대전 때 독일의 항복을 의회에 보고하게 되었습니다. 평소에도 명연설가로 손꼽힌 그였기에 전쟁에 승리한 때라서 필시 훌륭한 연설을 할 것이라고 기대하며 모두 군침을 삼켰습니다. 그런데 서슴없이 단상에 올라간 처칠은 기대와 달리 다음과 같이 말했습니다.

"여러분! 방금 독일이 항복했다는 보고가 들어왔습니다. 이것으로 전쟁은 끝입니다."

이 간단명료한 연설에 만장에는 박수갈채가 울려 퍼졌다고 합니다. 말의 댄디즘이 아닐까요?

여러분! 지도자는 죽을 줄 알면서도 싸우지 않으면 안 될 때가 있습니다. 댄디즘은 텔레비전이나 영화의 주인공처럼 자기를 희생하면서도 약자를 돕고 강자를 꺾습니다. 남들의 선망과 인정을 받으며 출세 가도를 달리는 성공자가 되고 싶다면, 댄디즘으로 자신의 품격을 높이도록 합시다. 품격이 높은 사람만이 대성공을 합니다.

지금까지 '품격을 높이는 방법'에 대해 말씀드렸습니다.

품성 만들기

지금부터 '품성 만들기'에 대해 말씀드리겠습니다.

1990년에 발표된 〈귀향〉, 〈가족〉을 포함한 존 브래드쇼의 책 세권은 미국에서 250만 부나 팔려 그는 베스트셀러 작가가 되었습니다. 책뿐 아니라 그의 말을 녹음한 오디오테이프 역시 잘 팔렸습니다. 존 브래드쇼는 미국 전역을 돌아다니며 워크숍을 열고 있는데 수많은 청중에게 다음과 같이 말합니다.

"어른들이 느끼는 고독감, 소외감, 절망감 등 모든 불행이 다 어린 시절에 겪은 애정 결핍에서 비롯한 것으로, 그 상처가 아물지 않은 채 우리 각자의 속에 남아 있기 때문입니다."

그러면서 그는 자기의 어린 시절 이야기를 한 예로 소개합니다. 그의 나이 열 살 때 알코올중독자인 아버지는 부인과 세 자식을 버리고 집을 나갔으며, 할아버지는 며느리인 어머니를 강간했고, 외할머니는 근친상간을 당한 후유증인지 50년 동안 자리에 몸져누워 있었다고 합니다.

사람은 누구나 남에게 공개하지 않는 어린 시절의 비밀을 갖고 있어 병든 것이라며 이와 같은 만성 고질병을 낫게 하려면, 우리 모두가 각자 자기 속에서 아직도 신음하고 있는 어린애에게 '자, 이제부터는 내가 너를 잘 보살펴주마'라고 말하며, 그 옛날에 학대한 부모 형제로부터 떠나기 위해 '잘 가!' 하고 작별을 고하라고, 청중 한 사람 한 사람에게 최면을 걸듯 부드러운 음성으로 타이른다고 합니다.

예부터 '인간의 품성은 선천성인가 후천성인가?' 하는 의론이 분분해왔습니다. 그 결과가 최근 여러 학자들이 합동으로 연구 조사한 끝에 거의 결정적인 공론에 도달했다는 발표가 있었습니다.

조사 대상으로 여러 쌍의 동성 쌍둥이를 아주 어려서부터 분리시켜 전혀 다른 환경에서 키워본 결과, 주어진 여건과 받은 교육에 큰 상관 없이 비슷하다는 것이었습니다. 그래서 얻은 결론이 선천적인 요소가 70~80%이고 후천적인 요소가 20~30%의 가능성이라는 것입니다.

여러분! 선천적으로 타고난 품성은 어쩔 수 없다 하더라도, 후천적으로 만들어지는 품성이 20~30%라고 한다면, 우리는 좋은 품성을 만들기 위한 교육과 환경에 좀 더 힘써야 하지 않을까요? 특히 자녀 교육에 모범을 보이도록 노력합시다. 모범은 최상의 교육입니다.

지금까지 '품성 만들기'에 대해 말씀드렸습니다.

프로 정신

지금부터 '프로 정신'에 대해 말씀드리겠습니다.

1998년 7월 7일은 스물한 살의 한국 여성 박세리가 미국 위스콘신 주에서 벌어진 US 여자 오픈 골프대회에서 극적으로 패권을 잡아, 전 세계 골프인들의 화제가 된 날입니다.

당시 화제의 주인공이 된 그녀에 대한 미국 언론의 평은 어떨까요? 세계적으로 권위 있는 〈뉴욕타임스〉는 "박세리는 여자 골프계의 새로운 챔피언 자리를 확실하게 굳혔다"고 했고, 〈워싱턴포스트〉는 "박세리가 골프사의 새로운 장을 창조했다"고 했습니다.

박세리는 이 대회의 역사상 '최연소 우승'과 함께 '동양인 첫 우승'의 기록을 세웠습니다. 그러나 이러한 사실도 중요하지만 화제가 된 것은 그녀가 경기에 임하는 자세였습니다. 박세리는 초반 4타차까지 뒤진 상태로 연장전에 돌입했습니다. 5시쯤 18번 홀에서 박세리가 티샷한 볼이 야속하게도 연못가

러프에 떨어졌습니다. 이 광경을 지켜보던 시민들은 가슴이 철렁했고 불길한 예감마저 들었습니다. '제기랄! 이젠 가망이 없어. 운이 나빠.'

그러나 정작 절망해야 할 박세리는 3, 4분 동안 볼을 노려보더니 결심한 듯 골프화와 양말을 벗고 맨발로 물에 들어가 야속한 공 앞에 섰습니다. 그리고 과감한 스윙으로 볼을 걷어내는 데 성공했습니다. 이 벼랑 탈출의 샷이 역전의 발판이 되었습니다.

마침내 새벽 5시 45분쯤, 홀당 단판 승부로 치러진 재연장 경기의 두번째인 11번 홀, 시민들은 숨소리를 죽여가며 마지막 장면을 지켜봤습니다. 그리고 박세리가 55미터짜리 버디 퍼팅을 성공시키자 감격의 환성을 질렀습니다. 그때까지 터미네이터처럼 냉정하게 경기를 이끌어온 박세리도 복받치는 환희의 감정을 참지 못하고 눈물을 흘렸습니다. 그녀는 우승 소감을 묻는 기자들에게 다음과 같이 말했습니다.

"처음에는 퍼팅이 마음먹은 대로 잘되지 않았습니다. 그러나 골프는 장갑을 벗어야 결과를 알 수 있습니다. 그래서 포기하지 않고 프로로서 최선을 다한다는 생각으로 경기에 임했습니다."

여러분! 성공하는 사람은 프로 정신에 투철합니다. 끝까지 싸워봐야 승부를 알 수 있다는 자세로 컨디션이나 여건이 어떻든 전력투구합니다. 그 결과로 승리의 월계관을 얻게 되는 것입니다. 우리도 주어진 일에 최선을 다합시다.

지금까지 '프로 정신'에 대해 말씀드렸습니다.

플러스 생각

지금부터 '플러스 생각'에 대해 말씀드리겠습니다.

셰익스피어는 "세상에는 복이나 화가 따로 없다. 다만 생각 여하에 따라 이렇게도 저렇게도 되는 것이다"라고 했습니다.

테이프레코더라고 하면 누구나 카세트테이프를 생각할 것입니다. 그러나 테이프레코더가 나타난 당초에는 거의가 오픈릴pen reel 형이었습니다. 그것을 콤팩트형의 카세트테이프로 개발한 것이 1963년 네덜란드의 필립스사였습니다. 새로 나온 카세트테이프는 당시에 그 유례를 볼 수 없었던 획기적인 연구 성과였습니다. 특허품을 필립스사의 독점물로 생산한다면 그 수익성은 대단해 떼돈을 벌 수 있었습니다.

그러나 필립스사는 독점하지 않고 특허를 세계에 무상으로 공개한다고 선언했습니다. 필립스가 무상 공개를 결정한 데는 나름의 계산이 있었습니다. 그것은 다름 아닌 카세트테이프의 생산자가 증가하면 그만큼 이 새로운 방식이 온 세계로 확대될 것이며, 그렇게 되면 선발 기업인 자기네 회사의 수입이 훨씬 더 증대할 거라고 생각한 것입니다.

결과는 필립스사의 계산이 그대로 적중해 엄청난 돈을 벌었으며, 미국 경제전문지 〈포춘Fortune〉에 세계 5대 기업으로 당당히 꼽히는 지위를 확보했습니다.

또 미니카세트 하면 일본 소니사가 개발한 워크맨을 빼놓을 수 없습니다. 워크맨을 처음에 개발했을 때 회사 내에서는 '녹음은 할 수 있으나 스피커도 달리지 않고 오직 이어폰으로 재생밖에 못하는 신제품이 과연 팔릴까?' 하고 부정적이었습니다. 게다가 '워크맨이라는 신조어가 통할 것이냐?' 하는 우려도 있었습니다. 그러나 오직 한 사람 사장만은 다르게 평가했습니다.

"음악 속에서 자란 세대가 증가하고 있다. 정밀 재생의 기능을 지닌 이 워크맨은 신세대에게 장차 필수품이 될 것이며 상품명도 친밀감을 준다."

판매 결과는 대히트 상품으로 군림하게 되었습니다.

여러분! 생각에는 플러스와 마이너스가 있습니다. 마이너스 생각은 부정적 사고방식이며 소극적으로 움츠리게 만들고, 플러스 생각은 긍정적 사고방식이며 적극적으로 행동하게 만듭니다. 우리 모두 플러스 생각으로 이 난국을 헤쳐나가도록 합시다.

지금까지 '플러스 생각'에 대해 말씀드렸습니다.

필요한 사람

지금부터 '필요한 사람'에 대해 말씀드리겠습니다.

포드자동차회사에서 일어난 이야기입니다. 경영진에서는 생산 원가를 낮추고 생산력을 높이기 위해 일련의 계획을 준비하고 있었습니다. 이러한 계획은 곧 회사 전체에 소문이 퍼졌고 사원들은 불안해했습니다. 특히 빌이 근무하는 어셈블리 라인이 그 대상이라는 것이었습니다.

"우리 부서의 모든 작업을 로봇이 대신하게 된대."

"그럼 우린 어떻게 되지?"

빌의 동료들은 앞으로 불어올 감원 바람으로 걱정이 태산 같았습니다. 그들 대부분이 중년층이었으며 모두가 정년퇴직할 때까지 그 라인에 남아 있기를 원했습니다. 그런데 대량으로 감원을 한다니 불안해서 일이 손에 잡히지 않아 고민만 하고 있었습니다.

빌 역시 이미 가라앉고 있는 난파선의 선원처럼 같은 운명에 처해 있었습니다. 다른 동료들이 요행이 있기를 바라며 맥이 빠져 있을 때, 그는 스스로 탈출구를 찾아 나섰습니다. 그는 자신이 회사에 꼭 필요한 존재가 되려면 어떻게 해야 할까 연구했습니다.

'로봇이라…… 그렇지. 제아무리 훌륭한 로봇이라 하더라도 그것을 운전하고 정비해주는 사람이 필요할 거야.'

여기까지 생각한 그는 서둘러 낮에는 생산 라인에서 작업을 하고, 밤에는 학원에 나가 컴퓨터 하드웨어를 열심히 공부했습니다. 그리고 자기가 공부하고 있다는 사실을 라인의 책임자에게 알렸습니다.

그로부터 1년 후, 공장의 자동화가 이루어져 예상했던 대로 로봇이 배치되었고 많은 노동자들이 해고를 당했습니다. 그때 빌은 책임자에게 자신 있게 말했습니다.

"저에게 로봇을 맡겨주십시오. 저는 기계를 작동시킬 수 있으며 어셈블리 라인의 전반적인 흐름을 알고 있습니다."

책임자는 경영진에게 추천했고 빌은 해고는커녕 승진을 하게 되었습니다.

여러분! 세상에는 세 부류의 인간이 있습니다. 꼭 필요한 사람, 있어도 그만 없어도 그만인 사람, 필요치 않은 사람입니다. 아무리 경제적 불황이 밀어닥치고 대량으로 감원 바람이 불어도 꼭 필요한 사람은 살아남습니다. 당신은 어느 타입에 속할까요?

지금까지 '필요한 사람'에 대해 말씀드렸습니다.

하기 싫은 일

지금부터 '하기 싫은 일'에 대해 말씀드리겠습니다.

영국의 정치가 글래드스턴은 어렸을 때 수학을 가장 싫어했습니다. 아무리 수학에 취미를 붙여보려고 애를 써도 수학 시간만 되면 싫증이 났습니다. 그래서 고향에 계신 아버지 앞으로 편지를 썼습니다. 그 내용은 다른 과목은 다 좋은데 수학만큼은 진척이 없고 성적도 나쁘니, 수학 공부를 단념해도 좋다는 허락을 해달라는 것이었습니다. 며칠 후 가정부가 편지를 한 통 들고 왔습니다.

"도련님, 고향의 아버님으로부터 편지가 왔군요."

그 편지에는 다음과 같이 적혀 있었습니다.

"글래드스턴아, 네 편지를 읽고 아버지가 느낀 것은 너에게 용기와 끈기가 필요하다는 점이다. 힘겨운 학과나 하기 싫은 공부일수록 더욱 열심히 해야 하지 않겠느냐? 사람이란 어려운 일을 해냈을 때가 가장 기쁜 거란다. 또 힘든 일을 정복하려고 열과 성의를 쏟는 것은 너의 인격 형성을 위해서도 매우 중요한 수련을 쌓는 일이 될 거다. 그러니 아무 소리 하지 말고 지난날보다 더욱 수학 공부를 열심히 해주길 바란다. 그럼 몸조심하고 공부 잘해라."

편지를 다 읽은 글래드스턴이 깊은 생각에 잠겨 있는데 옆에 있던 가정부가 물었습니다.

"뭐라고 써 있어요?"

"하기 싫은 수학 공부를 더욱 열심히 하라는군."

"싫어도 수학 공부를 좀 더 열심히 해보세요. 도련님은 머리가 좋으시니 수학도 뛰어난 실력을 가질 수 있어요."

가정부의 말에 힘을 얻은 글래드스턴은 결심했습니다.

"아주머니 제 대신 아버님께 편지 좀 써주세요. 글래드스턴이 수학을 열심히 공부하는 학생이 될 것을 맹세했다고요."

글래드스턴은 곧바로 수학책을 펼치고 공부를 시작했습니다. 또 싫증이 났지만 아버지의 얼굴을 떠올리며 정신을 가다듬었습니다. 노력의 대가는 곧 나타나 그 후부터 수학의 천재란 말까지 듣게 되었습니다.

여러분! 실패자는 하기 싫은 일은 포기하지만 성공자는 하기 싫은 일도 해내는 근성을 지니고 있습니다. 여러분도 성공하고 싶다면 하기 싫은 일부터 정복하십시오!

지금까지 '하기 싫은 일'에 대해 말씀드렸습니다.

336

하찮은 일

지금부터 '하찮은 일'에 대해 말씀드리겠습니다.

노자는 "천릿길도 한 걸음부터 시작된다"고 했으며, 미국의 사상가 에머슨은 "천 개의 숲을 만들어내는 것은 한 개의 도토리에 있다"고 했습니다. 인류 역사상 위대한 발견이나 발명품은 하찮아 보이는 작은 것들을 경시하지 않은 데서 이루어졌습니다.

주전자 속 물이 끓어 뚜껑이 달가닥거리는 것을 눈여겨본 사람이 증기기관차를 발명했습니다. 잘라진 개구리 다리에 칼을 댔을 때 파르르 떨리는 것을 눈여겨본 사람이 동전기(動電氣)를 발견했습니다. 빨랫 줄에 널린 젖은 셔츠가 바람에 날려 부풀어오른 것을 눈여겨본 사람이 기구(氣球)를 만들어냈습니다. 사원의 둥근 천장에 걸려 흔들거리는 등불을 눈여겨본 사람이 시계추의 원리를 알아냈습니다. 정원의 양쪽 구석에 이어 걸쳐 있는 거미줄을 눈여겨본 사람이 현수교(懸垂橋)를 착상했습니다. 사과나무에서 사과가 떨어지는 것을 눈여겨본 사람이 만유인력의 법칙을 발견했습니다.

어디 그뿐입니까? 하찮아 보이는 작은 일이 큰 불행을 만들기도 합니다. 사소한 말다툼이 살인으로 이어지기도 하고, 비외교적인 언사가 수많은 생명과 재산 피해를 내는 전쟁을 일으키게 할 수도 있습니다. 위증(僞證) 한 번으로 선량한 사람이 살인자로 몰리기도 하고, 성급한 법률제정이 엄청난 국고의 손실을 보게 만듭니다. 망가진 바퀴 하나 때문에 기차가 탈선해버릴 수도 있고, 작은 플러그 하나가 빠져서 우주선이 발사되지 못하는 경우도 있습니다. 무심코 던진 담배꽁초가 산을 불태우기도 하고, 마구간의 램프가 떨어져 도시 전체를 불바다로 만들기도 합니다. 한 소년의 비행이 명문 학교의 명예를 실추시키고, 믿지 못할 유언비어가 기업은 물론 한 국가를 혼란으로 빠트리기도 합니다. 술 한 모금이 알코올중독의 시작이 되며, 장난삼아 슬쩍한 것이 도둑이 되어 평생 감옥을 드나들게도 만듭니다.

여러분! 하찮은 것에 커다란 가능성이 있습니다. 아무리 사소한 것이라도 깔보지 마십시오. 하찮은 일을 연구함으로서 불행을 예방하고 하찮은 것을 발전시켜 행복을 증대시킬 수 있습니다.

지금까지 '하찮은 일'에 대해 말씀드렸습니다.

ㅎ

하트파워

지금부터 '하트파워Heart Power'에 대해 말씀드리겠습니다.

헤드파워Head Power라는 말이 있습니다. 두뇌에 의한 힘을 말합니다. 기억력이 좋고 지식이 풍부한 것뿐 아니라 문제를 해결하는 능력까지 있는 사람을 헤드파워의 소유자라고 합니다. 그러나 지도자가 되려면 하트파워의 소유자가 되어야 합니다. 동서고금을 막론하고 하트파워의 소유자가 세상을 지배했습니다.

중국 고대 한나라의 고조 유방이 5년에 걸쳐 항우와의 사투 끝에 승리하고 천하를 평정해 황제의 자리에 올랐습니다. 고조는 어느 날 저녁 군신을 소집해 주연을 베풀며 그 석상에서 이렇게 말했습니다.

"제군들, 농민 출신인 내가 명장의 자손인 항우를 이겨 천하를 손에 쥘 수 있었던 것은 무엇 때문일까?"

그러자 한 사람이 일어나 말했습니다.

"폐하는 평소에는 건방진 사람을 경시하는 데 비해 항우는 사려 깊게 사람을 대우하는 듯 보입니다. 그러나 폐하는 성을 공략해 점령했을 때, 전리품을 공신들에게 나눠주고 천하와 이익을 하나로 했습니다. 한편 항우는 자기보다 덕망 있는 사람을 질투하고, 공적이 있는 자는 의심할 뿐 아니라 포상하지 않으려 했습니다. 이것이 폐하가 천하를 통일하고 항우는 불가능했던 이유입니다."

유방은 이 말을 듣자 껄껄 웃으며 말했습니다.

"너는 아직 하나는 알고 둘은 모르는구나. 나는 모략을 꾸미는 것은 장량(張良)에 미치지 못한다. 나라를 다스리고 군대의 식량을 공급하는 것은 소하(蕭何)에 미치지 못하며, 백만의 군사를 인솔해 승리하는 것은 한신(韓信)에 미치지 못한다. 그러나 이 세 사람의 특성을 각각 살려서 잘 다루었다. 항우에게는 범증(范增)이 있었지만 그를 잘 다루지 못했다. 이것이 내가 항우에게 이긴 원인이다."

여러분! 하트파워는 유방처럼 상대를 잘 이해하고 그 특성을 살려 충분히 효과 있게 활용하는 힘입니다. 정감(情感)이 풍부해 상대를 헤아리는 마음이 있고 사람을 대접하는 데 능숙하다는 것만으로는 하트파워의 소유자라고 할 수 없습니다. 하트파워의 소유자는 사람을 움직이고, 그 능력으로 세상을 움직여야 합니다. 우리 모두 이성과 감성의 조화를 이루는 하트파워의 소유자가 됩시다.

지금까지 '하트파워'에 대해 말씀드렸습니다.

학력이냐 능력이냐

지금부터 '학력이냐 능력이냐'에 대해 말씀드리겠습니다.

가난한 목수의 아들로 태어난 조지 웨스팅하우스는 학교 성적은 형편없었으나 무언가 만들기를 좋아했습니다. 학교 공부시키는 것을 단념한 그의 부모는 그를 공장에 넣었는데, 금세 맡은 일을 해치우고 자기의 일에 열중하고는 했습니다.

그가 스무 살이 되던 어느 날, 기차 사고를 본 그는 기차 탈선 때 응급 공사를 하는 기계를 발명해 특허를 따냈습니다. 이것이 웨스팅하우스의 발명 사업 제1보였습니다. 1868년, 그는 근대 최대 발명품의 하나인 공기 브레이크를 완성했습니다. 그러나 그것은 실제로 기차에 매달아 실험해보지 않으면 안 되었습니다. 여러 철도 회사를 찾아가 자기가 만든 공기 브레이크에 대해 설명했으나 모두 거절했습니다.

그런데 철강왕 카네기가 호의적인 반응을 보여 그의 주선으로 어느 철도 회사의 열차에 공기 브레이크를 붙여 실험을 하게 되었습니다. 이 역사적인 날, 웨스팅하우스는 자기의 공기 브레이크를 달고 운전하게 된 기관사에게 10달러짜리 금화 한 장을 쥐어주며 다음과 같이 말했습니다.

"잘 부탁하오. 내 포켓에 남은 유일한 재산이오."

만반의 준비가 끝나고 웨스팅하우스의 공기 브레이크가 장치된 열차는 발차했습니다. 전속력으로 달릴 때 준비한 말이 뛰어들었습니다. 이때 기차가 바짝 다가왔습니다. 위험한 순간, 그러나 기차는 말 앞 1미터 20센티 거리에서 우뚝 섰습니다. 성공이었습니다. 그의 나이 스물 셋, 이 최초의 실험으로 공기 브레이크의 힘이 얼마나 위대한 것인지 완전히 입증되었습니다.

이 소문이 퍼지자 사람들은 모두 놀랐고 자본을 대겠다는 사람이 줄을 섰습니다. 그 다음 해, 정식으로 '웨스팅하우스 에어브레이크 회사'가 설립되었고 그는 사장이 되었습니다. 그는 전기 쪽의 발명도 계속해 에디슨이 발명한 전기기관차를 처음으로 제작하기도 했고, 유명한 나이아가라 폭포의 수력전기공사를 완성한 것도 그였습니다.

여러분! 한 인간의 능력이 얼마나 많은 일을 합니까? 그런데도 아직 우리는 학력을 중시하고 있습니다. 일류 대학에 자녀를 보내려고 온갖 수단을 강구하는 부모들을 보면 안타깝기 그지없습니다. 이제 학력보다는 능력을 중요시하는 시대가 왔습니다. 자기의 능력 계발에 박차를 가합시다.

지금까지 '학력이냐 능력이냐'에 대해 말씀드렸습니다.

학습의 중요성

지금부터 '학습의 중요성'에 대해 말씀드리겠습니다.

〈바보온달과 평강공주〉 이야기는 누구나 잘 알 것입니다. 〈삼국사기〉에 의하면 어린 시절의 온달은 몹시 가난해 밥을 빌어다 눈먼 어머니를 봉양했습니다. 그런데 얼굴이 우습게 생겨 사람들은 그를 '바보온달'이라고 불렀습니다.

당시 고구려의 평강왕에게는 어린 공주가 있었는데 울기를 잘했습니다. 왕은 놀리느라고 "네가 울기를 잘하니 바보온달에게나 시집을 보내야겠다"고 말했고, 그때마다 공주는 울음을 뚝 그쳤습니다. 공주의 나이 열여섯 살이 되었을 때, 왕이 고씨(高氏)에게 시집을 보내려 하자 공주가 "저에게는 이미 정해놓은 배필이 있지 않습니까? 임금은 식언을 할 수 없습니다"라며 궁중을 나와 온달을 찾아 부부가 되었습니다.

공주는 궁중에서 가지고 나온 패물을 팔아 집과 밭을 마련하고, 새끼 말을 사서 준마로 키웠습니다. 그리고 남편 온달이 무술을 배우고 훈련하도록 적극적으로 내조했습니다. 고구려에서는 해마다 3월 3일이 되면 왕이 병졸들과 함께 사냥을 했는데, 한 사나이가 말 타는 폼이 멋지고 언제나 남보다 앞서며 짐승도 많이 잡았습니다. 왕이 그의 이름을 묻자 "소인의 이름은 온달입니다" 하는 소리를 듣고 깜짝 놀랐습니다.

이때 중국의 무제(武帝)가 고구려를 침공했습니다. 온달이 선봉장이 되어 큰 공을 세우니 왕이 기뻐하며 "이 사람이 나의 사위다" 하고 작위를 주어 대형(大兄)의 벼슬을 내렸다고 합니다.

이 이야기는 가난하고 무지한 청년과 지혜로운 공주의 아름다운 사랑 이야기지만, 천하의 바보를 대장군으로 만든 학습의 힘이 얼마나 큰 것인가를 일깨워주는 교훈이기도 합니다.

사이버네틱스cybernetics의 창시자 노버트 위너는 "인간과 다른 동물의 결정적인 차이는 학습"이라고 했습니다. 송나라의 유학자 주자는 "오늘 공부하지 않고 내일이 있다 말하지 말라"고 했습니다.

여러분! 인간은 학습에 의해 완성돼 갑니다. 배우고 익히는 데 바쁘다는 핑계를 대지 맙시다. 바쁠수록 짬을 내 학습해야 됩니다. '젊어서 배우면 장년에 이루고 장년에 배우면 노년에 빛을 발하며 노년에 배우면 쇠하지 않는다'는 사실을 명심해 우리 모두 좀 더 노력하는 학습자가 됩시다.

지금까지 '학습의 중요성'에 대해 말씀드렸습니다.

한 권의 베스트셀러

지금부터 '한 권의 베스트셀러'에 대해 말씀드리겠습니다.

〈뇌내혁명(腦內革命)〉이라는 책이 있습니다. 이 책은 동양의학의 신비로운 효능을 과학적으로 밝힌 것으로, 1995년 6월 5일 발간된 이후 6개월 만에 100만 부 이상의 판매고를 올린 일본 최고의 베스트셀러입니다.

이 책의 저자 하루야마 시게오는 일본의 전통 있는 동양의학 가문에서 태어나, 여섯 살 때부터 동양의술을 전수받았고 여덟 살 때 침술사범자격증을 딴 신동이었습니다. 그 후 그는 동양의술의 신비로운 효능을 과학적으로 밝히기 위해 동경대학 의학부에 입학했고 1966년에 졸업했습니다.

그는 전원도시 후생병원의 원장으로 재직하며 동양의학과 서양의학을 접목시키는 새로운 의술을 시도해 일본에서 센세이션을 일으킨 바 있습니다. 〈뇌내혁명〉은 그가 의사로 30년 이상을 연구한 결과인 '플러스 발상이 몸과 마음에 최고의 약이다'는 사실을 의학적·과학적으로 밝혀낸 획기적인 책입니다.

이 책은 우리나라에서도 번역판이 나오자 보름 만에 재판을 찍었으며, "삼성 그룹에서 이 책을 요약해 사장단 회의 자료로 활용하고 있다"는 기사가 〈조선일보〉에 실리자, 각 기업체에서 연수 교재로 채택했던 화제의 책이었습니다. 이 책의 내용 가운데 몇 가지를 소개하겠습니다.

"현재 의사들이 고칠 수 있는 병은 전체의 20% 정도에 지나지 않으며 나머지 80%는 의료비만 물 쓰듯 낭비하는 실정이다.

의사는 자기를 찾아온 환자에게 두 손 모아 사죄하라.

무엇이든 플러스 발상을 하는 습관을 가진 사람은 면역성이 강해 좀처럼 병에 걸리지 않는다. 그러나 마이너스 발상만 하는 사람은 한심스러울 정도로 쉽게 병에 걸린다.

본래 인간은 자신의 체내에 모든 질환에 대한 방어 기능을 갖추고 있다.

인간의 건강에 가장 중요한 역할을 하는 물질은 뇌에서 분비하는 호르몬이다. 이 호르몬을 잘 활용하면 우리는 건강하게 살 수 있다.

뇌가 젊으면 125세까지 살 수 있다."

여러분! 에디슨은 "책은 대천재가 인류에게 남기는 유산"이라고 말했습니다. 한 권의 좋은 책을 읽는 것은 훌륭한 스승의 가르침을 받는 것과 같습니다. 책 속에 길이 있고 방법이 있습니다. 좋은 책을 읽도록 합시다.

지금까지 '한 권의 베스트셀러'에 대해 말씀드렸습니다.

한국인의 긍지

지금부터 '한국인의 긍지'에 대해 말씀드리겠습니다.

우리 주위에는 세계를 무대로 활동하며 한국인의 긍지를 심어준 인물이 참으로 많습니다. 세계 시장에서 기업을 일으킨 현대그룹의 정주영 회장, 삼성그룹의 이건희 회장, 대우그룹의 김우중 회장을 비롯해 많은 기업가들이 불철주야 노력해 국제 경쟁 속에서 당당히 상위에 올랐습니다.

또한 마라톤의 왕자 황영조를 비롯해 야구의 귀재 이승엽, 올림픽 때 환호의 금메달을 목에 건 많은 체육인들도 있습니다.

어디 그뿐입니까? 〈보리밭〉을 음반 악보에 한글로 싣지 않으면 취입을 안하겠다고 우겨 승리한, 신이 준 음성의 소유자 조수미도 있고, 세계적인 지휘자 정명훈 등 세계 정상급의 음악가들도 있다는 것은 우리가 이미 잘 알고있는 사실입니다.

그러나 우리가 모르는 세계 정상급의 한국인들 또한 참으로 많습니다. 그

중에 '알렉산더 김'에 대해 말씀드리고자 합니다. 그는 유명 슈퍼모델인 클라우디아 쉬퍼, 나오미 캠벨, 케이트 모스 등이 출전하는 세계모델대회의 헤어 디자인을 맡았던 인물입니다. 그의 단골 중에는 마이클 잭슨의 동생 자넷 잭슨을 비롯해 엘비스 프레슬리의 부인 프리실라 프레슬리 등 스타들이 즐비합니다.

'세계 제일의 커트 전문가'로 매스컴이 격찬하는 알렉산더 김은 분명 한국인입니다. 경북 금릉에서 10 남매 중 셋째로 태어나 중학교를 졸업하고 사환 일을 하면서 야간고등학교를 다닌 전형적인 우리의 보릿고개 세대입니다. 남자미용사는 물론 남자미용 지망생이 상담할 곳조차 없던 시절, 그는 부산에서 우여곡절 끝에 미용을 시작했고, 그의 섬세한 성격과 감각으로 시작한 지 2년 만에 1969년 국제기능올림픽 한국 대표로 금메달을 획득해 세계적으로 유명해졌습니다. 그 후 그는 돈벌이에 안주하지 않고 프랑스 영국에서 유학한 뒤, 뉴욕에 진출하면서 세계적인 헤어디자이너가 되었습니다.

여러분! 한국인의 저력은 대단합니다. 그래서 유럽인이 300년, 미국인이 200년, 일본인이 100여 년 걸려서 이룩한 부를 우리는 불과 30년 만에 이룩해 신화를 만들었습니다. 우리 모두 한국인으로서 긍지를 지니고 주어진 분야에서 더 열심히 노력해 세계에 빛나는 한국을 만듭시다.

지금까지 '한국인의 긍지'에 대해 말씀드렸습니다.

한발 먼저

지금부터 '한발 먼저'에 대해 말씀드리겠습니다.

일본 대표 전자기업 샤프^{Sharp}사의 창업자 하야카와 도쿠지는 1893년, 도쿄에 있는 가구직공의 아들로 태어났습니다. 그는 두 살 때 어머니의 병으로 인해 비료상회를 하는 집에 양자로 가게 되었으며, 어린 시절 제대로 밥 먹고 살기도 힘든 열악한 환경에서 성장했습니다.

하야카와는 초등학교 2학년 때 학교를 그만두고 아홉 살에 도쿄에서 장식품을 만드는 장인의 밑에 들어가게 됩니다. 거기서 7년 7개월 동안 기술을 배우며 장인정신을 연마하고 1912년, 열아홉 살 때 독립해 금속가공회사를 창업합니다. 1924년, 오사카에 금속문구 등을 생산하는 '하야카와 금속공업연구소'를 설립했고, 1942년 회사명을 '하야카와 전기공업'으로 개칭했다가 1970년에는 지금의 샤프로 명명하게 됩니다.

'일본의 에디슨'이라고 불릴 정도로 역사에 기록된 수많은 신제품을 발명한 하야카와는 '샤프펜슬'을 발명하기도 했습니다. 1915년, 만년필을 보고 '금속조출연필'을 고안했는데 이것이 샤프펜슬의 원조가 되었습니다. 이 제품은 1916년 '에버레이디 샤프펜슬'로 이름 붙여져 시장에 팔려나갔고, 컨베이어시스템을 필요로 할 만큼 회사는 성장과 발전을 거듭했습니다.

그러나 호사다마라고 1923년 9월 간토(關東) 대지진 때, 하야카와는 부인과 자녀를 잃었을 뿐 아니라 공장의 모든 재산까지 다 날려버렸습니다. 하지만 하야카와는 절망하지 않았고 1925년 일본 최초의 라디오를 개발해 재기에 성공했습니다. 그리고 1953년에는 일본 최초의 텔레비전을 만들고 이후 전자레인지, 전자계산기, LCD, 우주용 태양전지까지 차례로 제품을 개발해 일본을 대표하는 기업으로 성장시켰습니다.

'항상 다른 사람보다 한발 먼저 새로운 경지를 개척하지 않으면 도저히 사업 성공은 바랄 수 없다'는 것이 하야카와의 신조이며, 그의 이념은 지금도 계승되어 샤프의 구성원들은 '다른 사람들이 흉내내고 싶어 하는 상품을 만들라'는 창조적 기업 이념을 머리에 새기고 있습니다.

여러분! 나무는 바람에 흔들리며 자라고 인간은 시련 속에 성장합니다. 실패나 시련을 겁내지 말고 다른 사람보다 한발 먼저 새로운 경지를 개척하도록 합시다. 개척자는 힘들지만 영광이 따릅니다.

지금까지 '한발 먼저'에 대해 말씀드렸습니다.

Today's
speech
343

합리적인 결정

지금부터 '합리적인 결정'에 대해 말씀드리겠습니다.

세상에 떠돌아다니는 이야기 중에 이런 것이 있습니다.

어느 청년이 비가 억수같이 쏟아지는 날, 어두운 밤길을 떠나야 했습니다. 첩첩산중이라 두려운 생각도 들고 위험하기도 했지만 정신을 똑바로 차리고 차를 몰았습니다. 얼마를 왔을까? 폭우 속을 달리느라 정신이 어리벙벙한데 버스 정류장에서 세 사람이 차를 기다리고 있는 것 아닙니까?

한 사람은 몸이 아파서 사경을 헤매는 할머니였고, 한 사람은 의사였으며, 또 한 사람은 꿈에 그리던 이상형의 아가씨였습니다. 그 사람들은 서로 모르는 사이였고, 각자 간절한 사연 때문에 차를 기다리고 있었습니다.

그런데 야속하게도 차에는 한 사람밖에 태울 수 없는 상황이었습니다. 누구를 태워야 합리적인 선택이 될까요?

젊은이는 고민에 빠졌습니다. 할머니를 태워 병원에 가자니 시골에 병원이 어디 있는지도 모르겠고, 병원에 의사가 없다면 헛일이 되고 말 것이고, 의사는 죽어가는 생명을 살리는 훌륭한 사람이니, 그 사람을 태워주는 것도 최선의 선택이 될 것 같은데, 그러자니 꿈에 그리던 이상형 아가씨를 포기해야 하는 것은 물론 할머니의 생명이 위태롭게 되겠고, 눈 딱 감고 아가씨만 태우자니 사람의 도리가 아닌것 같고, 청년은 이럴 수도 저럴 수도 없는 입장이 되었습니다.

"여러분이 젊은이라면 누구를 차에 태워 가겠습니까?"

이런 질문에 한 사람이 합리적인 결정을 했습니다. 젊은이가 차에서 내려 할머니를 부축해 태워드리고, 의사 선생님께 자동차 열쇠를 주며 운전을 하도록 하고, 젊은이는 가슴 설레게 하는 아가씨와 비를 맞으며 밤길을 걷는다는 것이었습니다.

이 말에 많은 사람들은 최상의 합리적인 결정이라고 이구동성으로 찬성하며 고개를 끄덕였습니다.

여러분! 우리는 어떤 경우든 합리적인 결정으로 최상의 선택을 할 수 있습니다. 그러나 이런 결정을 내리지 못하는 것은 경직된 고정관념의 사고방식 때문입니다. 어떤 경우라도 고정된 틀에서 벗어나 창의적인 사고를 한다면 합리적인 결정을 내릴 수 있지 않겠습니까?

지금까지 '합리적인 결정'에 대해 말씀드렸습니다.

합리적인 생각

지금부터 '합리적인 생각'에 대해 말씀드리겠습니다.

인색하기로 소문난 늙은 구두쇠가 있었습니다. 그는 죽기 전에 자신의 주치의와 변호사, 목사를 침대 곁으로 불렀습니다. 그리고 다음과 같이 유언을 남겼습니다.

"내가 늘 들어온 이야기로는 '여태까지 모았던 재산은 한 푼도 저승길에 못 가져간다'는 겁니다. 그러나 나는 그렇게 할 수 있다는 것을 세상 사람들에게 보여주고 싶습니다."

그는 묘한 웃음을 머금으며 이어서 말했습니다.

"내 침대의 요 밑에는 9천만 원의 현금이 있습니다. 그것은 세 개의 봉투 속에 3천만 원씩 들어 있는데, 내가 죽거든 세 분이 봉투 하나씩을 보관했다가 사람들이 내 몸에 흙을 덮기 전 무덤에서 세 분이 갖고 있던 봉투를 던져주었으면 합니다. 부탁하오."

늙은 구두쇠가 숨을 거두자 임종을 지키던 세 사람은 장례식에 참석했으며, 구두쇠의 유언에 따라 모두 봉투를 무덤 속에 던졌습니다. 장례식을 마치고 돌아오는 길에 목사가 말했습니다.

"나는 결코 내 행동이 옳았다고는 생각하지 않소. 나는 양심의 가책을 받고 있소. 지금 짓고 있는 교회에 천만 원이 꼭 필요해서 천만 원을 꺼내고 2천만 원만 무덤에 던졌다오."

목사의 말에 의사도 입을 열었습니다.

"나 역시 고백할 것이 있소. 나도 병원을 짓고 있는데 2천만 원이 필요해요. 그래서 그것을 꺼내고 나머지 1천만 원만 던져 넣었소."

그러자 변호사가 한심하다는 표정으로 다음과 같이 말했습니다.

"참으로 놀랍소이다. 두 분은 어쩌면 그렇게도 어리석은지 이해가 가지 않습니다. 나는 현금 3천만 원을 내 당좌수표로 바꿔 봉투 속에 넣어 던졌습니다."

여러분! 이 일화를 듣고 무슨 생각을 하셨습니까? 미련한 구두쇠는 그렇다 치더라도 신망 있는 세 사람의 처신 또한 생각해볼 문제입니다. 천만 원이든 2천만 원이든 양심을 속인 것은 마찬가집니다. 어차피 땅속에 묻혀 못 쓸 돈이라면 당좌수표로 바꿔 넣은 변호사가 합리적 아닐까요?

지금까지 '합리적인 생각'에 대해 말씀드렸습니다.

Today's
speech
345

해야 할 말

지금부터 '해야 할 말'에 대해 말씀드리겠습니다.

결혼한 지 20년이 지난 부부가 있었습니다. 그런데 아내는 날이 갈수록 자기 자신이 시시하게 느껴지고 불행하다고 생각하게 됐습니다. 그런 자기의 감정을 남편에게 전달하기 위해 아내는 수많은 노력을 해봤지만, 소귀에 경 읽기가 되어 자기의 노력만으로 안 된다는 것을 깨달았습니다.

그래서 아내는 남편을 설득해 신부님에게 조언을 받자고 했습니다. 신부님 은 남편에게 "둘 사이에 무슨 문제가 있습니까?" 하고 물었습니다.

남편은 "요즘 아내가 괜히 우울해하고 불평만 터트립니다"라고 했습니다. 그러자 신부는 아내에게 무엇이 불만인지 물었습니다.

"남편은 저에게 사랑한다는 말을 절대 안 해요. 사랑 없는 가정은 무덤이 나 마찬가지 아닌가요?"

아내의 말을 들은 신부는 남편에게 추궁했습니다.

"당신의 아내가 지금 한 말에 대해서 어떻게 생각하십니까? 당신은 여자들이 사랑받고 있다는 말을 가끔 듣고 싶어 한다는 것을 알고 있습니까?"

신부의 말에 남편은 오히려 화가 난다는 듯 말했습니다.

"우리가 결혼하는 날, 아내에게 사랑한다고 분명히 말했어요. 만약 내 마음이 변했다면 변했다고 아내에게 말했을 겁니다."

목석같은 남편의 말에 아내도 신부도 할 말을 잃었다고 합니다.

그런가 하면 결혼한 지 25년이 된 어느 공무원에게 물어보았습니다.

"당신은 아내에게 사랑한다는 말을 자주 하십니까?"

"아니요. 한번도 한 적이 없습니다."

"그럼 아내를 사랑하기는 합니까?"

"사랑하니까 살지요."

그럼 왜 사랑한다는 말을 안 하냐고 묻자 쑥스러워 못한다는 것이었습니다.

여러분! 이 에피소드를 어찌 남의 집 가정사로만 돌리시렵니까? 우리들 가운데도 아내나 자녀에게 '사랑한다'는 애정의 말과 '잘했다'는 칭찬의 말, '고맙다'는 감사의 말을 하지 않는 가정이 얼마나 많습니까? 예부터 고기는 씹어야 맛이고 말은 해야 맛이라고 하지 않았습니까? 필요한 때 필요한 말을 필요한 만큼 하도록 노력합시다.

지금까지 '해야 할 말'에 대해 말씀드렸습니다.

행복은 어디에 있나

지금부터 '행복은 어디에 있나'에 대해 말씀드리겠습니다.

　행복은 불신(不信)에 있지 않습니다. 프랑스 작가이자 계몽사상가인 볼테르는 평소 믿음이 없는 사람으로 잘 알려져 있습니다. 그는 다음과 같이 썼습니다. "나는 태어나지 않았기를 원한다."

　행복은 쾌락에 있지 않습니다. 영국의 낭만파 시인 바이런은 어느 누구보다 쾌락의 인생을 살았던 사람입니다. 그러나 그는 다음과 같이 썼습니다. "벌레 같은 인생, 늙음과 슬픔 앞에서는 쾌락도 무용지물이다. 나는 지금 심히 외롭다."

　행복은 물질에 있지 않습니다. 미국의 백만장자인 제이 골드는 죽을 때 다음과 같이 말했습니다. "아마도 세상에서 제일 불쌍한 사람은 바로 나일 것이다. 끊임없는 물욕이 나를 불행의 늪으로 빠뜨렸다."

　행복은 지위와 명예에 있지도 않습니다. 비콘스필드는 이 두 가지를 다 갖추었던 사람입니다. 그러나 그는 죽을 때 다음과 같이 말했습니다. "젊었을 때는 실수투성이였고 중년에는 투쟁뿐이었다. 이제 늙으니 후회뿐이다."

행복은 군사적 영광에 있지 않습니다. 가장 넓은 땅을 정복한 알렉산더 대왕은 싸움에서 승리한 후, 자신의 막사에서 울면서 다음과 같이 말했습니다. "이 땅에는 더 이상 정복할 곳이 없구나."

행복은 몸매나 미모에 있지 않습니다. 독특한 성적 매력으로 뭇 남자들을 사로잡았던 마를린 먼로는 고독을 달래려 약물을 복용하다 죽고 말았습니다.

여러분! 그렇다면 행복은 과연 어디 있을까요? 철학자 소크라테스는 '잘되겠다고 노력하는 그 이상으로 잘 사는 방법은 없으며, 실제로 잘되어 간다고 느끼는 그 이상으로 큰 만족은 없다'고 행복의 정의를 내립니다. 또한 플라톤은 "남을 행복하게 할 수 있는 자만이 행복을 얻는다"고 했습니다. 그렇습니다. 행복은 바로 자기 안에 있으며 스스로의 생활에 만족할 줄 아는 사람이 곧 행복한 사람입니다. 그리고 남에게 봉사하는 데서도 행복을 얻을 수 있습니다. 우리 모두 행복하게 살 수 있도록 노력합시다.

지금까지 '행복은 어디에 있나'에 대해 말씀드렸습니다.

347

행복하게 사는 법

지금부터 '행복하게 사는 법'에 대해 말씀드리겠습니다.

세계적인 베스트셀러 〈정상에서 만납시다!〉의 저자이며 동기부여강사로 유명한 지그 지글러는 장장 네 시간 동안의 녹음을 끝내고, 파김치처럼 지친 몸을 이끌고 달라스로 가는 세시 비행기를 타러 공항으로 갔습니다.

공항에 도착한 그는 탑승 수속을 밟기 위해 두 줄로 서 있는 승객들 중 짧은 줄 끝에 서서, 데스크에 직원이 나오기를 기다리고 있었습니다. 직원은 줄을 서서 달라스행 비행기를 탑승하려는 승객들에게 비행기가 취소되었다고 말했습니다. 미안한 표정을 짓는 매표원을 향해 지그 지글러는 "잘된 일이군요"라고 말했습니다.

그러자 직원은 어리둥절한 표정으로 물었습니다.

"저는 달라스행 비행기가 취소되었다고 했는데 어째서 선생님은 잘된 일이라고 하십니까?"

그는 웃으며 대답했습니다.

"비행기가 취소된 이유는 세 가지 뿐일 겁니다. 하나는 비행기에 문제가 생긴 경우이고, 두번째는 조종사에게 문제가 생긴 경우이고, 세번째는 갑자기 기상조건이 나빠진 경우일 겁니다. 이 이유들 중 한 가지라도 해당된다면 나는 탑승하고 싶지 않습니다. 그러니 잘된 일이라고 할 수밖에요."

그러자 직원은 허리에 손을 척 걸치더니 이렇게 말했습니다.

"다음 비행기는 여섯시 오분에 출발합니다."

이번에도 지그 지글러는 "정말 잘된 일이군요"라고 말했습니다. 그러자 탑승 수속을 하려고 줄을 서 있던 승객들은 '덮어놓고 잘됐다고만 하는 이 덜떨어진 사람은 도대체 누구야' 하는 눈초리로 쳐다보기 시작했고, 직원은 정색을 하며 "손님은 이 공항에서 네 시간을 보내야 하는데 어떻게 잘된 일이라고 할 수 있어요?"라고 쏘아붙였습니다.

그는 그녀를 향해 활짝 웃으며 "그건 매우 간단한 이치입니다. 나는 54년을 살면서 여태까지 공항에서 네 시간을 보내본 적이 없어요. 세상에 가난한 사람이 얼마나 많은데, 이렇게 좋은 건물에서 그것도 공짜로 사무실을 네 시간 동안이나 쓸 수 있다는 것은 정말 잘된 일 아닙니까?" 하고 말했습니다.

여러분! 어떤 상황에 반작용하는 것은 불행한 삶을 살게 하고, 상황에 호응하는 것은 행복한 삶을 살게 합니다. 지금까지 살아온 성격이 어떻든 이제부터라도 상황에 호응하는 긍정적 반응을 생활화합시다.

지금까지 '행복하게 사는 법'에 대해 말씀드렸습니다.

행운과 불운

지금부터 '행운과 불운'에 대해 말씀드리겠습니다.

프랑스의 작가 라로슈푸코는 "행운을 지속하기 위해서는 액운을 견디는 것 이상의 큰 용기가 필요하다"고 했고, 영국의 수필가이자 평론가인 윌리엄 해즐릿은 "번영은 위대한 교사지만 난관은 더욱 위대한 교사다. 부유함은 마음을 풍요롭게 한다. 그러나 빈곤은 마음을 단련시킨다"고 했습니다.

미국의 소설가 마이클 알렌은 〈녹색 모자〉와 같은 상류층을 다룬 소설로 1920~1930년대에 엄청난 인기를 누렸습니다. 이후 그는 할리우드에서 몇 명 안 되는 고액의 보수를 받는 극작가로 일했지만, 어쩐지 그의 경력은 점점 쇠퇴하게 되었습니다.

맨해튼에서 거의 할 일 없이 힘든 시기를 보내고 있을 때, 그는 술 한잔을 마시기 위해 유명한 '21' 레스토랑에 들어갔습니다. 로비에 들어서자마자 할리우드의 유명한 제작자 샘 골드윈을 만났습니다. 그는 알렌에게 일자리를 주기는

커녕, 말도 안 되는 소리로 경마에 투자해보지 않겠냐고 제안했습니다.

잠시 후에 그 술집에서 알렌은 골드윈의 숙적인 제작자 루이스 B. 메이어를 만났습니다. 그는 알렌에게 "요즘 어떻게 지내느냐?"고 물었습니다. 알렌은 시치미를 떼고 말했습니다.

"방금 샘 골드윈 씨하고 얘기를 했는데요……."

그러자 메이어가 알렌의 말을 가로채며 이렇게 말했습니다.

"골드윈이 얼마를 제시했습니까?"

알렌은 불투명하게 얼버무려 말했습니다.

"그리 많지는 않아요."

메리어가 다음과 같이 제시했습니다.

"30주에 1만5천 달러면 되겠습니까?"

두말할 필요도 없이 알렌은 즉석에서 승낙했습니다.

여러분! 불운과 행운이 교차되는 것이 인생입니다. 한순간의 불운이 다음 순간에는 행운을 불러올 수도 있습니다. 성공자들은 불운에 절망하지 않고 행운을 맞이하기 위해 준비하고 노력한 사람들입니다. 우리 모두 행운의 찬스를 잡기 위해 노력하고 주시하도록 합시다.

지금까지 '행운과 불운'에 대해 말씀드렸습니다.

협력자

지금부터 '협력자'에 대해 말씀드리겠습니다.

네덜란드 시골, 목사의 아들로 태어나 20세기 회화의 선구자가 된 빈센트 반 고흐와 동생 테오는 네 살의 나이 차이가 있었습니다. 그 외에도 또 한 명의 남동생과 세 명의 여동생이 있었지만, 빈센트가 일평생 깊이 사랑하고 마음을 열어 대했던 형제는 테오뿐이었습니다.

형제는 운 좋게도 구필화랑 헤이그 지점에 취직을 했습니다. 빈센트에게는 화상 일이 무척 도움이 되었지만, 주인 입장에서 보면 그는 문제 사원이었습니다. 파리 지점으로 발령이 났는데도 런던 지점 시절 구혼했다가 거절당한 여성을 쫓아서 갑자기 런던행을 결정해 무단결근을 하기도 했습니다.

그 후에도 직장 생활을 소홀히 하고 상사나 고객과의 싸움이 잦아 결국 해고를 당하고 말았습니다. 한편 테오는 이 회사에서 착실하게 근무 성적을 쌓아갔습니다. 그와 동시에 회화의 가치나 조류의 동향에 대해서도 일가견을 가지게 되었습니다.

화상의 견습사원에 실패한 형 빈센트는 1881년, 화가가 되기로 결심하고 헤이그에서 공부를 마치고 1886년 파리로 떠났습니다. 형의 거친 필치에서 테오는 아직 미숙하지만 하나의 빛을 발견했습니다. 테오는 형을 위해 캔버스 같은 그림 도구에서부터 고갱과의 동거 생활에 필요한 돈까지 구필상회에서 받은 월급의 상당 부분을 형의 그림 활동을 위해 계속 보내주었습니다. 그 후 고갱과 사이가 나빠진 빈센트는 정신병이 발작해 병원에 입원하게 되었는데, 그 비용까지 동생이 부담해야 했습니다.

그러는 동안 빈센트의 그림 색채는 더욱 선명해지고, 붓의 터치도 점차 격렬해져, 이제까지 그 누구도 묘사하지 못했던 강렬한 독자적인 화풍의 세계가 펼쳐졌습니다. 대표작 〈아를의 도개교〉, 〈밤의 카페〉, 〈해바라기〉 등의 그림은 빈센트와 테오, 두 사람에 의해 그려졌으며 완성되었다고 해도 틀린 말이 아닐 것입니다.

여러분! 세상에 혼자만의 힘으로 잘되는 독불장군이 없듯 위대한 인물의 배후에는 반드시 협력자가 있습니다. 그 중에서도 부모 형제나 배우자의 협력이 가장 큽니다. 가족 간에 서로 사랑하고 협력하도록 노력합시다.

지금까지 '협력자'에 대해 말씀드렸습니다.

Today's speech
350

형설지공

지금부터 '형설지공'에 대해 말씀드리겠습니다.

위대한 여성과학자인 마리 퀴리를 모르는 사람은 없을 것입니다. 그녀는 남편 피에르와 함께 낡은 창고의 한구석에 마련된 실험대 위에서 방사능에 관한 연구를 하고 있었습니다. 그리고 마침내 염원하던 순수 라듐을 추출하는 데 성공했습니다.

화학원소인 순수 라듐을 발견했다고는 하나 방사능학적 견지에서 보면 아직도 걸음마에 불과했습니다. 그래서 그들은 계속 연구를 할 수 밖에 없었습니다. 퀴리 부부가 연구를 지속하기 위해서는 경제적인 문제를 해결하는 것이 급선무였습니다. 남편 피에르 퀴리는 우수한 재능을 가지고 있으면서도 파리에서 대학교수가 되는 길이 막혀 생활에 쪼들려야 했습니다.

그러던 어느 날, 두 사람에게 꿈 같은 소식이 날아들었습니다. 스위스의 제네바 대학이 피에르 퀴리를 교수로 초빙한 것이었습니다. 급료는 1만 프랑,

별도로 주택비와 실험실비를 주며 게다가 부인에게도 실험실 내에서 정규 지위를 준다는 내용이었습니다. 두 사람은 너무나도 기뻐 즉시 짐을 정리해 스위스로 옮겼습니다.

그러나 얼마 되지 않아 두 사람은 직장을 그만두게 됩니다. 그 이유는 경제적으로는 확실히 좋아졌지만, 강의를 해야 하는 시간이 너무 많아져 그들이 중요하게 여기는 라듐 연구를 할 시간이 거의 없었기 때문이었습니다.

퀴리 부부는 스위스에서의 생활을 청산하고 다시 본래 자기 집 창고로 돌아왔습니다. 그리고 친숙해진 가난 속에서 남편은 류머티즘으로 고생하면서, 부인은 어린아이까지 딸린 여자의 몸으로 충혈된 눈가에 주름을 지으며 평생의 연구 테마인 라듐 연구에 몰두했습니다.

형설지공이라고 마침내 그들 부부는 목적을 달성했으며, 그 공로로 1903년 퀴리 부부와 베르켈은 노벨 물리학상을 공동으로 수상했습니다. 그리고 1911년, 마리 퀴리는 또 하나의 노벨 화학상을 받아 노벨상을 둘이나 받은 최초의 인물이 되었습니다.

여러분! 예부터 고생 끝에 즐거움이 온다고 했습니다. 세상의 어느 것 하나 힘 안 들이고 저절로 얻어지는 것이 있던가요? 내일의 더 큰 기쁨을 위해서 오늘의 고생을 인내하도록 합시다.

지금까지 '형설지공'에 대해 말씀드렸습니다.

351

형제자매

지금부터 '형제자매'에 대해 말씀드리겠습니다.

집을 떠나 객지 생활을 하는 이탈리아인이 있었습니다. 그는 여동생과 같은 동네에 살고 있었지만, 서로 바쁜 생활을 하다보니 둘은 만날 기회가 거의 없었습니다. 그저 몇 달에 한 번 고향에 계신 어머니를 찾아뵐 때나 겨우 얼굴을 볼 정도였으니까요.

어머니는 어쩌다 고향을 찾는 두 자식들을 안쓰러운 마음으로 지켜보며, 객지 생활에 혹 어려움이 있을까 늘 노심초사했습니다.

어느 날 고향에 다니러 온 아들을 배웅하고 돌아온 어머니는 혼자 멍하니 방 안에 앉아 허전한 마음을 달래고 있었습니다. 이번에도 딸에게는 바쁜 일이 생겨 아들 혼자 내려왔기 때문이었습니다. 어머니는 어젯밤 아들과 나눈 대화가 생각났습니다.

"네 동생을 만난 지 얼마나 되었니?"

어머니가 물었을 때 아들은 머뭇거리며 대답했습니다.

"3개월쯤 됐습니다. 워낙 바쁘다보니⋯⋯."

말꼬리를 흐리는 아들의 대답에 어머니는 안타까웠습니다. 형제자매가 많기나 하나 단 둘밖에 없는데, 같은 동네에 살면서도 3개월이나 얼굴도 보지 못했다니 어머니의 마음이 언짢을 수밖에 없었지요.

얼마 후 아들은 이상한 편지를 한 통 받았습니다. 수신인이 그와 여동생의 이름으로 되어 있는 편지는 분명 어머니가 보낸 것이 틀림없었는데, 기이하게도 봉투 안 편지에는 1쪽과 3쪽만 들어 있었습니다. 어렵게 시간을 맞춰 여동생과 만난 그는 나머지 2쪽과 4쪽의 편지가 여동생에게 보내졌음을 알았습니다. 그 이후로 그와 여동생은 매달 어머니에게서 반쪽 편지를 받았습니다. 그때마다 그들은 어떤 바쁜 일이 생겼다 해도 꼭 만나서 함께 저녁 시간을 보내며 편지를 모두 읽고는 했습니다.

여러분! 우리는 한 달에 몇 번이나 형제자매와 시간을 같이합니까? 이웃사촌이란 말은 자주 만나면 사촌과 같이 정이 든다는 말 아니겠습니까? 자주 만나지 못한다면 아무리 형제자매라 할지라도 이웃만 못하다는 뜻도 되겠지요. 삶이란 만남의 연속인데 같은 부모에게 태어나 자란 형제자매들과 소홀하지 않게 자주 만나야겠습니다.

지금까지 '형제자매'에 대해 말씀드렸습니다.

호감받는 표정

지금부터 '호감받는 표정'에 대해 말씀드리겠습니다.

"나이 40세가 지나면 자신의 얼굴에 책임을 져야 한다."

이 말을 한 사람은 에이브러햄 링컨입니다. 링컨이 대통령이 되었을 때 장관 자리가 하나 비었습니다. 누구로 할까 생각하고 있을 때, 주위 사람들이 능력 있다는 한 남자를 추천했습니다. 그러나 링컨은 그 사람의 얼굴이 마음에 들지 않는다며 거절했습니다. 주위 사람들은 대통령이 사람의 능력은 보지 않고 얼굴의 좋고 나쁨으로 인사 관리를 한다며 웃었습니다. 이에 링컨은 다음과 같이 말했습니다.

"40년을 살아온 얼굴은 자기가 만들어낸 얼굴이다. 그 나이가 되어서도 다른 사람에게 신용을 줄 수 없는 얼굴을 한 사람을 내가 어찌 채용할 수 있겠는가."

과연 그 남자는 문제를 일으켜 링컨의 예언이 맞았다고 합니다.

'백만 불짜리 미소'로 유명한 인물이 있습니다.

일본의 보험판매왕 하라이치 히로. 그는 원래 찡그린 얼굴로 메이지 생명에 입사할 때 "그런 인상으로는 보험 권유를 못하니까 안 된다"고 거절당한 것을 무리하게 부탁해 들어갔습니다. 그리고 열심히 보험 권유를 했지만 계약은 하나도 성립되지 않았습니다.

어느 날, 또 허탕을 치고 지쳐서 집에 돌아오는 길에 문득 쇼윈도에 비친 자신의 얼굴을 보게 되었습니다. 자기가 봐도 정떨어지는 인상이었습니다. 그 후부터 그는 틈만 나면 웃는 얼굴을 연습했습니다. 한밤중에 잠에서 깨 일어나 부인의 거울을 보고 웃자, 부인이 정색을 하며 무슨 일이냐고 물었습니다.

나중에 보험업계 제일의 세일즈맨이 되고 나서도 히라이치 히로는 언제나 가방 속에 거울을 넣고 다녔습니다. 그리고 고객을 대하기 전에 거울을 꺼내 좋은 표정이 나올 때, 비로소 고객을 만나는 등 항상 표정 관리를 했다고 합니다.

여러분! 어떻게 해야 사람들에게 호감받는 밝은 표정을 지을 수 있을까요? 우선 밝은 표정을 가져야 합니다. 밝은 표정을 만드는 비결은 일생 동안 살아오면서 가장 기뻤던 순간을 생각하거나 자기의 가장 큰 소망이 달성되었을 때의 순간을 생각하는 것입니다. 가식이 아닌 진짜로 아름다운 웃음의 꽃이 필 것입니다. 우리 모두 호감받는 표정을 만듭시다.

지금까지 '호감받는 표정'에 대해 말씀드렸습니다.

Today's
speech

353

화가 났을 때

지금부터 '화가 났을 때'에 대해 말씀드리겠습니다.

남북전쟁의 암운이 미국을 뒤덮고 있을 때, 많은 것들이 대통령 링컨이나 국무장관 스텐턴의 공인 없이 육군대장에 의해 자행되었습니다. 링컨은 이러한 상황을 오랫동안 숙고해 보고는 했으나 스텐턴은 종종 이성을 잃고 화가 폭발했습니다.

어느 날인가 한 육군대장이 제멋대로 내린 조치에 화가 난 스텐턴이 대통령 집무실로 찾아왔습니다. 그리고 화가 나서 마구 떠들어댔습니다. 링컨은 스텐턴이 진정할 때까지 조용히 듣고 있었습니다.

"그 녀석에게 편지를 써야겠어요. 내가 그 녀석을 어떻게 생각하는지!"

그러자 링컨은 조용히 말했습니다.

"우선 앉게나. 그리고 그에게 편지를 쓰게. 자네가 내게 말한 모든 것을."

스텐턴은 링컨 대통령의 뜻밖의 말에 무척이나 놀라워하면서 돌아갔습니

740

다. 이틀 후에 그는 자신이 쓴 편지를 링컨에게 가져와 읽어주었습니다. 스텐턴이 읽기를 마쳤을 때 링컨은 미소를 지으며 말했습니다.

"아주 잘 썼군. 자네가 내게 말했던 것이 모두 언급되었어. 자, 이제 그 편지로 무엇을 할 텐가?"

"네. 물론 그에게 줄 겁니다."

"나라면 그렇게 안 할걸세."

그리고 링컨 대통령은 조용히 말했습니다.

"그것을 이제 쓰레기통에 버리게나."

"무슨 말씀이십니까? 이걸 쓰는 데 이틀이나 걸렸습니다!"

어림없는 소리 말라는 투로 스텐턴이 소리쳤습니다.

"물론 그걸 쓰는 데 이틀이 걸렸겠지. 그 일이 자네에게 매우 좋은 것을 주었을 거야. 자네의 기분이 지금은 훨씬 부드러워졌을 테고, 그것이야말로 자네에게 필요한 모든 것 아니겠는가?"

편지는 결국 쓰레기통에 던져졌습니다. 이 일을 통해 스텐턴은 하나의 중요한 교훈을 배우고 링컨을 더욱 존경하게 되었다고 합니다.

여러분! 화가 났을 때 우리는 어떤 행동을 합니까? 화풀이를 하다 더 큰 화를 초래한 적은 없습니까? 속담에 '화를 낼 줄 모르는 것은 바보고 화를 내지 않는 것은 현명한 사람이다'라고 했습니다. 또 '참을 인(忍) 자가 셋이면 살인도 면한다'고 했습니다. 우리 모두 화를 내지 맙시다.

지금까지 '화가 났을 때'에 대해 말씀드렸습니다.

Today's
speech

354

화법과 성격

지금부터 '화법과 성격'에 대해 말씀드리겠습니다.

일본 동경에 동양신판(東洋信販)이라는 회사가 있습니다. 사원수 350여 명, 의사만을 대상으로 하는 이색 회사로 사업 내용의 독특함과 발전 모습이 세간의 주목을 받았습니다. 또한 입사 5년이 된 사원에게는 모두 집을 갖게 한다는 것으로도 평판이 자자한 회사입니다.

그 회사의 오타니 사장은 대단한 정력가로 후지 산 기슭의 별장 분양지로 의사들을 안내하면서, 다섯 시간 동안 차 안에서 '절세 세미나'를 여는 웅변가이기도 합니다. 이렇듯 정열적으로 일하는 그의 성격과 설득력에 이끌려 많은 의사들이 오타니 사장의 열렬한 팬이라고 합니다.

그러나 이 오타니 사장도 처음부터 말을 잘하던 사람은 아니었습니다. 창업 당시에는 현재 간부가 된 부하로부터 '상대에게 자기의 이름조차 만족스럽게 말할 수 없는 소극적인 사장 밑에서 일해도 괜찮을까?' 하는 염려를 불러일으킬 정도로 말주변이 없는 사람이었습니다.

소극적인 사람, 말주변이 없는 사람은 그 약점을 자기 자신이 가장 잘 알고 있습니다. 그리고 그것을 극복하는 방법은 스스로의 의욕밖에 없습니다.

자기의 약점을 깨달은 오타니 사장은 신문광고를 보고 용기를 내 일본화법센터의 '효과적인 화법과 인간관계 세미나'에 참가했습니다. 처음에는 자기소개마저 서툴러서 얼굴을 붉히며 이름만 말하는 게 고작이었습니다. 너무도 창피해 교실을 뛰쳐나가고 싶었지만 자기만 그런 것이 아니라 대부분의 수강자들이 그렇다는 것을 깨닫고 안도감을 느꼈습니다. 그리고 강사의 강의를 경청하며 이야기 구성법에서부터 음성 표현법, 제스처 사용법 등을 익히고 나니 어느 정도 자신감이 생겼습니다.

그 다음은 세미나에서 배운 원리를 활용해 사람이 모이는 곳마다 찾아다니면서 스피치를 했습니다. 그 결과 지금은 훌륭한 연사가 되어 적극적으로 사람들을 대하다 보니, 개인적인 명성뿐 아니라 사업도 대성공을 거두었습니다.

여러분! 화법이 서툴면 남들에게 무시당하고 화법이 능숙하면 남들에게 인정을 받습니다. 화법이 서툴면 소극적인 사람이 되고 화법이 능숙하면 적극적인 사람이 됩니다. 우리도 능숙한 화법을 익혀 자신감이 넘치고 누구에게나 환영받는 사람이 되도록 좀 더 노력합시다. 화법은 성격을 바꿉니다.

지금까지 '화법과 성격'에 대해 말씀드렸습니다.

화술의 힘

지금부터 '화술의 힘'에 대해 말씀드리겠습니다.

사람은 언어로 일상적인 의사소통을 하지만 화술은 그 이상의 힘이 있습니다. 화술은 사람을 죽이는 예리한 칼날과도 같고, 사람의 목숨을 구하는 법보(法寶)이기도 합니다.

〈삼국지〉의 여포가 조조에게 잡히자 자기의 목숨을 살려주면 충성하겠다고 맹세합니다. 이때 유비가 찾아와 말합니다.

"정건양이나 동탁의 일을 벌써 잊으셨습니까?"

이 한마디에 조조의 마음이 싸늘해졌습니다. 여포가 일단 양아버지로 삼고 나중에 죽이는 습관이 있다는 생각이 들었기 때문입니다. 그래서 아까운 인재지만 무예가 출중한 대장군 여포를 죽입니다. 유비는 이처럼 단 한마디 말로 마음속에 있던 화근을 없앴습니다.

〈아라비안나이트〉는 누구나 잘 아는 이야기입니다. 샤리아르 왕의 왕비는 다른 남자와 간통하다 왕에게 발견돼 죽음을 당합니다. 그 후부터 왕은 천하의 모든 여자를 증오하게 되었고, 작심을 하고 매일 다른 여자를 데려와 하룻밤을 보내고는 이튿날 죽여버렸습니다. 이 바람에 천하가 난리가 나고 사람들의 마음은 뒤숭숭했으며, 왕을 위해 매일 여자를 데려와야 하는 재상은 여자를 찾지 못해 안달이 났습니다.

이때 재상의 딸 세헤라자드가 목숨을 잃지 않을 좋은 수가 있다며 왕의 숙청을 듭니다. 이 총명한 여자는 궁궐에 들어간 첫날밤부터 이야기를 하기 시작했습니다. 이야기가 가장 재미있는 대목에 이르면 날이 밝아져 국왕은 조정에 가서 조회를 해야 했습니다. 재미있는 이야기를 계속 듣기 위해서 왕은 그녀를 죽이지 않았습니다. 이렇게 이야기는 계속되었고 천일 만에 다 끝날수 있었습니다.

그래서 〈아라비안나이트〉를 '천일야화(千一夜話)'라고도 합니다. 그 사이 세헤라자드는 아들 셋을 낳았고, 왕은 현명하고 총명한 아내를 맞아 기분이 흐뭇해져 옛날의 심리 증상이 어느덧 사라지게 되었습니다. 그때부터 나라의 여자들은 정상적인 생활을 할 수 있게 되었다고 합니다.

여러분! 훌륭한 화술이 자기의 목숨을 지키고 전국 여자들의 생명을 지켰으며, 결국은 왕의 목숨까지도 지킬 수 있었습니다. 화술은 사용 여하에 따라 살인을 하기도 하고 목숨을 구제하기도 합니다. 우리도 화술을 좀 더 연마해 유능한 화술가가 됩시다.

지금까지 '화술의 힘'에 대해 말씀드렸습니다.

화술이 바뀌면

지금부터 '화술이 바뀌면'에 대해 말씀드리겠습니다.

영국의 소설가이자 정치가인 디즈레일리는 유대계 상인의 장남으로 태어나 근면과 노력의 힘으로 명성을 쌓아올려 입지한 인물입니다. 그는 청년기에 법률가가 되기 위해 공부했지만 실패하고, 소설가가 되기 위한 첫 작품도 실패를 했습니다. 발표했던 작품은 비웃음만 샀고 "문학적 정신이상을 보여주는 징표"라는 악평까지 받았습니다. 하지만 그는 실패를 거듭하면서도 꾸준히 노력한 결과 〈코닝스비Coningsby〉, 〈시빌Sybil〉, 〈탱크렛Tancred〉 같은 훌륭한 작품을 남겼습니다.

또한 정치계에 입문하려고 스물여덟 살 이후 몇 번이나 입후보했지만 낙선을 했고, 서른세 살에 하원의원에 당선되었습니다. 기세등등하게 등단했지만 그가 하원에서 처음 한 연설은 실패였습니다. "희극배우보다 더 큰 목소리로 고함이나 질렀다"는 혹평을 받았습니다. 한 문장 한 문장을 거창하고 격한 어조로 연설했으나 크게 비웃음만 샀습니다.

그러나 그가 마지막으로 했던 한마디 말은 '위대한 연설가 디즈레일리'라는 예언을 담고 있었습니다. 과장된 그의 웅변술에 폭소를 터뜨리는 청중에게 그는 괴로움을 참으며 이렇게 외쳤습니다.

"나는 지금까지 많은 일을 실패했지만 여러 차례 시도한 끝에 반드시 성공을 거두었습니다. 지금은 입을 다물고 자리에 앉겠지만 여러분이 제 말에 귀기울일 때가 반드시 올 것입니다."

그는 한 번 실패했다고 의기소침해하지 않고 더욱 열심히 노력했습니다. 자기의 나쁜 습관을 버리고 청중의 성격을 연구하고 연설법을 차근차근 실습하는 한편, 의회에 관한 지식을 머릿속에 열심히 집어넣었습니다. 끈질기게 노력을 계속한 결과 자기의 위상을 확고하게 다졌습니다.

마침내 때가 왔습니다. 안정되고 유창한 연설에 의원들은 그와 함께 활짝 웃었습니다. 그가 처음 실패했던 나쁜 인상은 말끔히 지워지고, 모든 사람들이 그를 '가장 완벽하고 유능한 의회연설가'로 인정했습니다. 유능한 스피커로 인정받은 디즈레일리는 출세 가도를 달려 재무장관, 수상, 백작 등 화려한 경력으로 역사적인 인물이 됩니다.

여러분! 화술이 바뀌면 인생이 바뀝니다. 명스피커는 태어나는 것이 아니라 만들어지는 것입니다. 우리도 열심히 노력해 명스피커가 됩시다.

지금까지 '화술이 바뀌면'에 대해 말씀드렸습니다.

확신과 실력

지금부터 '확신과 실력'에 대해 말씀드리겠습니다.

19세기 가장 뛰어난 바이올린 연주자 파가니니를 여러분은 잘 아실 겁니다. 그는 이탈리아의 가난한 집안에서 태어나 음악에 남다른 재능을 갖고 있었지만 레슨을 받을 돈이 없었습니다. 그래서 독학으로 열심히 공부해 세계적인 명연주자가 된 인물입니다. 그렇다면 파가니니의 성공 비결은 무엇이었을까요?

언젠가 그가 연주회를 할 때의 일입니다. 세기의 거장 파가니니의 바이올린 소리를 들으려고 수많은 사람들이 모였습니다. 사회자의 소개가 끝나고 무대에 오른 파가니니는 바이올린을 켜기 시작했습니다. 노련한 솜씨로 한참 연주하고 있는데 갑자기 현 하나가 뚝 끊어지는 것 아닙니까?

'아, 이를 어쩌나……'

청중들은 파가니니가 어떻게 대처할까 궁금했습니다. 그리고 청중의 4분의 1정도는 그가 연주를 그만둬도 용서해줄 마음이었습니다. 한데 파가니니는 아무 일도 없다는 듯이 연주를 계속했습니다. 얼마를 연주했을까? 이번에는 두번째 현이 또 뚝 끊어졌습니다.

'야, 정말 큰일이구나.'

모두들 이 위기를 파가니니가 어떻게 극복하고 연주할 것인가 숨을 죽이며 지켜봤습니다. 청중의 절반 이상이 그가 연주를 중단해도 어쩔 수 없다고 생각했습니다. 그러나 명연주가는 역시 달랐습니다. 아무런 동요도 없이 마치 신들린 사람처럼 연주를 계속하는 것이었습니다. 그런데 엎친 데 덮친 격으로 이번에는 세번째 현이 뚝 끊어졌습니다. 모두 아무리 파가니니라해도 정말 끝이라고 생각했습니다. 그때 파가니니는 바이올린을 높이 치켜들고 외쳤습니다.

"현 하나와 파가니니!"

그의 연주는 계속되었고 무사히 마쳤습니다. 청중들은 우레와 같은 박수로 신비로운 연주에 답했습니다.

여러분! 위대한 성공자들은 자신을 굳게 믿는 확신과 어떤 상황에서도 대처할 수 있는 실력을 겸비한 인물들입니다. 우리는 지금 자기 자신을 얼마나 믿고 있으며 얼마만큼 실력을 갖추고 있습니까?

지금까지 '확신과 실력'에 대해 말씀드렸습니다.

358

확인의 중요성

지금부터 '확인의 중요성'에 대해 말씀드리겠습니다.

인간은 미완성이라고 했던가요? 그래서 그런지 세상에는 실수투성이의 인간들이 참으로 많습니다. 거스름돈만 받고 산 물건은 가게에 두고 오는 사람, 물건을 사면서 아이를 놓고 오는 사람, 팬티를 입은 채 목욕탕에 들어가는 사람, 고깃집에 있다 남의 구두로 바꿔 신고 오는 사람 등 참으로 우스꽝스러운 실수를 저지릅니다.

그러나 이런 부주의와 경솔한 행위가 직장에서의 실수라면 결코 웃고 지나칠 수만은 없는 중대사가 되고 맙니다. 영수증을 보내야 할 곳에 청구서를 보내거나 이미 지불이 끝난 곳에 다시 지불하거나 계산을 잘못하는 등, 이런 일이 발생하면 회사의 신용은 떨어지고 막대한 손해를 끼치게 될 것은 뻔한 이치 아닙니까?

창고업을 하는 어느 회사에서 일어난 이야기입니다.

어느 직원이 고객에게 맡은 물품을 D 창고에 넣으러 갔습니다. 평소와 같이 검사용지에 품명, 수량, 보관장소 등을 기입하고 사무원에게 넘겼습니다. 그리고 "D 창고에 넣었습니다" 하고 구두로 전했습니다.

그런데 들은 쪽에서는 'D 창고'를 'B 창고'로 잘못 들었습니다. D와 B는 발음이 비슷해 혼동했던 것입니다. 그래서 보관대장에 'B 창고 보관'이라고 기입해버렸고 몇 개월 후 손님으로부터 출하 의뢰가 왔습니다. 보관대장에 따라 B창고를 열었습니다. 그러나 물건은 D 창고에 보관했으니 있을 리 없지요. 그런데 일이 잘못되려면 우연의 일치가 겹치는 법이어서, D 창고에 보관한 물건과 아주 똑같은 물건의 불량품이 B 창고에서 잠자고 있었던 것입니다.

이런 사실을 알지 못한 창고 직원은 그대로 상품을 출하했고, 고객 쪽에서도 물건이 바뀐 사실을 모른 채, 제품을 다 만든 후에야 불량품인 것을 알게 되어 소동이 벌어졌습니다. 이 사건은 창고 회사의 사장이 백배사죄하고 몇 천만 원이란 거액을 배상하고서야 일단락되었습니다.

여러분! 왜 이런 사건이 벌어졌을까요? 한마디로 확인하지 않았기 때문입니다. 돌다리도 두들겨보고 건넌다는 말이 있듯이, 확인하고 또 확인하는 사람에게는 실수가 없습니다.

지금까지 '확인의 중요성'에 대해 말씀드렸습니다.

후회할 때는

지금부터 '후회할 때는'에 대해 말씀드리겠습니다.

미국의 제20대 대통령 제임스 가필드의 이야기입니다.

"제 이름은 짐입니다. 저는 아주 건강하고 성실한 편입니다. 이 농장에서 일을 하고 싶습니다."

짐의 말을 들은 농장주인 테일러는 청년을 보는 순간 믿음직스러운 데가 있어 그를 즉시 채용했습니다. 직장을 얻게 된 짐은 누구보다 열심히 일했고 무슨 일에든 최선을 다했습니다. 테일러도 이런 짐이 매우 마음에 들었습니다.

즐겁게 일을 하며 행복한 나날을 보내던 어느 날, 짐은 테일러의 예쁜 딸과 마음이 통했습니다. 이 소녀의 가슴에도 이미 짐이 들어와 있었습니다. 건초 더미 속에서 아무렇게나 잠을 자고 소박한 음식을 먹으면서도 얼굴에 늘 환한 웃음을 지니고 사는 짐을 그녀는 사랑하게 되었습니다.

짐도 소박한 옷차림에 맑고 투명한 눈동자를 지닌 그 소녀를 사모하고 있었습니다. 두 사람의 사랑이 익어갈 무렵 농장주 테일러도 눈치를 채게 되었는데 놀란 그는 짐을 불러 이렇게 말했습니다.

"자네, 이 집에서 당장 나가주게. 족보도 없고 돈도 없는 주제에 감히 내 딸을 넘보다니 그게 될 법한 말인가."

그 소리를 들은 짐은 테일러의 집을 나갔습니다. 짐의 눈에는 눈물이 그렁거렸고 멀리서 짐을 지켜보던 소녀의 눈에서도 눈물이 흘렀습니다.

30년이 지난 어느 날, 테일러는 건초 창고를 청소하다가 짐이 새겨놓은 글귀를 발견했습니다. 거기에는 '제임스 에이브램 가필드'라고 적혀 있었습니다. 깜짝 놀란 테일러는 집 안으로 달려가 신문을 뒤져 대통령의 기사가 실린 면을 펼쳤습니다. 거기에는 진실되고 성실해 보이는 한 사람이 환하게 웃고 있었습니다. 자기 딸을 사랑했던 옛날의 짐이 틀림없었습니다.

'족보와 돈이 없다는 이유로 짐을 무시하지 않았다면 대통령의 장인이 될 수도 있었을 텐데……'

그러나 아무리 후회해도 시간을 되돌릴 수는 없었습니다.

여러분! 후회한들 뭐합니까? 우리는 살면서 내가 이랬으면 저랬으면 하는 후회를 많이 합니다. 특히 요즘처럼 정보시대와 소비시대에 사는 젊은이들은 쉽게 결정하고 쉽게 행동하고 쉽게 후회합니다. 후회는 본인이 한 일에 대한 뉘우침입니다. 일생을 살면서 후회할 일을 한번도 하지 않는 사람은 없겠습니다만, 가급적 후회를 줄이면서 살아가야겠습니다.

지금까지 '후회할 때는'에 대해 말씀드렸습니다.

휴식의 가치

지금부터 '휴식의 가치'에 대해 말씀드리겠습니다.

자동차왕 헨리 포드는 "일만 알고 휴식을 모르는 사람은 브레이크가 없는 자동차같이 위험하기 짝이 없다"고 했으며, 우리나라 속담에는 '바쁘게 찧는 방아에도 손 놀 틈이 있다'고 했습니다. 또한 발명왕 에디슨은 "내가 80세가 되도록 원기왕성하고 연구를 쉬지 않고 계속할 수 있는 비결은 쓸데없이 몸을 피곤하게 하지 않았기 때문이다. 앉을 수 있는 곳에서는 앉고 누울 수 있는 곳에서는 누워서 쉬었다"고 했습니다.

요즘 주위에 과로로 병에 걸리거나 심지어 죽은 사람까지 있습니다. 한국 남성 사망률이 세계 1위인 것도 적당한 휴식을 하지 않고 몸을 혹사시켰기 때문입니다. 그렇다면 할 일을 다하면서도 휴식을 취하는 좋은 방법은 무엇일까요? 제2차 세계대전의 영웅 윈스턴 처칠은 영국의 전시 내각을 지휘하면서 매일 열여섯 시간 격무에 시달렸습니다. 몇 년 동안을 계속 일하기란 여간 어려운 일이 아니었습니다. 그러나 그는 조금도 피로한 기색이 없이 노익장을 과시했습니다. 비결은 그의 하루 일과를 보면 알 수 있습니다.

아침 열한시까지 그는 침대 위에서 여러 가지 보고서를 읽고 명령을 내렸으며 전화로 중요한 일을 의논했습니다. 점심 식사 후에는 만사를 제쳐놓고 약 한 시간 정도 낮잠을 잤습니다. 저녁 식사 후에도 두 시간 정도 숙면을 취했습니다. 그리고 맑은 정신으로 일어나 일을 보다가 밤이 늦으면 침대에 들어가 아침까지 푹 잤다고 합니다. 이러한 처칠의 습관은 그를 활기차게 만들어 제2차 세계대전을 승리로 이끌었으며, 그 후 〈제2차 세계대전 회고록〉을 집필해 노벨 문학상을 수상하는 등 왕성한 활동으로 91세까지 장수하게 만들었습니다.

그는 피로라는 것을 느끼지 않았으며 피로를 회복할 필요가 없었습니다. 피로가 오기 전에 휴식을 취했기 때문입니다.

여러분! 아무리 할 일이 많다 해도 한꺼번에 다 할 수는 없습니다. 해도 해도 끝이 없는 것이 일이라면, 피로가 오기 전에 적당한 휴식을 취하도록 합시다. 휴식은 재창조를 위한 충전의 시간입니다. 한 번밖에 없는 인생, 휴식을 즐기면서 일합시다!

지금까지 '휴식의 가치'에 대해 말씀드렸습니다.

희귀한 만남

지금부터 '희귀한 만남'에 대해 말씀드리겠습니다.

1950년 6.25전쟁으로 남북이 갈라지고 50년 만에 이루어진 남북 이산가족 상봉은 온 겨레의 눈시울을 뜨겁게 했습니다. 그 중에서도 이색적인 만남이 있어 화제가 된 적이 있습니다. 2000년 8월 16일 오후 세시, 잠실 롯데월드 민속관 입구에서 지팡이를 짚은 한 노인이 북한 방문단의 일원인 김일성대학 명예교수 류열 박사 앞을 가로막으며 말했습니다.

"나 통문관 주인이오. 기억 안 나오?"

"아아!" 짧은 탄식 후에 류 교수는 나직이 말했습니다. "이게 얼마 만입니까?" 쉽게 말을 잊지 못하는 류 교수에게 노인은 노란 표지의 책 두 권을 내밀며 말했습니다.

"해방 즈음 당신이 쓴 〈농가월령가(農家月令歌)〉 해석서 있지요? 그게 이 책에 들어 있습니다."

"아아, 그 책이 아직……."

류 교수는 책을 들춰보며 그저 감격한 표정만 지을 뿐 더 이상 말을 잇지 못했습니다. 꽉 짜인 일정에 밀려 전시장으로 몰리는 류 교수를 세워놓고 노인은 상의 안주머니에서 흰 봉투를 꺼내 내밀었습니다.

"가족들은 그렇게 찾아도 없더니만…… 원고료요."

두 사람은 감격과 아쉬움이 뒤범벅된 눈짓을 나누며 헤어질 수밖에 없었습니다. 이 이야기의 주인공은 당시 아흔한 살의 이겸노 옹으로 한국 고서점의 산증인인 홍문관의 사장입니다.

그는 하루 전날 15일 저녁, TV에서 이산가족들의 만남을 시청하던 중 '류열'이란 이름을 확인하고 깜짝 놀랐습니다. 해방 후 30대의 젊은 시절 교우였던 당시의 국어학자를 50년 만에 보게 된 것입니다. 이 옹은 흥분으로 밤을 지새우고 날이 밝자마자 은행에서 찾은 돈 50만 원과 그가 발행한 책 〈농가월령가〉를 들고 옛 친구를 찾아가 전달했던 것입니다.

여러분! 이 얼마나 희귀한 만남이며 얼마나 흐뭇한 이야기입니까? 같은 도시에 살고 있으면서도 친구를 소홀히 하기 쉽고, 인세를 속이거나 아예 떼어먹기 일쑤인데, 50년 전에 행방불명된 친구를 찾아가 원고료를 주는 이 옹의 마음가짐이야말로 모두가 본받아야 할 교훈 아니겠습니까? 인생은 만남의 연속이며 인간관계는 신용이 제일입니다.

지금까지 '희귀한 만남'에 대해 말씀드렸습니다.

희망

지금부터 '희망'에 대해 말씀드리겠습니다.

내전으로 평화가 깨진 아프리카 소말리아에 유엔군이 파병되었을 때의 일입니다. 우리나라의 공병대인 상록수부대도 소말리아에 파병되었습니다.

오랜 가뭄으로 기아에 허덕이던 소말리아는 내란까지 겹쳐 온 국민이 아무런 희망 없이 하루하루를 살고 있었습니다. 배가 너무 고픈 나머지 더 이상 울지도 못하는 어린아이들이 무너진 건물 속에서 큰 눈망울을 굴리며 서 있는 모습은 상록수부대원들의 마음을 너무도 아프게 했습니다. 보다 못한 노현수 중사가 부대장에게 건의했습니다.

"부대장님, 부대 내에 있는 교회에 이곳 어린이들을 위한 조그만 학교를 열면 어떻겠습니까?"

부대장은 흔쾌히 승낙했습니다. 이렇게 해서 문을 연 것이 '사랑의 학교'입니다. 처음에는 부대 주변을 헤매는 아이들을 데려다 한국 동요를 가르쳤습니다. 이 소식을 전해 들은 발라드 대학의 아슈르 교수가 자기도 돕겠다고 나섰습니다. 아슈르 교수는 머나먼 이국땅에서 날아온 이방인들이 소말리아 사람도 하지 못하는 일을 나서서 하는 것을 보고 크게 감동을 받았던 것입니다. 이슈르 교수가 사랑의 학교에서 소말리아어 교육을 시키고, 김명덕 중사가 주로 율동을 통한 우리나라 동요를 가르쳤습니다. 하나둘 모이던 아이들이 어느새 교회 안을 꽉 채울 정도로 많아졌습니다. 힘없던 커다란 눈망울에는 어느덧 생기가 돌고 밝은 웃음을 되찾은 아이들을 보며 상록수부대원들역시 매우 기뻤습니다.

가뭄과 전쟁으로 온통 피비린내 나는 소말리아에 처음 도착했을 때, 상록수부대원들은 눈앞이 캄캄했습니다. 그러나 아이들을 모아 함께 노래를 부르고 아껴둔 건빵을 한 봉지씩 쥐어주는 동안 새로운 희망과 기쁨을 느끼게된 것입니다.

'산토끼 토끼야 어디를 가느냐?'는 아이들의 서툰 한국말 노랫소리는 부대밖으로 흘러나와 하늘로 퍼져갔습니다. 마치 메마르고 거친 땅 소말리아에도언젠가는 평화가 올 것이라는 희망의 마음이 울리는 듯했습니다.

여러분! 희망 없는 사람은 죽은 것과 같다고 했습니다. 더 나은 자기, 더 나은 세상을 만들기 위해 우리 모두 희망을 가집시다. 희망이야말로 미래에 이루어질 삶의 모습이며 현재의 고통을 이길 수 있는 원동력입니다.

지금까지 '희망'에 대해 말씀드렸습니다.

희망 실현의 방법

지금부터 '희망 실현의 방법'에 대해 말씀드리겠습니다.

새해가 되면 사람들은 새로운 희망을 갖고 그 희망을 실현시키겠다고 굳은 각오를 합니다. 그러나 대다수의 사람들은 희망이나 소원이 단순한 꿈에 그치고 맙니다. 그 이유는 추상적인 생각을 막연하게 하기 때문입니다. 그렇다면 어떻게 해야 희망과 소원을 실현시킬 수 있을까요?

〈적극적인 사고방식〉의 저자 노먼 빈센트 필 박사는 '자기가 바라는 바를 된다고 확신하고 그 결과를 항상 머릿속에 그리라'고 강조합니다. 그러나 단순히 '믿어라! 염원하라!'고 해도 그것이 어디 그리 쉬운 일입니까? 좀 더 구체적인 방법을 알아봅시다.

〈신념의 마력〉의 저자 클로드 브리스톨은 "신념에 의해서 어떤 일이라도 달성될 수 있다"고 주장하면서 신념을 유지하기 위한 구체적인 방법으로 우선 카드를 다섯 장 준비하라고 합니다.

그 한 장 한 장에 자기가 원하는 바를 상세하게 써놓고, 한 장은 지갑에, 한 장은 세면대 거울에, 한 장은 자동차 운전석 앞 등 자기가 자주 볼 수 있는 곳에 붙여놓고, 매일 수시로 보면서 이미지를 무의식에 정착시켜 목표에 근접하라는 것입니다.

또 〈자기 대화The self-talk solution〉의 저자 섀드 헴스테터 박사는 "자기가 되고 싶은 목표를 정하고, 긍정적인 현재 진행형 말로 자신에게 말하면 두뇌에 프로그램 되어 그렇게 행동하기 때문에 목표가 달성될 수 있다"고 합니다.

그 방법으로 생각을 말로 하거나 글로 써도 좋다고 하는데, 특히 녹음을 해서 집 안에서는 물론 사무실이나 자동차 등 어디에서나 편리하게 들으면 효과적이라고 합니다. 어떤 방법이든 추상적인 희망을 문자로 쓴다든가, 그림이나 사진으로 시각화시키는 것도 좋고, 청각적인 말로 자기 자신에게 들려줘도 좋습니다. 추상적인 것을 구체적으로 나타내는 것이 중요합니다.

그럼 누구에게나 효과가 있으면서도 간편한 자기 대화 하나를 소개하겠습니다. 프랑스의 암시요법자 에밀 쿠에가 제창한 말입니다.

"나는 나날이 점점 더 좋아진다!"

여러분! 지금 우리는 대단히 어려운 여건 속에서 새로운 한 해를 맞이합니다. 그래도 희망을 가집시다! 희망은 우리에게 용기와 힘을 줍니다. 새로운 희망을 갖고 새로운 각오로 더욱 분발해 노력합시다.

지금까지 '희망 실현의 방법'에 대해 말씀드렸습니다.

희망은 성공의 시작

지금부터 '희망은 성공의 시작'에 대해 말씀드리겠습니다.

아리스토텔레스는 "희망은 잠자고 있지 않은 인간의 꿈이다"라고 했고, 고대 로마의 수사학자 세네카는 "희망이 없어지면 절망할 필요도 없다"고 했으며, 종교개혁자 루터는 "희망은 강한 용기이자 새로운 의지다"라고 했습니다.

세계적인 조류학자 오즈본이 성공할 수 있었던 것은 절망 상태에서도 희망을 잃지 않았기 때문이었습니다. 오즈본은 켄터키 주의 핸더슨이라는 마을에 살고 있었는데, 필라델피아에 볼일이 생겨서 집을 비워야 했습니다.

당시 그는 여러 종류의 새 모양을 관찰해 스케치하고 있었는데, 그 그림이 무려 200여 장에 달했습니다. 그래서 출발하기 전에 그림들을 나무 상자에 담아 친척집에 맡겼습니다. 귀중한 자료이므로 손상되지 않도록 잘 보관해 달라고 거듭 당부했습니다.

몇 개월에 걸친 필라델피아의 일을 마치고 마을에 다시 돌아와 여독을 푼 다음 오스본은 나무 상자를 찾기 위해 친척집으로 갔습니다. 그리고 나무 상자를 열어보니 이게 어인 일입니까?

상자 안에는 한 쌍의 더러운 쥐가 새끼들을 낳아 껴안고 있었고, 보물처럼 아끼던 그의 그림들은 무참하게 찢기고 물어 뜯겨져 새끼 쥐들의 잠자리로 변해 있었습니다.

순간 그는 화가 머리끝까지 치밀어 올라 정신을 잃고 말았습니다. 졸도한 그는 사흘 낮을 일어나지도 못했습니다. 그리고 한동안 망연자실 상태에 있었습니다. 그러나 절망감보다는 희망이 더 컸기에 다시 그리기로 결심하고 스케치북, 화필을 들고 산으로 향했습니다.

산과 들에서 야생의 조류를 관찰하고 스케치를 하기 시작했습니다. 3년이 채 못 되어 잃어버린 그림을 보상하고도 남을 만큼 많은 새들을 그렸고, 먼저 그렸던 것보다 더 정교하고 훌륭한 작품이 되었습니다.

여러분! 누구나 큰일을 완성하기까지는 크고 작은 시련이 있게 마련입니다. 이 시련을 맞았을 때 실패자들은 절망하여 포기하고 성공자들은 희망을 갖고 재도전해 목표를 달성합니다. 희망은 성공의 시작입니다. 희망은 강한 용기와 새로운 힘을 줍니다. 생명이 있는 한 희망은 있습니다. 우리 모두 희망을 갖고 이 난국을 헤쳐나갑시다.

지금까지 '희망은 성공의 시작'에 대해 말씀드렸습니다.

히트 상품

지금부터 '히트 상품'에 대해 말씀드리겠습니다.

'철의 장막'까지도 파고들어 간 상품, 미국 문화의 상징이라 할 수 있는 히트 상품 두 가지는 코카콜라와 진jean 입니다.

세계 젊은이들이 선호하는 두 가지 상품 가운데 진의 탄생에 대해 알아보겠습니다. 진의 대명사인 청바지는 원래 천막으로 쓰였던 캔버스 천으로 만들었습니다. 그것도 처음부터 옷을 만들려고 했던 것이 아니라, 천막 장사가 안 돼 재고로 시험 삼아 만든 것이었습니다.

그런데 '땅굴을 파는 데 강한 바지가 나왔다!'는 소문이 퍼져 서부 광산지대를 진원지로 리바이 스트라우스가 만든 바지는 곳곳으로 퍼져나갔습니다. 이 급격한 수요를 충족시키기 위해 1853년, 그는 동생과 함께 리바이 스트라우스 앤드 컴퍼니를 창설했습니다.

갑자기 붐이 일자 리바이 사장은 가지고 있던 캔버스 천만으로는 도저히 물량을 공급할 수 없었습니다. 그래서 프랑스의 님 지방에서 생산된 튼튼한 면지인 '사지 드 님'을 대량 구입했습니다. 그러나 원단 그대로를 사용한 것이 아니라, 프랑스의 원단에 광부들을 괴롭히는 방울뱀이 질색을 하는 시퍼런 인디언 물감을 들여 바지를 만든 것이 청바지의 유래입니다.

이 청바지가 대중의 사랑을 받기까지는 하나의 과정이 더 필요했습니다. 어느 날, 리바이 사장이 거리로 나왔다가 우연히 늙은 광부가 양복점에서 떠드는 소리를 듣게 됩니다.

"단추가 자꾸 떨어져. 아무리 천이 질기면 뭘 해. 단추가 없으면 못 입잖아. 나뭇조각이나 조개껍질 같은 것 말고 쇠붙이로 만든 단추는 없나?"

순간 리바이 사장은 깨달은 바가 있어 공장으로 달려가 여러 가지 금속을 실험해본 결과, 구리 못이 활용하기에 좋다는 아이디어를 찾아냈습니다. 그는 1873년, 이 구리 단추를 연방 정부에 특허를 내 독점 상품으로 내놓았습니다. 멋도 있고 실용적인 청바지는 날개 돋친 듯 팔려나갔으며 오늘날 세계적인 캐주얼웨어의 대명사가 되었습니다.

여러분! 세상에 상품은 많지만 히트 상품은 손꼽을 정도로 적습니다. 그렇다면 히트 상품의 어떤 점이 손님의 마음을 사로잡을까요? 우선 고객의 요구에 맞게 상품을 개발하고 개선하는 것이 전제되어야 합니다. 물론 홍보도 해야 하고 서비스도 좋아야 합니다.

지금까지 '히트 상품'에 대해 말씀드렸습니다.

재미있고 감동적인 예화스피치 365

그 말이 정답

초판 1쇄 발행 2011년 6월 17일
초판 2쇄 발행 2013년 4월 25일

지은이 김양호
펴낸이 이범상
펴낸곳 (주)비전비엔피·비전코리아

기획 편집 이경원 박월 신주식
디자인 최희민 김혜림
영업 한상철
관리 박석형 이다정
마케팅 이재필 김성화 김희정

주소 121-894 서울특별시 마포구 잔다리로 7길 12 (서교동)
전화 02)338-2411 | **팩스** 02)338-2413
이메일 visioncorea@naver.com
블로그 blog.naver.com/visioncorea

등록번호 제1-3018호

ISBN 978-89-6322-032-1   03320